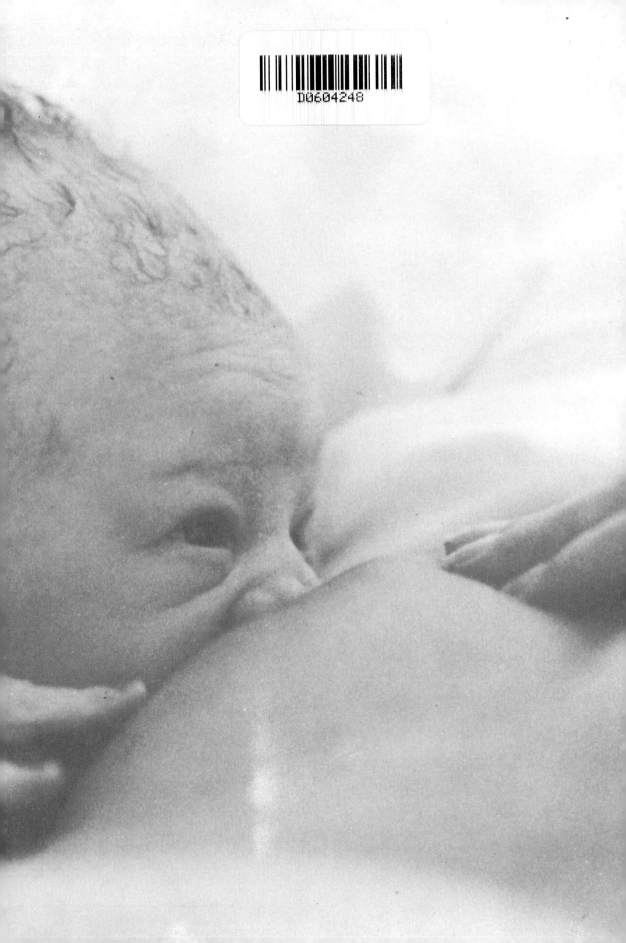

J'attends un enfant

Laurence Pernoud

Lauréate de l'Académie de Médecine

J'attends un enfant

Édition 1988

Pierre Horay Éditeur, 22 *bis* passage Dauphine, 75006 Paris

I.S.B.N. 2-7058-0183-9

Sommaire

CHAPITRE 1
J'attends un enfant

23 — **Suis-je enceinte ?**
Les signes de la grossesse, 23. Les tests de laboratoire, 26.
Les tests à faire soi-même, 27.

28 — **C'est non : vous n'êtes pas enceinte**

31 — **C'est oui : vous êtes enceinte**

35 — **Attendre à deux**

46 — **Et si vous êtes seule**

CHAPITRE 2
Ce qui va changer dans votre vie

Votre travail, 52. Le sommeil, 55. Les rapports sexuels, 55. Bains
et douches, 56. Les cigarettes, 57. Et l'alcool ?, 57. Les voyages, 58.
Vous avez besoin d'exercice physique, 60. Les sports, 61.

CHAPITRE 3
L'alimentation

69 — **Faut-il manger plus ?**
Pourquoi il ne faut pas trop manger, 71. Si vous avez pris trop
de poids, consultez ce tableau, 74. Pour celles qui ne se nourrissent
pas assez, 76.

77 — **Que faut-il manger ?**
Composition des principaux aliments, 78. Menus types, 82. Menus
pour les quatre saisons, 87. Les aliments à éviter, 90.

92 — **Le régime sans sel**

CHAPITRE 4
La beauté

La ceinture de grossesse, 98. Le soutien-gorge, 100. Le teint, 101.
La peau, 102. Les dents, 103. Les cheveux, 104. Les ongles, 105.

CHAPITRE 5
La vie avant la naissance

109 — **Comment la nature crée un être humain**
Deux cellules bien particulières, 109. L'ovule, 110.
Le spermatozoïde, 111. La rencontre, 112. L'œuf se nide, 122.
La fécondation « in vitro », 123.

124 — **Mois par mois, l'histoire de votre enfant**

136 — **Comment votre enfant vit en vous**
Le placenta, 138. Le cordon ombilical, 140. Le liquide amniotique
et les enveloppes de l'œuf, 141. La vie avant la naissance : en
photos et en couleurs, 145 à 152.

153 — **Le fœtus et son environnement**

155 — **Comment votre corps devient maternel**

CHAPITRE 6
Les jumeaux

La conception des jumeaux, 164. Le diagnostic, 166. La grossesse
gemellaire, 167. Quelques précautions particulières à prendre, 168.
Triplés, quadruplés, quintuplés, 168.

CHAPITRE 7
Les trois questions
que vous vous posez

173 — **Fille ou garçon ?**
Peut-on choisir le sexe de l'enfant ? 176. Peut-on connaître le sexe
de l'enfant avant la naissance ? 177.

179 — **A qui ressemblera votre enfant ?**

184 — **Mon enfant sera-t-il normal ?**
Quelques notions fausses sur l'hérédité, 185. Quel est le risque
d'avoir un enfant anormal ? 188. La consultation de génétique,
189. L'amniocentèse et le diagnostic prénatal, 190.

CHAPITRE 8
Les malaises courants

Nausées et vomissements, 196. Salivation excessive, 197.
Aérophagie, douleurs et brûlures d'estomac, 197. Constipation, 198.
Hémorroïdes, 199. Varices, 199. Peut-on prévenir les varices ? 200.
Troubles urinaires, 202. Vergetures, 202. Démangeaisons, 203.

Pertes blanches, 203. Tendances aux syncopes et aux malaises, 204.
L'essoufflement, 204. Les douleurs, 205. Troubles du sommeil, 206.
Changements d'humeur, 207.

CHAPITRE 9
La surveillance médicale de la grossesse

214 — La surveillance habituelle de la femme enceinte
L'échographie, 217. Enceinte à quarante ans, 220.

221 — Médicaments, vaccins, radios

224 — Les grossesses à risques

CHAPITRE 10
Et si une complication survient

234 — Les complications tenant à la grossesse elle-même
Les avortements, 234. La grossesse extra-utérine, 238.
Les anémies, 238. Les infections urinaires, 239. La toxémie
gravidique, 259. L'insertion basse du placenta, 241.

242 — Quand une maladie survient
La toxoplasmose, 244. La listériose, 246. L'herpès, 246. L'hépatite
virale, 246.

247 — Si vous étiez malade avant d'être enceinte
La tuberculose, 247. La syphilis, 247. Le Sida, 248. Le diabète, 249.
L'obésité, 250. Maladies cardiaques, 250. L'insuffisance rénale
et l'hypertension artérielle, 250. Interventions chirurgicales, 250.
Et l'alcool.? et la drogue ?, 252.

253 — Le facteur rhésus

259 — Attention danger (tableau)

CHAPITRE 11
Quand accoucherai-je ?

263 — La date prévue
Le calendrier de votre attente, 265.

266 — Plus tôt : l'accouchement prématuré
Que faut-il faire ? Peut-on l'éviter, 270.

272 — Plus tard : la grossesse prolongée

273 — Peut-on « programmer » la date de l'accouchement ?

CHAPITRE 12
L'accouchement

278 — D'abord quelques explications techniques

292 — Le film de l'accouchement
Comment il débute, 292. Quand partir pour la maternité, 293.
L'arrivée à la maternité, 294. La dilatation, 296. L'expulsion, 299.
L'épisiotomie, 300. Le premier cri, 301. L'examen du
nouveau-né, 302. La délivrance, 303. L'accouchement vu par
Valérie Winkler (photos) 304. La durée de l'accouchement, 308.
Qui sera là ? 308. La présence du père ? 309. Le monitoring, 313.
Accoucher assise ? 313. Les différentes présentations, 314.

316 — Les accouchements avec intervention
Le forceps, 316. Le vacuum extractor, 316. La césarienne, 317.
La délivrance artificielle, 318. La révision utérine, 318.

319 — L'accouchement à domicile

322 — La naissance sans violence

CHAPITRE 13
La douleur
et l'accouchement

327 — « Tu enfanteras dans la douleur »
La vérité sur la douleur, 328.

331 — L'accouchement sans douleur
La préparation classique, 331. Les autres préparations, 333.

337 — L'accouchement sous anesthésie
L'anesthésie péridurale, 338. Toutes les femmes peuvent-elles
avoir une anesthésie ? 339.

CHAPITRE 14
Comment préparer
votre accouchement

Préparation psychologique, 345. La gymnastique, 347.
La relaxation, 354.

CHAPITRE 15
Votre enfant est né

355 — Le face à face

361 — Le nouveau-né
Qu'entend-il ? Que voit-il ? Que sent-il ? 366. La compétence du

nouveau-né, 371. Les interactions précoces, 371. L'attachement, 373. Les difficultés de l'attachement, 374.

CHAPITRE 16
Après la naissance

381 — Faut-il allaiter ?

386 — Les suites de couches
Vous êtes à la maternité, 386. Vous rentrez chez vous, 391. Votre régime pour retrouver la ligne, 392. Les rapports sexuels, 392.

395 — N'ayez pas peur des « idées bleues »

399 — Retravailler

CHAPITRE 17
La contraception

La contraception masculine, 404. La contraception féminine, 405.

411 — Le choix d'un moyen de contraception
Dans la période de suite de couches, 411.
Après le retour de couches, 411

CHAPITRE 18
Mémento pratique

417 — Le prénom

419 — Ce dont votre enfant aura besoin

424 — Comment choisir l'hôpital ou la clinique

427 — Sécurité sociale et prestations familiales
L'assurance maternité : comment en bénéficier, 427. Le congé maternité, 429. Les différentes allocations auxquelles vous pouvez avoir droit, 433. Et si vous êtes seule, 438. Aides familiales, nourrices, crèches, pouponnières, 440. Vos obligations et vos droits, 441. La retraite de la mère de famille, 442.

443 — Aide-mémoire de votre grossesse

451 — Index : complétant le sommaire il vous permettra de trouver tout ce que vous cherchez.

La vie avant la naissance m'a toujours fascinée et c'est surtout pour la raconter qu'un jour, j'ai entrepris d'écrire ce livre. Car c'est bien lorsqu'on attend un enfant que l'on se pose le plus de questions et les plus diverses : comment un œuf, dont on peut à peine imaginer la taille, deviendra-t-il en neuf mois un bébé de trois kilos ? Quel est le processus de ce développement prodigieux qui ne se reproduira plus jamais dans la vie ? Quelles en sont les grandes étapes ? Comment le fœtus se nourrit-il ? Comment respire-t-il ? Que sent-il ? Est-il indifférent aux émotions de sa mère, aux bruits de son entourage ? Etc.

On ne peut encore répondre à tout, il reste des inconnues ; j'en citerai deux qui, symboliquement, ponctuent le début et la fin de la vie intra-utérine. On ne sait toujours pas pourquoi la mère ne rejette pas, comme elle le ferait de tout corps étranger, cet œuf qui se greffe dans son utérus. On ignore encore par quel mécanisme se déclenchera l'horloge de la naissance.

Mais ces dernières années, les connaissances sur le développement de l'embryon et du fœtus ont fait un prodigieux bond en avant. C'est pourquoi, au fil des années, ce chapitre sur la vie avant la naissance a beaucoup changé.

L'échographie a plus de 10 ans, j'en ai déjà souvent parlé. Mais elle a apporté progressivement tant de connaissances sur la vie de l'embryon et du fœtus que j'ai voulu en donner maintenant l'éventail complet. Examen d'exception à ses débuts, l'échographie est peu à peu tombée, si l'on peut dire, dans le domaine public et elle a finalement changé complètement le vécu de la grossesse ; différemment d'ailleurs pour la mère et pour le père.

Jusque-là, la mère avait dans le ventre un enfant bien réel qui lui donnait des coups de pied, dans la tête un autre qu'elle imaginait selon ses rêves et ses désirs.

Et voilà que sur un écran, visible par tous, apparaît une troisième image, troublante car elle ne correspond à aucune des deux autres. Ce n'est ni l'enfant imaginaire, c'est impossible, ni l'enfant réel car l'image vue n'est pas une photo (regardez donc la page 152), mais une création de la machine comme le dit Roger Bessis ; on ne peut d'ailleurs la comprendre qu'avec un interprète. Et la mère n'est pas toujours heureuse de cette intrusion dans son intimité.

Le père y gagne davantage ; ce ventre dont il est parfois jaloux jusqu'à souhaiter d'être lui-même enceint, lui livre une partie de son secret sans qu'il lui faille attendre le dévoilement de la naissance, et l'image le rassure : cette forme dont il a peine à distinguer le contour, dont il voit les mouvements, c'est son enfant, c'est son rêve qui prend corps. Quant à l'enfant, hier caché dans le ventre maternel, y menant jusque-là une vie secrète dont témoignaient seuls les battements du cœur, d'être ainsi projeté sur un écran l'a transformé en vedette : et plus encore depuis que la science a établi que ce fœtus, il en savait bien plus qu'on ne croyait. La mère, elle, savait déjà toutes ces choses, ou du moins les soupçonnait-elle, mais lorsqu'elle en parlait, personne ne prêtait vraiment attention à ses propos. Ou alors on les mettait sur le compte d'une imagination débordante.

Or, peu à peu, pas à pas, les chercheurs ont établi que l'enfant, avant de naître, avait de multiples perceptions sensorielles, en particulier qu'il entendait — les nouvelles vont vite — dès 6 mois, Bach, Mozart, et en tout cas son père...

C'est dans des communications prudentes, en termes de spécialistes, et en émettant des réserves, que les chercheurs ont détaillé d'autres capacités du fœtus. Mais les médias traduiront en raccourcis saisissants : « Le fœtus super star », ou bien : « On en est sûr, avant de naître, votre bébé comprend tout »...

Conséquence : la naissance n'est plus ce qu'elle était, ce n'est plus rupture, mais continuation, passage : avant de naître le bébé a déjà commencé l'apprentissage de la vie et sur cette terre, au contact de son environnement, il mettra au point ses acquis, il développera ses performances ; il est bien équipé pour le faire, on le dit « compétent ».

C'est de tout cela que j'ai voulu parler dans ce chapitre sur la vie avant la naissance ; il témoigne de la richesse des travaux sur le fœtus. Ce chapitre est d'ailleurs le plus important du livre, sa colonne vertébrale.

En effet en lisant « La vie avant la naissance » vous comprendrez toutes les recommandations faites ailleurs : pourquoi cette prudence des trois premiers mois, pourquoi ces douleurs, pourquoi cet apaisement, tout s'explique par le développement de l'enfant ; c'est d'ailleurs bien normal.

On me pose souvent la question : pourquoi faites-vous une nouvelle édition chaque année. La réponse est simple : elle est indispensable si je veux informer utilement le lecteur. Inutile de chercher les sujets, ils abondent chaque fois.

C'est ainsi que « J'attends un enfant » rend compte en les exposant, ou bien en les discutant si nécessaire — car ce livre n'est pas un lexique, il prend parti — de toutes les questions pouvant intéresser les futurs parents, c'est-à-dire : nouvelles découvertes de l'obstétrique ou de la génétique, progrès dans la surveillance de la grossesse, changements si fréquents dans la législation sociale, aussi bien que de la nouvelle mode pour les futures mères ou pour les nouveau-nés, etc. Pour avoir une idée de ce que recouvrent trois petits mots mis en tête du livre et qui passent souvent inaperçus : « Mise à jour », il suffirait de comparer les index des différentes éditions de « J'attends un enfant ». Par les textes nouveaux, mais aussi les textes supprimés qui témoignent souvent de victoires de la médecine, les changements de mentalités, les désirs des jeunes couples d'aujourd'hui, comme cette réappropriation de la naissance, cette autre manière de donner la vie.

Et c'est pourquoi « J'attends un enfant » est un livre vivant, toujours nouveau, écrit pour vous l'année même où vous en avez besoin.

Chaque nouvelle édition pose des problèmes pratiques : comment insérer les modifications (toujours des plus, rarement des moins) dans un nombre de pages qui reste fixe, sauf exception.

Sans Jean Paoli, directeur technique des Éditions Pierre Horay, le problème serait chaque fois insoluble. Heureusement il est là et finalement tout est casé et à temps. Même lorsque à la dernière minute j'arrive avec un paragraphe : « Je vous promets, c'est important, c'est essentiel... » Je tiens à remercier ici, Jean Paoli, pour sa patience, son art et sa compréhension.

Cette mise à jour régulière représente un travail permanent : rencontres avec les chercheurs de différents pays, voyages pour assister aux congrès importants, contacts avec les associations de plus en plus nombreuses qui s'intéressent à la naissance, étude des propositions que ces associations formulent ; rapports, à tous les niveaux, avec les responsables de la maternité, lecture des publications intéressantes, tant françaises qu'étrangères, etc.

On comprendra que ce travail est celui d'une équipe.

Je citerai d'abord Agnès Grison. Lorsqu'elle m'a rejointe il y a 15 ans, fraîche émoulue de Sciences Po, à priori sa formation ne la préparait guère au poste qu'elle occupe maintenant ; mais sa curiosité d'esprit, son sens critique, ses intérêts et ses contacts avec des spécialistes lui ont peu à peu permis d'acquérir une grande compétence dans le domaine de la naissance et de l'enfance. C'est ainsi qu'elle est devenue aujourd'hui la cheville ouvrière de l'équipe de « J'attends un enfant ».

C'est avec elle que je mets sur pied chaque nouvelle édition, que je discute chaque nouveau chapitre jusqu'à ce qu'il ait pris sa forme définitive. Elle a l'œil à tout. En un mot Agnès Grison collabore avec dynamisme à chaque étape de la mise à jour permanente de ce livre.

J'ajoute que depuis qu'elle nous a rejoints, Agnès nous a apporté le fruit de son expérience personnelle : avec Juliette, Benjamin et Pauline, elle a vécu par trois fois l'aventure de « J'attends un enfant ».

Le docteur Guy Chevallier, ancien interne des Hôpitaux de Paris, ancien chef de clinique gynécologique et obstétricale, est le gynécologue-accoucheur de « J'attends un enfant ». Étant donné l'importance de toutes les questions médicales dans ce livre, on comprend le rôle essentiel que joue Guy Chevallier dans l'élaboration des textes concernant la santé de la maman et du bébé à naître.

Au cours de nos discussions, ce que j'apprécie particulièrement chez Guy Chevallier, c'est son souci constant de pousser les femmes à se poser des questions, à prendre elles-mêmes leurs responsabilités et leurs décisions. Ce que j'apprécie également, c'est son attitude devant la nouveauté : il ne l'accepte pas d'emblée, faisant bien la différence entre la mode et les progrès, mais il sait accueillir chaleureusement tout ce qui peut vraiment améliorer la vie de la future mère.

Il y a 10 ans que j'ai demandé au docteur Chevallier de rejoindre notre équipe. Depuis il a bien voulu se charger en outre du courrier nécessitant la réponse d'un spécialiste.

Danielle Rapoport, psychologue en service de pédiatrie, membre du Comité de Rédaction des Cahiers du Nouveau-né, connue pour la compétence avec laquelle elle défend la cause de l'enfant né ou à naître, est la psychologue de notre équipe.

Toujours pressée mais toujours disponible, elle arrive pour dix minutes et reste trois heures à discuter de la formation de l'inconscient chez le nourrisson, de la déprime de la jeune mère ou de bien d'autres sujets.

Jacqueline Sarda, ma plus ancienne collaboratrice — elle a travaillé à la première édition —, a la tâche précieuse et parfois ingrate du chapitre sur la Sécurité sociale et les Allocations familiales. Ce chapitre de 4 pages au début en compte aujourd'hui 30 car il est apparu au fil des éditions que les futurs parents nous demandaient de plus en plus d'aide pour s'y retrouver dans le dédale des formalités.

Isabella Morel est la spécialiste de la littérature anglo-saxonne dont on sait l'importance dans le domaine de la naissance et de l'enfance ; elle lit tout ce qui paraît d'important sur le sujet.

Ceci constitue l'équipe permanente de « J'attends un enfant ». Puis pour chaque édition, je consulte des spécialistes sur des points précis.

Ainsi je remercie pour leur précieux avis, le docteur Roger Bessis, gynécologue-échographiste ; le professeur Claude Béraud, hépatologue qui insiste tant sur les rapports entre l'alcoolisme de la mère et la santé du bébé à naître ; le docteur Aron-Brunetière, dermatologiste ; le professeur Ph. Tcherdakoff, spécialiste de l'hypertension artérielle dont on sait le rôle pendant la grossesse, et le professeur Claude Got que j'ai consulté à propos du port de la ceinture en voiture. Enfin, le docteur J.-P. Corbineau qui, pour cette édition 1988, m'a donné les dernières précisions sur les tests de grossesse.

Ce qui concerne la compétence du nouveau-né a particulièrement bénéficié de mes rencontres avec T. Berry Brazelton. Pour tout ce qui touche à ce qu'il a lui-même appelé « l'Aube des sens », je suis infiniment redevable à Étienne Herbinet. J'aurai souvent l'occasion de parler des livres remarquables de ces deux médecins, que j'ai eu la chance de pouvoir éditer ; étant associée aux Éditions Stock, j'ai en effet la possibilité de faire paraître les livres qui me semblent importants dans le domaine de la naissance et de l'enfance.

J'ai gardé pour la fin peut-être le plus important. Tout mon travail est soutenu par les lectrices et les lecteurs.

Chaque matin apporte leurs lettres m'apprenant que le message est passé, transformant le monologue de l'auteur en dialogue avec ceux pour qui il a écrit, faisant des suggestions, parfois des critiques, toujours des encouragements à poursuivre.

C'est pourquoi les années qui se sont écoulées depuis la première édition sont si précieuses : les milliers de lettres qu'elles m'ont apportées représentent une expérience irremplaçable.

Maintenant je vous laisse à votre lecture en vous souhaitant bonne route. Les mois qui s'ouvrent devant vous sont parmi les plus riches que puissent vivre une femme et un homme.

L.P.

Quelques uns des changements et nouveautés 1988

Chaque fois que j'ai fini la mise à jour d'une nouvelle édition, je pense qu'il n'y aura guère de changements pour la prochaine. Mais lorsque l'année suivante je me remets au travail, je constate que dans de nombreux domaines il y a déjà à revoir, refaire, ôter, ajouter, pour pouvoir offrir aux lecteurs un livre parfaitement à jour.

Ainsi cette année, outre une centaine de changements « mineurs », il y a :

- un nouveau texte sur l'amniocentèse,
- les précisions qu'on peut donner à ce jour sur le SIDA,
- de nombreuses informations sur la médecine fœtale,
- enfin, dans le chapitre alimentation, l'introduction des folates, une substance minérale contenue par exemple dans le cresson et les légumes verts, substance qu'on a toujours absorbée, mais dont on a découvert aujourd'hui seulement l'importance pour le bébé à naître,
- et bien sûr, dans le memento pratique, toutes les nouveautés 88 à propos des différentes allocations et de la sécurité sociale.

J'attends un enfant

CHAPITRE 1

Suis-je enceinte ?

C'est sans doute un calendrier qui vous a donné la plus grande émotion de votre vie. Vous l'avez regardé, sceptique ou anxieuse. Vous avez fait un calcul rapide, puis vous avez refait ce calcul minutieusement : 28... 29... 30... Deux, trois jours vous séparent déjà de la date régulière. Et, à mesure que cette date s'éloigne, la question devient plus pressante : « J'attends peut-être un enfant. » Quelle hâte vous avez d'en être sûre ! En même temps parfois aussi, quelle appréhension ! Il n'y a pas de domaine où l'ambiguïté soit plus grande, où le désir se mêle plus facilement au refus, et où les sentiments semblent si contradictoires ; vous le constaterez vous-même et je vous en reparlerai souvent.

Lorsque l'hypothèse sera devenue réalité, ce calendrier qui vous a donné l'éveil ne vous quittera plus. Pendant neuf mois, il va être votre guide : le premier mois, voir le médecin ; le troisième, s'inscrire à la maternité ; le quatrième, tricoter ; le huitième, faire sa valise.

Ce calendrier sera aussi votre ami, puisqu'il vous racontera la vie de votre enfant : il a quatre semaines, son cœur bat ; il en a huit, son visage se dessine ; il en a seize, vous allez le sentir bouger. Et ce n'est que vers la fin que ce calendrier vous semblera hostile. Car vous n'arriverez pas à lui arracher son secret : cette date que vous voudriez tant connaître, celle du jour où naîtra votre enfant.

Mais vous n'en êtes pas encore là. Pour l'instant, ce qui vous importe le plus, c'est d'avoir une certitude, de savoir si cet enfant vous l'attendez vraiment. Pour cela, il faut que vous connaissiez les signes de la grossesse. Certains se manifestent très tôt et seront faciles à reconnaître par vous-même. D'autres ne seront manifestes que pour le médecin. Je vous parlerai d'abord des premiers.

Les signes de la grossesse

La grossesse s'annonce par certains signes. Le plus important, et en général le premier, est l'arrêt des règles, ou aménorrhée en terme médical. Mais ce signe n'a pas de valeur absolue. Même si vos règles ont un retard de deux ou trois jours, vous ne pouvez pas en conclure que vous êtes enceinte, vous pouvez seulement le présumer, à condition :

- que vous ayez un cycle régulier, tout en sachant qu'un retard de quelques jours peut se produire en dehors de toute grossesse ;
- que vous soyez en bonne santé. En effet certaines maladies (infectieuses ou autres) suffisent parfois à provoquer un retard de règles ;
- que vous ne soyez pas dans des circonstances particulières telles que voyages, changement de climat, vacances, qui peuvent perturber le cycle ;
- que vous soyez loin de la puberté et de la ménopause, périodes où les cycles sont souvent irréguliers.

Autrement dit, on peut affirmer : une femme qui a ses règles n'est pas enceinte *. En revanche, on ne peut dire : une femme qui n'a pas ses règles est *sûrement* enceinte.

La présomption de grossesse sera renforcée si l'arrêt des règles s'accompagne de certains symptômes ou malaises :

- simples nausées s'accompagnant, dans cinquante pour cent des cas, par des vomissements bilieux au réveil, alimentaires dans la journée ;
- manque d'appétit pour tous les aliments ou dégoût pour certains ;
- parfois, au contraire, augmentation de l'appétit, ou goût très prononcé pour certains aliments ;
- modification de l'odorat : certaines odeurs deviennent insupportables, même s'il s'agit du parfum le plus raffiné ;
- sécrétion inhabituelle de salive ;
- aigreurs d'estomac, lourdeurs après les repas donnant une grande envie de dormir dans la journée ; de toute manière, lorsqu'on attend un enfant, dès les débuts on a souvent plus sommeil que d'habitude ;
- constipation ;
- envies fréquentes d'uriner ;
- augmentation précoce du volume des seins qui deviennent lourds et tendus.

L'aréole, partie brune et concentrique qui entoure le bout du sein, gonfle. Le mamelon lui-même est plus gros et plus sensible. Enfin, signe important mais qui ne sera peut-être visible que pour le médecin, sur l'aréole apparaissent de petites saillies, qu'on appelle les tubercules de Montgomery.

Signes visibles par le médecin

Vous venez de voir les signes qui annoncent une grossesse.

Il ne faut pas que cette énumération vous effraie. Je vous cite les principaux troubles ou malaises qui *peuvent* accompagner le début d'une grossesse, mais la grossesse peut aussi débuter et se poursuivre sans qu'aucun de ces petits malaises n'apparaisse ; ou bien ceux-ci peuvent être si atténués qu'ils passeront inaperçus.

Mais même si vous avez remarqué un ou plusieurs de ces symptômes, vous ne pouvez avoir la certitude que vous recherchez. La seule idée que vous êtes peut-être enceinte a pu les faire naître. Car la plupart des malaises — comme vous le verrez plus loin — sont d'origine nerveuse. Dites-vous seulement que vos chances augmentent, que l'hypothèse se renforce, et allez voir un médecin ou une sage-femme. (Dans ce livre, j'emploierai le mot « médecin » pour désigner la personne que vous consulterez ou qui vous assistera dans votre accouchement. Cette personne — j'en reparlerai plus loin — pour tous les cas normaux peut aussi bien être une sage-femme **. Cependant pour la commodité du texte, je ne répéterai pas chaque fois : le médecin ou la sage-femme.)

---

* Encore faut-il que ces règles soient absolument normales dans leur date de survenue, leur abondance et leur durée : la moindre anomalie, ou la reprise de saignements quelques jours plus tard, doivent alerter car ils peuvent témoigner d'une grossesse débutante, mais anormale (menace de fausse-couche ou grossesse extra-utérine).

Par ailleurs, signalons, bien que le cas soit rare, qu'il arrive qu'une femme enceinte continue, à la date théorique de ses règles, à avoir une ou deux fois des pertes de sang. Celles-ci sont généralement moins abondantes que les règles habituelles.

** Notons toutefois comme vous le verrez page 214 que le premier examen prénatal doit être fait par un médecin.

En vous examinant, le médecin vous dira, suivant le moment où vous le consulterez, si vraiment vous attendez un enfant. Nous disons : « suivant le moment », car un médecin ne peut être affirmatif avant un mois et demi de grossesse, c'est-à-dire au moment où, pour la deuxième fois consécutive, les règles n'apparaissent pas *.

Le médecin va procéder à un examen gynécologique pour voir si votre utérus s'est modifié. L'utérus d'une femme enceinte est bien différent de celui d'une femme qui ne l'est pas. Il a changé de forme (il est devenu rond alors qu'il était triangulaire), de consistance (ramolli au lieu de résistant), et surtout de volume. Ce changement de volume, insensible pour vous au début, est perceptible pour le médecin. Dès la sixième semaine, l'utérus a la taille d'une petite orange et cette augmentation régulière de volume va se poursuivre progressivement. C'est elle qui permettra au médecin d'établir son diagnostic. Mais cela demande quelques semaines. C'est pourquoi, après un retard de seulement huit jours, le médecin ne peut vous donner une réponse définitive.

Vous êtes peut-être suivie régulièrement par un gynécologue. Dans ce cas, un seul examen vers la sixième semaine qui suit la date des dernières règles lui suffira pour se rendre compte si votre utérus s'est modifié, et pour vous donner une réponse. Par contre, si le médecin que vous avez l'intention d'aller consulter ne vous a jamais vue, il faudra peut-être qu'il procède à deux examens pour apprécier l'augmentation du volume de l'utérus. Vous irez le voir une première fois après un retard de huit à dix jours, une deuxième fois deux à trois semaines plus tard. Mais, si pour une raison ou une autre, vous êtes vraiment pressée, vous verrez plus loin que certains examens permettent d'établir précocement un diagnostic de grossesse.

Vous avez intérêt
à être fixée rapidement

Il est important de savoir de bonne heure si vous êtes enceinte, car il y a des précautions à prendre pendant les trois premiers mois, ceux où l'œuf a le plus besoin d'être protégé car il est le plus fragile. C'est pourquoi le médecin vous soumettra à un examen complet pour savoir si rien dans votre état actuel — diabète, par exemple — ou même dans votre état antérieur (car la grossesse réveille certaines maladies) ne risque de compromettre la suite de votre grossesse. Le médecin fera peut-être faire un dosage des hormones pour vérifier si leur taux est normal.

Et puis, il y a une autre raison très importante : tous les organes de votre futur bébé vont s'ébaucher dans les deux premiers mois de la grossesse. Il faut donc être particulièrement prudente pendant cette période.

---

* La grossesse commence le jour de la conception. Or, vous le verrez au chapitre 5, la conception a lieu à peu près au milieu du cycle menstruel. Par conséquent, au premier jour de retard des règles, si vous êtes enceinte, votre grossesse a déjà deux semaines. Elle aura un mois et demi, quatre semaines plus tard, au moment où, pour la deuxième fois, vos règles manqueront.

En attendant d'être fixée, dès le premier jour de retard des règles, par prudence ne prenez plus de médicament. Si vous suivez un traitement, demandez au médecin si vous devez le poursuivre. Évitez tout malade contagieux. Ne faites pas de vaccinations sans savoir si elle est permise. Au cas où une radiographie vous serait prescrite, signalez que vous êtes peut-être enceinte. Évitez les viandes crues ou peu cuites. Lavez soigneusement les salades et les fruits. Vous verrez plus loin le pourquoi de ces différentes recommandations.

Si vous avez hâte de savoir...

Aujourd'hui, il est facile de savoir pour une femme si elle est enceinte ou non grâce aux tests de grossesse à faire soi-même. Pendant longtemps, cette possibilité a été réservée aux seuls laboratoires.

Les tests de laboratoire

Ces tests reposent tous sur le même principe : rechercher dans les urines ou le sang de la femme supposée enceinte une hormone * sécrétée par l'œuf (donc caractéristique de la grossesse) et appelée gonadotrophine chorionique.

Il existe deux types de tests : biologiques et immunologiques. Dans la réaction biologique de grossesse, on injecte le sang ou l'urine de la femme à un animal de laboratoire. En cas de grossesse, on observe des modifications caractéristiques au niveau de l'appareil génital de l'animal. Actuellement ces tests sont pratiquement abandonnés.

Dans la réaction immunologique, l'urine de la femme n'est plus injectée à un animal mais simplement mise au contact de sérums spécialement préparés, « sensibilisés » à l'hormone de grossesse. C'est, pourrait-on dire, une simple réaction « en tubes » qui demande moins de personnel et de matériel que la précédente. De plus, la réponse est beaucoup plus rapide (quelques minutes pour certains tests). Pour ces raisons, le test immunologique a connu un essor extraordinaire depuis dix ans. En même temps, on a réussi à en améliorer la fiabilité qui est maintenant la même que celle de la réaction biologique, c'est-à-dire de 96 % à 98 %. La réaction immunologique peut aussi être pratiquée avec le sang. Elle permet de détecter une grossesse de quelques jours (avant même un retard de règles). Cependant avec le sang les méthodes sont complexes et ne sont pratiquées qu'en laboratoire. On les utilise surtout quand une anomalie (saignement, douleur) incite à rechercher rapidement l'existence possible d'une grossesse pour éclairer le diagnostic médical.

---

* Les hormones sont des substances chimiques sécrétées par les glandes dites *endocrines ou à sécrétion interne* parce qu'elles déversent leurs produits non pas en dehors de l'organisme, mais à l'intérieur, dans la circulation sanguine. Elles coopèrent au fonctionnement régulier de l'organisme. Certaines hormones sont communes aux hommes et aux femmes, d'autres sont propres à chaque sexe, ce sont les hormones sexuelles.

Les tests à faire soi-même

Sous différentes marques, les tests vendus en pharmacie reposent tous sur le principe des tests immunologiques décrits plus haut. Leur manipulation est simple ; ces tests donnent une réponse en quelques heures, et même en quelques minutes pour les plus récents. Les indications pratiques sur leur emploi sont données dans chaque boîte ; il importe de les suivre sans négliger aucun détail. Quelques erreurs sont dues à des fautes de manipulation.

Si votre test est positif, il signifie presque certainement que vous êtes enceinte (les fausses réponses positives sont très rares). Par contre, si le test est négatif, l'hypothèse de la grossesse ne peut être formellement éliminée. C'est le cas, par exemple, d'un test fait trop tôt, avec un retard de règle trop court, donc avec une grossesse trop récente. Ces tests ne sont en effet pas toujours très sensibles ; ils restent négatifs au-dessous d'un certain taux d'hormones de grossesse et peuvent ne devenir positifs que vers le 10e jour de retard de règles. Le délai indiqué par le fabricant n'a qu'une valeur de moyenne : deux femmes ayant une grossesse du même nombre de jours n'ont pas exactement le même taux d'hormone (il s'agit de variation d'un individu à l'autre), elles peuvent donc obtenir avec le même test des résultats différents. On peut essayer de raccourcir d'un jour ou deux ce délai d'attente en utilisant la première urine du matin (en ayant peu bu la veille). On obtient ainsi une urine plus concentrée.

En pratique : si vous n'hésitez pas devant la dépense, le plus simple est de commencer par faire un test acheté en pharmacie. L'avantage est que vous n'avez besoin ni d'ordonnance, ni d'aller dans un laboratoire. L'inconvénient est que ces tests (qui coûtent de 50 à 100 francs) ne sont pas remboursés par la Sécurité sociale, alors que le test fait par un laboratoire est remboursé s'il a été prescrit.

Pour résumer, si le test est positif, vous pouvez considérer la grossesse comme quasi certaine. S'il est négatif et si votre retard de règles se prolonge, il est préférable de consulter le médecin, qui fera probablement faire un examen de laboratoire. Ce dernier peut en effet, à la différence des tests à faire soi-même, doser la *quantité* d'hormone de grossesse et pas seulement en détecter la présence.

Il y a enfin un moyen plus simple et plus rapide encore de connaître une grossesse à son début, mais il n'est à la portée que des femmes qui connaissent la méthode de la température (expliquée page 29), et l'appliquent régulièrement. En effet, lorsqu'il y a grossesse, au lieu de baisser, la température reste haute. Et c'est ainsi que la persistance de la température haute en l'absence de règles est un signe précoce de grossesse. Elle permet de reconnaître celle-ci dès les premiers jours de retard : dès le 16e jour de température élevée, il y a présomption de grossesse, et, au 20e jour, c'est-à-dire après une semaine de retard, cette présomption devient une certitude.

Dans l'éventualité (bien improbable) où vous ne vous soumettriez à aucun examen au cours des trois premiers mois, d'autres événements physiologiques viendront renforcer plus tard la présomption de grossesse : vers trois mois, apparition d'un liquide blanchâtre sécrété par le mamelon des seins si on le presse, le *colostrum* ; augmentation progressive du volume de l'utérus qui devient visible vers le quatrième mois ; enfin mouvements perceptibles de l'enfant vers quatre mois et demi. Mais nous ne saurions trop vous déconseiller d'attendre aussi longtemps. Il est d'ailleurs bien rare aujourd'hui, où un premier examen médical est obligatoire avant la fin du troisième mois pour bénéficier de la Sécurité sociale et des Allocations familiales (voir *Mémento pratique*, page 427), qu'une femme attende que son enfant bouge pour aller consulter un médecin.

C'est non :
vous n'êtes pas enceinte

Vous venez d'apprendre que vous n'êtes pas enceinte. Le retard de règles qui vous avait fait croire à une grossesse avait une autre cause. Avec le retour de vos règles et la reprise de cycles normaux reviendra la possibilité d'une grossesse.

Si vous êtes déçue de ne pas être enceinte, sachez que la maternité est moins facile ou se fait attendre plus longtemps chez certaines femmes que chez d'autres. C'est pourquoi il peut être important pour vous de connaître la période la plus propice à la fécondation, celle que l'on appelle la période fertile. Vous verrez plus loin (chapitre 5) que la fécondation ne peut avoir lieu qu'au moment où un événement important se produit dans l'organisme : l'ovulation, c'est-à-dire la « ponte » du germe féminin ou ovule. Cette ovulation se produit généralement, chez les femmes qui ont un cycle de 28 jours, vers le 14e jour (en comptant à partir du premier jour des règles).

Mais cette ovulation ne se produit pas toujours à date fixe ni chez une même femme ni d'une femme à l'autre (elle varie par exemple avec la longueur du cycle). Vous pouvez en connaître précisément le moment (donc la période où vous êtes fertile) grâce à la méthode de la température.

Vous en avez peut-être entendu parler comme d'un moyen de contraception : il est possible, c'est vrai, de s'en servir dans ce but. Mais la température permet avant tout de se connaître, de connaître son cycle, donc de pouvoir déterminer avec précision le moment où se produit l'ovulation, et, par là, de savoir les jours où l'on est féconde et ceux où l'on est stérile. Et c'est ainsi que la méthode de la température peut aussi bien être utile à celle qui veut un enfant qu'à celle qui n'en veut pas. Cette méthode vous la trouverez exposée plus loin.

Prendre sa température n'est évidemment pas suffisant ; même lorsque les rapports ont lieu en période fertile, ils ne sont pas toujours immédiatement fécondants et les chiffres nous montrent que seulement 30 % des couples voient survenir dès le premier cycle la grossesse désirée. Les autres devront attendre trois ou quatre mois. Faire enlever son stérilet, arrêter de prendre la pilule ne veut pas dire que l'on sera enceinte dès le cycle suivant*. Cela signifie simplement que l'on se donne de nouveau la possibilité de concevoir, et que la nature (ou la Providence) décidera. Cette notion d'attente possible va certes à l'encontre de l'idée actuelle que l'on programme une naissance comme un voyage, mais, heureusement allais-je dire, les choses sont moins mathématiques.

« Un enfant si je veux, quand je veux », ce slogan qui a eu son heure de célébrité peut induire les couples en erreur, et les plonge souvent dans le desarroi. J'ai entendu une jeune femme dire : « J'ai passé l'agrégation sans problème, et je ne vais pas arriver à avoir un enfant ? »

L'impatience des couples à avoir un enfant à la minute où ils le souhaitent est certes compréhensible ; elle est d'ailleurs souvent d'autant plus grande que la

---

* D'autant que, pour la pilule par exemple, il est préférable d'attendre deux ou trois cycles avant de mettre en route une grossesse.

période de non désir a été plus longue. Mais l'impatience ne doit pas, pour autant conduire les couples à penser à la possibilité d'une stérilité, et à consulter trop rapidement un médecin. Cette consultation ne se justifie qu'après un minimum de cinq à six mois sans grossesse.

Et si le médecin lui-même parlait de stérilité, ne pensez pas que tout espoir soit perdu. La stérilité peut avoir de nombreuses causes dont beaucoup sont guérissables * .

Et l'âge, quelle influence a-t-il sur la conception ? Théoriquement, la conception est possible tant qu'il y a ovulation, c'est-à-dire jusqu'à la ménopause. Pratiquement la fertilité de la femme commence à diminuer après 35 ans.

La méthode de la température

Prenez votre température rectale tous les matins, à jeun, avec le même thermomètre, à la même heure, avant de vous lever (une activité même minime peut faire monter la température de quelques dixièmes. Si vous vous êtes levée, puis recouchée, laissez passer une heure avant de prendre votre température). Notez-la sur un graphique spécial que vous aurez demandé au pharmacien.

A mesure que les jours passent, vous constatez des hauts et des bas dans votre tracé : ils sont minimes. Mais, un jour, vous remarquerez une nette élévation de niveau : si, par exemple, la courbe se situait jusqu'alors aux alentours de 36° 5, vous verrez que le tracé est monté à 37°, même s'il y a des hauts et bas minimes autour de ce chiffre. Puis, un jour, la température redescend à son niveau initial (36° 5 dans l'exemple choisi). Ce jour est celui de la veille des nouvelles règles. La température redescend sauf en cas de grossesse. La température haute en l'absence de règles est même un des premiers signes de grossesse.

En regardant maintenant la courbe que dessine la température au long du cycle, vous verrez qu'il y a une période de température basse, puis une période de température haute.

C'est ce décalage de la température qui permet de repérer le moment où a lieu l'ovulation : le décalage de la température peut se produire en 24 heures, mais parfois aussi en quelques jours. Dans le premier cas, l'ovulation se situe le dernier jour de la température basse. Dans le second cas, elle se situe le premier jour où la température commence à monter.

Connaissant le moment où se produit l'ovulation, vous saurez les jours où les rapports peuvent être fécondants. Ce sont :
- le jour de l'ovulation, bien sûr,
- les deux ou trois jours qui précèdent cette ovulation.

Pourquoi les jours qui précèdent ? Parce que les spermatozoïdes ont un pouvoir fécondant dont la durée est discutée, mais qui en tout cas n'est pas inférieure à deux ou trois jours. L'ovule, quant à lui, meurt au bout de 24 heures s'il n'est pas fécondé. Vous entendrez peut-être dire par des femmes se servant de la température comme méthode contraceptive que la période féconde est plus longue : c'est parce que si l'on veut vraiment éviter une grossesse, il faut compter plus large.

---

* Nous vous recommandons sur ce sujet le livre du docteur Guy Chevallier, *Je veux un enfant*, véritable guide des couples stériles, ou qui croient l'être. Stock éditeur.

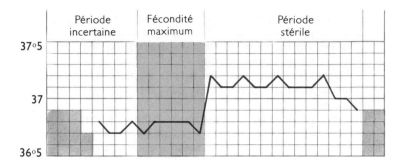

Exemple de courbe de température. Dans ce cas, la température a décalé en 24 heures : l'ovulation se situe au dernier point de température basse. (Horizontalement, chaque carreau représente un jour.)

Comment distinguer une élévation de température due à une maladie d'une élévation due à l'ovulation ? C'est très différent car, en cas de maladie avec fièvre, la température s'élève nettement plus haut que la normale. En outre, elle ne se maintient pas au niveau supérieur, mais elle continue à monter, ou bien elle redescend : on n'observe pas sur la courbe les deux niveaux caractéristiques. Puis, d'autres symptômes surviennent : la fièvre est rarement l'unique symptôme d'une maladie. Il n'y a donc pas de risque de confusion.

Cette méthode peut sembler un peu contraignante. Mais si, dans les premiers temps, vous avez intérêt à noter la température tout au long du cycle afin de vous familiariser avec l'allure générale de votre courbe, au bout de quelques mois, il vous suffira de noter la température seulement le temps nécessaire pour reconnaître le décalage thermique, c'est-à-dire au maximum dix jours par mois.

Les courbes peuvent présenter différentes anomalies. Les plus importantes sont : l'absence de décalage de la température ; et, au cours de la deuxième phase, la baisse prématurée de la température, celle-ci devant normalement se mainte-nir au-dessus de 37° pendant 10-12 jours. Comme ces anomalies révèlent un mauvais fonctionnement des hormones, si votre courbe est anormale, signalez le fait au médecin. De toute manière, vous avez intérêt à montrer vos courbes à un médecin si vous avez un problème quelconque : il y trouvera de précieuses indications sur la manière dont se déroule votre cycle. Il faut ajouter que certaines courbes sont difficiles à lire.

Un nouveau moyen vient d'apparaître pour vous permettre de dépister vous-même le moment de l'ovulation. Ce test (appelé *Discretest* *) décèle l'appa-rition dans les urines d'une hormone fabriquée par l'hypophyse et appelée en abrégé L H. C'est cette hormone qui va provoquer l'ovulation et son apparition précède l'ovulation de 24 à 36 heures. A ce moment-là, le test devient positif. Ce test est fait sur les premières urines du matin et donne un résultat en 30 minutes. Il est souvent nécessaire de refaire le test pendant les 3 à 4 jours qui précèdent la date théorique de l'ovulation.

* 280 F pour sept dosages.

C'est oui : vous êtes enceinte

« J'attends un enfant » : il est peu de mots qui ont autant de résonances dans l'esprit, d'une femme. Dès le moment où elle est sûre d'être enceinte, des sentiments nombreux et contradictoires l'envahissent.

Ce n'est jamais tout simplement « Je suis très heureuse » ou « Je suis très déprimée ». Même à la joie se mêle la crainte devant l'inconnu, même à la déception se mêle la fierté d'être capable d'avoir un enfant.

Et à ces différents sentiments s'ajoutent mêlés : l'émotion d'être en face d'un événement lourd de conséquences, l'excitation, car l'on devine que l'on ira de découverte en découverte, le désarroi devant une situation inconnue si c'est un premier enfant, la curiosité de vivre à son tour l'aventure de la maternité, l'inquiétude de voir son corps se déformer, la crainte de moins plaire à son mari, etc. Mais, dans tous les cas, une certitude : rien ne sera plus comme avant.

Il est difficile, même avec beaucoup d'imagination, de prévoir le bouleversement qu'amènera dans la vie d'une femme, dans la vie d'un couple, la venue d'un enfant. Alors, en attendant, on fait des projets, on tâche d'intégrer matériellement la grossesse dans la vie à deux ; et c'est le moment où se pose la question : « Qu'est-ce qui *va* changer dans ma vie de tous les jours, qu'est-ce qui *doit* changer ? »

À cette question, je réponds dans le prochain chapitre, où je vous parlerai travail, voyage, sport, etc. En attendant de voir en détail ce qui changera dans votre vie, je voudrais vous signaler tout de suite un changement important.

Vous devrez prendre l'habitude d'aller régulièrement consulter le médecin, même si vous vous sentez en parfaite santé, même si vous avez l'impression que vous ne vous êtes jamais si bien portée. Pourquoi aller voir le médecin ? La grossesse serait-elle une maladie ? Certes non, c'est même le contraire.

La maladie est un état anormal (pathologique) que le corps n'a pas prévu, qui l'attaque par surprise, qui l'oblige à lutter, et qui le laisse souvent amoindri, du moins pour un temps.

La grossesse, au contraire, est un état normal (physiologique), un état prévu, auquel l'organisme, tous les mois, se prépare ; vous le lirez au chapitre 5 : chaque mois, un ovule s'attend à rencontrer un spermatozoïde pour former l'œuf, la première cellule d'un nouvel être humain. Aussi les règles ne sont-elles jamais que la preuve d'un rendez-vous manqué. Et dès le moment où l'œuf est formé, où l'enfant a été conçu, l'organisme se modifie ; mois après mois le corps s'adapte à son nouvel état et prépare l'accouchement. C'est cela la grossesse, elle entre dans le processus normal de la vie d'une femme. Ce n'est donc pas une maladie. Et il peut arriver qu'une femme se sente en meilleure santé après une grossesse qu'avant.

Alors pourquoi voir le médecin ? Parce qu'aujourd'hui on a des connaissances très précises sur le développement de l'enfant avant la naissance, sur l'influence de l'état de la mère sur ce développement de l'enfant. Et lorsqu'on connaît le fonctionnement intime d'un mécanisme, lorsqu'on connaît tous ses rouages, on peut mieux en surveiller la marche, on sait s'il est nécessaire d'intervenir et comment.

Aujourd'hui, une grossesse se surveille : allez voir le médecin le plus tôt possible, retournez le consulter régulièrement, comme un sportif, qui, au mieux de sa forme, et pour la garder, se fait régulièrement suivre.

Certaines d'entre vous seront choquées que j'évoque dès le début de ce livre la nécessité de voir le médecin si régulièrement : « Vous aussi vous médicalisez la grossesse ! »

Votre but, celui de toute future mère, c'est bien d'avoir un enfant en bonne santé ? Cela passe par cette contrainte de faire surveiller la grossesse par des gens qui savent le faire. Je reviendrai sur ce point, lisez la page 219. Pour votre bébé et pour vous-même aussi.

Vous serez peut-être inquiète

Passé la première émotion, cette certitude « J'attends un enfant » va mettre un certain temps à s'imposer dans votre vie. C'est peu à peu que vous allez vous habituer à cette idée, vivre avec elle.

Puis l'idée prendra forme et deviendra un visage : vous essaierez d'imaginer cet enfant. Sera-t-il blond ou brun, aura-t-il les yeux bleus ou gris, vous l'imaginerez déjà dans vos bras, vous vous verrez déjà l'entourant de tous vos soins.

Mais pourquoi attendre ? Mettez tout ce futur au présent, il est là, votre enfant, il est déjà blond ou brun, tous ses caractères physiques ont été déterminés dès l'instant de la conception. Et la couleur de ses yeux, et la taille qu'il aura, et la couleur de ses cheveux.

Il est en vous, il vit. Les Chinois ne s'y trompent pas, qui comptent l'âge de l'enfant à dater du jour où il a été conçu : deux mois après sa naissance, un enfant est âgé de onze mois.

L'enfant est vivant dès la conception : c'est dès cet instant qu'il a besoin de vos soins. En ce moment, il édifie ses os, ses muscles. Il dépend de vous qu'il construise du solide. Car la nourriture et l'oxygène dont il a besoin pour son développement, c'est vous qui les lui apportez. Il vaut mieux prendre des précautions pour ne pas lui transmettre le microbe ou l'intoxication qui le rendraient malade ou l'affaibliraient. C'est la raison pour laquelle je vous ai signalé qu'il y avait intérêt à savoir rapidement si on était enceinte ou non.

Vous allez peut-être être inquiète — beaucoup de futures mères le sont — surtout si c'est la première fois que vous êtes enceinte. C'est pour vous informer que j'ai écrit ce livre, pour vous rassurer, mais pas à n'importe quel prix : je vous promets la vérité sur les questions qui peuvent vous inquiéter ; je vous signalerai les symptômes alarmants ; je vous parlerai des grossesses à risques ; je vous alerterai pour que vous preniez au sérieux tel signe qui vous paraît anodin.

En revanche, chaque fois que vos craintes seront injustifiées, chaque fois que vous serez inquiète pour avoir cru un des innombrables préjugés qui entourent encore la grossesse, je vous rassurerai. Mais, n'attendez pas de moi des affirmations péremptoires, du genre : rien n'est plus aisé que de fixer la date de son accouchement ; rien n'est plus facile que d'accoucher sans rien sentir ; rien n'est plus simple que de décider du sexe de son enfant.

C'est faire peu d'honneur à une lectrice que de la tromper juste pour le plaisir d'un titre alléchant, qui risque d'être démenti par les faits.

Vous avez peut-être d'autres craintes : en devenant mère, saurez-vous préserver votre identité ? Cet enfant ne va-t-il pas submerger toutes vos occupations et préoccupations actuelles ? Et ces craintes sont renforcées par l'entourage qui complaisamment répète : « Tu vas voir, ta vie va complètement changer. »

C'est vrai et c'est faux. Oui, au début les tâches matérielles vont être envahissantes, mais après la période d'organisation, peu à peu, elles vont s'inscrire dans l'ordre quotidien, et vous vous y habituerez. Mais surtout, avoir une nouvelle responsabilité peut vous permettre de vous affirmer, vous rendre plus mûre, plus indépendante de votre entourage. Un enfant c'est souvent un grand pas vers l'autonomie.

Quand accoucherai-je ?

A peine sait-elle qu'elle est enceinte, qu'une future mère se pose la question. Et pas seulement elle, mais le mari, l'entourage, les amis : « C'est pour quand ? » Si c'est aussi la question que vous vous posez dès le début, lisez dans le chapitre 11, la première partie : « Date prévue ».

Attendre à deux

On m'a parfois reproché de n'avoir pas appelé mon livre « Nous attendons un enfant ». Eh bien, je persiste et signe : « J'attends un enfant. » Au sens strict du terme, seule la femme peut le dire. C'est son ventre qui porte l'enfant. C'est son corps qui tous les mois, au cours de trois à quatre cents cycles, se prépare à une éventuelle conception avec les inconvénients que cela représente dans sa vie quotidienne. En échange de cette contrainte, on peut laisser à la femme sans le lui disputer, le privilège de pouvoir dire un jour « J'attends un enfant » ; fierté mais à la fois fardeau, joie mais à la fois souci, c'est à elle.

Il n'empêche que si la femme porte son enfant dans son ventre, le père et la mère l'attendent tous les deux dans la tête. Psychologiquement, affectivement, intellectuellement, un enfant s'attend à deux, et aujourd'hui beaucoup plus qu'hier.

Avant, les rôles étaient bien définis : du futur père on parlait peu ; de la femme, on disait : elle est dans un état « intéressant », c'est ainsi qu'on annonçait pudiquement une future maternité ; cela montre le chemin parcouru. A l'époque, on n'osait même pas prononcer le mot grossesse ; ce n'était d'ailleurs pas un mal car ce mot est affreux (même en raccourci dans les contes de fées. Vous souvenez-vous ? « La reine devint grosse »).

Mais revenons à notre petite famille : d'un côté la jeune femme et ses nausées, qui s'évanouissait de temps en temps pour justifier l'intérêt qu'on devait lui porter ; de l'autre, le père pour lequel cette période, considérée comme exclusivement liée à la nature féminine, était un mauvais moment à passer. On lui réservait le poids des soucis matériels. Il n'avait pour se consoler que l'assurance que la lignée se prolongerait, et l'espoir qu'il lui naîtrait un fils [*]. Chacun attendait donc de son côté.

Aujourd'hui, de plus en plus, le père est lié à cette attente pour diverses raisons : l'accouchement sans douleur l'a incité à participer aux séances de préparation ; la société l'a poussé à partager tout ce qui concerne l'enfant et « l'avant enfant » si je peux dire.

Le domaine jusqu'alors fermé de la grossesse, de l'accouchement, s'est peu à peu ouvert à l'homme ; il n'est d'ailleurs pas encore possible de savoir jusqu'où ira ce changement et quelles en seront les conséquences. Affaire à suivre.

D'ailleurs, à être tant mêlés à cette attente, certains hommes ont fini par être jaloux, ils voudraient porter cet enfant et le nourrir. C'est pourquoi certains, sans se l'avouer, ou même sans en être conscients, sont contre l'allaitement qui renforce le lien de l'enfant avec sa mère.

Mais pour que « attendre à deux » ne reste pas une formule creuse, encore faut-il que chacun comprenne les réactions de l'autre, ce n'est pas toujours facile : la future mère a parfois des craintes, des hésitations qu'elle ne livre pas, le futur père une attitude qui déroute.

---

[*] Ce « lui » fait allusion au « cadeau » que la femme faisait au mari en mettant au monde un garçon : « Elle lui donna un fils. »

La future mère

Il y a des femmes qui en devenant enceintes changent complètement. Il y en a d'autres chez qui la maternité semble ne rien changer : ni le caractère ni le comportement. C'est pourquoi vous estimerez peut-être, en lisant ce chapitre, que nous avons trop insisté sur telle ou telle particularité de la future mère, ou au contraire que nous l'avons insuffisamment mise en valeur. La psychologie n'est pas une science exacte ; chaque femme a sa manière à elle de devenir mère, manière qui dépend de son âge, de son éducation, de son entourage, de son caractère. Mais, hormis les extrêmes, d'une manière générale une future mère a une psychologie particulière qui évolue avec les mois. Cette évolution est d'ailleurs, et c'est normal, si intimement liée à l'évolution physique, que l'on peut, sans crainte de vouloir systématiser, diviser la grossesse au point de vue psychologique en trois trimestres, comme on la divise en trois trimestres du point de vue physiologique.

Le premier trimestre est un trimestre d'incertitude et d'adaptation. En fait la période d'incertitude se réduit aujourd'hui de plus en plus avec la précocité et la rapidité des tests. « Est-ce que je suis enceinte ? » Avant il fallait plusieurs jours, maintenant il suffit de quelques heures pour avoir la réponse. Mais cela n'empêche pas que, même lorsqu'une femme sait qu'elle attend un enfant, elle n'en est vraiment convaincue que lorsque, cet enfant, elle l'a senti vivre en elle, ou qu'elle a vu son « image » lors d'une échographie.

Incertitude aussi de ses sentiments. Une femme très heureuse d'être enceinte hésite, au début, entre la joie et la crainte. Ce n'est pas encore la crainte de l'accouchement, mais une crainte diffuse faite de plusieurs éléments : peur de l'inconnu (surtout pour un premier enfant) ; ignorance de « ce qui se passe », inquiétude de l'avenir (comment faire face aux problèmes matériels que pose l'arrivée de l'enfant) ; crainte que le mari ne s'écarte pendant quelques mois, etc.

Nausées, insomnies, manque d'appétit : causes ou conséquences de ces sentiments mélangés, rendent les premières semaines souvent fatigantes.

Une autre crainte domine également le premier trimestre : celle d'un accident, car les femmes sont généralement averties que les avortements (fausses couches) se produisent surtout au cours des trois premiers mois.

Ce mélange de joie, de refus, de crainte, caractérise vraiment le premier trimestre. Même si au début le refus domine, en général tout change lorsque la future mère sent bouger son enfant. Le désir de maternité correspond à un instinct si profond que même la femme qui avait juré ne pas vouloir d'enfant, inconsciemment le désire. Et il n'est pas rare de voir une femme qui avait pleuré quand elle s'était vue enceinte, devenir en l'espace de quelques mois très maternelle.

La crainte de l'inconnu entraîne d'ailleurs souvent une sorte de régression, la femme se sent démunie, dépendante comme dans certains états infantiles. C'est peut-être cette peur de l'inconnu qui souvent, et très naturellement, la rapproche de sa mère qui, elle, est passée par là.

Selon les cultures, l'entourage favorise d'ailleurs cet état un peu régressif et y répond avec un certain empressement : par exemple dans les pays maghrébins, la période de la grossesse est tout à fait valorisée ; dans nos pays, moins attentifs, la femme enceinte est pourtant l'objet de sollicitude de la part de ses collègues.

D'ailleurs, plus ou moins consciemment, la future mère se plaît à cet état un peu particulier, d'autant qu'elle se sent plus émotive, plus fragile, physiquement et psychologiquement ; elle cherche à attirer l'attention, à se faire entourer.

Mais en même temps qu'elle vit cette sorte de régression, la future mère se sent devenir adulte, puisque à son tour elle va avoir un enfant, comme l'a eu sa propre mère : elle sera son égale. Lorsque la mère et la fille s'entendent bien, cette évolution dans leurs rapports peut se passer très bien et être utile. Sinon il peut y avoir quelques tensions, surtout lorsque la mère veut montrer qu'elle sait tout, et accable sa fille d'attentions.

Les mères, ou belles-mères, trop interventionnistes sont souvent mal supportées par les futurs parents. Ainsi cette jeune femme agacée par tous les achats que sa mère fait pour le bébé ; ou bien cette future grand-mère qui se substitue à son gendre dans la vie quotidienne de sa fille, donc du couple, ce qui fatigue les futurs parents ; ou encore ce futur grand-père, qui investit trop dans ce prochain petit enfant, en parle tout le temps, fait des projets, etc., et du coup se fait rejeter. L'important est de savoir garder des limites de part et d'autre, sans dramatiser.

La femme qui attend un enfant se rapproche non seulement de sa mère, mais des autres femmes qui ont eu un enfant, c'est ce que remarque T. Berry Brazelton * : « Il peut lui prendre l'envie de rendre visite à sa mère, pour la regarder vivre et, à l'occasion, lui poser des questions sur son enfance. Elle peut aller jusqu'à remuer de vieux conflits avec sa mère, mais elle l'observe avidement et sent qu'elle a de nouveau grand besoin d'elle. Un tel empressement à prendre tout ce qu'elle peut de sa mère risque de les surprendre toutes les deux. Parfois, le désir d'être maternée la pousse à attirer de façon excessive l'attention de sa belle-mère ; elle désire alors être dorlotée et conseillée par la mère de son époux, tout en cherchant à s'en défendre. Elle peut aussi s'en prendre à tous les personnages maternels de son entourage.

« Elle en viendra même à regarder sous un autre jour ses amies et les femmes de sa connaissance qui ont des enfants. La grossesse est certainement le moment où l'on apprend le plus sur soi-même tandis que l'on se prépare à son nouveau rôle. »

De même qu'au début la future mère oscille entre la joie et la crainte, de même est-elle partagée entre ces deux tendances : redevenir enfant et devenir pleinement adulte. Cette ambivalence, ce malaise qu'elle provoque, est une des raisons de ces changements d'humeur que l'entourage a parfois peine à comprendre.

Le deuxième trimestre est celui de l'équilibre. Il est possible d'essayer d'expliquer à un homme l'état d'esprit d'une future mère, mais je ne crois pas qu'il soit possible de lui décrire les sentiments d'une femme qui pour la première fois sent vivre en elle son enfant. L'émotion est si forte, si profonde qu'une femme n'en parle d'ailleurs pas facilement, comme si la pudeur l'en empêchait. Avec ces premiers mouvements commence entre elle et son enfant un dialogue singulier, mystérieux, qui cessera apparemment avec la naissance, mais qui, en réalité, continuera toute la vie. Même lorsque son enfant est grand, la mère inquiète sent sa crainte retentir au plus profond d'elle-même, viscéralement, là où elle portait son enfant.

Ces premiers mouvements ont une grande importance pour toutes les futures mères. Celles qui n'osaient montrer leur joie s'y abandonnent maintenant qu'elles sont sûres d'une présence ; celles qui ne faisaient que tolérer leur

---

* Dans *La Naissance d'une famille*, Éditions Stock.

grossesse l'acceptent franchement. Et, pour les femmes qui au début refusent cet enfant, cette période des premiers mouvements est capitale. Souvent, elle marque le tournant décisif entre le refus et l'acceptation. Lorsque l'acceptation l'emporte, elle sera plus longue à s'exprimer, mais au fil des mois elle se fera plus certaine. Elle dépendra bien sûr beaucoup de l'entourage, mari, parents, amis, mais elle aura eu pour point de départ un signal venu de l'enfant lui-même.

La mère a déjà eu d'autres preuves de la présence de son enfant. Le médecin lui a fait entendre les bruits du cœur et elle voit grâce à l'échographie ce cœur battre. Mais ces preuves ne sont pas qu'à elle, elle les partage avec le futur père et surtout elles lui font en général, dit-elle, moins d'impression que les mouvements. « J'ai vu battre son cœur, je l'ai entendu, j'étais émue mais un seul petit mouvement de son pied dans mon sein m'a bouleversée », m'a écrit une lectrice.

Cette présence de l'enfant agit vraiment comme une grâce sur les pensées, l'imagination, mais aussi sur le corps, tant l'un et l'autre sont liés. Du jour au lendemain, par exemple, le ptyalisme (salivation exagérée), incident fort désagréable des premiers mois, cesse brutalement. En même temps, les nausées disparaissent, le sommeil revient, l'appétit également. Ce deuxième trimestre s'ouvre sous les meilleurs auspices. Il s'écoule paisible ; les incidents sont rares, les complications exceptionnelles chez la femme en bonne santé. Vers 4-5 mois, la grossesse commence à se voir, mais elle n'est pas gênante. Les jeunes femmes d'aujourd'hui surveillent leur poids, elles savent aussi qu'il n'est pas nécessaire de rien changer à leurs activités, à moins de prescriptions particulières.

C'est d'ailleurs ce que fait naturellement une future mère, car elle est alors au mieux de sa forme. Elle n'est pas fatiguée, elle n'a pas de malaises, elle a souvent le teint plus éclatant qu'à l'ordinaire. On voit maintenant qu'elle est enceinte, cet enfant qu'elle porte est la preuve qu'elle est aimée. Certaines jeunes femmes sont très pressées de mettre une robe de femme enceinte, et déçues qu'on ne voit pas encore leur ventre.

Le troisième trimestre est celui du repli. Au premier trimestre l'enfant était un espoir, puis une certitude, mais il n'avait aucune réalité ; au deuxième, il est devenu présence ; au troisième trimestre, il est le centre exclusif des pensées, des intérêts, des préoccupations de la future mère.

Tandis que les événements qui font la trame de la vie quotidienne paraissent la toucher de moins en moins au fur et à mesure que passent les semaines, la mère concentre toutes ses pensées sur l'enfant qu'elle porte : attentive à sa croissance, à sa position et à ses changements de position, à la fréquence de ses mouvements, elle s'inquiète de son volume, de ses périodes de calme ou d'agitation. Elle en parle comme s'il était né, lui attribue des qualités, redoute des défauts physiques ou intellectuels, le replace dans le cadre familial, compare éventuellement sa grossesse actuelle aux précédentes.

Ce repli sur l'enfant est le fait primordial de ce troisième trimestre ; il est important que le futur père en soit averti et le comprenne. Sinon, il risque d'être agacé, même choqué, ou jaloux. Cette évolution de la future mère est normale.

L'enfant bouge de plus en plus, même et surtout pendant le sommeil de sa mère, et par ses mouvements, il attire chaque jour un peu plus son attention. Cette présence de plus en plus encombrante rappelle les préparatifs à faire : un berceau à acheter, une layette à tricoter, une préparation d'accouchement à suivre.

Entièrement préoccupée par l'enfant à naître, on dirait parfois que la future mère désire s'isoler, même de ceux qu'elle aime : les jeunes enfants le sentent, et cherchent à provoquer par tous les moyens l'attention et le contact de leur mère : ils refusent de s'habiller, de manger seuls, ils exigent leur mère au coucher, ils l'appellent au cours de la nuit.

Il est certain que c'est au père de rétablir l'équilibre, et les parents peuvent prévenir les enfants que la mère est fatiguée par le bébé qui va naître, sans trop insister cependant car cela éveillerait trop tôt leur jalousie. En effet, si à l'annonce d'une naissance, les frères et sœurs sont ravis et curieux, ils sont toujours plus ou moins jaloux après. Je vous le signale dès maintenant pour que vous ne soyez pas étonnés : la jalousie est un sentiment parfaitement naturel ; il sera d'autant mieux surmonté que les parents l'admettront et le comprendront. Mais chez certains enfants particulièrement sensibles, ou dont la personnalité est très affirmée, ou exigeante, les manifestations de jalousie peuvent être excessives, voire agressives. L'enfant montre de cette façon qu'il souffre, et si vous ne savez comment réagir, parlez-en au pédiatre.

Plus indifférente dans le domaine affectif, la mère le devient aussi intellectuellement : elle a de la peine à s'intéresser à son travail, elle devient moins attentive, elle a des défaillances de mémoire ; le coefficient d'erreur des comptables, calculatrices, téléphonistes, mécanographes s'élève rapidement ; c'est un fait connu dans les entreprises.

Lorsqu'on attend un enfant on rêve beaucoup, souvent et d'une manière très intense, en plus on s'en souvient (d'ailleurs tout au long de la grossesse, pas seulement à la fin). Ces rêves se transforment souvent en cauchemars, je le signale car c'est fréquent et cela inquiète. Cette activité onirique est due à l'important remaniement psychologique de la grossesse ; il se passe la même chose dans toutes les périodes décisives de la vie, vous l'avez certainement observé, on rêve davantage.

Mais tout entière concentrée sur le bébé, la future mère n'en conserve pas moins son caractère. La grossesse est une évolution, et non pas une révolution. Qu'elle soit de tempérament actif, elle courra les magasins, voudra installer le coin du bébé ou peindre sa chambre ; qu'elle soit plus nonchalante, elle s'enfoncera dans ses rêveries ou lira des livres de maternité et de puériculture. Mais dans les deux cas, toutes ses pensées, toutes ses préoccupations tourneront autour de l'enfant.

Puis, à mesure que les semaines passent, que le bébé pèse plus lourd, que la future mère est moins alerte, une certaine lassitude apparaît, et avec elle le désir que maintenant les événements se précipitent.

La dernière semaine semble alors plus longue que les neuf mois qui précèdent. D'ailleurs, cette impatience a un avantage : elle estompe l'appréhension de l'accouchement qui persiste toujours plus ou moins. A la veille d'accoucher, la future mère est saisie d'une activité fébrile, d'une envie dévorante de rangements, de nettoyage, de mise en ordre, de déménagement de mobilier, énergie qui contraste avec la lassitude des jours précédents. Tant mieux, c'est signe que la naissance est proche.

Le futur père

Il y a des hommes qui se sentent pères dès le jour de la conception. Il y en a qui découvrent la paternité en prenant pour la première fois leur enfant dans les bras. Il y en a enfin qui ne prennent vraiment conscience de la paternité que plusieurs mois après la naissance. La paternité ne naît pas en un jour, la naissance d'un père se fait par étapes.

Avant la naissance de son enfant, la femme est déjà mère dans son corps. L'homme, lui n'est père qu'avec son esprit, avec son imagination. Ce bébé, il ne lui prête pas de visage, il reste dans le domaine des idées. Quand il essaie de l'imaginer, il le voit parfois nouveau-né, mais souvent il brûle les étapes, et les années, cet enfant il le voit déjà grand, écolier qu'il aidera à faire ses devoirs, adolescent avec lequel il aura de longues discussions. Est-ce que l'échographie peut changer cette image que le père a de son enfant ? Il semble que l'impression soit fugitive, et que loin de l'image, l'enfant retourne dans le domaine des idées.

L'idée qu'il va avoir un enfant provoque chez l'homme de nombreux sentiments, souvent contradictoires, tant en ce qui le concerne que vis-à-vis de sa femme.

Tout d'abord il est heureux, puis souvent soulagé de voir que finalement tout se passe bien malgré des mois, parfois des années, de contraception. Enfin il est très fier : il a été capable de transmettre la vie (pour un homme, savoir qu'il ne peut procréer est généralement ressenti comme une humiliation, comme une atteinte à sa virilité).

Futur père, il se rapproche de son père, il devient son égal. Mais, en même temps, ce changement l'inquiète : il va devenir un autre. Sera-t-il à la hauteur ? Ce sentiment d'inquiétude est renforcé par l'entourage, les amis qui se font un plaisir de lui répéter : « Tu vas voir comme c'est difficile d'élever un enfant. » « La liberté c'est bien fini, adieu le cinéma. » Il a peur de ne pas savoir être père, mais auparavant de ne pas savoir être le mari d'une femme enceinte. Il redoute que sa femme organise un monde à deux où il n'ait pas sa place.

Parfois cette crainte renforce un égoïsme latent : il n'aura plus sa femme pour lui seul. Et facilement, même sans se l'avouer, l'homme voit dans le bébé qui va naître un rival. Lorsque la femme a l'intuition de ce sentiment, elle peut chercher à l'apaiser et à montrer à son mari que deux tendresses peuvent faire bon ménage.

Même s'il ne ressent pas ces craintes, le futur père se rend compte que matériellement la vie va se modifier : les projets ne seront plus à faire pour deux mais pour trois, certains deviendront même impossibles — au moins au début — ; cet enfant, il faudra le loger, l'habiller, le nourrir. Et l'homme se sent d'autant plus responsable de cette nouvelle organisation que souvent sa femme se décharge sur lui, elle considère qu'elle a suffisamment à faire : porter et mettre au monde un enfant.

Ce sentiment, que l'on pourrait croire dépassé par la mentalité d'aujourd'hui où la majorité des femmes travaillent, et de ce fait partagent les responsabilités matérielles du couple, demeure ; pendant ces 9 mois la femme éprouve le besoin de se décharger de certains soucis sur l'homme.

La fierté d'un futur père, à l'idée d'avoir un enfant, lui fait éprouver pour sa femme de l'admiration, de la reconnaissance et de la tendresse.

Mais en même temps, cette femme qui va devenir mère semble tout à coup étrangère à son mari : il sent qu'elle devient une autre personne — il a raison d'ailleurs — une personne qu'il lui faudra découvrir. Et voilà que l'homme fier de tout à l'heure devient un homme timide. Et d'autant plus timide que souvent il ne comprend pas certaines réactions de sa femme.

Ces sentiments sont plus ou moins ressentis, d'un futur père à l'autre. Mais il est une réaction quasi générale : c'est la crainte. Tous les maris ont peur pour la santé de leur femme, plus qu'elle-même d'ailleurs. Leur crainte vient d'un vague sentiment de culpabilité, et des récits lointains qui souvent traînent encore dans les familles. Il y a des hommes si angoissés qu'ils en deviennent malades, ne dorment plus, ont des nausées, des vomissements, prennent du poids, comme leur femme. Ce sont les symptômes de « couvade ».

Couvade : à l'origine le mot désignait, dans les peuplades traditionnelles, le rite, l'habitude de l'homme à se coucher au moment de la naissance : « l'homme se couche quand la femme accouche », simulant d'affreuses douleurs. Puis par extension, on a employé le mot couvade pour des symptômes ressentis par certains futurs pères pendant la grossesse.

L'angoisse que ressent le futur père, qu'il la cache ou qu'il en parle, est toujours présente. Elle concerne d'abord la santé de sa femme, mais aussi celle de l'enfant. La crainte qu'il ne soit pas normal poursuit le père surtout en fin de grossesse, peut-être plus que la mère : parce que sentir bouger l'enfant est rassurant alors que dans la tête du père où tout se passe, l'imagination court vite.

Les sentiments d'un futur père sont donc variés, et contradictoires en apparence : il a le sens de ses responsabilités nouvelles, mais son égoïsme en souffre ; il est reconnaissant à sa femme, et jaloux à la fois ; il se sent renforcé dans sa valeur d'homme, en même temps qu'il a une impression d'inutilité vis-à-vis de sa femme ; il s'inquiète pour sa santé et parfois il a envie d'oublier qu'elle est enceinte ; devant sa femme, il est comme un jeune homme intimidé, et en même temps, il sent qu'il devient davantage un homme en étant bientôt père. Et c'est vrai : après la naissance de son enfant, il dira un adieu définitif à l'adolescence.

On avait l'habitude de parler des états d'âme de la future mère. On se rend compte aujourd'hui que le futur père a les siens. Parce qu'on s'y intéresse plus ? Parce que le futur père se met à en parler, même si c'est encore avec réticence ? Toujours est-il qu'attendre au masculin n'est pas aussi simple qu'on le croirait.

Les futurs pères au jour le jour

Presque tous s'intéressent au développement de l'enfant, en suivant les récits dans les livres, en regardant les images ; ils sont fascinés par l'échographie ; ils écoutent les bruits du cœur ; ils guettent les premiers mouvements de l'enfant, pour certains ces mouvements sont d'ailleurs un des révélateurs de la paternité ; ils sont persuadés que l'enfant les entend et même reconnaît leur voix : « Je disais à ma femme, je suis sûr qu'il sait que c'est moi qui parle. » D'ailleurs vous avez raison, c'est vrai.

Mais les futurs pères ne participent pas tous de la même manière à la grossesse de leur femme : certains la vivent avec elle, d'autres continuent à penser que c'est toujours une affaire de femme. Les premiers vont aux consultations, certains aux séances de préparation, peu en fait, ou alors ils les suivent par femme interposée, comme ce père : « Ma femme me racontait en rentrant, comme ça j'étais prêt pour l'accouchement », d'autres y vont une fois, mais l'accueil souvent les refroidit : « Je n'y suis pas retourné, j'ai senti un violent racisme anti-homme. »

Certains préfèrent les entretiens où les couples se retrouvent. Mais tous ces pères seront présents à la naissance.

Quelquefois ces pères vont plus loin, leur intérêt se change en surprotection : ils accablent leur femme de recommandations, interviennent auprès du médecin, même auprès de la sage-femme au moment de la naissance, ils voudraient que leur femme dorme plus, mange plus et fasse la sieste.

D'autres pères, tout en étant très attentifs et en veillant à la santé de leur femme, ne vont pas avec elle chez le médecin, ni aux cours, rarement à l'accouchement. Leur contribution est différente, elle est plus sentimentale, plus affective, ils aident par des gestes, par des mots ; leur femme peut compter sur eux, mais ils ne veulent pas empiéter dans un domaine qu'ils ne considèrent pas comme le leur.

Dans ce groupe de pères, il y a aussi des excès : celui qui ignore la grossesse, il a décidé que c'était un phénomène naturel, qu'attendre un enfant n'est pas une maladie — c'est d'ailleurs vrai, mais... —, et qu'il n'est pas nécessaire de modifier ni la vie quotidienne, ni les projets de vacances, ni les sorties du soir. Ce type d'homme peut rendre une grossesse épuisante.

Il y a aussi les hommes qui fuient, qui se trouvent des responsabilités, des réunions, des matchs de « foot », et qui sont loin : « Je n'en pouvais plus, dit l'un d'eux, elle était tout le temps malade, du lundi au samedi, dimanche compris. »

Il y a des pères dont les attitudes sont moins tranchées : ils hésitent entre la participation à la grossesse et l'envie de ne pas s'en mêler (ce sont ceux qui, jusqu'à la dernière minute, hésiteront à la porte de la salle d'accouchement). D'autres n'auront pas à hésiter, la femme prendra la décision pour eux. Il y a en effet des femmes qui refusent l'intrusion dans leur monde, même de l'homme qu'elles aiment, le sentiment n'a rien à faire à l'affaire. Elles veulent garder leur grossesse pour elles. Ou simplement, elles ne veulent pas être maternées.

Enfin il y a des pères qui ne se rattachent à aucune de ces catégories ; entre le modèle nouveau qu'on leur propose — participer à tout — et celui de la tradition, ils ne savent que choisir, ils hésitent. En attendant, ils se sentent mal à l'aise. Particulièrement à ces pères, j'aimerais dire : vous choisirez ou non d'aller à des cours, vous irez à des entretiens ou vous n'irez pas, vous regarderez ensemble un film sur l'accouchement, ou vous ne serez pas tenté de le faire. Mais vous serez certainement un bon mari si à votre manière, quelle qu'elle soit, vous vivez ces 9 mois ensemble, ne serait-ce qu'en en parlant ; parler c'est déjà partager.

Comment vous pourrez aider votre femme pendant ces neuf mois

Sur le plan pratique, permettez-moi quelques suggestions : rappelez-vous, et rappelez-le à votre femme, que tant que la grossesse est normale, elle ne nécessite qu'un minimum de précautions, elle ne doit pas devenir un esclavage. C'est vrai pour l'alimentation : dans un pays comme la France, il n'y a pas de risque de malnutrition, il n'y a qu'à se promener dans un marché pour le constater, le seul risque c'est de trop manger ; c'est valable pour les sports : il y en a peu d'interdits ; c'est vrai pour les voyages ; cela l'est également pour le travail. Comme me l'a dit un obstétricien : « Laisser les futures mères vivre comme d'habitude, c'est sûrement le plus grand service que nous puissions leur rendre. »

Et si, devant des phénomènes pathologiques, le médecin impose des mesures temporaires désagréables (régime, surveillance, si nécessaire hospitalisation), la femme les acceptera d'autant mieux qu'on ne lui aura pas rendu la vie impossible jusque-là avec des interdits, des prescriptions inutiles.

Voilà pour la santé de votre femme.

Tout le monde s'attend à ce qu'une future mère soit de temps en temps irritable, nerveuse, comme on s'attend à ce qu'elle ait mal au cœur. Cela n'étonne pas. Mais il y a des comportements plus difficiles à comprendre, parce que plus inattendus, en particulier le repli du troisième trimestre. Il y a aussi cette mélancolie si fréquente après la naissance, qui étonne toujours l'entourage car elle cadre mal avec l'événement heureux qui vient de se produire. S'il vous arrive de ne pas comprendre certains de ces comportements, dites-vous que c'est le cas de bien d'autres pères en puissance.

Comme je vous le dis au chapitre « Beauté », la grossesse se porte bien aujourd'hui ; les femmes sont beaucoup moins complexées par leur ventre, et les maris trouvent en général leur femme belle ; il n'empêche que certaines femmes vivent vraiment dans la crainte que leur mari ne les délaisse et maintenant, et après, si elles n'ont pas retrouvé leur ligne. Si votre femme vit dans cette crainte, une personne peut lui faire retrouver son moral : c'est vous ; c'est nécessaire et important. Quand on doute de soi, il suffit de quelques mots pour reprendre confiance.

Et si votre femme a peur d'un accident, peur de l'accouchement — il y a des femmes qui vivent neuf mois de crainte, surtout lorsqu'une grossesse précédente s'est mal terminée — d'abord, écoutez-la : savoir qu'elle peut tout vous dire la libérera déjà un peu de ses craintes ; puis essayez de la rassurer, dites-vous bien d'ailleurs qu'elle ne demande que cela, et n'oubliez pas que les mots ont un pouvoir magique, ils peuvent inquiéter : une amie racontant un accouchement difficile peut plonger une future mère dans l'angoisse, mais les mots peuvent aussi rassurer. Ces mots, je suis sûre que vous saurez les trouver.

Je vous demande enfin de réfléchir à ceci : chez votre femme une force prodigieuse s'exerce. C'est la plus grande force qui existe dans la nature : celle qui est capable de faire naître un enfant. Aucune autre ne peut lui être comparée. Songez que dans le corps de votre femme, un œuf, gelée de quelques millièmes de millimètres, est en train de produire un être humain. Qui détient un pouvoir comparable, si ce n'est pour détruire ? Les pouvoirs dont l'homme s'est rendu maître (fission de l'atome par exemple) sont dérisoires à côté de cette force. N'est-il pas normal que cette force ait une contrepartie ? Cette contrepartie, c'est une certaine faiblesse de la femme elle-même, variable bien sûr selon les femmes. Certaines futures mères sont très vulnérables. Un mot, une plaisanterie peuvent laisser une trace ineffaçable. Un psychologue citait le cas d'une jeune mère dont l'enfant était né petit, quoique tout à fait normal. La sage-femme s'était écriée, en le voyant : « En voilà, un drôle de microbe ! » La mère fut si impressionnée qu'elle passa des années à obliger l'enfant à manger plus qu'il ne voulait.

J'ai éprouvé dès le début de ce livre, le besoin de vous raconter et à l'un et à l'autre, et pour l'un et pour l'autre, l'évolution psychologique à laquelle on peut s'attendre pour ces neuf mois. Certes c'est un peu de prospective, mais vous en faites aussi en pensant dès la conception à la date de la naissance.

Et si vous êtes seule

Si vous êtes seule, non pas parce que vous avez fait le choix d'avoir un enfant en l'élevant sans père, mais parce que celui-ci est parti, ce qui précède va vous donner un pincement au cœur. Deux ? Vous voudriez bien. La solitude est le premier problème à résoudre pour la mère célibataire. Où trouver une compagnie, un soutien, un partage des soucis communs ?

Il n'existe pas sur le plan national d'organisation qui s'adresse aux mères célibataires, mais à la suite d'initiatives individuelles, de nombreuses associations ne sont créées au plan régional, dans les mairies, les paroisses. Les assistantes sociales * connaissent les adresses, c'est à elles que vous pourrez les demander.

Il y a d'autres possibilités : dans certaines maternités, les sages-femmes mettent en rapport les mères seules, elles le font dans le cadre de la préparation à l'accouchement et l'on voit peu à peu se constituer des groupes, s'échanger des adresses, parfois une vraie solidarité s'instaurer entre les futures mères. C'est le meilleur cas. Dans d'autres, rien ne se fait, par timidité, par manque d'initiative. Vous aurez peut-être à prendre les devants, n'hésitez pas, parlez aux sages-femmes, vous ne resterez pas seule longtemps.

Il y a aussi les hôtels maternels ; depuis longtemps je les conseillais, mais aujourd'hui quelques expériences me rendent plus réticente. Il y a d'excellents hôtels maternels, il y en a de moins bien. Des progrès sont attendus pour les prochaines années dans la continuité des actions sociales en cours. Renseignez-vous autour de vous, mais je ne vous cache pas qu'il y a un problème supplémentaire, le manque de place.

Même si vous avez la chance d'avoir une famille compréhensive qui sait vous entourer, je vous engage quand même à rechercher des contacts extérieurs, vous verrez, ils seront bénéfiques pour vous et votre bébé.

Parlons maintenant de l'absent, le père. Si la mère a de lui une image traumatisante et dévalorisante, elle risque de projeter sur son futur enfant ses sentiments d'amertume, de frustration, de rejet. L'important est que la mère essaie de séparer son bébé de cette image négative, qu'elle lui permette de se développer comme un être indépendant affectivement. Car si au départ le bébé est accablé par un passé si lourd, c'est tout son développement qui en souffrira ; et les relations entre la mère et son enfant risquent d'être perturbées au lieu d'être détendues.

Bien sûr ce n'est pas toujours facile ! Si l'évolution ne se fait pas, si la situation reste bloquée, la future mère ne doit pas hésiter à en parler avec le médecin ou la sage-femme, avec l'assistante sociale, ou avec un psychologue.

Lorsque l'enfant est associé à des souvenirs positifs et chaleureux, évidemment les projets sont plus faciles, la vie immédiate aussi.

* A la Mairie, dans l'entreprise.

Mais quelle que soit son image et bien que physiquement il ne soit pas là, ce père devra prendre une place dans la vie de l'enfant ; cette place c'est la mère qui la lui donnera en en parlant. Ce n'est pas toujours facile mais si la mère n'arrive pas à parler à l'enfant de son père, tôt ou tard, ce père, l'enfant le recherchera et il en voudra à sa mère de le lui avoir caché, quelles qu'aient été les circonstances.

Vous trouverez dans le *Memento Pratique* des renseignements et adresses pouvant vous aider.

Ce qui va changer
dans votre vie

CHAPITRE 2

Qu'est-ce qui va changer dans votre vie ? Tout, et rien. Ce n'est pas un jeu de mots facile.

Psychologiquement *tout* va changer, jour après jour, semaine après semaine. L'attente n'est au début qu'une idée, puis elle se précise et prend forme, puis mouvement.

Et vos réactions suivent. Vous étiez une, vous commencez à vous sentir deux, vous imaginez votre vie à trois : le père, l'enfant et vous. Alors peu à peu, vous comprenez que tout sera désormais différent.

C'était l'objet du précédent chapitre. Dans celui-ci, je voudrais vous parler de votre vie pratique, quotidienne, celle sur laquelle vous vous posez les premières questions. Vous allez voir que peut-être *rien* ne va changer, que pendant neuf mois vous n'éprouverez ni besoin ni envie de modifier vos habitudes. Cette réaction est récente. En une ou deux générations, l'attitude vis-à-vis de la grossesse a beaucoup évolué. Demandez à votre grand-mère. Elle vous racontera qu'en son temps une femme qui attendait un enfant vivait 9 mois au ralenti, entourée d'interdictions et de dangers presque toujours imaginaires : défense de se baigner ; défense, sous peine d'avorter, de lever les bras, de prendre le train qui secouait, de faire de la bicyclette bien entendu.

En cinquante ans, l'art de mettre au monde un enfant a fait d'immenses progrès. Une nouvelle médecine est née : la médecine périnatale qui se consacre à la vie de la mère et de l'enfant dès avant la naissance. Cette médecine a débarrassé la future mère de toute cette mythologie de la grossesse qui se nourrissait de préjugés, et qui faisait de la future mère une femme à part, comme mise entre parenthèses de la vie normale.

Et la médecine d'aujourd'hui a apporté une notion nouvelle et importante : il y a les grossesses normales, celles de 90 % des femmes qui peuvent continuer sans risque à mener pratiquement la même vie qu'avant d'être enceintes. Et puis il y a les grossesses dites « à risques », celles où la future mère est suivie spécialement, car pour une raison ou pour une autre bien précise, elle doit observer des recommandations particulières pour mener sa grossesse à terme. Ces risques, je vous en parlerai au chapitre 9. Dans le présent chapitre, je voudrais vous parler de la vie quotidienne de la femme dont la grossesse est normale.

Cette femme peut donc mener la même vie que celle qu'elle menait avant d'être enceinte. A peu de choses près. Je dis « à peu de choses près », car il y a quand même quelques modifications à apporter, dues au fait que la grossesse a un retentissement sur tout l'organisme, que l'enfant se fait de plus en plus pesant et encombrant, et qu'une certaine fatigue et une certaine gêne s'ensuivent normalement.

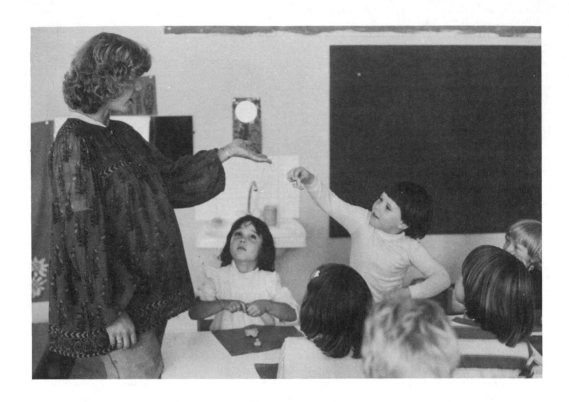

Votre travail

Pour savoir dans quelle mesure un travail est bon ou mauvais pour la grossesse, que ce travail se passe à l'extérieur ou chez soi, on se bat à coups d'exemples et de statistiques et comme toujours les résultats sont interprétés suivant les opinions.

« C'est fatigant de travailler et même nocif, restez chez vous. »

Ou « Rester chez soi démoralise, travaillez à l'extérieur, tout ira mieux. »

Il suffit de s'entendre en regardant de plus près les données — et les chiffres — cités dans différentes enquêtes *.

Un travail extra-familial modéré — effectué dans des conditions normales — n'est pas mauvais pour la future mère, il présente même des avantages. En effet, dans son milieu professionnel, la future mère est mieux informée donc plus à même de prendre sa santé en charge. Dans ce cas, le travail devient un élément de prévention.

C'est ce que constatent les enquêtes. D'où la conclusion hâtive d'une journaliste parlant sans précautions : « Travaillez, vous aurez moins de risques d'accoucher prématurément. » Je dis sans précautions, car en face de cette constatation sans nuance : « la femme qui travaille accouche mieux », il est indispensable, en

---

* — C. RUMEAU-ROUQUETTE et U. 149 : « Naître en France ». Enquêtes nationales sur la grossesse et l'accouchement. INSERM, Paris, 1981.

— N. SPIRA, A. BAJER, J. DE CHAMBRUN, D. LIPSZYC. « Enquête périnatale à Aulnay-sous-Bois et Blanc-Mesnil ». Expérience de surveillance mensuelle de la grossesse. Résultats. Paris, 1980.

— N. MAMELLE, F. MUNOZ, D. COLLIN, F. CHARVET, P. LAZAR : « Fatigue professionnelle et prématurité ». Arch. mal. prof., 1981, 42, 211-216.

regardant de plus près les enquêtes publiées, d'ajouter ces précisions : lorsque les conditions de travail sont pénibles, elles deviennent autant de facteurs de risques pour l'accouchement, en particulier pour la prématurité.

Et lorsqu'on examine les facteurs énumérés, on comprend qu'ils puissent être préjudiciables à la future mère et à son bébé : posture debout plus de 6 heures par jour ; travail à la chaîne sur machine ; travail sur machine avec effort ou vibrations importantes ; effort physique important ; transport de charges de plus de 10 kilos ; tâches répétitives ; environnement ; bruit important ; température froide ; atmosphère anormalement sèche ou humide ; manipulation de produits chimiques.

Il est en outre précisé : lorsque cinq de ces éléments sont associés, le taux de prématurité passe de 3,5 à 14 %. Qui s'en étonnerait ?

Malheureusement 20 % des femmes qui travaillent loin de chez elles rentrent dans ce qu'il est convenu d'appeler une population à risques.

En l'attente d'une protection plus sévère des conditions de travail des futures mères, on ne peut que conseiller à la femme qui attend un enfant, et qui effectue un travail pénible, de demander ou un changement de poste, ou un arrêt de travail. La société ne peut qu'y retrouver son compte : la réanimation d'un grand prématuré coûte 200 000 F en moyenne, c'est largement plus que deux mois d'indemnités supplémentaires. D'ailleurs les accoucheurs, bien informés des dangers des travaux pénibles et connaissant leurs risques, donnent sans peine ces congés.

Quant au travail ménager de la femme au foyer, quelle est son incidence ? Là encore tout dépend des conditions. Bien informée, bien suivie, et s'il le faut aidée, tout ira bien. Multipare, accablée d'enfants et de travail, vivant dans de mauvaises conditions socio-économiques, la future mère risque d'avoir un enfant prématuré ou hypotrophique. Mais cela relève du bon sens.

On ne peut donc établir l'équation travail = danger, ou travail = protection, tout dépend des circonstances. Mais regardons les choses de plus près.

Chez vous : vous aurez, comme toutes les femmes qui attendent un enfant, l'envie de tout ranger dans la maison, ce qui est nécessaire comme ce qui l'est moins ; la chambre où sera le berceau, mais les autres aussi, pour qu'en arrivant « il » trouve tout net, joli, bien soigné. C'est normal. Mais évitez quand même les efforts excessifs, ils vous fatigueraient. D'ailleurs, vous vous rendrez bien compte vous-même de vos limites. Et ne remuez pas vous-même la grosse commode aux tiroirs pleins à craquer, ne décidez pas à un mois de votre accouchement qu'il est indispensable de peindre ou de tapisser, ce qui vous obligerait à passer des heures sur l'échelle les bras tendus. Demandez à votre mari, à votre sœur, à une amie de faire pour vous ces travaux fatigants.

Pensez particulièrement à ces recommandations si vous êtes obligée de déménager, ce qui arrive souvent quand on attend un enfant. Essayez de déménager au milieu de votre grossesse, c'est-à-dire pendant la meilleure période, plutôt qu'au début ou à la fin.

Si vous avez une activité professionnelle : vous savez probablement que la loi prévoit que vous pouvez prendre six semaines de repos avant la date prévue pour l'accouchement, et dix semaines après. Plus qu'une possibilité, ce repos est d'ailleurs une obligation pour recevoir les indemnités journalières. (En fait, vous pouvez vous reposer moins longtemps, mais pour recevoir vos indemnités

journalières, il faut vous arrêter au moins 8 semaines en tout. Je vous donne toutes les précisions dans le *Mémento pratique*.)

Ce temps de repos est court, mais il peut être suffisant si votre grossesse se déroule normalement, et si votre travail est peu fatigant. Par contre six semaines de repos avant l'accouchement sont insuffisantes dans de nombreux cas : tous ceux que j'ai signalés plus haut et qui justifient largement de s'arrêter avant la date prévue.

Les jeunes femmes dont le métier est incompatible avec la grossesse (artistes et mannequins) à partir du moment où celle-ci est très visible peuvent s'arrêter de travailler à partir de la 21e semaine, après accord du médecin-conseil et sur présentation d'un certificat médical. Elles sont indemnisées par la Sécurité sociale au tarif maladie.

Je vous signale dès maintenant (mais je vous en parle plus en détail dans le *Mémento pratique*) que si vous étiez malade et obligée d'interrompre votre travail, vous ne pourriez pas être licenciée, et vous seriez indemnisée par la Sécurité sociale au tarif maladie pour le temps de votre absence.

Signalons que d'autres raisons indépendantes de la fatigue causée par un travail de force entraînent un changement de poste pour tout ou partie de la grossesse :
— dès le début de la grossesse pour les femmes travaillant dans un laboratoire de radiologie médicale ou industrielle, à cause de l'exposition aux rayonnements ;

— également dès le début de la grossesse pour les ouvrières de certaines fabriques de produits chimiques manipulant des produits toxiques ;
— pendant les trois premiers mois de la grossesse, en cas d'épidémie de rubéole, pour les femmes que leur métier met en rapport avec des enfants, institutrices par exemple, si elles ont un sérodiagnostic négatif (c'est-à-dire si elles ne sont pas protégées contre la rubéole).

Ajoutons que le travail sur écran cathodique (ordinateur), qui a été parfois incriminé, semble vraiment ne faire courir aucun risque particulier à une femme enceinte.

Enfin, que vous travailliez à l'extérieur ou non, deux précautions supplémentaires sont à prendre pour votre vie quotidienne :
— évitez toute source de contamination éventuelle, c'est-à-dire abstenez-vous de rendre visite à des malades ayant une affection contagieuse ;
— méfiez-vous des animaux domestiques qui peuvent transmettre certaines maladies dangereuses pendant la grossesse, telle la toxoplasmose (voir chapitre 10). Si vous avez un animal chez vous, par prudence, surtout si c'est un chat, demandez au vétérinaire s'il n'est atteint d'aucune affection transmissible.
Au cas où le médecin vous aurait prescrit de vous reposer, mais que vous n'ayez pas les moyens de vous faire aider pour les travaux ménagers ou les soins de vos enfants, demandez à l'assistante sociale de votre mairie si vous ne pouvez pas bénéficier d'une aide familiale.

Des lectrices posent parfois des questions de détails : puis-je continuer à sortir le soir, aller au cinéma, dîner avec des amis, danser, etc. Pourquoi pas, si vous en avez envie. Tout, d'ailleurs, est une question de mesure, mais ne vous fatiguez pas trop en fin de grossesse.

Le sommeil

De bonnes nuits calmes et détendues sont importantes. Dormez huit heures au minimum, plus si vous en avez l'habitude. Et, si vous le pouvez, étendez-vous après le déjeuner et faites une bonne sieste : ôtez vos chaussures, posez vos pieds sur un coussin pour soulever vos jambes, et détendez-vous. Vous sentirez vous-même le bienfait de ce repos au milieu de la journée, particulièrement si vous avez de la peine à digérer, ou si vous avez une mauvaise circulation.
Vous pouvez dormir dans n'importe quelle position sans crainte d'écraser ou de gêner votre enfant. Il est bien à l'abri.
Si vous avez des insomnies en fin de grossesse, reportez-vous au paragraphe : troubles du sommeil, p. 206.

Les rapports sexuels

C'est sans aucune raison sérieuse que l'on a, pendant des siècles, recommandé la suppression des rapports sexuels au cours de la grossesse. Rien n'a jamais justifié cette interdiction si ce n'est les mythes qui entouraient la grossesse et plaçaient la femme enceinte en dehors de la vie.

D'une façon générale, quand la grossesse se déroule bien, la vie sexuelle du couple peut rester la même qu'avant la grossesse avec les mêmes habitudes ; les rapports sexuels ne font courir aucun risque à l'enfant. S'ils étaient aussi dangereux qu'on l'a dit, il y aurait souvent des fausses-couches.

L'équilibre sexuel du couple doit être conservé pendant la grossesse, et il ne saurait être question de fixer des « normes » ou de préciser certaines « positions » qui seraient plus ou moins favorables pour le bébé : laissons à chacun le soin de trouver celle lui convenant le mieux. Tout au plus peut-on dire aux couples particulièrement imaginatifs, qu'il est préférable de restreindre les pratiques acrobatiques et mouvementées ainsi que les trop grands débordements physiques.

Il faut savoir par ailleurs que les modifications du désir et du plaisir sexuels ne sont pas rares pendant la grossesse. Certains couples voient augmenter leur activité sexuelle : on pense que c'est parce que la grossesse est la seule période — à part la ménopause — où les rapports peuvent être parfaitement détendus, sans aucun souci de contraception. Plus souvent, si l'on en croit les enquêtes les plus récentes, l'activité sexuelle est ralentie, surtout au début et à la fin de la grossesse. Peut-être est-ce par peur de faire mal au bébé, crainte tout à fait injustifiée, je le répète ; ce peut être tout simplement parce que la future mère est fatiguée ; peut-être aussi parce que certains hommes apprécient moins le corps d'une femme enceinte.

Médicalement, il n'y a que deux cas où la plupart des médecins conseillent la diminution ou même la suppression des rapports sexuels :
au début de la grossesse, quand il y a un risque de fausse couche ;
à la fin, quand existent des risques d'accouchement prématuré d'autant qu'il est possible que l'orgasme s'accompagne de contractions utérines.

Il peut arriver, enfin, qu'après un rapport vous constatiez l'écoulement de quelques gouttes de sang. Ceci est habituellement dû au fait que la grossesse rend le col de l'utérus plus fragile ; parlez-en quand même à votre médecin surtout si la perte de sang se prolonge.

Bains et douches

Pendant la grossesse, la transpiration est nettement augmentée. Un cinquième de l'élimination de l'eau se fait par les glandes sudoripares, celles qui sécrètent la sueur. Elles aident les reins qui ont fort à faire pour éliminer les déchets rejetés par la mère et l'enfant. Il est donc particulièrement important de faire une toilette soigneuse. Contrairement à un préjugé assez répandu, les bains ne sont nullement contre-indiqués pendant la grossesse. Au contraire, ils ont une action sédative générale. Les femmes qui ont de la peine à dormir prendront leur bain le soir.

Si vous transpirez beaucoup, salez l'eau de vos bains.

■ **Hygiène des organes sexuels.** Il est important de maintenir propres les régions vulvaire et anale d'autant que les sécrétions vaginales sont souvent augmentées au cours de la grossesse, et que les hémorroïdes ne sont pas rares. Faites deux toilettes locales par jour à l'eau et au savon ordinaire. Même si vous avez des pertes blanches abondantes (c'est fréquent), ne faites pas d'injections vaginales qui sont plus dangereuses qu'utiles. Parlez-en au médecin qui vous prescrira des traitements sous forme d'ovules, de comprimés gynécologiques, ou de crèmes gynécologiques.

Les cigarettes

Il est de plus en plus déconseillé aux futures mères de fumer. Les statistiques sont formelles : elles montrent que chez les grandes fumeuses (plus de 15 à 20 cigarettes), les accouchements prématurés sont deux fois plus fréquents, et que, à terme égal, les enfants pèsent environ 10 % de moins que les autres bébés.

Faut-il s'arrêter de fumer ? Si vous le pouvez, bien sûr. Mais si cet effort de volonté vous rend nerveuse à un moment de votre vie où vous avez envie d'être calme, alors ne dépassez pas cinq à six cigarettes par jour. Je vous signale que les médicaments anti-tabac sont déconseillés pendant la grossesse.

Enfin si vous souffrez d'une affection des voies respiratoires, laryngite, sinusite, bronchite, n'oubliez pas qu'elles sont toutes aggravées par le tabac.

Et l'alcool ?

On recommande de plus en plus aux futures mères de boire le moins possible, voire pas du tout. En effet, l'alcool passe très vite dans le sang. (C'est pourquoi, avant l'alcootest, lorsqu'il y avait un accident, on faisait une prise de sang aux automobilistes pour savoir s'ils avaient bu). L'alcool que vous absorbez passe donc dans votre sang mais, hélas, aussi dans celui du bébé car le placenta ne lui fait pas barrage. Vous en concluerez vous-même qu'il est préférable de ne pas boire lorsqu'on attend un enfant.

Il faut de toute façon supprimer les boissons fortement alcoolisées : apéritifs, whisky, cocktails, digestifs.

Il est mieux également de ne pas boire d'alcool au cours des trois premiers mois (période de formation du bébé) à cause des risques de malformations (voyez page 252).

Par la suite, il n'est pas déraisonnable de boire un verre de vin ou une coupe de champagne, mais occasionnellement.

Enfin n'oubliez pas que la bière et le cidre sont également des boissons alcoolisées, qu'il faut donc les consommer avec modération. A titre d'indication, la bière contient environ deux fois moins d'alcool que le vin.

Chère lectrice, vous allez soudain me trouver bien sévère à propos de l'alcool puisque les menus des éditions précédentes contenaient un verre de vin. Mais depuis un élément nouveau incite à la plus grande prudence : on est de plus en plus convaincu du rôle néfaste de l'alcool sur le développement de l'enfant.

Je ne parle pas ici de l'alcoolisme, c'est un sujet différent que je traite p. 252.

Ceinture mal mise.

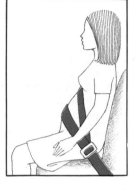

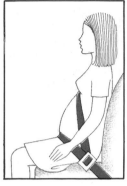
Ceinture bien mise.

Les voyages

Pendant longtemps on a déconseillé aux femmes enceintes tout déplacement et tout voyage. Une fois de plus, la future mère était mise en marge de la vie normale.

Aujourd'hui, on est beaucoup moins catégorique et il n'est plus question d'interdire à la femme qui attend un enfant de voyager, sauf cas particuliers, bien sûr. Néanmoins, la question du meilleur moyen de transport reste toujours controversée. Vous le verrez bien : si vous prévoyez un voyage en train, en voiture, en avion ou en bateau, vous entendrez les avis les plus variés. Une personne vous déconseillera formellement le train, l'autre l'avion et la troisième vous mettra en garde contre les risques de la voiture. Que craint-on, et comment se décider ?

D'abord, premier principe, de simple bon sens, on ne doit pas voyager avec une grossesse « à problèmes ».

Ensuite, deuxième principe, moins évident, ce ne sont pas tant les secousses — du train ou de la voiture — qui sont à craindre, que la fatigue. D'abord les trains n'ont plus de secousse : les bouteilles du wagon-restaurant restent debout, les tasses ne se vident pas de leur contenu, et de toute manière, votre enfant est solidement accroché, vous ne risquez pas de le faire naître en le secouant. En revanche, tout voyage fatigue (mal au dos, notamment). Or, une fatigue excessive, et répétée, augmente les risques d'accouchement prématuré. Pour éviter un incident, il faut donc prendre le moyen de transport le moins fatigant : pour un long voyage, choisissez plutôt le train ou l'avion, moins fatigants que la voiture. Et de toute manière, après 7 mois, le long voyage est à éviter, quel que soit le moyen de transport. Cela dit, examinons de plus près les différents moyens de transport.

Train : Bien souvent aujourd'hui, grâce au TGV, les voyages sont moins longs. C'est donc une cause de fatigue supprimée. Et pour tout grand voyage, préférez plutôt la couchette, c'est moins fatigant.

Voiture : Pour éviter la fatigue et les douleurs lombaires, si fréquentes, placez un coussin au creux du dos, faites des étapes courtes de 200 à 300 km, et arrêtez-vous de temps en temps cinq à dix minutes pour marcher et vous dégourdir les jambes.

A part la fatigue que l'on peut diminuer en prenant ces précautions, la voiture présente un vrai danger : l'écrasement du ventre contre le tableau de bord en cas de coup de frein trop brusque. N'oubliez donc pas de mettre votre ceinture de sécurité, et, pour qu'elle soit efficace, placez-la de la manière qui est indiquée sur le dessin ci-contre en reculant le siège au maximum.

Lorsque vous conduisez, il faut que vous preniez trois éléments en considération :

— d'abord le fait que votre ventre vous gêne, vous le savez bien mais soyez prudente et ne conduisez pas trop vite ;

— ensuite, souvenez-vous que, en fin de grossesse, les réflexes sont ralentis, et l'attention est émoussée ;

— enfin, si comme certaines femmes enceintes vous êtes sujette à des malaises (perte de connaissance), ayez la sagesse de renoncer à conduire.

<u>Avion.</u> Pour les longues distances, c'est le moyen de transport le plus indiqué, parce que le moins fatigant. Mais, à partir de 7 mois (bien que la plupart des compagnies aériennes acceptent les femmes enceintes jusqu'à huit mois révolus), ne prenez plus l'avion sauf cas de force majeure. Avion, cela signifie en général un long voyage, ce qui est contre-indiqué à la fin de la grossesse.

<u>Bateau.</u> Partir, enceinte de 8 mois, pour faire le tour des îles grecques, c'est parfaitement déraisonnable : pas de médecin sur le bateau, pas de médecin sur la petite île. Mais bien sûr, faire une partie de pêche ou aller au château d'If, cela ne pose pas de problème.

Pour conclure, quel que soit le moyen de transport utilisé, on peut dire ceci :
— vous allez très bien, mais vous voulez aller très loin, ne partez pas sans demander l'avis du médecin ;
— votre grossesse ne se déroule pas tout à fait normalement, parlez-en au médecin avant tout déplacement.

Au cours des deux derniers mois, il est préférable de ne pas s'éloigner de plus de quelques dizaines de kilomètres du lieu où l'accouchement est prévu. Car, à cette période, il y a toujours un risque non négligeable, d'accouchement prématuré. Ce risque se doublerait de l'inconvénient d'accoucher dans une maternité que vous n'avez pas choisie, et qui n'est peut-être pas bien équipée pour une naissance prématurée.

Vous avez besoin d'exercice physique

Vous êtes peut-être de ces femmes qui ne font aucun sport, jamais de gymnastique, et qui n'ont pas l'habitude de marcher. Je vais vous surprendre : maintenant que vous êtes enceinte, c'est le moment de prendre l'habitude de faire au moins un peu d'exercice physique, et peut-être, ayant découvert comme c'est agréable de faire de la gymnastique tous les jours, et de marcher régulièrement, continuerez-vous après la naissance de votre enfant.

Car le minimum d'exercice dont vous avez besoin — et pour vous et pour votre enfant — vous le trouverez en marchant une demi-heure par jour, et en faisant tous les matins dix minutes de gymnastique.

<u>La marche est le sport de la grossesse.</u> Elle n'est jamais dangereuse, elle active la circulation, particulièrement dans les jambes, la respiration, le fonctionnement de l'intestin, souvent paresseux ; elle renforce la sangle abdominale.

Si vous marchez tous les jours d'une demi-heure à une heure, dans un endroit calme, et bien aéré, vous absorberez plus facilement les 25 % d'oxygène supplémentaires qui vous sont indispensables, vous vous porterez mieux et vous aurez un meilleur accouchement.

Si la marche est excellente pendant la grossesse, elle n'a aucune action sur le déclenchement de l'accouchement ; il y a des mères bien intentionnées qui obligent leur fille près d'accoucher à des « marches forcées » sous prétexte de faire « descendre » l'enfant. C'est leur imposer une fatigue totalement inutile.

Quant à la gymnastique, elle est recommandée aux femmes enceintes, car des exercices bien choisis présentent un triple avantage :
- tout d'abord, ils facilitent le bon déroulement de la grossesse : circulation activée ; meilleure oxygénation ; bonne position du corps qui permet de porter l'enfant sans fatigue ; meilleur équilibre nerveux ;
- ensuite, ils préparent un accouchement plus facile et plus rapide par le raffermissement des muscles appelés à jouer un rôle important au cours de l'accouchement, et par l'assouplissement des articulations du bassin ;
- enfin, ils permettent aux différentes parties du corps de retrouver leur état normal plus rapidement après l'accouchement : ventre plat, taille fine, seins bien soutenus, etc.

Les exercices recommandés se divisent en trois catégories : exercices respiratoires, exercices proprement musculaires, exercices de relaxation. Vous les trouverez tous réunis au chapitre 14. Vous comprendrez mieux l'utilité de ceux qui sont particulièrement destinés à préparer l'accouchement, quand vous saurez comment il se déroule et ce que vous aurez à faire.

Tenez-vous-en aux exercices décrits. Ils sont tout à fait suffisants. Il ne s'agit pas de vous transformer en athlète, mais de faciliter votre grossesse et votre accouchement par quelques mouvements simples. Et rappelez-vous que cinq minutes de gymnastique quotidienne valent mieux qu'une heure par semaine. Observez les indications qui vous sont données quant aux dates où vous pouvez commencer et terminer chaque catégorie d'exercices. Il y a peu de contre-indications à une culture physique modérée durant la grossesse.

Les sports

Peut-on continuer à pratiquer un sport pendant la grossesse ? Tout dépend du sport envisagé, de l'entraînement de la future mère, de la manière dont elle le pratique (avec modération ou avec excès) et de son état de santé.

Votre grossesse est normale, vous êtes sportive et entraînée : continuez à pratiquer un sport, sauf s'il est interdit pendant la grossesse (voir la liste plus loin), mais quand même, faites-le avec modération, tout excès peut être dangereux. L'excès, c'est le surmenage, l'essoufflement et une femme enceinte se fatigue vite. C'est pourquoi tous les exercices et sport violents, notamment de compétition, seront interdits. D'une façon générale, les sports collectifs (volley, basket, etc.) sont contre-indiqués ; c'est compréhensible car il est difficile de limiter son effort quand on est au milieu d'un groupe. Et même si tout va bien, les trois derniers mois, cessez tout sport.

Mais si la grossesse n'est pas absolument normale, tout sport est fortement déconseillé.

Passons maintenant en revue quelques sports courants.

Alpinisme. Des excursions en montagne, oui, mais sans dépasser 1 000 à 1 200 m d'altitude : une femme enceinte est plus sensible au manque d'oxygène. De l'ascension sportive, du rocher, de la varappe, non. Le risque à éviter (j'y reviendrai souvent), c'est la chute.

Bicyclette, cyclomoteur. La bicyclette est un sport actif, qui fait travailler de nombreux muscles, et qui est bon pour le muscle cardiaque. Mais quand on parle de bicyclette, il y a deux aspects complètement différents : tout d'abord la bicyclette-tourisme pour se promener ; elle n'est pas en cause sauf à la fin de la grossesse ; soyez prudente cependant car les pertes d'équilibre ne sont pas rares et la chute peut arriver. Et il y a la bicyclette-moyen de transport quotidien, au milieu des encombrements, et qui comporte des risques à cause de la fréquence des accidents des deux-roues.

Ceci est encore plus vrai pour le cyclomoteur (ou la moto). Ce ne sont pas les secousses à craindre qui pourraient provoquer un avortement, là aussi ce qu'on redoute c'est l'accident, la chute.

Danse classique, danse rythmique : oui, tout à fait possible.

Équitation : non, le risque de chute est trop grand.

Judo : ce n'est certainement pas le sport idéal pour une femme enceinte : sport violent, risques de chutes, etc.

Seules les femmes qui le pratiquent peuvent continuer au moins au début de la grossesse, en essayant de limiter les risques (mais est-ce possible ?).

Il ne faut certainement pas qu'une femme enceinte commence le judo quand elle n'en a jamais fait avant.

Golf : excellent, puisqu'il concilie grand air et marche.

Natation : c'est, avec la marche, le meilleur sport pour la femme enceinte. Une femme sportive obligée de renoncer à un sport incompatible avec la grossesse, aura en nageant, la faculté de s'adonner à une activité physique, à la fois agréable et utile.

Dans l'eau, une femme enceinte se sent plus légère. Plus légère, elle se détend plus facilement. D'autre part, la natation est un excellent exercice musculaire et respiratoire.

Pour ces raisons, la natation est bonne pour la future mère. Il y a même des séances de préparation à l'accouchement qui se font en piscine. Les futures mères qui ont eu l'occasion de participer à une telle préparation n'y ont trouvé que des avantages, notamment l'agrément de pratiquer dans l'eau plutôt que dans une salle, les exercices de détente et de respiration : c'est plus amusant.

Si la natation est bonne, comme pour les autres sports pas d'excès, pas de compétition, pas de plongeon.

Patinage : oui, si vous êtes une habituée, sinon vous risquerez les chutes.

Planche à voile : oui, si vous êtes experte car les risques de chute et de chocs sont diminués, non si vous débutez.

Plongée sous-marine : ce n'est pas le moment.

Rame : excellent pour vos abdominaux, mais vous serez rapidement gênée par votre ventre.

Ski de descente et ski nautique : non, toujours à cause du risque de chute.

Ski de promenade : il se pratique de plus en plus, c'est pourquoi j'en parle. Bien que les risques de chute soient moins grands qu'avec le ski de descente, les avis sont quand même partagés, demandez au médecin ce qu'il en pense. Cela dit, il ne faut pas confondre le ski de promenade et le ski de fond. Si le premier est en général admis, le deuxième représente un effort sportif trop important pour la future mère.

Tennis : oui, mais pour s'amuser seulement, pas pour s'entraîner.

Yoga : c'est à la fois un sport et une excellente préparation à l'accouchement.

Vous le voyez, ce que l'on redoute dans le sport pratiqué inconsidérément, outre la fatigue qu'il peut entraîner chez une femme enceinte, c'est le risque de chute. Une femme enceinte est moins agile et moins stable, et risque aussi de tomber plus facilement. Même si on ne croit plus guère qu'une chute puisse provoquer un avortement ou un accouchement prématuré, à moins d'être très violente, qui dit chute, dit risque de fracture. Or, au cours de la grossesse, les fractures mettent plus longtemps à se consolider.

Un dernier mot sur quelques points particuliers.

<u>Le bain de soleil.</u> Ce n'est pas le moment de vouloir bronzer, car il faut vous méfier du soleil : votre peau risque d'en souffrir ; si vous avez le teint déjà un peu marqué, vous pouvez voir apparaître un véritable « masque ». De plus, le soleil a une action néfaste sur les veines et peut accentuer d'éventuelles varices.

<u>Les bains de vapeur, c'est-à-dire le sauna.</u> Bien que nous n'ayons aucune preuve formelle, l'élévation de température du corps qu'ils provoquent risque de ne pas être bonne pour une femme enceinte. En plus, une température très élevée est souvent inconfortable et mal supportée.

<u>Les bains bouillonnants.</u> Nous ne savons pas non plus leurs conséquences exactes. Dans le doute, il vaut mieux s'abstenir.

<u>Les lampes à ultra violets.</u> Même en dehors de la grossesse, il ne faut les utiliser qu'avec précaution : pour la peau, les risques sont, en plus amplifiés, les mêmes que ceux du soleil ; et on ne connaît pas les conséquences éventuelles pour le bébé. Aussi est-il préférable, lorsqu'on attend un enfant, de s'en abstenir.

Vous voyez, ce que je vous avais annoncé au début de ce chapitre est bien vrai : dans l'ensemble, votre vie va peu changer tant que votre grossesse se déroulera normalement. Cela dit, si on vous recommande de vous reposer, ou si on vous indique un traitement particulier, bien sûr, cela modifiera votre manière de vivre.

L'alimentation

CHAPITRE 3

Faut-il
manger plus ?

A la conception, l'œuf humain est si petit qu'on ne peut le voir à l'œil nu. A la naissance, l'enfant pèse 3,3 kg, il mesure 50 cm. Jamais de sa vie l'être humain ne connaîtra de croissance aussi prodigieuse. Or ce qu'il lui faut pour prendre ces kilos et ces centimètres, pour bâtir ses os et ses muscles, l'enfant le puise dans le sang de sa mère : et le calcium et les protéines, et le fer et les vitamines, et les graisses et le phosphore, etc., etc. C'est dire l'importance de l'alimentation pendant la grossesse. L'enfant a des besoins précis qu'il faut satisfaire, la future mère également. Porter un enfant représente pour son organisme un travail auquel participent tous ses organes. En outre, certaines parties de son corps se développent considérablement : les seins et l'utérus.

Faut-il manger plus ? Faut-il manger différemment lorsqu'on attend un enfant ? Je parlerai d'abord de la quantité. C'est la première question que se posent, en général, les futures mères.

Des générations ont vécu dans l'idée qu'il fallait manger pour deux ; aussitôt enceintes, les futures mères mettaient les bouchées doubles. Le résultat : elles prenaient trop de poids, ce qui était inutile et même dangereux. Puis, ces dernières années, on a tellement attiré l'attention sur les dangers de cette suralimentation systématique qu'aujourd'hui certaines futures mères mangent très peu pour ne pas trop engraisser. Où est la juste mesure ? Avant de vous répondre, il faut que je vous rappelle quelques notions de base qui vous paraîtront peut-être un peu techniques, mais je serai brève.

La question calories

Le corps humain ne peut fonctionner qu'au prix d'un apport d'énergie. L'énergie, pour les voitures, c'est l'essence ; pour certaines machines, le charbon ; pour une cuisinière, l'électricité ou le gaz. Pour le corps humain, l'énergie ce sont les *calories* apportées par les aliments.

L'organisme fonctionne comme une machine, comme un moteur. Au contact de l'oxygène absorbé par les poumons, les aliments « brûlent ». Cette combustion dégage de la chaleur, autrement dit, fournit de l'énergie.

On sait d'une manière précise combien d'énergie fournit chaque aliment. On exprime, ou l'on mesure, cette énergie en calories. Ainsi, on dit : 100 g de viande fournissent 170 calories (en moyenne) ; 100 g de lait, 70 ; 100 g de salade, 30, etc.

Quelle énergie représente une calorie ? La calorie est la quantité de chaleur nécessaire pour élever d'un degré un litre d'eau. Puisqu'un gramme de graisse dégage en brûlant 8 calories, il pourra élever de 1 degré la température de 8 litres d'eau. Toute graisse fournira la même quantité d'énergie lorsqu'elle sera absorbée, puis brûlée par l'organisme. De cette définition un peu abstraite, on peut retenir qu'il y a, au point de vue énergétique, une différence entre les aliments : les uns apportent peu de calories, les autres dix ou cent fois plus. Vous devrez en tenir compte pour surveiller votre poids.

Comment sont dépensées les calories. Cette énergie apportée par les aliments, sous forme de calories, notre corps va s'en servir pour faire toutes sortes de tâches. D'abord pour que fonctionne ce qui est vital, comme le cœur ou les poumons. Ainsi, même en restant dans son lit à ne rien faire, un être vivant consomme de l'énergie pour subsister. Cette énergie de base nécessaire qui est de 1 500 calories, en moyenne, pour l'adulte, s'appelle d'ailleurs le métabolisme *basal*. C'est, autrement dit, le minimum vital.

Mais le métabolisme basal varie en fonction du poids, de la taille, de l'âge et du sexe : il est un peu plus élevé chez l'homme que chez la femme, chez l'individu de 70 kg que chez celui de 50, chez l'adolescent que chez le vieillard, etc. Et il augmente de près de 25 % au cours de la grossesse.

Par ailleurs, l'énergie fournie par les aliments est utilisée pour maintenir la température du corps à 37°. Ainsi les habitants des régions froides font-ils une grande consommation d'aliments très riches en calories (comme l'huile) pour lutter plus facilement contre le froid.

Enfin, l'énergie fournie par les aliments est utilisée pour chaque effort fait par l'organisme, pour chaque geste, pour tout le travail de nos muscles et de notre cerveau : lever un poids, marcher, courir, repasser, mais aussi écrire, lire ou réfléchir.

Vous trouverez ci-dessous quelques chiffres vous donnant une idée des dépenses faites par l'organisme pour quelques activités courantes.

*Dépense calorique horaire d'une personne de 70 kg * .*

Durant le sommeil	65
Lire à haute voix	105
Tricoter (23 points par minute)	116
Chanter	122
Taper à la machine rapidement	140
Promenade (4 km/h)	200
Nager	500
Courir (8,5 km/h)	570
Monter les escaliers	1 100

Bien sûr, plus le travail est fatigant, plus la consommation d'énergie est grande : par exemple le bûcheron dépense 3 500 calories par jour, tandis que la femme qui a un travail non fatigant physiquement utilise 2 000 calories par jour.

Si un individu ne mange pas assez pour couvrir ses besoins, il entame ses réserves : il maigrit ; s'il mange trop, il constitue des réserves ; les calories inutiles se transforment en graisses : il grossit...

* D'après Jean Lederer, in *L'Encyclopédie moderne de l'hygiène alimentaire*. Éd. Maloine, page 11.

Une alimentation correcte, du point de vue quantité, est donc celle qui fournit à l'organisme l'énergie dont il a besoin. Nous l'avons vu, une femme de taille et de poids moyen, n'exerçant pas un travail particulièrement fatigant, doit avoir une alimentation qui lui apporte environ 2 000 calories.

Et lorsqu'elle est enceinte ? Il ne lui en faut, en fait, guère plus. Elle a besoin de 2 500 calories par jour, et, en fin de grossesse, un peu plus : 2 800 (sauf dans quelques cas précis).

Ces calories supplémentaires correspondent aux besoins du bébé et à l'augmentation du métabolisme basal de sa mère.

Mais 500 calories de plus par jour, cela ne fait qu'une augmentation de 25 %. Vous voyez qu'on est loin du double !

S'il n'est pas nécessaire à une femme enceinte de manger beaucoup plus que d'habitude, il y a cependant quelques cas où cela sera indispensable :

- une femme très jeune n'ayant pas terminé sa croissance devra avoir une ration totale de 3 200 à 3 600 calories par jour, en augmentant essentiellement le lait (1 litre par jour) et les fromages ;
- une femme ayant un travail très fatigant devra également avoir 3 200 et 3 600 calories par jour, en augmentant la ration de glucides, de lipides, de vitamines B et C ; mais elle devra cesser la suralimentation pendant le repos prénatal ;
- une femme ayant déjà eu plusieurs enfant devra avoir 3 000 à 3 200 calories par jour, en augmentant un peu les glucides et beaucoup les protides ;
- une femme attendant des jumeaux devra, à partir de la deuxième moitié de la grossesse, consommer plus de viande et de lait.

Pourquoi il ne faut pas trop manger

Trop manger, grossesse ou pas, aboutit à trop grossir. Il n'est pas rare qu'une femme enceinte grossisse trop, soit du fait de ses habitudes alimentaires, soit parce qu'elle pense que cette nourriture supplémentaire est nécessaire à son enfant.

Manger pour deux est une recommandation qui nous vient de siècles souvent défavorisés et qui n'a plus cours dans nos sociétés actuelles où nous avons plutôt tendance à avoir une nourriture trop riche.

Or, une prise de poids anormale pendant la grossesse peut avoir des conséquences néfastes. Je vous en citerai trois.

Il y a un rapport certain entre la prise de poids et la survenue de la toxémie gravidique (albuminurie, œdèmes, hypertension ; je vous en parle page 239). Cette toxémie peut retentir sur le développement de l'enfant qui risque de naître avec un poids inférieur à la normale, malingre et chétif. La première raison pour surveiller votre poids, c'est donc votre santé et celle de votre enfant.

D'autre part, plus la prise de poids est élevée, plus les tissus ont tendance à s'infiltrer d'eau et de graisse, plus ils perdront leur souplesse et leur élasticité naturelle. Cela aura comme conséquence que l'accouchement sera moins facile. La deuxième raison pour surveiller votre poids, c'est votre confort au moment de l'accouchement.

Enfin, plus la prise de poids aura été élevée au cours de la grossesse, plus il restera de kilos à perdre après l'accouchement. La troisième raison pour surveiller votre poids, c'est la récupération rapide d'une silhouette normale.

Je suis sûre que ces perspectives désagréables vous inciteront à ne pas manger trop. Pour ne pas manger plus qu'il n'est nécessaire, vous avez un moyen simple : surveillez votre poids en vous pesant régulièrement une ou deux fois par semaine.

Surveillez votre poids

Une future mère devrait prendre en moyenne 10 kg pendant sa grossesse. Lorsque je dis en moyenne, cela signifie que, très normalement, certaines femmes prendront 1 ou 2 kg en plus, d'autres en moins, cela dépendra de leur constitution, de leur poids avant la grossesse, de leur taille, de leur activité physique, etc.

Les trois premiers mois, le poids reste stable en général. Mais un certain nombre de femmes maigrissent au début de leur grossesse de 1 ou même 2 kg, surtout celles qui sont sujettes aux vomissements. Si c'est votre cas, ne vous en inquiétez pas : vous reprendrez du poids lorsque vos vomissements auront cessé.

Courbe de l'évolution du poids au cours de la grossesse

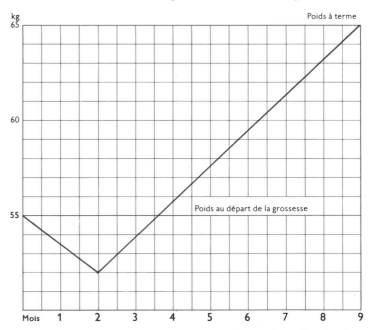

Comme l'indique ce tableau, il est fréquent de maigrir pendant les deux premiers mois de la grossesse.
Lorsque ce n'est pas le cas, la future maman a une prise de poids qui n'excède pas 1,5 kg à 2 kg pour le premier trimestre. Après, la prise moyenne est de 350 g par semaine.

Ces 10 kg, vous les prendrez donc surtout à partir du quatrième mois, à raison de 350 g par semaine environ. Pesez-vous régulièrement. Si vous avez engraissé de plus de 350 à 400 grammes par semaine, c'est que votre nourriture est trop riche, il faut donc la ramener à la normale.

Si vous avez pris trop de poids

En regardant votre balance, vous constatez que vous avez pris trop de poids. Qu'allez-vous faire ?

Vous n'allez pas être condamnée désormais à faire des calculs compliqués avant de vous mettre à table, pour additionner les calories d'une tranche de pain, plus celles du bifteck, plus celles d'un yaourt, etc. Non. Ce qu'il faut, c'est vous familiariser avec les aliments à éviter. Ceux qui apportent le plus de calories sont les corps gras, et ceux qui sont à base de lipides (voir page 80, la liste des aliments contenant des graisses.) Pour vous donner une idée :

1 gramme de lipide fournit 9 calories,
1 gramme de protéine en fournit 4.

Il faut donc diminuer les aliments riches en lipides, essentiellement les poissons gras, viandes grasses, fromages gras, beurre, huile.

Les aliments sucrés et les féculents, ceux qui fournissent des glucides (voir p. 80), n'apportent pas plus de calories que les aliments protéinés, viande ou œufs, par exemple, mais ces aliments sucrés sont ceux que la digestion transforme le plus facilement en graisses. Il faut donc également les diminuer, ou même en supprimer certains :

Vous
prenez trop de poids :
consultez
ce tableau

Nombre de calories par 100 grammes	
Lait écrémé	35
Légumes frais (en moyenne)	40
Yaourt	45
Fruits frais	45 à 70
Lait entier	70
Poissons maigres (type colin)	80
Pommes de terre	90
Poissons demi-gras (type maquereau)	135
Poulet	140
Foie	145
Œufs	160
Viande (bœuf, veau, mouton)	165

*Ces aliments ne vous feront
pas prendre de poids*

* Le beurre cru et l'huile (non cuite),
bien que très riches en calories (760 et 900),
sont néanmoins nécessaires en petites quantités.

Marron	200
Poissons gras (type thon)	210
Crème fraîche	250
Pain	250
Confitures	·285
Camembert, brie	285
Fruits secs	290
Miel	300
Viande de porc	332
Légumes secs	340
Riz	340
Pâtes alimentaires	350
Pain d'épices	350
Tarte aux fruits	350
Biscottes	360
Cantal, gruyère	380
Sucre	400

*Ces aliments vous feront
grossir si vous en abusez*

Biscuits secs	410
Mayonnaise	460
Chocolat sans lait	500
Cake aux fruits confits et raisins	500
Chocolat au lait	600
Gâteau à la crème	600
Amandes, noix, noisettes	670
Saucisse cuite	670
Beurre*	760
Graisses animales	780
Huile*	900

*Ces aliments vous feront
sûrement grossir*

- évitez les bonbons et les pâtisseries ;
- diminuez le sucre en supprimant, par exemple, celui que vous ajoutez au thé et au café ;
- réduisez sérieusement le pain, les pommes de terre, les féculents (pâtes, légumes secs, etc.).

Ne croyez pas que je cherche à vous affamer, il vous reste quand même pour vous nourrir : les aliments protéinés pauvres en corps gras, c'est-à-dire, parmi les poissons : limande, merlan, sole, colin, raie et même maquereau ; parmi les viandes : bœuf, veau, mouton, surtout en grillades, et la volaille ; parmi les fromages et laitages : chèvre, fromage de régime, yaourts ; puis les œufs et le lait écrémé.

Vous pouvez aussi manger tous les légumes verts et les fruits, sauf exception, telle la banane, très riche en calories.

Le tableau de la page précédente complétera ces indications générales puisqu'il vous indique, par ordre croissant, des plus pauvres aux plus riches, l'apport en calories des principaux aliments. Vous pourrez d'ailleurs constater dans ce tableau que, dans plusieurs cas, ce sont les aliments non indispensables qui apportent le plus de calories, tels que les gâteaux.

Par ailleurs, je vous conseille de ne pas manger entre les repas : les petits en-cas sont les plus dangereux parce que, précisément, on les croit inoffensifs. Ainsi, une simple part de tarte aux pommes fournit autant de calories qu'un bifteck accompagné de deux pommes de terre à l'eau.

Si, malgré les précautions que vous prendrez, vous ne revenez pas à une prise de poids normale, parlez-en au médecin : l'excès de poids n'est pas toujours déterminé par un excès d'alimentation.

Pour celles
qui ne se nourrissent pas assez

Il n'y a pas que des femmes qui mangent trop pendant leur grossesse. Un certain nombre sont sous-alimentées, soit par coquetterie pour ne pas trop engraisser, soit, hélas, par manque de ressources. Ainsi on voit des femmes ne prendre que 6 kg pendant toute leur grossesse, même moins.

Cette sous-alimentation est dangereuse et pour le bébé, qui risque de naître trop tôt, avec un net retard de croissance, et pour la santé de la mère (par exemple, les risques de toxémie sont doubles).

Donc, future mère coquette, pas de sous-alimentation systématique pour rester mince : vous ferez un régime sévère après l'accouchement, ou un peu plus tard si vous allaitez ; là, tout sera permis pour retrouver la ligne. Mais aujourd'hui, à cause de votre enfant il faut vous nourrir suffisamment. Pour le problème « budget », je vous renvoie au tableau de la page 80 qui indique les sources les plus économiques des aliments protéinés, ceux qui sont les plus nécessaires pendant la grossesse.

Que
faut-il manger ?

La réponse est facile : il faut simplement que vous vous nourrissiez correctement, ce que vous devriez d'ailleurs faire tous les jours pour votre bonne santé ; mais maintenant que vous attendez un enfant, c'est encore plus important.

Si manger pour deux n'est pas vrai sur le plan de la quantité, c'est certes vrai sur le plan de la qualité. Autrement dit, manger pour deux, ce n'est pas manger deux fois plus, c'est manger deux fois mieux.

Mais qu'est-ce que se nourrir correctement ? C'est avoir une alimentation équilibrée, une alimentation qui comporte régulièrement les principaux aliments, car chacun d'eux a sa spécialité, chacun apporte à l'organisme les diverses substances dont il a besoin.

La viande, les poissons, les œufs fournissent les protéines. Le lait, les laitages, les fromages apportent essentiellement le calcium si nécessaire aux os. Le beurre, l'huile fournissent les lipides ; les pommes de terre, les féculents procurent les glucides (ou sucres) ; les vitamines se trouvent essentiellement dans les fruits ; le fer et le phosphore (qui sont des substances minérales), on les trouve dans les légumes verts, les légumes secs, etc. Or, notre organisme a besoin et de protéines, et de lipides, et de glucides, et de vitamines, et de sels minéraux. C'est donc seulement une alimentation comportant toutes les catégories d'aliments qui peut couvrir tous ces besoins. Nous sommes des omnivores, c'est-à-dire que nous pouvons, et devons, manger un peu de tout.

Une alimentation ne comportant, par exemple, que des viandes et des féculents manquerait de vitamines, de sels minéraux, de lipides. C'est cela qu'on appelle une alimentation déséquilibrée. Or, si un régime déséquilibré est mauvais pour un organisme achevé, il est grave pour un être en pleine formation.

Mais entrons un peu dans le détail : par le courrier reçu, je sais que les lectrices sont désireuses de renseignements diététiques, et voyons quelles sont les principales sources de protéines, lipides, glucides, vitamines et substances minérales.

■ **Les aliments contenant des protéines (protides).** Les protéines fournissent le matériau de construction de l'organisme, elles construisent et renouvellent tous les tissus du corps : vous en avez donc particulièrement besoin. Pendant la grossesse, il faut consommer environ 25 % de plus d'aliments fournissant des protéines que d'habitude, c'est-à-dire tous les produits d'origine animale : viande, poisson, œufs, lait et fromage. La viande passe pour être la plus « nourrissante », la plus riche en protéines. C'est une erreur : à poids égal, le poisson fournit autant de protéines que la viande. Et c'est une erreur qui peut coûter cher, car la viande, vous le savez, est la plus chère des protéines.

Composition des principaux aliments

★ assez riche   □ très riche   ● exceptionnellement riche

Pour 100 grammes de :	CALORIES	VITAMINES						MINÉRAUX			ÉNERGIE		
		A	B	C	D	E	K	Fer : Globules rouges	Phosphore : Squelette et dents	Calcium : Squelette et dents	Sucre : Énergie	Grasse : Chaleur	Protéines : Matériau de l'organisme
		Croissance	Nerfs, muscles	Résistance aux microbes	Fixe le calcium et le phosphore	Fécondité	Antihémorragies						
Viandes													
Bœuf, veau, mouton	165							★	□			★	□
Foie	145	□	□	□		□		□	□				□
Poissons													
Maigres (types colin)	80								□				□
Demi-gras (type maquereau)	135								□				□
Gras (type thon)	210								□			★	□
Huîtres	80	★	★					□	□				★
Œufs	160	★	★		★	★		★	□			★	□
Lait													
Entier	70	★							★	□		★	★
Écrémé	35								★	□			★
En poudre entier	500								□	●		★	□
En poudre écrémé	360		□						●	●			●
Crème fraîche	250		★						★	★		□	★
Fromages													
A pâte molle (type brie)	290	★							★	□		★	□
A pâte dure (type gruyère)	380	★							□	●		★	□
Yaourt	45								★	□			★
Beurre	760	★										●	
Huile de table	900	★					★					●	
Huile de foie de morue	670				●							●	
Pain													
Blanc	250								★		□		★
Complet	220		★		★			★	□		□		★
Riz	340		★						★		□		★
Germe de blé	370	★	□		●				●	★	□	★	□

Ce tableau n'est pas celui de la composition complète des aliments mais celui de leurs principales richesses. Cent grammes de bœuf, par exemple, ne contiennent pas seulement 18 g de protéines et 10 g de graisse, mais aussi 0,5 g de sucre et 0,15 mg de vitamines B. Mais ces quantités sont trop petites pour que la viande de bœuf soit considérée comme une source de sucre et de vitamines B. Nous avons établi ce tableau pour vous permettre de voir d'un coup d'œil quelles sont les meilleures sources de vitamine C, de protéines, de fer, etc. Nous avons intentionnellement omis les aliments qui sont déconseillés pendant la grossesse tels que charcuterie, crustacés, etc. Certains sels minéraux ne figurent pas dans ce tableau quoiqu'ils soient nécessaires, tels que magnésium, soufre, iode, car ils se trouvent répartis en petite quantité dans un très grand nombre d'aliments ; une alimentation variée vous les fournira.

Pour 100 grammes de :	CALORIES	VITAMINES						MINÉRAUX			ÉNERGIE		
		A Croissance	B Nerfs, muscles	C Résistance aux microbes	D Fixe le calcium et le phosphore	E Fécondité	K Antihémorragies	Fer : Globules rouges	Phosphore : Squelette et dents	Calcium : Squelette et dents	Sucre : Énergie	Graisse : Chaleur	Protéines : Matériau de l'organisme
Pâtes alimentaires	350								★		□		★
Pommes de terre	90			★							★		
Légumes frais													
Cuits	40										★		
Crus	40			□							★		
Carottes	45	□									★		
Choux	40	★					□			★	★		
Choux-fleur	40	★					★			□	★		
Cresson	30	★		●		★	★			□	★		
Épinards	40	□	★				□	□			★		
Laitue	30	□		□		□	□	★		★	★		
Persil	40			●						□			
Légumes secs	340		★					□	□		□		□
Fruits frais													
Cuits	45-70										★		
Crus	45-70			□							★		
Agrumes (oranges, citrons, etc.)	45			●							★		
Fruits à noyau	65	★		□							★		
Fruits secs	285							★		★	□		
Abricots secs	285	□						★		★	□		
Fruits oléagineux													
Amandes, noix, etc.	670	★	★			★		★	□	□	★	□	□
Sucre	400										●		
Miel	300										●		
Confiture	285			★							□		
Chocolat	500							★	□	★	□	★	★

Voici d'ailleurs un tableau très instructif pour l'équilibre de ce budget : il montre le coût comparé du gramme de protéines fourni par différents aliments. On est parti de la base 10 pour le bœuf à rôtir.

Comparaison du coût du gramme de protéines
pour quelques aliments courants

Bœuf à rôtir	10	Merlan frais	4,7
Rôti de porc	9,6	Camembert	4,4
Bœuf à bouillir	8,5	Œuf	4,2
Yaourt	5,6	Gruyère	3,4
Filet de merlan	5	Lait	2,3

Vous voyez que le lait est la source de protéines la plus avantageuse et la viande la plus chère. Et si j'ajoute que, contrairement à une opinion trop répandue, les œufs ne font pas mal au foie, vous pourrez en manger très souvent (2 œufs et demi valent un bifteck de 100 grammes).

Il y a aussi des protéines dans les légumes secs, les noix, noisettes, cacahuètes, le pain et les céréales. Ces protéines d'origine végétale n'ont pas la même valeur biologique que les protéines d'origine animale, elles ne fournissent pas à l'organisme tous les constituants dont il a besoin, elles ne peuvent donc pas remplacer les protéines d'origine animale. C'est d'ailleurs la raison pour laquelle un régime végétarien est contre-indiqué pendant la grossesse : les protéines de premier choix, fournies par la viande, les œufs, le fromage, le poisson, sont indispensables à la croissance.

■ **Les aliments contenant des lipides (ou graisses).** Ce sont évidemment l'huile, le saindoux, le beurre, la margarine, mais aussi le lait, les viandes grasses, les poissons gras, les fruits oléagineux, comme leur nom l'indique (noix, noisettes, amandes, cacahuètes) et le jaune d'œuf.

Les graisses sont nécessaires au bon équilibre de l'alimentation, mais pendant la grossesse, il faut les diminuer, pour ne pas prendre trop de poids. Outre le risque d'obésité, un excès de graisse peut fatiguer le foie. Par ailleurs, les corps gras sont souvent mal tolérés par la femme enceinte ; il faut donc les prendre sous la forme la plus digeste, c'est-à-dire consommer le beurre cru, l'huile non cuite, éviter les graisses animales comme le gras de la viande, les graisses et huiles cuites, surtout l'huile de friture, si difficile à digérer.

Je vous rappelle, par ailleurs, qu'il vaut mieux ne pas consommer d'huile de colza, car elle serait dangereuse pour le cœur : vérifiez que la bouteille que vous achetez précise *pure* huile d'arachide, de maïs, de tournesol, d'olive, etc.

■ **Les aliments contenant des glucides (ou hydrates de carbones ou sucres).** Les aliments les plus riches en glucides sont évidemment le sucre, de betterave ou de canne, et le miel, puis, par ordre décroissant les confitures, les pâtisseries, les pâtes, le riz, les pruneaux, dattes et figues, les haricots secs, les pois secs, le pain, les bananes, la pomme de terre, les fruits, surtout s'ils sont bien mûrs.

En résumé, les aliments contenant des glucides sont tous les aliments sucrés et les féculents.

De ces aliments, vous mangerez plutôt moins que d'habitude, pour ne pas trop grossir. Et si vous prenez trop de poids, ce sont eux que vous diminuerez en premier lieu, à part les fruits frais nécessaires pour leurs vitamines, sauf la banane, car elle est très riche en calories, et il faut l'éviter si on prend trop de poids.

En conclusion : l'apport d'énergie pendant la grossesse doit donc être assuré d'abord par les protéines, puisqu'elles jouent un rôle si important dans l'édification des tissus, puis par des quantités modérées de glucides, enfin par une petite ration de lipides, absorbés de préférence non cuits (beurre cru par exemple).

■ **Les substances minérales.** Parmi les nombreuses substances minérales dont a besoin l'organisme, deux sont à mettre en relief, car elles sont particulièrement nécessaires pendant la grossesse : le calcium et le fer.

Le calcium est nécessaire à la formation du squelette et des dents. Vous devez veiller à votre consommation de calcium pour assurer les besoins de votre enfant sans risquer une décalcification pour vous même. Les aliments qui en contiennent le plus sont le lait et tous les produits qui en dérivent : fromages, yaourts, petits-suisses, crème fraîche, etc. Mais il y a aussi du calcium dans les figues sèches, les haricots secs, dans certains légumes : cresson, chou-fleur, choux, endives, épinards ; dans le pain complet, et les œufs.
Une alimentation normale, contenant des fromages et autres produits laitiers, vous fournira tout le calcium dont vous avez besoin *.
Une mention particulière doit être faite pour le lait : il est inutile, comme on le croit couramment, d'en boire de grandes quantités pendant la grossesse. En général, il est suffisant de boire un demi-litre de lait par jour. D'autant que de nombreux aliments qui entrent dans l'alimentation courante sont riches en calcium, tels les fromages, certains légumes, etc. (voir plus haut).
En outre, n'oubliez pas que le lait est non seulement riche en calcium, mais aussi en sucres, en sel (sodium), en graisses et en protéines. Si donc vous grossissez trop, buvez du lait écrémé. Si vous n'aimez pas, ou ne supportez pas le lait, mangez plus de fromages ; je vous signale que les plus riches en calcium sont les fromages dits à pâte dure : gruyère, chester, cantal, saint-paulin.

Le fer. Les aliments riches en fer sont les haricots blancs, les lentilles, le cresson, les épinards, le persil, les fruits secs, les amandes et noisettes, les flocons d'avoine, le chocolat, le foie et le jaune d'œuf.
A propos du foie, je vous signale une erreur courante : ce n'est pas le foie de veau qui est le plus riche en fer, il en contient moitié moins que le foie de génisse ou d'agneau. Or le foie de veau est cher : ne vous ruinez donc pas inutilement. Mais il y a plus : le foie, si réputé en diététique, a été l'objet de vives critiques de la part des Associations de consommateurs : elles disent en effet que lorsque les animaux sont traités avec des antibiotiques et des hormones, ces substances se concentrent dans le foie. Ce qu'il faut en retenir, c'est d'acheter le foie chez un boucher qui peut vous garantir de la viande provenant d'animaux non traités.

---

* Et les médicaments à base de calcium ? L'assimilation du calcium n'est possible qu'en combinaison organique complexe, c'est-à-dire qu'il ne suffit pas d'avaler du calcium ; encore faut-il que ce calcium se trouve en présence d'autres substances pour être rendu assimilable. Bien des diététiciens pensent que seul le calcium alimentaire est assimilé.

Menus

Petit déjeuner

calories

Fruits frais (200 g) ou un verre de jus de fruits	50
Café au lait, deux tasses	150
Trois tranches de pain complet	160
Confitures (35 g)	100
Beurre (25 g)	180
Si vous désirez un œuf à la coque en plus, ajoutez	80

720 calories

Déjeuner

Une assiette de crudités en salade choisies parmi les légumes de la saison (tomates, radis, carottes, chou rouge) coupés menus et assaisonnés à l'huile et au citron	100
Une tranche de foie garnie persil haché (100 g)	145
Spaghetti au parmesan	140
Trois tranches de pain complet	160
Fromage de chèvre (35 g)	35
Une poire	70

650 calories

Dîner

Une tranche de colin	130
Pommes à l'anglaise	150
Un yaourt	45
Une compote de pommes (150 g)	90
Trois tranches de pain complet	160

575 calories

Pour la journée

35 grammes de matières grasses	250
Six morceaux de sucre	160

410 calories

Soit au total 2.355 calories

types

Petit déjeuner à l'anglaise

calories

Fruits frais (200 g) ou un verre de jus de fruits	50
Un bol de porridge (flocons d'avoine + lait)	200
Un œuf à la coque	80
Deux tranches de pain blanc	100
Confitures (35 g)	100
Beurre (25 g)	180
Thé	

710 calories

Déjeuner

Salade de crudités	100
Un bifteck (100 g)	175
Riz (30 g)	135
Roquefort (25 g)	80
Trois tranches de pain complet	160
Un fruit	70

720 calories

Dîner

Une omelette de deux œufs	150
Des épinards aux croûtons	50
Un petit suisse	40
Une tarte aux fruits	180
Trois tranches de pain complet	160

580 calories

Pour la journée

35 grammes de matières grasses	250
Six morceaux de sucre	160

410 calories

Soit au total 2.420 calories

Pendant la grossesse, les besoins en fer sont accrus, car l'enfant a besoin d'une quantité importante de fer pour « fabriquer » son sang, particulièrement durant les derniers mois. C'est pourquoi, à ce moment-là, la future mère a parfois tendance à l'anémie, surtout lorsqu'elle a déjà eu plusieurs enfants. C'est aussi la raison pour laquelle de nombreux médecins prescrivent systématiquement un apport de fer pendant la deuxième moitié de la grossesse.

Les folates. Depuis peu, ce mot est apparu dans la diététique. Les folates (ou acide folique) sont indispensables à la synthèse des protéines et à la bonne multiplication des cellules. Leurs besoins sont donc augmentés pendant la grossesse pour répondre à la croissance de l'utérus, à la formation du placenta et surtout à la formation et la croissance des tissus fœtaux.

Une carence en acide folique peut être responsable de diverses complications : hémorragies et avortement en début de grossesse, retard de croissance intra-utérine et prématurité, mais surtout malformations fœtales notamment neurologiques.

Certains facteurs peuvent provoquer une carence en folates : grossesse gémellaire, multiparité, malnutrition quelle qu'en soit la cause, alcoolisme, quelques médicaments (notamment les anti-épileptiques).

On trouve l'acide folique dans les salades (surtout pissenlit, cresson, laitue et endives) mais aussi dans les légumes verts, le foie, les agrumes et les fromages fermentés.

Chez les femmes présentant un facteur de risque (voir plus haut) un apport supplémentaire est indispensable ; chez les autres cet apport n'est que souhaitable, surtout au cours du premier trimestre.

Les autres substances minérales dont l'organisme a besoin, iode, phosphore, magnésium, soufre, se trouvent dans de nombreux aliments. Je ne vous les énumère pas : si vous avez une alimentation variée, vos besoins et ceux de votre enfant seront largement couverts.

Le sel — chlorure de sodium — (qui est également une substance minérale) est à mettre à part. Il jouit encore d'une mauvaise réputation auprès des femmes enceintes : elles pensent qu'il faut automatiquement supprimer le sel pendant la grossesse, surtout les derniers mois. Aussi s'imposent-elles inutilement une nourriture insipide. Or aujourd'hui les médecins sont formels : il n'est plus nécessaire de supprimer le sel.

Est-ce à dire qu'un régime sans sel n'est jamais prescrit à une femme enceinte ? Il est difficile de répondre à cette question car l'accord n'est pas fait sur ce point. Certains médecins prescrivent encore le régime sans sel en cas de complications (telle la toxémie gravidique), ou lorsqu'une maladie cardiaque ou rénale préexiste à la grossesse.

Si le médecin vous met au régime sans sel, reportez-vous p. 92, vous trouverez la liste des aliments à supprimer.

■ **Les vitamines.** Le mot vitamine a été inventé par Casimir Funck, biochimiste américain. Il avait découvert qu'une certaine substance chimique, ou amine, contenue dans l'enveloppe du riz, était indispensable à la vie : il l'appela « vitamine ». C'est l'actuelle vitamine B-1. Depuis, le nom de vitamine a été donné à une vingtaine d'autres substances chimiques qui ne sont pas nécessairement des amines, et qui ne sont pas toutes vitales, mais le terme a été conservé pour des raisons de commodité.

Pendant votre grossesse, il est très important que vous absorbiez une quantité suffisante de vitamines. Votre enfant en a besoin pour sa croissance et pour constituer le petit stock dans lequel il puisera pendant les premières semaines de sa vie. Il vous en faut également parce que certains de vos organes se développent et parce que votre organisme tout entier « travaille » plus que d'habitude.

Voici les vitamines dont vous avez besoin et les aliments qui vous les fourniront :

La vitamine A se trouve dans le lait et ses dérivés, le beurre (frais et cru) et surtout dans les huiles de foie de poisson (morue, flétan, etc.), le foie (d'agneau, veau, etc.), et dans les légumes tels que persil, choux, épinards, laitues, carottes, tomates.

Les vitamines du groupe B sont également utiles à la croissance de l'enfant. Il est possible aussi que leur carence entraîne différents troubles chez la future mère : névralgies diverses, crampes. Il est certain, de toute façon, que l'administration de vitamines du groupe B fait habituellement régresser ces troubles.

Les graines de céréales, les légumes secs, le germe de blé sont riches en vitamine B. Rappelons, à ce propos, que le pain complet est beaucoup plus riche en vitamines B que le pain ordinaire.

La vitamine C est l'acide ascorbique *. Elle se trouve dans les fruits et légumes, en particulier : citrons, oranges, pamplemousses, tomates, groseilles, framboises ; également dans le persil, les choux, le piment rouge.

La vitamine D est importante, car c'est elle qui permet au calcium de se fixer. Les aliments habituels contiennent de très petites quantités de vitamine D. C'est principalement l'organisme qui fabrique lui-même cette vitamine sous l'influence des rayons ultraviolets, ceux du soleil. C'est pourquoi le meilleur remède contre un manque de vitamine D, c'est le grand air et le soleil. Mais votre climat manque peut-être de soleil. Si le médecin le juge utile, il vous prescrira des spécialités à prendre contenant de la vitamine D. Une carence en vitamine D peut être nocive, mais l'excès (ce qui ne peut arriver que si l'on prend la vitamine D sous forme de médicament) peut être nocif également : bien suivre les indications du médecin.

La vitamine E se trouve dans la laitue, le cresson, le riz et les graines de céréales, le jaune d'œuf et le foie.

La vitamine K dans les salades vertes, le chou blanc et les épinards. Ni l'une ni l'autre ne risquent de vous faire défaut : on ne connaît aucun cas de carence.

■ **Comment préserver les vitamines des fruits et des légumes ?**

Les fruits : les consommer plutôt crus que cuits, les laver rapidement, ne pas les laisser tremper dans l'eau, les couper avec un couteau inoxydable, enfin les consommer aussitôt. Le contact de l'air détruit la vitamine C, c'est pourquoi il ne faut pas préparer les jus de fruits à l'avance. Si l'on fait des compotes, les cuire dans peu d'eau et peu longtemps, la perte en vitamines sera réduite.

---

* Tout le monde a entendu parler des voyageurs de jadis, qui se nourrissaient de conserves et mouraient du scorbut. Le scorbut a aujourd'hui complètement disparu de nos pays.

Les légumes : eux aussi, en cuisant, perdent une partie de leurs vitamines, mais la perte peut être réduite si l'on prend ces précautions : après avoir lavé les légumes, les laisser tremper le moins longtemps possible, les faire cuire dans peu d'eau et peu longtemps, et si possible dans leur peau (la pomme de terre notamment). Le mode de cuisson idéal est la cuisson à la vapeur, très facile dans une cocotte minute, ou, sinon, dans une casserole à double fond.

Varier, c'est si facile...

Maintenant que vous connaissez les différentes catégories d'aliments, il vous sera facile d'établir un bon régime. Ayez une nourriture variée, comprenant toutes les catégories d'aliments. Ne faites pas des repas du genre : sardines, œufs, bifteck, fromage (repas essentiellement riche en protéines), ou un repas du type : pamplemousse, épinards, poire (repas essentiellement riche en vitamines) ; ou encore : salade de riz, gratin de spaghetti et bananes, c'est-à-dire un concentré de glucides.

Non, mangez de tout régulièrement : du poisson, des œufs, de la viande, des laitages (fromages, beurre cru, lait), des fruits et des légumes, etc. Varier l'alimentation n'est pas difficile, il suffit de se promener dans un marché et de choisir parmi l'abondance des produits qui vous sont offerts ; votre calcium, vos vitamines, vos protéines, votre fer sont là, à tous les prix : vous ne risquez pas d'être carencée.

Avec une alimentation variée, ni votre bébé ni vous ne manquerez de rien. Je vous signale d'ailleurs pour vous rassurer, qu'en tout cas, si quelqu'un devait manquer de quelque chose, ce ne serait pas votre bébé, mais vous-même. En effet, le bébé prend à sa mère tout ce dont il a besoin, même à ses dépens : ainsi, il peut arriver qu'un bébé soit très costaud avec une mère anémique.

Voyez les menus des pages 82 et 83 : ils apportent en quantité et en qualité tout ce qui est nécessaire.

Je vous signale pour terminer qu'il est préférable de répartir la nourriture en 4 repas. Ceci favorisera une meilleure assimilation, aidera à éviter les nausées en début de grossesse, ainsi que les sensations de pesanteur ou de gonflement après les repas.

Voici donc ce qu'est une alimentation variée. Il est possible que si, avant d'être enceinte, vous aviez une alimentation déséquilibrée, vous appreniez aujourd'hui à bien vous nourrir.

Les difficultés d'une alimentation correcte

Au début de la grossesse, les futures mères souffrent souvent de divers troubles digestifs : nausées, vomissements, maux d'estomac, etc., ou alors, elles n'ont pas faim ; parfois au contraire, elles sont atteintes de boulimie. Ces divers troubles risquent d'empêcher un bon équilibre de l'alimentation.

Ainsi, par exemple, certaines femmes sujettes aux nausées, pour les éviter, suppriment les repas et grignotent à longueur de journées des biscuits ou du chocolat. Le résultat c'est qu'elles grossissent sans être nourries convenablement.

Menus
pour les quatre saisons

Déjeuner	Dîner

Printemps

Radis	Salade verte
Hamburger	Tagliatelles
Épinards	à la sauce viande
Demi-sel	
Salade bananes et oranges	Yaourt

Été

Salade de concombres	Quiche lorraine
Tranches de poisson à l'italienne	Salade mélangée
Pommes vapeur	Glace
Fromage blanc	
Pêches	

Automne

Salade de tomates	Potage
Poulet rôti	Courgettes, aubergines farcies
Petits pois	Flan
Gruyère	
Raisin	

Hiver

Carottes et céleri râpés en salade	Œufs brouillés
Carrés de poisson frit avec citron	Risotto
Macédoine de légumes	Salade verte
Gâteau de semoule	Cantal

Heureusement, les divers troubles digestifs disparaissent, passé le premier trimestre.

En attendant :

- si vous avez peu d'appétit, mangez au moins des aliments vous apportant des protéines, et des fruits et légumes frais ;
- si vous avez toujours faim, ne déséquilibrez pas votre alimentation par des bonbons et des gâteaux, ou des tartines : entre les repas, mangez une tranche de viande froide ou un œuf dur, ou encore un fruit ;
- si vous avez des nausées, reportez-vous aux conseils donnés page 196.

Les boissons

Pendant la grossesse, il faut boire suffisamment : un litre et demi de liquide par jour en moyenne (soit l'équivalent d'une maxi-bouteille d'eau minérale). Vous-même et votre enfant avez besoin de liquides. Boire abondamment joue également un rôle dans les préventions des infections urinaires si fréquentes pendant la grossesse.

N'ayez pas peur de boire et de « faire de la rétention d'eau ». A l'exception de certaines maladies, notamment cardiaques ou rénales, une prise de poids excessive pendant la grossesse correspond bien plus souvent à un stockage de graisse qu'à une rétention d'eau.

Que faut-il boire ?

L'eau. L'eau du robinet est consommable pratiquement partout en France. Il peut arriver qu'elle ait un goût désagréable à cause des produits utilisés pour la désinfecter ; quelques gouttes de citron la rendront alors plus agréable à boire.

Les eaux minérales sont toutes recommandables, à l'exception de certaines eaux riches en sodium (eau de Vichy par exemple) dans les cas de plus en plus rares où un régime sans sel est prescrit. Au début de la grossesse, quand existent des troubles digestifs, les eaux pétillantes ont l'avantage de faciliter la digestion. Ensuite, il faut se méfier, car elles augmentent l'appétit et risquent de faire manger davantage.

Le thé et le café sont excitants, bien que leur tolérance varie beaucoup d'un individu à l'autre. N'en abusez cependant pas et buvez-les « légers ».

Les infusions ont, selon leur composition, certaines vertus. La menthe et la verveine facilitent la digestion. Le tilleul et la camomille font dormir.

Le lait : voyez à la rubrique calcium ce qui est dit de cette boisson qui est aussi un aliment.

Les jus de fruits frais apportent de l'eau, du sucre, des substances minérales et des vitamines. Méfiez-vous de ceux qui sont très sucrés parce qu'ils font grossir.

Les boissons pétillantes aromatisées aux fruits contiennent généralement peu de fruits et beaucoup de sucre. Elles n'ont aucun intérêt pour une femme enceinte. Il en est de même de la limonade et des sodas.

Les jus de légumes sont riches en vitamines.

Le bouillon de légumes apporte des sels minéraux.

Quant à **l'alcool,** je n'y reviens pas, je vous en ai parlé page 57.

Les envies

Vous aurez peut-être des envies. Il n'y a pas de raison de ne pas les satisfaire, à moins qu'elles ne concernent des aliments formellement contre-indiqués ou des aliments « excentriques », ce qui arrive. D'ailleurs, bien souvent, les envies correspondent à des besoins. Telle femme qui, avant sa grossesse, n'aimait pas la viande ou le lait, sentira un besoin impérieux de bifteck ou de grands verres de lait. Telle autre voudra de l'ananas alors qu'elle n'en mangeait jamais auparavant ; or l'ananas facilite la digestion des protéines. Telle autre aura particulièrement envie de vinaigre, riche en vitamines. Les envies se fixent d'ailleurs souvent sur les condiments, qui, en général, facilitent la digestion, mais dont il ne faut cependant pas abuser. Mais n'allez pas croire que s'il ne vous est pas possible de satisfaire l'envie qui vous semble irrésistible, cela puisse avoir une conséquence néfaste pour votre enfant. Il est évidemment faux qu'un enfant risque d'avoir un angiome (tache de vin) sous le seul prétexte que sa mère ait eu une envie non satisfaite d'un quelconque fruit rouge.

Bien souvent, d'ailleurs, les envies ont une origine psychique : la future mère s'attend tellement à désirer particulièrement un aliment plutôt qu'un autre, que, finalement, elle le désire.

Les aliments à éviter

Pour finir, voici, résumée, la liste des aliments qu'il vaut mieux éviter.

Les aliments lourds et difficiles à digérer : les fritures, les saucisses, la charcuterie en général, les poissons gras, les ragoûts, le foie gras, le canard, la pintade, les poissons fumés, les abats, la triperie.

Les plats très épicés.

Les aliments qui pourraient vous intoxiquer (pendant la grossesse, la sensibilité aux intoxications est accrue) tels que gibier, crustacés, moules ou huîtres, car il est parfois difficile d'être sûr de leur fraîcheur.

Les aliments qui font grossir, c'est-à-dire toutes les graisses, ou trop riches en sucres : féculents, gâteaux, bonbons.

La viande crue ou peu cuite. Ceci ne concerne que les femmes qui ont un sérodiagnostic négatif, en ce qui concerne la toxoplasmose, voir p. 244. Pour éviter tout risque de toxoplasmose, vous ne mangerez pas de viande crue (steak tartare) et vous ferez cuire à point toutes les viandes, en particulier le mouton. Sachez à ce sujet qu'une viande que l'on sort du réfrigérateur pour la mettre aussitôt sur le gril reste crue à l'intérieur, même lorsque l'extérieur est « saisi ». Or, pour que tout germe soit détruit, il faut que le centre de la viande soit soumis à une température de 50 degrés.

Le sel, dans certains cas.

L'alcool, y compris le vin, sauf dans les conditions signalées page 57.

Vous veillerez particulièrement à votre régime en saison froide et humide, car la toxémie gravidique (voir page 239) semble être plus fréquente en automne et en hiver.

Le régime
sans sel

INTERDITS	AUTORISÉS
Condiments	
Sel de table, sel de cuisine, sel de cuisson, sel de céleri	Épices, appétissants, condiments
Moutarde ordinaire	Moutarde sans sel
Toutes les sauces du commerce. Olives, cornichons, câpres, oignons en conserve. Mayonnaise du commerce	Sauce tomate sans sel Ketchup sans sel
Potage en sachet. Bouillon cube Maggi, Viandox, Kub. Bouillon de légumes	Potage de légumes frais
Produits laitiers	
Laits chocolatés du commerce	Lait ordinaire :
Lait concentré sucré	à limiter à 1/3 de litre par jour
Tous les fromages fermentés	Yaourts, petits suisses et
(Le plus salé : le roquefort)	fromages blancs frais
Beurre salé, beurre demi-sel	nature ou parfumés
Danette chocolat et vanille (de Danone)	Crème fraîche
Légumes, Fruits	
Fruits et légumes en conserve (même compote et fruits au sirop) Légumes cuisinés : choucroute	Légumes verts frais ou surgelés crus ou cuits. Tous les fruits frais, cuits ou crus, compotes fraîches
Jus de fruits du commerce	Jus de fruits frais
Viande - Poisson - Œufs	
Toutes les viandes et poissons salés, séchés, fumés en conserve et *tous les plats cuisinés du commerce de viande*	Viande fraîche et surgelée
Tous les produits de charcuterie, y compris tous les jambons. Gelée de charcuterie	
Poudre d'œuf	Œufs
Crustacés et coquillages. Limande, sole	Poissons frais et surgelés

Je vous ai dit plus haut qu'il était de plus en plus rare que les médecins prescrivent un régime sans sel à une femme enceinte. Si toutefois vous êtes dans ce cas, voici un tableau * qui vous dira ce qui vous est permis et ce qui vous est défendu. Bien entendu, il s'agit ici d'un régime sans sel (ou hyposodé) large. Le régime hyposodé « strict » est beaucoup plus sévère. Il s'observe sous surveillance médicale et n'est prescrit que dans des cas très rares.

INTERDITS	AUTORISÉS
Féculents	
Chips, gratin, purée en flocons	Pommes de terre cuisinées sans sel, sous toutes leurs formes
Raviolis et pâtes cuisinées du commerce	Pâtes, riz
Légumes secs de conserve	Légumes secs
Pain frais et grillé et biscottes ordinaires	
Biscuits secs et *tous les produits de pâtisserie*	Pain et biscottes sans sel
Pain d'épice	Tapioca, pâtisseries maison, sans levure
Biscuits apéritifs, cacahuètes, noisettes salées	chimique et sans margarine
Produits sucrés	
Conserves sucrées : crème de marrons	
Confitures du commerce	Confitures maison sans adjonction de sel
Bonbons, confiseries, y compris chocolat, réglisse, nougat	Miel, sucre
Matières grasses	
Margarine, saindoux, lard	Huile, beurre
Boissons	
Toutes les boissons gazeuses (Vichy, Vals, Badoit)	Eau Perrier. Eau minérale plate, eau de ville
Sirop de fruits du commerce	Jus de fruits frais ou jus de fruits Guigoz ou Jacquemaire, Oasis de Volvic
	Thé, café, infusion
Cacao, chocolat	Bière, cidre
Divers	
Sirops et pastilles pour la toux. Tisanes laxatives. Poudres "digestives" et comprimés effervescents. Levures chimiques	
Modes de cuisson	
	Tous les modes sont autorisés, à l'étouffée, braisé, grillé, rôti, bain marie, frit ou grill, au four, en papillottes, sauté.

* Nous remercions le docteur Baudon de nous avoir donné l'autorisation de reproduire ce tableau si utile (le *Concours médical*, 25-1-1975).

La beauté

Un gros ventre bien rond et bien lisse, comme un beau ballon, en couverture d'un magazine, cela n'étonne plus personne et fait au contraire acheter la revue. Des images de femmes enceintes belles et bien habillées à la veille d'accoucher se voient régulièrement dans les journaux. Notre époque a redécouvert la femme enceinte, son corps et sa beauté. Elle a pour les futures mères les yeux de ce mari qui dit : « Elle est belle ma femme, ce n'est pas une déformation, mais plutôt une formation, c'est la vie qui jaillit en elle. »

Il faut dire que la future mère d'aujourd'hui n'est plus ce qu'elle était souvent hier : lourde, très lourde, d'un poids qui, vers la fin, la faisait marcher comme un canard, terriblement mal habillée d'une marinière destinée à cacher son ventre, mais que les plis ne faisaient qu'accentuer.

Deux ou trois événements sont à l'origine du changement.

La femme enceinte grossit moins, l'information a eu raison des préjugés. Le « manger pour deux » qui faisait prendre couramment 15 kg, parfois 20, et déformait complètement le corps a enfin été bien compris, ce n'est plus la quantité qui compte, mais la qualité.

Puis avec la préparation à l'accouchement, l'habitude est venue de faire des exercices pendant la grossesse.

Enfin il n'y a plus de tenue spéciale pour la femme qui attend : elle s'habille comme tout le monde.

Résultat : la femme enceinte est à l'aise dans son corps, je ne dirai pas qu'elle exhibe son ventre, mais elle ne cherche pas à le dissimuler, souvent même elle est très fière de montrer cet enfant. Toujours ? Mais non bien sûr.

Il y a des futures mères très déprimées par l'image de leur corps que leur renvoie la glace. Elles ne s'y habituent pas. Elles en veulent à l'enfant de l'enlaidir, puis elles s'en veulent de lui en vouloir.

Compliqué ? Certes, mais la grossesse est parfois difficile par ses sentiments contradictoires. Une femme peut être heureuse d'attendre et malheureuse de se voir grosse. La tête et le corps ne vivent pas toujours en bonne intelligence.

Que faire ? Préparer surtout l'après qui durera plus longtemps que le présent. Pour retrouver rapidement un ventre plat et musclé, il n'y a pas de miracle, il ne faut pas prendre plus de poids que nécessaire, 9-10 kg, faire des exercices pendant les 9 mois, les reprendre dès après la naissance (voir p. 348 et suivantes).

Sur le corps, ce qui peut laisser des traces ce sont les vergetures, j'en parle au chapitre 8.

Comment s'habiller ? C'est facile, vous trouverez tout un choix de robes dans les grands magasins ou dans les magasins spécialisés pour futures mamans. Il y en a de si jolies que toutes les femmes ont envie de les porter. Vous n'aurez que l'embarras du choix. Je voudrais seulement attirer votre attention sur deux ou trois points.

- Quelle que soit votre taille, faites attention à ce qui engonce le cou : il y a intérêt à bien le dégager. C'est pour cela que les robes d'été décolletées sont tellement seyantes. Profitez aussi de l'été pour porter des petites manches ou pas de manches du tout : c'est plus flatteur.
- Si vous aimez les collants de couleur, assortissez-les à votre robe : ils allongeront votre silhouette.
- Évitez les plis, d'ailleurs ils ne sont plus à la mode.
- Enfin, étudiez bien la longueur qui convient le mieux à votre silhouette actuelle. Suivant la façon dont vous portez votre bébé, telle longueur vous conviendra mieux que telle autre. Pour parler comme les couturières, faites des effets devant une glace — face et profil — avant de vous décider.

Dans les magasins spécialisés vous trouverez des collants à tour de taille réglable par bouton pression, des pantalons, des maillots de bain, de la lingerie, toute une garde-robe faite pour vous, à tous les prix.

Les chaussures. Si vous en avez l'habitude, vous pouvez continuer à porter des chaussures à talons hauts, à condition cependant qu'ils ne le soient pas trop : pas plus de 5 cm. Si vous portiez tout à coup des talons plats, vous ne seriez pas à votre aise.

Ce qu'il faut c'est que les chaussures soient confortables, car les jambes sont souvent fatiguées par le poids de l'utérus ; elles doivent vous donner un bon équilibre, car la grossesse prédispose aux chutes ; être assez larges, car, en fin de grossesse, les pieds ont tendance à gonfler.

La ceinture de grossesse

Portant des collants, les femmes ont perdu l'habitude de mettre des gaines et d'avoir le ventre maintenu. Aussi lorsqu'elles sont enceintes, elles ne songent même pas à acheter une ceinture de grossesse, comme le faisaient tout naturellement leurs mères. Et c'est bien ainsi, car la ceinture est inutile sauf dans certains cas.

Une femme qui a déjà eu plusieurs enfants et dont les muscles sont très relâchés, aura une paroi abdominale trop distendue par sa nouvelle grossesse si elle n'a pas de ceinture. De même, une femme portant un bébé particulièrement lourd, ou des jumeaux. Enfin, en cas de relâchement douloureux des ligaments

qui relient entre eux les os du bassin (voir p. 158), une ceinture de grossesse fournira un bon support au dos.

Si le médecin vous conseille d'acheter une ceinture, choisissez-la bien. Pour être efficace, une ceinture de grossesse doit :

- bien envelopper les hanches, c'est-à-dire descendre bas en avant, jusqu'au pubis ;
- être renforcée au milieu et sur les côtés afin de ne pas se rouler ;
- soutenir l'utérus en maintenant fermement la paroi abdominale, mais sans gêner son développement, donc n'être pas trop serrée, ni trop haute.

N'achetez pas une ceinture sans l'essayer. Si elle vous donne une impression de confort et de soulagement, c'est qu'elle est bien adaptée à votre silhouette.

Mettez votre ceinture en étant couchée sur le dos. Elle se placera mieux et soutiendra donc plus efficacement votre utérus lorsque vous serez debout.

Le soutien-gorge

S'il n'est pas nécessaire de porter une ceinture de grossesse, un soutien-gorge est, en revanche, indispensable. Car, dans les seins eux-mêmes, il n'y a aucun muscle qui puisse les empêcher de se dilater lorsqu'ils augmentent de volume, ou les soutenir lorsqu'ils deviennent trop lourds. Les muscles qui soutiennent les seins sont les pectoraux. Mettez-vous de profil devant une glace ; appuyez vos mains ouvertes l'une contre l'autre et pressez-les très fort : vous verrez vos seins remonter sous l'effet de la contraction des pectoraux. Vous comprendrez ainsi que si vous voulez conserver à votre poitrine son galbe et l'empêcher de tomber, il faut :

- Faire travailler vos muscles pectoraux pour les rendre très fermes, puisque d'eux dépend la bonne tenue de vos seins. Plus ces muscles seront fermes, moins votre poitrine aura tendance à tomber. Vous trouverez au chapitre 14 les exercices à faire. Ce sont de bons muscles qui sont les meilleurs garants d'une belle poitrine, soignez-les.
- Porter un soutien-gorge : le volume des seins augmente rapidement au cours de la grossesse ; parfois dans des proportions importantes. Il faut soutenir les seins pour qu'ils restent à leur place. Portez un bon soutien-gorge dès le début de votre grossesse, même si vos seins sont petits et fermes. Et ce soutien-gorge, vous le choisirez bien ; il faut qu'il soutienne sans aplatir ; qu'il maintienne les seins bien séparés ; qu'il ait des bonnets profonds et qu'il soit bien renforcé.

Deux conseils si vos seins ont beaucoup augmenté de volume. Achetez dès maintenant des soutiens-gorge d'allaitement. Ils sont spécialement conçus pour soutenir une poitrine alourdie, et vous serviront après la naissance de votre enfant. Mais choisissez un modèle en coton ; les tissus synthétiques favorisent les crevasses. Et portez votre soutien-gorge la nuit aussi bien que le jour pour éviter une tension trop grande des muscles.

Par ailleurs, pendant toute la grossesse, pratiquez chaque matin des ablutions d'eau froide.

Quant aux vergetures qui parfois apparaissent sur les seins, voyez ce que j'en dis page 202.

Si, vers la fin de la grossesse, vos seins sécrètent du colostrum, c'est-à-dire un liquide blanchâtre précurseur du lait, vous les laverez régulièrement avec de l'eau et du savon pour éviter la formation de petites croûtes.

Ce sont là les seuls soins que vous aurez à donner à vos seins. Vous entendrez sûrement dire autour de vous qu'il faut préparer les bouts de seins pendant la grossesse si l'on veut allaiter : les durcir par des applications d'alcool. N'en faites rien. Vous risqueriez au contraire de rendre votre peau trop sèche, ce qui amènerait des crevasses et vous empêcherait de nourrir votre enfant.

Une femme soucieuse de l'image qu'elle donne sera plus réceptive aux « on-dit » ; et c'est curieux comme dans ce domaine de la beauté les préjugés sont restés tenaces. D'après eux, chez la future mère, « les dents se carient, les ongles se cassent, les taches marquent la peau du visage, et du corps, les cheveux sont secs et après la naissance ils tombent ! ». Il y a vraiment de quoi faire peur ! Vrai ? Faux ? Qui croire et que faire ? Et surtout qu'en restera-t-il ? Parlons d'abord du teint.

Le teint

Les futures mères ont souvent un éclat particulier : teint frais, yeux brillants. Cela vient en partie du régime et du mode de vie conseillés pendant la grossesse : huit heures de sommeil, marche quotidienne, régime alimentaire très sain, des vitamines, peu de cigarettes, pas d'alcool. C'est exactement ce que l'on conseille en général à une femme qui veut avoir un joli teint.

Souvent, cependant, vers le quatrième ou le sixième mois, apparaissent de petites taches brunes sur le visage, qui parfois sont assez nombreuses pour former comme un masque : c'est le masque de grossesse.

En général, après la naissance de l'enfant, les taches disparaissent. Mais ce n'est pas toujours vrai. Il faut donc tout faire pour éviter le masque de grossesse. Pour cela, une seule précaution, mais elle est indispensable : ne pas exposer son visage au soleil car le masque de grossesse ne se développe qu'à la faveur de modifications hormonales qui se produisent sous l'influence du soleil. A telle enseigne qu'une femme prenant la pilule et qui s'expose au soleil peut voir également des taches brunes apparaître sur sa figure, comme le masque de grossesse des femmes enceintes. (Comme vous le savez, la pilule est à base d'hormones.)

Donc, que ce soit en été, ou en hiver à la montagne, n'exposez votre visage au soleil que recouvert d'une crème spéciale écran total, ou portez un grand chapeau.

En ce qui concerne les soins du visage, voici les conseils que m'a donnés pour vous un éminent dermatologiste.

Le soir, nettoyez votre visage avec un lait neutre ne contenant pas de détergent. Puis après avoir soigneusement essuyé votre visage avec un mouchoir en papier, rincez votre peau à l'eau fraîche, eau du robinet si elle n'est pas trop calcaire, ou eau minérale. Vous pouvez aussi utiliser une lotion tonique, à condition qu'elle soit sans alcool. Séchez soigneusement votre peau.

Maintenant qu'elle est bien nettoyée, appliquez pour la nuit une crème protectrice.

Le matin, après avoir passé de l'eau fraîche sur votre visage et l'avoir bien essuyé, mettez pour la journée la même crème protectrice que vous avez utilisée le soir. Mais ne vous servez pas de fond de teint. Pour le dermatologiste, rien n'est plus mauvais pour la peau qu'un fond de teint. Après avoir ôté l'excédent de crème avec un mouchoir en papier, mettez seulement un peu de poudre si vous en avez l'habitude.

Voilà l'essentiel des soins pour garder un joli teint, que vous soyez enceinte ou non.

La peau

Dans la majorité des cas, la peau a tendance à se dessécher au cours de la grossesse. Pour qu'elle reste souple et élastique, il faut la graisser régulièrement avec une bonne crème protectrice. Des vergetures peuvent apparaître sur les seins, le ventre et les cuisses. (Voyez page 202.)

Parfois des taches brunâtres comme celles qui constituent le masque de grossesse font leur apparition, notamment chez les femmes brunes à peau mate. Cette pigmentation peut se localiser à l'abdomen sous forme d'une raie brune médiane qui s'étend de l'ombilic jusqu'à la région pubienne. Elle disparaîtra progressivement, mais parfois très lentement après l'accouchement. Comme pour le masque de grossesse, il faut éviter le soleil. Je vous signale enfin des modifications possibles des cicatrices : tantôt elles se pigmentent de façon anormale, tantôt elles deviennent épaisses, rougeâtres et plus ou moins sensibles. Ces modifications disparaissent peu à peu après l'accouchement.

Les dents

« Un bébé en plus, une dent en moins », disait-on autrefois ; ou encore : « Quand on est enceinte, il ne faut jamais aller chez le dentiste. »

Tout cela est faux. La grossesse ne cause ni carie ni décalcification. En revanche, une carie existant avant la grossesse peut être aggravée.

Attention donc aux caries car elles abîment les dents. Cela, vous le savez certainement, mais ce que vous ignorez peut-être, c'est que des dents abîmées empêchent de bien se nourrir. Les dents en effet servent à broyer la nourriture, à la préparer pour la digestion. Et une dent cariée empêche de mastiquer fermement. Comme il est important pendant votre grossesse que vous vous nourrissiez bien, il faut donc que vous veilliez à avoir de bonnes dents.

Mais il y a plus : comme vous pourrez le lire au chapitre 10, une infection, où qu'elle siège dans l'organisme, peut être néfaste pendant la grossesse. Or une dent malade peut être un foyer d'infection.

Je vous conseille de faire examiner vos dents dès le début de votre grossesse. Pour bénéficier de l'assurance maternité, l'examen dentaire n'est pas obligatoire comme le sont les visites médicales, mais il est recommandé, et remboursé. Par ailleurs, je vous rappelle que les caries dépendent en grande partie du soin que l'on prend de ses dents. Car ce sont les déchets d'aliments, surtout sucrés, demeurés entre les dents, qui pratiquement sont la cause de la plupart des caries.

C'est après *chaque* repas, sans oublier le petit déjeuner, qu'il est recommandé de se laver les dents. Et souvenez-vous que ce n'est pas la pâte dentifrice qui nettoie les dents, mais le brossage minutieux, pratiqué de bas en haut et de haut en bas, brossage qui doit être suivi d'un bon rinçage pour entraîner toutes les petites particules d'aliments qui se trouveraient encore entre les dents. Après le brossage : bouche fermée faites plusieurs fois circuler l'eau entre vos dents.

Ce qui est aussi très efficace pour bien nettoyer les dents, c'est de faire une projection d'eau, soit à l'air comprimé, soit électrique. Il existe divers appareils, malheureusement assez coûteux.

La grossesse cause souvent de petits ennuis à la muqueuse de l'intérieur de la bouche : les gencives peuvent gonfler et saigner facilement. Cette gingivite atteint habituellement son maximum au cinquième mois et disparaît après l'accouchement. Elle peut être améliorée par les vitamines C et P.

Ainsi, loin de contre-indiquer les soins dentaires, la grossesse demande une surveillance régulière. Tous les soins dentaires sont possibles y compris les extractions. Ils ne sont en aucun cas susceptibles de retentir sur l'évolution de la grossesse, au moins si celle-ci est normale. Toutefois, si une intervention importante était nécessaire, parlez-en au médecin et demandez-lui conseil.

Le fluor. Il est désormais certain que le fluor est bon pour les dents : après des années de discussions, c'est la conclusion à laquelle se sont ralliés tous les médecins (à telle enseigne, par exemple, qu'à New York, on ajoute du fluor à l'eau

potable). Pendant la grossesse l'apport de fluor est donc particulièrement indiqué, non seulement pour le bon état des dents de la future mère, mais aussi pour les dents du bébé qui est en train de se former.

Les cheveux

Contrairement à ce que l'on croit en général, la grossesse n'abîme pas les cheveux, au contraire : les femmes qui ont des cheveux ternes et un peu mous, les voient devenir plus souples et plus brillants, et la séborrhée s'atténue ou disparaît souvent pendant la grossesse.

Pour les soins à donner aux cheveux, là encore, je laisse parler le dermatologiste. Les soins des cheveux pendant la grossesse ne sont pas différents de ceux qu'on doit leur donner en général. Ainsi il est recommandé d'employer des shampooings doux peu détergents qui évitent de dégraisser trop brutalement le cuir chevelu ou de le dessécher au risque d'entraîner la formation de pellicules. C'est-à-dire que même si vous avez les cheveux gras, vous n'emploierez que des shampooings pour cheveux secs et fragiles : par exemple, des shampooings à base de lipoprotéines. Il faut vous méfier des shampooings dits « pour bébé ». Ils n'ont souvent de « douceur » que l'idée qui s'y attache.

Brossez vos cheveux matin et soir, mais sans brutalité. Une chevelure doit être lustrée, mais pas tiraillée à grands coups de brosse. Et surtout n'utilisez pas de brosse en nylon qui arrache et casse les cheveux. Servez-vous d'une brosse classique en sanglier.

Permanentes. Elles ne sont pas contre-indiquées, mais il est recommandé de se servir de produits doux.

Teintures et décolorations. Si vous avez l'habitude de vous vous en faire faire, et que vous n'y êtes pas allergique — cela arrive quelquefois — vous pouvez continuer à vous teindre ou vous décolorer les cheveux pendant votre grossesse.

Chute des cheveux après l'accouchement. S'il est faux — tout au moins pendant une grossesse normale — que les cheveux soient plus fragiles, il est vrai qu'après l'accouchement des jeunes mères perdent parfois leurs cheveux. Je vous rassure tout de suite en vous disant que même lorsque la chute des cheveux est importante, et évidemment impressionnante, c'est un phénomène réversible : les cheveux repoussent toujours.

Cette chute des cheveux qui peut arriver deux mois ou deux mois et demi après l'accouchement ne doit donc pas vous inquiéter. Il faut seulement vous armer de patience : les cheveux repoussent à la cadence de 1 cm à 1 cm 1/2 par mois, il faut donc plusieurs mois pour qu'ils retrouvent leur longueur normale.

Les ongles

S'ils sont friables et cassants, il y a un traitement sans aucun danger pendant la grossesse qui consiste à prendre 6 grammes de gélatine par jour. Vous trouverez en pharmacie des gélules de gélatine (à prendre par la bouche).

Mais je vous signale que les ongles friables et cassants sont souvent dus aux vernis qu'ils soient colorés ou incolores. Pour savoir si c'est le vernis qui est responsable de la fragilité de l'ongle, il suffit de supprimer les applications de vernis pendant six mois, temps qu'il faut pour que l'ongle entier se renouvelle. Si au bout de cette période l'ongle a retrouvé sa vigueur, c'était bien la laque qui était responsable de la détérioration de l'ongle.

La vie
avant la naissance

CHAPITRE 5

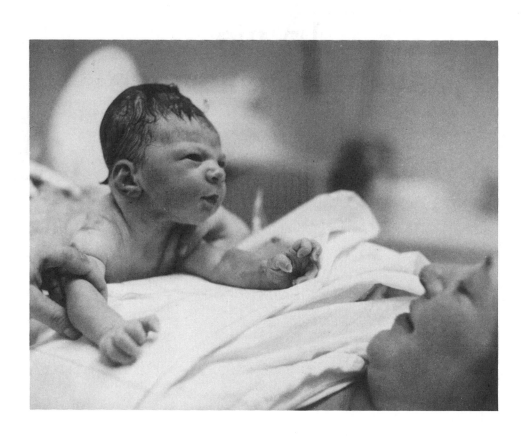

Comment
la nature
crée un être humain

« Du germe au nouveau-né », pour reprendre l'expression de Jean Rostand, ce sont des cellules qui se multiplient et se transforment, mais au départ, il y a une histoire d'amour. Cette histoire est multiple, variée, changeante, unique pour chaque couple. Mais la rencontre de deux cellules et ce qu'il en advient, est la même, à quelques variantes près, pour tous. Et elle intéresse tous les futurs parents. La voici.

Pour que la vie se transmette, pour qu'un nouvel être soit formé, il faut que deux germes, l'un venant de l'homme : le spermatozoïde, l'autre de la femme : l'ovule, se rencontrent. L'union de ces deux germes forme un œuf de quelques centièmes de millimètre : l'œuf humain.

Cela semble simple aujourd'hui, mais il y a cent ans à peine on ne connaissait pas exactement le mécanisme qui préside à la formation d'un être. Il a fallu des millénaires pour connaître ce que nous allons maintenant raconter * : comment l'ovule et le spermatozoïde s'unissent pour former l'œuf humain — la conception — comment cet œuf trouve dans l'organisme maternel un endroit confortable où il pourra se loger et se nourrir pendant neuf mois — la nidation — et enfin comment pendant ces neuf mois — la grossesse — l'œuf se développe peu à peu, est embryon, puis fœtus, puis nouveau-né, votre bébé.

Deux cellules bien particulières

Au début de cette histoire, on dirait que nous ne sommes pas sur terre. Nous ne sommes pas dans le monde que nous voyons, dans les mesures de notre monde. La scène se passe dans ce qu'il y a de plus petit en nous : l'infiniment petit des cellules.

Tout ce qui est vivant est composé de cellules de quelques millièmes de millimètre. Les cellules ont des formes et des tailles différentes suivant qu'elles constituent les os, la peau, les nerfs, etc. Mais elles sont toutes formées d'une substance identique, le cytoplasme, qu'entoure une membrane, et qui renferme en son centre un noyau. Parmi ces milliards de cellules, deux d'entre elles, ayant comme les autres un cytoplasme, un noyau, une membrane, sont chargées d'une mission particulière : transmettre la vie. Ce sont : le germe féminin, l'ovule, et le germe masculin ou spermatozoïde.

---

* Nos connaissances sur le sujet sont d'ailleurs loin d'être complètes.

L'ovule

L'ovule provient de l'ovaire, glande sexuelle de la femme. Situés dans la cavité abdominale, à gauche et à droite de l'utérus, les ovaires — ils sont deux — appartiennent à l'appareil reproducteur, qui comprend en outre les trompes de Fallope, l'utérus, le vagin et la vulve, organes externes de cet appareil (schéma 2, page 114). Les ovaires ont un double rôle. D'une part, ils sécrètent deux variétés d'hormones, les œstrogènes et la progestérone, qui jouent un rôle essentiel dans l'activité génitale de la femme ; d'autre part, ils produisent les ovules.

A la naissance, chaque petite fille possède un énorme stock (500 000 à 1 000 0000) d'ovocytes, cellules mères d'où vont naître les ovules. Pendant l'enfance un grand nombre d'ovocytes disparaissent ; à la puberté, il n'en reste plus que 300 000 à 400 000. A partir de la puberté, les ovocytes se mettent à se transformer en ovules.

C'est donc à partir de ce moment-là — vers 13 ou 14 ans * — lorsque l'ovaire se met à « pondre » des ovules, que la femme peut être mère. Sa période de fécondité durera environ trente ans. Ainsi, des 300 000 à 400 000 ovules de départ, seuls 300 ou 400 arriveront à maturité. Les autres dégénéreront progressivement.

L'ovulation est donc une opération de premier plan. Dans un film documentaire, c'est la séquence que l'on montrerait au début du film. C'est la préface de la vie.

Voici donc les deux ovaires. Ils ont la forme et la taille de grosses amandes blanchâtres et dans l'épaisseur de leur « écorce » se trouvent de petits sacs : les follicules. Chacun de ces petits sacs contient un ovocyte.

Chaque mois, sous l'effet d'hormones sécrétées par l'hypophyse, glande située à la base du cerveau et qui commande toute l'activité hormonale de l'organisme, un ovocyte « mûrit » et forme un ovule qui se développe et grossit **. Il est entouré d'une couche de cellules et d'une petite quantité de liquide. L'ensemble forme ce que l'on appelle un follicule de De Graaf. Peu à peu, ce follicule, gonflé par le liquide folliculaire, fait une saillie arrondie à la surface de l'ovaire. Quand cette saillie atteint la taille d'une groseille ou d'une petite cerise, le follicule se rompt et libère l'ovule. C'est l'ovulation qui se situe normalement entre le 13e et le 15e jour du cycle menstruel. (Schéma 5, page 116.)

Pendant toute cette période du mûrissement qui correspond à la première moitié du cycle, le follicule produit des hormones : les œstrogènes (dont l'une a pendant longtemps été appelée folliculine).

L'ovule entreprend un long voyage

A sa sortie de l'ovaire, l'ovule passe dans la trompe de Fallope qui aboutit à l'utérus. Les trompes de Fallope (il y en a une de chaque côté de l'utérus) sont de longs canaux musculeux d'un diamètre de 4 mm environ, baptisées ainsi parce que FALLOPE, médecin italien du XVIe siècle, qui les vit pour la première fois,

---

* Sous nos climats, mais la puberté est souvent plus précoce, se situant par exemple dans certains pays chauds, vers 10-11 ans.

** Exceptionnellement deux ovules se développent en même temps dans un follicule ou dans deux follicules distincts. S'ils sont fécondés en même temps, ces deux ovules donneront des jumeaux (voir plus loin).

trouva qu'elles ressemblaient à des trompettes romaines. Les trompes s'élargissent du côté de l'ovaire par un pavillon aux bords très découpés en franges irrégulières et mobiles qui, par leurs mouvements, font penser à une anémone de mer. Ce pavillon est directement en contact avec la surface de l'ovaire. Une fois libéré, l'ovule, qui ne possède aucun moyen de locomotion, est comme happé par les franges bordant la trompe de Fallope. Il avance grâce aux mouvements qui animent la trompe, aux battements de délicats filaments qui la tapissent, et au liquide qu'elle contient. Engagé dans la trompe, l'ovule a devant lui douze heures, au maximum vingt-quatre, pour être fécondé par un spermatozoïde. Au-delà de ce délai, l'ovule dégénérera.

Voici donc le premier acte achevé. Un ovule a été pondu ; il est prêt pour le deuxième acte, la fécondation.

Examinons cet ovule de plus près (schéma 3, p. 115). Il est plus petit qu'un grain de pollen *, il est translucide et incolore. Il est sphérique et entouré d'une membrane gélatineuse et élastique : la zone pellucide. Son cytoplasme est une réserve de protéines, sucres, graisses et autres provisions qu'il a accumulées pendant les quatorze jours qui ont précédé sa ponte, et qui vont lui permettre de se nourrir pendant le voyage qu'il va entreprendre et qui le mènera jusqu'à l'utérus s'il y a fécondation.

Le spermatozoïde

Pour qu'il y ait fécondation, il faut qu'intervienne le germe masculin ou spermatozoïde.

Le spermatozoïde provient des glandes sexuelles de l'homme, les testicules. Comme les ovaires produisent les ovules et les hormones féminines, les testicules produisent les spermatozoïdes et l'hormone mâle : la testostérone. Mais alors que la femme naît avec toute sa réserve d'ovules, chez l'homme les testicules ne commencent à fabriquer des spermatozoïdes qu'à l'âge de la puberté. Cette production sera pratiquement ininterrompue jusqu'à la vieillesse.

Les testicules sont des glandes de forme ovoïde. Ils renferment de très nombreux petits tubes (les tubes séminifères) aussi fins que des fils de soie, enroulés les uns sur les autres, et dont l'aspect ressemble à celui d'une pelote emmêlée. A l'intérieur, ces tubes sont tapissés de cellules spéciales qui se développent très rapidement et qui, par une série de transformations successives, donnent les spermatozoïdes.

Au début arrondies, ces cellules diminuent de taille, s'allongent, leur cytoplasme se réduit, une petite queue se dessine qui peu à peu s'allonge et prend l'aspect d'un long filament. Le spermatozoïde arrivé à maturité est l'une des plus petites cellules humaines **, une cellule d'un aspect particulier (schéma 4, page 115). Elle est formée de deux parties : la tête qui est ovale et qui, de face, ressemble à une poire — c'est elle qui contient le noyau — et la queue très longue qui ressemble à un fouet très fin.

La queue (le flagelle) permet au spermatozoïde de se déplacer. C'est sa grande différence avec l'ovule.

* C'est cependant la cellule la plus volumineuse de l'organisme : 150 microns (un micron = un millième de millimètre).
** 50 microns (millièmes de millimètre) — y compris le flagelle —, 4 à 5 microns seulement pour la tête.

Après leur naissance, les spermatozoïdes parcourent un long trajet et subissent encore des transformations. Réunis dans un grand canal aux mille replis et détours et qui a plus de 5 mètres de long, l'épididyme, ils gagnent le canal déférent long de 30 à 40 centimètres. Puis ils se massent dans deux sortes de sacs, les vésicules séminales, situées de part et d'autre de la prostate. Pendant ce trajet le spermatozoïde a acquis deux caractères importants : sa mobilité et son pouvoir fécondant.

Le cycle de fabrication du spermatozoïde demande 70 à 75 jours. Il faut ajouter 10 à 15 jours de trajet dans l'épididyme et le canal déférent avant de retrouver le spermatozoïde libre dans le sperme au moment de l'éjaculation.

Lors du rapport sexuel, les spermatozoïdes ne sont pas émis seuls mais dilués dans un liquide sécrété par la prostate et les vésicules séminales. Le rôle de ce liquide est de nourrir les spermatozoïdes et d'en faciliter le transport.

Éliminés à l'extérieur, les spermatozoïdes vivent moins de 24 heures. Déposés dans l'organisme de la femme après un rapport sexuel, ils peuvent survivre (et donc attendre l'ovule) 3 à 4 jours. Stockés chez l'homme et non utilisés, ils meurent en une trentaine de jours et sont remplacés par d'autres.

Une fois déposés dans le vagin et avant de rencontrer l'ovule, les spermatozoïdes ont un long chemin à faire (20 à 25 centimètres, soit 4 000 à 5 000 fois leur longueur). Par le col, ils pénètrent dans l'utérus, le traversent, puis s'engagent dans les trompes. S'ils rencontrent un ovule, cet ovule pourra être fécondé ; cette fécondation se passera dans la trompe (schéma 6, page 116).

Les spermatozoïdes cheminent grâce aux mouvements de godille et de vrille de leur queue, à la vitesse de 2 à 3 millimètres par minute. Ils atteignent le lieu de la fécondation en 1 h 30 à 2 heures. Au contact des sécrétions de l'utérus et de la trompe, ils acquièrent définitivement leur pouvoir fécondant.

Au cours de ce périple beaucoup de spermatozoïdes s'épuisent et meurent. Seules quelques centaines arrivent au contact de l'ovule. Bientôt vont se trouver face à face ces deux cellules si différentes, mais chargées toutes les deux de la même mission. D'une part, l'ovule, cellule plus volumineuse que les autres, toute alourdie par son cytoplasme chargé de réserves, et d'ailleurs incapable de se mouvoir par elle-même. D'autre part, le spermatozoïde, cellule beaucoup plus petite, dont le noyau n'est presque pas entouré de cytoplasme, mais qui, très mobile, se meut à la rencontre de l'ovule.

La rencontre : un spermatozoïde pénètre dans l'ovule

Dans la trompe, voici l'ovule qui arrive. Les spermatozoïdes l'entourent, comme attirés par un aimant ; frétillant, agitant leur flagelle, ils se collent contre l'ovule. On ne sait pas encore si plusieurs spermatozoïdes ou un seul pénètrent dans l'ovule, mais on sait qu'un seul est fécondant. C'est celui-là qui nous intéresse.

Il réussit à percer la membrane qui entoure l'ovule — la zone pellucide — en sécrétant des substances qui détruisent les tissus qu'il trouve devant lui. Quand il a pénétré dans l'ovule, le spermatozoïde perd son flagelle. Il ne reste plus que la tête qui gonfle et augmente de volume (schéma ci-contre). Dès ce moment, aucun des autres spermatozoïdes qui se trouvaient autour de l'ovule ne peut y pénétrer. Ils meurent progressivement sur place.

Histoire d'une rencontre

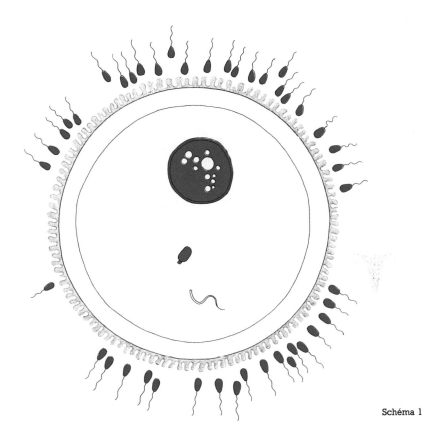

Schéma 1

Dans l'ovule entouré par les spermatozoïdes, un spermatozoïde vient de pénétrer.
Il perd son flagelle.
Son noyau — contenu dans sa tête — va augmenter de volume
puis fusionner avec le noyau de l'ovule...

Mais, dans les pages qui suivent, commençons l'histoire d'une rencontre par le début.

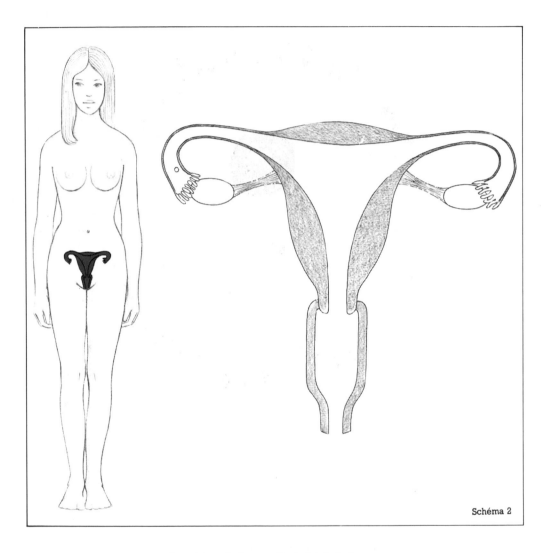

Le schéma de l'appareil génital de la femme :
les deux ovaires (glandes de la forme et de la taille d'une grosse amande),
les deux trompes, aboutissant à l'utérus.
En bas, l'ouverture de l'utérus — le col — se trouve au fond du vagin.

Schéma 2

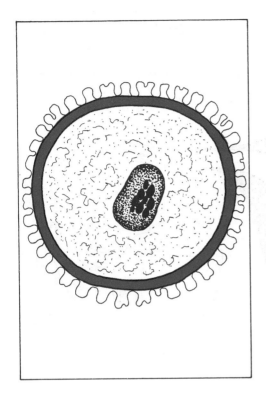

Schéma 3

L'ovule prêt à la fécondation.
Au centre, le noyau entouré du cytoplasme.
Autour, la zone pellucide
entourée de quelques cellules
qui restent du follicule.

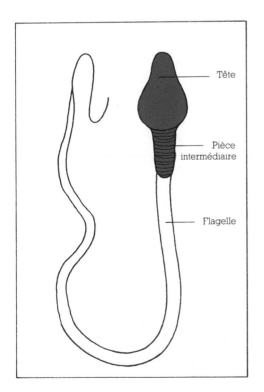

Tête

Pièce
intermédiaire

Flagelle

Schéma 4

Un spermatozoïde,
avec sa tête contenant son noyau
et son flagelle
qui lui permet de se déplacer.
Ici, le spermatozoïde
est considérablement grossi
par rapport à l'ovule.
Les vraies proportions se rapprochent
de celles de la page 113.

Les spermatozoïdes à la rencontre de l'ovule

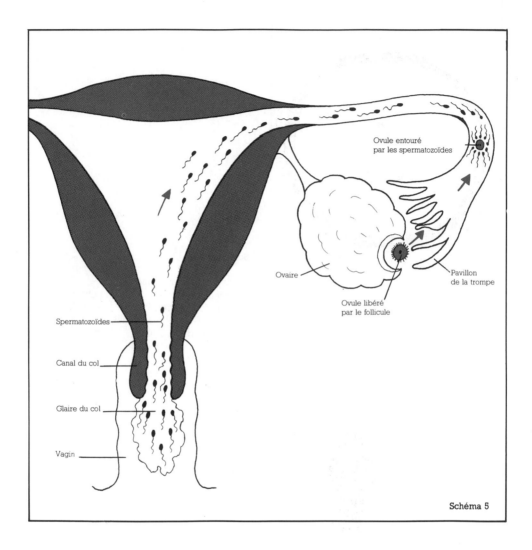

Ovule entouré
par les spermatozoïdes

Pavillon
de la trompe

Ovaire

Ovule libéré
par le follicule

Spermatozoïdes

Canal du col

Glaire du col

Vagin

Schéma 5

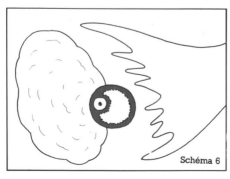

Schéma 6

La libération de l'ovule vue de plus près.
Sur l'ovaire, le follicule de de Graaf prêt à se rompre.
Dans le follicule, l'ovule.
Près de l'ovaire, les franges du pavillon de la trompe,
prêtes à « happer » l'ovule.

Le voyage de l'œuf

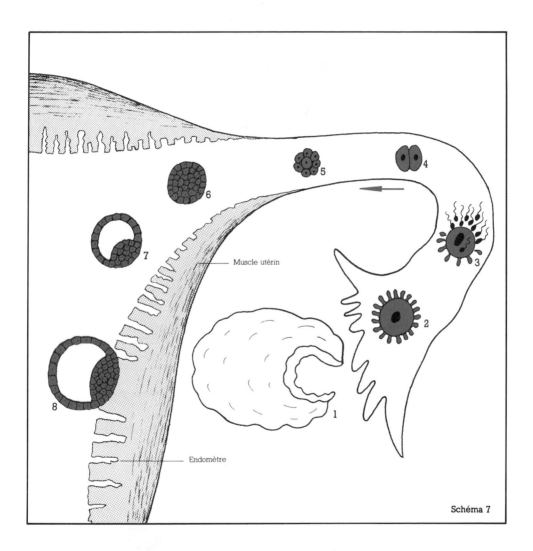

Muscle utérin

Endomètre

Schéma 7

1. Follicule rompu. Ébauche de formation du corps jaune.
2. Ovule entouré des cellules folliculeuses.
3. Ovule fécondé par un spermatozoïde. Les cellules folliculeuses sont éliminées.
4. Début de la division de l'œuf. Stade à 2 cellules.
5. Stade à 8 cellules.
6. Stade à 16 cellules (morula).
7. L'œuf se creuse d'une cavité.
8. Implantation dans la muqueuse utérine ou nidation.

De l'œuf à l'enfant

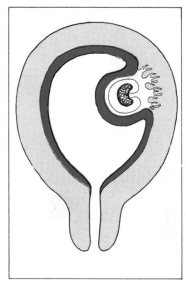

Schéma 8

L'œuf s'est implanté.
La muqueuse utérine est devenue la caduque.
L'utérus, de triangulaire, s'arrondit pendant la grossesse.

Sur cette double page, nous pouvons suivre la croissance de cet œuf que
nous avons vu se nider à la page précédente. Le voici d'abord embryon :
à 4 semaines (ci-dessus), et à 6 semaines (première image, page de
droite). Puis (toujours sur cette même page de droite) fœtus à 3 mois,
6 mois et 9 mois.
Sur ces images, l'enfant est toujours représenté dans la même position.
En réalité, il bouge fréquemment. Mais à 9 mois, à la veille de
l'accouchement, il se présente, dans la majorité des cas, la tête en bas.
Sur la dernière image, vous pouvez voir de plus près la manière dont
l'enfant se tient dans le corps de sa mère, et comment il est relié au
placenta par le cordon ombilical.

Voici sa taille réelle

à 18 jours   à 25 jours   à 30 jours   à 60 jours

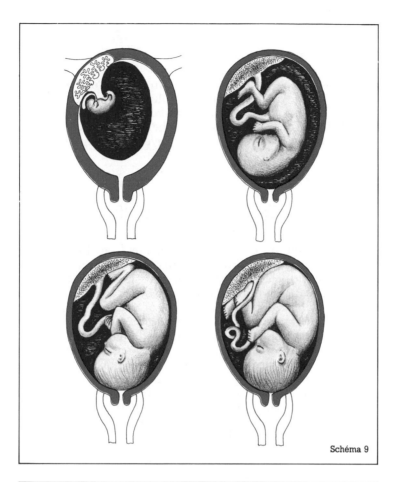

Schéma 9

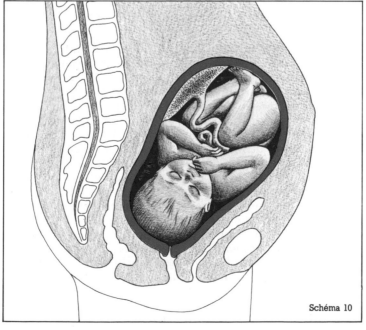

Schéma 10

Pour sa part, l'ovule réagit à la pénétration du spermatozoïde. Il se rétracte en même temps que son noyau augmente de volume. Les deux noyaux vont à la rencontre l'un de l'autre. Cette rencontre se fait dans la région centrale de l'ovule. L'instant est décisif : les deux noyaux s'approchent, ils se touchent, ils fusionnent. L'œuf est formé, la première cellule d'un nouvel être humain est née. C'est le début de la vie.

Le voyage de l'œuf

La fécondation accomplie dans la trompe, l'œuf se dirige lentement vers l'utérus où il va être accueilli, protégé, nourri. Il va faire en somme, en sens inverse, une partie du chemin parcouru par le spermatozoïde fécondant (schéma 7, p. 117). Cette migration est assurée par un liquide sécrété par la trompe, par des cils vibratiles, qui poussent l'œuf dans la bonne direction ; enfin par les contractions de la trompe. Ce voyage dure 3 à 4 jours *.

Arrivé dans l'utérus, l'œuf ne se nide pas immédiatement, car il n'a pas encore atteint le stade de développement nécessaire, et la muqueuse utérine, le nid, n'est pas encore prête à l'accueillir. L'œuf va donc rester libre dans la cavité utérine pendant 3 jours, durant lesquels il subira d'importantes modifications, que vous verrez plus loin. La nidation n'aura lieu qu'au 7e jour après la fécondation, c'est-à-dire 21 ou 22 jours après le début des dernières règles.

Pendant cette période, l'œuf survivra grâce aux réserves accumulées dans l'ovule et surtout grâce aux sécrétions de la trompe et de l'utérus.

La multiplication des cellules

Pendant ces 7 jours de liberté l'œuf se modifie considérablement.

La cellule initiale, née de l'union de l'ovule et du spermatozoïde, se divise en deux à la 30e heure. Ces deux cellules en produisent 4 à la 50e heure, puis 8 à la 60e heure, et ainsi de suite suivant une progression géométrique.

Arrivé dans l'utérus, l'œuf en est au stade de 16 cellules. Vu au microscope, il a l'aspect d'une masse arrondie ressemblant à une mûre, d'où son nom de morula (mûre en latin). Ces cellules sont de plus en plus petites car le volume total de l'œuf reste le même qu'au début. Ce n'est qu'après la sixième division cellulaire (64 cellules) que l'œuf commence à augmenter de volume.

Pendant les 3 jours de vie libre à l'intérieur de l'utérus, va se produire un phénomène très important pour la suite des événements. La division cellulaire se poursuit, mais alors que jusque-là toutes les cellules étaient semblables, elles commencent à se différencier. A la période de simple division (ou segmentation), va maintenant succéder la période d'organisation. Elle va durer jusqu'à la huitième semaine. Voici comment elle commence.

A l'intérieur de l'œuf, les cellules du centre deviennent beaucoup plus grosses, elles se réunissent en une petite masse que l'on appelle le bouton embryonnaire

---

* Ce périple est parfois interrompu en cours de route. L'œuf se fixe alors en dehors de l'utérus, dans la trompe elle-même, c'est le début d'une grossesse extra-utérine.

parce que c'est lui qui va donner naissance, à l'embryon, nom que portera le futur bébé jusqu'à 3 mois (après, jusqu'à la naissance on parlera de fœtus). Les cellules les plus externes s'aplatissent, et elles sont refoulées à la périphérie de l'œuf. Un vide sépare le bouton embryonnaire de la couche extérieure sauf en un point où les deux parties restent soudées. Le vide va bientôt s'agrandir et former une cavité remplie de liquide. (Voyez le schéma de la p. 117).

Le plan du futur édifice est définitivement tracé ; il ne changera plus. Du bouton embryonnaire naîtra l'embryon ; des cellules extérieures, l'enveloppe qui entourera et protégera cet embryon. Cette enveloppe c'est le trophoblaste. Une partie de ce trophoblaste contribuera à former le placenta grâce auquel l'enfant pourra se nourrir et se développer.

A ce stade, l'œuf mesure 250 millièmes de millimètre. Il est maintenant capable de se nider. Mais voyons d'abord comment le nid s'est préparé.

La nidation se prépare

Après l'ovulation, le follicule qui contenait l'ovule s'est transformé en corps jaune, ainsi appelé parce qu'il contient des matières graisseuses de la couleur de l'or. Ce corps jaune va jouer un rôle fondamental. Il va continuer de fabriquer des œstrogènes (comme avant l'ovulation), mais aussi une autre hormone, la progestérone, dont on a dit qu'elle était « l'hormone de la grossesse ». Elle est là chaque mois, aussitôt après l'ovulation, prête à favoriser dès le premier instant un début de grossesse, dès le moment où l'ovule, libéré de l'ovaire, se trouve candidat à la fécondation. C'est la progestérone qui, associée aux œstrogènes, permet le développement du tissu qui tapisse l'intérieur de l'utérus ; ce tissu, c'est la muqueuse utérine ou endomètre. Très mince avant l'ovulation, la muqueuse s'épaissit considérablement dans la deuxième moitié du cycle, passant de 1 mm à 1 cm. Elle se creuse de nombreux replis. Ses vaisseaux sanguins sont beaucoup plus nombreux ; et les glandes qu'elle contient fabriquent en grande quantité un sucre, le glycogène, dont le rôle nutritif est important.

La muqueuse est maintenant prête à recevoir et nourrir l'œuf.

Si l'ovule n'a pas été fécondé, il est expulsé. Le corps jaune régresse, la quantité des hormones diminue, l'utérus se contracte, la muqueuse est détruite, ses petits vaisseaux sanguins se rompent et saignent, entraînant avec les sécrétions glandulaires l'ovule à travers le col de l'utérus dans le vagin : ce sont les règles. Aussitôt, la nature persévérante amorce un nouveau cycle de vingt-huit jours.

Tout s'enchaîne désormais. Entre les règles et la grossesse, le lien apparaît : les règles signifient qu'un ovule pondu n'a pas été fécondé ; et les préparatifs qu'avait faits la nature en vue d'une grossesse sont éliminés. Au contraire, l'arrêt des règles signifie qu'un ovule a été fécondé *.

Pendant ce temps, que s'est-il passé dans l'ovaire depuis que l'ovule l'a quitté ?

Le corps jaune, qui s'est édifié sur la cicatrice laissée après le départ de l'ovule, s'est rapidement développé. Produisant une quantité considérable de progesté-rone, le corps jaune est le grand protecteur des premiers jours de l'œuf. C'est en effet la progestérone qui a empêché l'utérus de se contracter comme il le fait au

---

* Cependant les règles peuvent également s'interrompre pour d'autres raisons, en particulier à la suite d'un déséquilibre hormonal.

moment des règles, ce qui aurait eu pour résultat d'expulser l'œuf qui vient de se nider. C'est la même hormone qui a subvenu en partie à la nutrition de l'œuf. Vers 3 mois, lorsque le corps jaune aura terminé son temps, le relais sera pris par le placenta, comme vous le verrez plus loin.

Une conclusion s'impose : le corps jaune de l'ovaire est indispensable à la survie de l'œuf. Il y a d'ailleurs entre eux échange de bons procédés, car c'est à cause de l'implantation de l'œuf dans l'utérus que le corps jaune ne dégénère pas comme il le fait au cours d'un cycle normal. Pour maintenir en activité le corps jaune, le trophoblaste sécrète en effet une hormone appelée gonadotrophine chorionique au moins pendant les premières semaines de grossesse *.

L'œuf se nide

C'est donc au 7e jour après la fécondation que l'œuf est prêt à se nider et que la muqueuse utérine est prête à le recevoir.

L'œuf se pose sur la muqueuse utérine, puis il y adhère fortement, comme une ventouse. A ce moment entre en jeu le trophoblaste ; il sécrète des ferments qui détruisent les cellules tapissant la cavité de l'utérus et creuse une sorte de nid dans la muqueuse. On peut dire alors que l'œuf « fait son nid ». Il s'engage dans le trou ainsi creusé et se loge de plus en plus profondément dans l'épaisseur de la muqueuse. Au-dessus de lui, les tissus se rejoignent, la brèche se referme.

A la fin du 9e jour, l'œuf est logé, entièrement entouré par la muqueuse utérine dans laquelle il s'est enfoui. On appelle cette muqueuse caduque, car, après l'accouchement, elle sera éliminée avec le placenta.

Il faut maintenant que l'œuf se nourrisse. Le trophoblaste — qui prend alors le nom de chorion — projette de petits filaments qui s'enfoncent avidement dans la muqueuse utérine comme une plante envoie ses racines dans une bonne terre. Ces filaments rompent les petits vaisseaux sanguins, détruisent les cellules, se gorgent de cette manne et l'envoient à l'embryon dont les besoins s'accroissent sans cesse, car sans cesse de nouvelles cellules se développent à un rythme de plus en plus accéléré.

L'œuf est maintenant fixé comme une greffe à l'organisme maternel (schéma 8, page 118). C'est là qu'il va se développer neuf mois durant. La grossesse date de la conception, mais elle ne commence véritablement qu'au jour de la nidation, celui où pour la première fois la mère protège et nourrit son enfant.

Au centre de l'œuf, l'embryon va maintenant croître à un rythme vertigineux. Mais cette croissance ne sera possible que parce que tout un système va se développer : ce système comprendra ce qu'on appelle les organes annexes, c'est-à-dire les enveloppes, le placenta et le cordon.

L'œuf, une greffe très spéciale

La difficulté principale rencontrée lors des greffes d'organes tient au fait que tout organisme vivant tend, par un mécanisme de défense contre ce corps étranger qu'est la greffe, à la rejeter et à l'empêcher de « prendre ». Il faut alors

---

* C'est la présence de cette hormone dans les urines et le sang, qui rend positifs les tests de grossesse.

avoir recours à des procédés très complexes pour faire tolérer l'organe greffé par l'organisme receveur. Or, pour l'organisme maternel, l'œuf peut être considéré comme une greffe étrangère puisqu'il contient, pour moitié, des cellules qui viennent du père. L'œuf devrait donc être rejeté ; logiquement, aucune grossesse ne devrait être possible. Et pourtant ce n'est pas le cas. Mieux encore l'organisme maternel offre à l'œuf les meilleures conditions de protection et de développement : il ne le rejette pas, il l'accueille. Pourquoi ? Le mystère reste entier, les explications en sont encore au stade des hypothèses.

La fécondation « in vitro »

Il arrive que la fécondation naturelle « in vivo » (c'est-à-dire dans l'organisme maternel) ne soit pas possible. C'est essentiellement le cas de femmes qui, pour des raisons diverses, n'ont plus de trompes ou des trompes définitivement bouchées. Le lieu de rencontre de l'ovule et du spermatozoïde n'existe plus.

Après bien des tentatives infructueuses, deux médecins anglais EDWARDS et STEPTOE, ont les premiers réussi à obtenir une fécondation « in vitro », c'est-à-dire en laboratoire. L'ovule est prélevé directement sur l'ovaire au moment de l'ovulation par une petite intervention appelée *coelioscopie*. L'ovule est ensuite mis en contact avec les spermatozoïdes et ainsi fécondé. L'œuf obtenu est cultivé dans des milieux spéciaux où il commence son développement. Après quelques heures, il est placé dans l'utérus maternel à l'aide d'une simple seringue.

Ainsi schématisée, la méthode paraît simple. Elle nécessite toutefois pour la femme une hospitalisation, de nombreux examens et surtout une équipe très entraînée de médecins et de biologistes.

Maintenant que je vous en ai expliqué le principe, vous comprendrez que le terme de « bébé-éprouvette » appliqué parfois à cette méthode est impropre. L'embryon ne se développe pas dans un bocal, mais on cherche à provoquer, dans une éprouvette, la rencontre de l'ovule et du spermatozoïde. Et lorsque la rencontre est réussie, on implante l'œuf dans l'utérus maternel *.

Depuis le premier succès des médecins anglais, plusieurs milliers de bébés dans le monde et quelques centaines en France sont nés à la suite d'une fécondation « in vitro ». Cette technique est certainement promise à un grand avenir, mais elle ne doit pas faire naître trop d'espoirs, car elle ne s'applique qu'à certains cas de stérilité (par absence de trompes), et le pourcentage de succès est encore peu élevé (10 à 15 % de grossesses évoluant jusqu'à terme).

Quant à l'insémination artificielle, il ne faut pas la confondre avec la méthode précédente. Elle consiste à amener, avec une seringue, dans le vagin et le col de l'utérus, soit les spermatozoïdes du conjoint (quand par exemple un rapport sexuel naturel est impossible), soit les spermatozoïdes d'un donneur quand le conjoint est stérile. Par contre la fécondation se fait ici de façon tout à fait naturelle.

Dans les pages qui précèdent, vous avez assisté à la rencontre des deux cellules. Nous allons maintenant suivre mois par mois le développement de l'embryon. Ensuite, nous verrons comment il se nourrit grâce au placenta et au cordon ombilical, et comment il est protégé par les enveloppes qui l'entourent.

---

* Sur la fécondation in vitro, vous pouvez lire le livre de Jacques Testart, *L'œuf transparent*, aux éditions Flammarion (Collection Champs).

Mois par mois
l'histoire de votre enfant

Un jour, vers la dix-huitième semaine de sa grossesse, la future mère perçoit les mouvements de son enfant. Certaines disent qu'elles le sentent bouger ; d'autres parlent de caresses. C'est soudain une vie intense qui se révèle. Certes, la jeune mère savait bien que le cœur de son enfant battait déjà. Elle le savait et elle l'avait peut-être déjà entendu grâce au stéthoscope à ultrasons, ou vu sur l'écran de l'échographe. Mais ce sont vraiment les mouvements de l'enfant qui font prendre conscience à la mère de la présence de cet enfant.

Pourtant c'est bien avant qu'a commencé l'étonnante histoire de l'enfant pendant les neuf mois de sa vie intra-utérine. Période à nulle autre pareille car, à aucun moment de sa vie, un être humain ne subit de telles transformations. Cette histoire, la voici.

Le premier mois

Quelques semaines avant d'avoir un visage, un cœur, des membres, l'embryon est un disque, un disque minuscule. Diamètre : deux dixièmes de millimètre. Ce disque se trouve au centre des grosses cellules de l'œuf qui ont formé le bouton embryonnaire.

Les cellules qui forment ce disque vont se répartir en trois couches d'où vont naître tous les organes de l'enfant : la couche supérieure — ou ectoderme — donnera naissance à la peau, aux poils, aux ongles, et au système nerveux, cerveau, moelle épinière, nerfs. La couche moyenne — ou mésoderme — donnera les muscles, le squelette, l'appareil urinaire et génital, le cœur et les vaisseaux, et les différents organes qui fabriquent le sang. La couche inférieure — ou endoderme — fournira les muqueuses (le revêtement intérieur de la plupart des organes), les poumons, le tube digestif et les glandes qui s'y rattachent.

En même temps apparaît au-dessus de l'ectoderme une petite cavité qui va s'agrandir progressivement et qui occupera ultérieurement tout le volume de l'œuf : c'est la cavité amniotique où, dans quelque temps, flottera véritablement l'embryon.

Vers le 15e jour, le disque change de forme. Il était circulaire, il s'allonge et devient ovale, plus large en arrière qu'en avant, resserré au milieu ; d'avant en arrière apparaît un renflement, la chorde, avec de chaque côté, de petites saillies cubiques : les somites. Une, puis deux, puis trois, dans quelques semaines, elles seront une quarantaine et donneront naissance aux vertèbres, aux côtes, aux muscles du tronc et aux membres. Parallèle à la chorde apparaît un sillon formant bientôt une sorte de gouttière d'où dérivera tout le système nerveux. A l'intérieur de l'embryon se dessine l'intestin primitif, ébauche de l'appareil digestif.

Dès le 20ᵉ jour apparaît le tube cardiaque (ébauche du futur cœur). Ce tube est formé par la fusion de deux vaisseaux sanguins ; s'il n'a pas encore la forme du cœur, il est déjà animé de contractions spasmodiques : il bat. Une circulation s'ébauche.

A la fin de la 3ᵉ semaine, l'embryon a fait du chemin. Il mesure environ deux millimètres. Il a multiplié son diamètre par 100 et son volume par un million, ce qui signifie qu'il a doublé en moyenne chaque jour. Mais surtout il commence à prendre forme : le disque s'enroule sur lui-même, prend la forme d'un tube, puis les deux extrémités se rapprochent l'une de l'autre. A l'une des extrémités se dessine un renflement : c'est la future tête où va s'installer un rudimentaire cerveau. A l'autre bout, un deuxième renflement plus petit : le bourgeon caudal, sorte de petite queue correspondant au coccyx. Enfin, à la partie postérieure de l'embryon apparaissent les premières cellules sexuelles.

Premier mois, premier bilan. L'embryon mesure 5 mm. Il est encore loin d'avoir figure humaine, il ressemblerait plutôt à une virgule allongée. En avant, le renflement de la future tête fait un angle droit avec la partie dorsale. La place des yeux et des oreilles n'est encore marquée que par de simples épaississements. Sur le dos, on note l'alignement régulier des somites. La partie ventrale est partagée entre la volumineuse saillie de l'ébauche du cœur et la zone ombilicale par où l'embryon communique avec l'organisme maternel. En arrière enfin un petit appendice en forme de queue. Mais dans ce corps sans visage et sans membres, le cœur bat déjà. Il ne s'arrêtera plus qu'à la mort.

Le deuxième mois

Il ne reste que quatre semaines à l'embryon pour constituer l'ébauche de tous les organes qui lui manquent encore.

Au début du deuxième mois apparaissent les membres, les bras, puis les jambes. Mais ces membres ne sont encore que de petites pousses, de petits bourgeons. Puis le visage se dessine, d'abord ce ne sont que des emplacements : deux petites saillies pour les yeux, deux fossettes pour les oreilles, une seule ouverture pour la bouche et le nez.
Pendant ce temps, le système nerveux se développe. La gouttière de la moelle épinière se ferme complètement. En avant, trois vésicules ébauchent le futur cerveau. L'appareil urinaire commence son développement. Le cœur et la circulation poursuivent le leur. A la partie postérieure de l'embryon, l'appareil urinaire et l'intestin débouchent dans un orifice unique, appelé du nom peu élégant de cloaque.
La cinquième semaine s'achève. L'embryon a toujours la tête repliée en avant vers la grosse saillie que forme le cœur au milieu du ventre. Plus bas, pour la première fois, on voit le cordon ombilical. Le bourgeon caudal s'est développé. Le

long de la ligne médiane, les somites sont maintenant au complet (une quarantaine). L'embryon mesure 7 à 8 millimètres.

Huit jours plus tard, il double sa taille : il mesure 15 millimètres. Mais il ne met pas sa taille en valeur car il est toujours replié sur lui-même. La tête a augmenté de volume plus rapidement que le reste du corps. La queue s'est encore allongée et recourbée. A aucun moment de son évolution l'embryon ne ressemblera davantage à un tout petit animal endormi. Mais son visage dément cette comparaison car l'ébauche amorcée plus tôt se précise : l'embryon prend figure humaine quoique ses éléments soient très disproportionnés. Les yeux qui étaient très écartés l'un de l'autre, presque sur les côtés de la tête, se rapprochent ; ils paraissent immenses car ils n'ont pas de paupières. Le front est bombé. Le nez est aplati. La bouche est énorme, mais les lèvres se dessinent. Dans les gencives naissent les germes des dents de lait.

En même temps l'embryon modifie son allure. La tête se redresse sur le tronc, la queue disparaît. Mais surtout les membres se développent. Ils s'allongent, ils s'élargissent, on peut les reconnaître. A leur extrémité, mains et pieds apparaissent comme de petites palettes où se dessinent cinq rayons, les futurs doigts et orteils. Les lignes de la paume des mains, de la plante des pieds sont déjà dessinées. Les membres, qui ont toujours l'air de gros bourgeons, s'allongent et s'élargissent. Les bras sont aussi longs que les jambes. On devine maintenant les plis du coude et du genou. Sur le ventre apparaît une deuxième saillie, celle du foie. Bientôt foie et cœur ne formeront qu'une seule protubérance.

A l'intérieur de l'organisme, les transformations ne sont pas moins importantes. L'estomac et l'intestin prennent leur forme et leur disposition définitives. Le cloaque se cloisonne en deux orifices différents pour le rectum et l'appareil génito-urinaire. L'appareil respiratoire se développe mais il reste encore à ce stade sans activité. Le cœur prend sa forme définitive et la circulation embryonnaire se complète. Le cerveau ressemble maintenant à celui de l'adulte avec ses sillons et ses saillies (les circonvolutions). Dans tout le corps, des muscles se développent.

A la fin de cette septième semaine, un événement important se produit : l'ossification du squelette commence. Elle se poursuivra pendant des années et ne sera complètement achevée qu'à l'âge adulte.

L'embryon se redresse, son tronc devient plus droit, sa tête se lève. Il a atteint deux centimètres. Il tient ses mains appuyées sur le ventre, ses jambes pliées genoux en dehors, ses pieds se rejoignant comme s'il allait nager.

La 8ᵉ semaine s'achève. L'embryon mesure 3 centimètres. Il pèse 11 grammes, moins qu'une lettre, et pourtant, dans ce minuscule corps dont la future mère ne soupçonne peut-être même pas encore l'existence, l'ébauche de tous les organes est formée. En deux mois, l'embryon a acquis tout ce qui lui donnera sa qualité d'être humain. Il va consacrer les sept mois qu'il a devant lui à fignoler le travail énorme qui vient de s'accomplir. L'embryon change de nom, il devient fœtus.

Deux mois pour le gros œuvre, sept mois pour le perfectionnement des ébauches, voilà pourquoi nous avons tant insisté pour que vous ayez le plus tôt possible la certitude que vous étiez enceinte : cette période de deux mois — celle de l'embryogénèse — est particulièrement importante. En effet, c'est celle où l'embryon sera spécialement sensible aux agressions (infectieuses par exemple), puisqu'elles risquent de perturber les processus normaux de formation des différents organes, et donc d'entraîner des malformations.

Les mois suivants vont être employés à parfaire le travail commencé. Mais en même temps, et bien qu'entièrement dépendant de l'organisme maternel pour son développement, le fœtus va acquérir une certaine autonomie.

Le mécanisme du développement

En lisant la description du développement de votre enfant semaine après semaine, depuis le jour où il a été conçu, vous vous demandez peut-être comment on a su que les événements se passaient ainsi, comment on a pu les suivre et les observer. Les embryologistes ont abouti aux conclusions que vous venez de lire, d'une part en examinant les œufs humains disponibles, d'autre part, en faisant des hypothèses fondées sur l'observation provenant d'œufs d'espèces animales dont le développement est très proche de celui de l'homme.

Une autre question vient immédiatement à l'esprit : comment tout cela est-il possible ? Il est prodigieux en effet que, à partir d'une cellule unique — l'œuf — se forme un individu complet, avec tous ses organes et que cette « fabrication » se fasse le plus souvent sans erreur. Ceci tient à deux propriétés des cellules embryonnaires : elles peuvent se multiplier et elles peuvent se différencier les unes des autres.

La multiplication des cellules, évidemment indispensable pour passer de la cellule unique de l'œuf aux milliards de cellules du nouveau-né, est particulièrement rapide et intense pendant la vie intra-utérine. Elle se poursuivra — à l'exception des cellules nerveuses — toute la vie mais à un rythme beaucoup plus lent.

En même temps qu'elles se multiplient, les cellules se différencient les unes des autres. Une cellule osseuse est différente d'une cellule nerveuse, différente d'une cellule musculaire, différente d'une cellule glandulaire.

Tout ce travail cellulaire est dirigé au départ par un centre organisateur. Un savant allemand, Speeman, qui reçut le prix Nobel pour sa découverte, a montré qu'il existe chez l'embryon, une sorte de poste de commandement situé dans la chorde, à la jonction de l'ectoderme et de l'endoderme. Ce point précis, tel un chef d'orchestre, dirigerait la différenciation des cellules. Il émettrait des substances qui permettent à telle cellule de se transformer en cellule osseuse, à telle autre en cellule musculaire, à telle autre en cellule glandulaire.

Puis de proche en proche, les ordres se transmettent, les cellules se reconnaissent, elles s'organisent pour former un tissu : les cellules osseuses forment de l'os, les cellules musculaires du muscle, etc. L'organisation se poursuit et à leur tour les tissus fabriquent des organes : l'estomac, par exemple, formé de plusieurs tissus différents. Enfin, les organes s'associent pour former un appareil ou système : le système nerveux par exemple, qui comprend cerveau, moelle épinière, nerfs.

Ainsi tout au long du développement de l'embryon se succéderaient, selon un véritable calendrier, une série de commandes successives aboutissant à une spécialisation progressive des cellules en vue d'une fonction et d'une activité précises au sein de l'organisme.

Au fur et à mesure que l'embryon se développe, la différenciation cellulaire devient de plus en plus importante. Une fois spécialisées, les cellules ne pourront plus remplir une autre mission que celle qui leur a été confiée.

En même temps qu'elles se différencient, les cellules sont capables de contrôler leurs multiplications pour que le développement soit harmonieux, et non pas anarchique (comme il l'est par exemple lorsque se forme une tumeur).

Le troisième mois

Fille ou garçon ? Tout se joue au moment où les noyaux de l'ovule et du spermatozoïde se rapprochent, fusionnent et forment un œuf. A ce moment-là, le sexe du futur enfant est fixé : il dépend du patrimoine génétique du spermatozoïde. Cela veut dire que dès la fécondation, l'œuf est programmé pour être un garçon ou une fille. Mais au cœur du noyau, le secret est bien gardé, à l'extérieur rien ne se voit. Fille ou garçon, tout semble pareil. Ce n'est qu'au début du 3e mois que les organes sexuels se différencient, et que l'appareil génital devient celui d'une future femme ou d'un futur homme.

C'est également au cours du troisième mois qu'apparaissent les cordes vocales. Elles ne fonctionnent pas pour autant et ne donnent pas de la voix au fœtus. Il ne poussera son premier cri qu'après la naissance, à l'air libre. Pendant ces six mois, les cordes vocales acquerront la consistance qui leur permettra de vibrer.

Progressivement, le visage devient plus humain. Les yeux se rapprochant, de plus en plus, ils sont maintenant de face. Les paupières poussent, mais elles recouvrent entièrement l'œil, pour protéger le globe oculaire qui se développe. Les lèvres sont bien dessinées. La bouche se rétrécit, mais le front reste proéminent et les narines très écartées. Les oreilles ressemblent à deux petites fentes.

Les bras s'allongent, plus vite d'ailleurs que les jambes. On distingue nettement l'avant-bras, le coude, les doigts dont l'extrémité se durcit pour former les ongles. A l'intérieur de l'organisme, le foie s'est considérablement développé. Le rein définitif apparaît. L'intestin s'allonge et s'enroule. L'ossification du squelette se poursuit par celle de la colonne vertébrale. Les premiers poils apparaissent au-dessus de la lèvre supérieure et des yeux. Les muscles et articulations se développent. Le fœtus se met à bouger, oh ! bien faiblement, si peu même que sa mère ne s'en rend pas compte ; mais déjà il agite légèrement bras et jambes, serre les poings, tourne la tête, ouvre la bouche, avale, et s'exerce même à pratiquer les mouvements de la tétée !

L'auscultation des bruits du cœur, pour le médecin, est un examen de routine. Pour la mère, pour le père, c'est entendre pour la première fois battre le cœur de son enfant, c'est un événement qui souvent dépasse l'émotion ressentie lors de l'échographie. C'est vraiment la première certitude d'une présence, l'enfant commence à prendre une réalité. C'est vers la 12e semaine que, grâce au stéthoscope à ultrasons, on peut entendre battre le cœur.

A la fin de ce troisième mois, le fœtus mesure près de 10 centimètres et pèse 45 grammes. Il a fait un bon en avant : en quatre semaines, sa taille a triplé, son poids quadruplé. Au cours des mois qui vont suivre, ce sont ses os qui subiront les modifications les plus importantes. Tout en se développant considérablement, le fœtus changera peu dans son aspect extérieur.

Au cours du quatrième mois

L'enfant prend peu à peu des proportions nouvelles. L'abdomen s'étant considérablement développé, la tête a l'air moins disproportionnée par rapport au reste du corps.

La peau semble très rouge, car elle est si fine qu'elle laisse transparaître les petits vaisseaux dans lesquels le sang circule à un rythme accéléré. Elle est entièrement recouverte d'un fin duvet, le lanugo. Les glandes sébacées et sudoripares commencent à fonctionner.

Le cœur bat très vite, deux fois plus vite que chez l'adulte. Le foie commence à fonctionner. Les autres éléments du tube digestif également — vésicule, estomac — et dans l'intestin s'accumule une substance verte, le méconium, principalement formée par la bile que rejette la vésicule. Le rein fonctionne aussi, les urines se déversent dans le liquide amniotique. Sur la tête poussent les premiers cheveux.

Pour beaucoup de futurs parents, le quatrième mois c'est la révélation de l'échographie. Cet enfant on l'imagine, on entend son cœur, tout d'un coup on le « voit », et peut-être plus frappant, plus troublant, on le voit bouger. A ce propos vient à l'esprit le slogan bien connu d'un hebdomadaire : « Le poids des mots, le choc des photos. » Les photos n'en sont pas, mais elles sont souvent perçues comme telles par les futurs parents, et souvent les médias entretiennent l'illusion. A tel point qu'aujourd'hui l'album de bébé débute généralement par des documents échographiques. Quant aux mots, ils ont ici une place particulière. Ce que dit, ou ne dit pas l'échographiste, aura tendance à être interprété par les parents et pas toujours dans un bon sens. « Il est petit », est entendu comme « il est trop petit ». « Il a une grosse tête » sera perçu comme « il a une anomalie ». Et si l'échographiste fait la grimace, simplement parce qu'il a de la peine à régler son appareil, ou à fixer un détail, les parents sont persuadés que cette grimace est en relation avec la santé de leur bébé. Les parents ne savent pas que l'appareil — l'échographe — est délicat à régler, et que, suivant la manière dont se présente l'enfant, il est parfois difficile de bien voir. Le résultat c'est que l'échographiste met souvent un certain temps à fixer l'image, et plus il met de temps, plus l'inquiétude grandit. Comme le dit un spécialiste de l'échographie, le docteur R. Bessis : « Il est très difficile de gérer simultanément et convenablement ses mains, ses yeux, son écoute, sa parole et sa réflexion technique. » Il est préférable que les futurs parents le sachent pour ne pas s'angoisser inutilement, et lorsqu'ils ont une inquiétude, il vaut mieux qu'ils l'expriment.

Le cinquième mois

Le cinquième mois a pour la mère une signification particulière. Elle sent enfin bouger son enfant ; les mouvements qu'elle attendait avec impatience, curiosité, ou même appréhension, les mouvements que l'enfant fait depuis deux mois mais si doucement qu'ils n'étaient perceptibles que par l'échographie, sont enfin ressentis par la mère. Entre 4 mois et 4 mois 1/2 pour un premier enfant, entre 3 mois 1/2 et 4 mois pour un deuxième.

L'enfant commence par donner une petite bourrade bien timide. Puis il s'enhardit, surtout lorsque sa mère est au repos, lançant bras et jambes. Au début ces mouvements ne sont pas du tout coordonnés, mais progressivement ils le deviennent. Et lorsque sa mère bouge, le bébé se recroqueville sur lui-même. Peu à peu ces mouvements sont si fréquents que lorsqu'ils cessent, la mère le remarque, comme si quelque chose manquait en elle. Le remarquer est d'ailleurs utile car les mouvements de l'enfant sont témoins d'une bonne vitalité.

Au cinquième mois, pour entendre battre le cœur, le médecin ou la sage-femme n'ont plus besoin d'un stéthoscope à ultra-sons, un stéthoscope ordinaire suffit.

La vie d'un enfant avant la naissance est d'ailleurs suivie tout au long de la grossesse. D'abord avec les moyens classiques : vous avez vu comment on peut écouter battre le cœur. Puis, en mesurant la hauteur de l'utérus, le médecin connaît le volume qu'occupe l'enfant ; si la progression de la hauteur de l'utérus est régulière, c'est bon signe. Ensuite, en palpant, le médecin localise la tête, le dos, l'épaule. Il peut aussi être amené à faire des dosages hormonaux, qui vont le renseigner sur la vitalité du fœtus. Parfois, la radiographie intervient : elle permet de reconnaître l'état de développement des os. Il y a enfin l'échographie qui à chaque âge de la grossesse apporte de précieux renseignements sur le développement de l'enfant.

Et puis il y a des examens auxquels on a recours pour des recherches particulières (vous le verrez aux chapitres 7 et 9) : l'amnioscopie, l'amniocentèse, l'embryoscopie, la fœtoscopie : on analyse, on regarde le liquide amniotique, le sang, l'enfant, mais il s'agit là d'examens extrêmement sophistiqués.

Poursuivons la découverte de l'enfant au cinquième mois. La peau est toujours fripée, car aucune graisse n'est encore là pour la remplir mais elle perd son aspect rougeâtre. Sur le crâne, les cheveux sont plus abondants. Au bout des doigts, les ongles sont là.

Le fœtus s'exerce au mouvement de déglutition en absorbant du liquide amniotique qui l'entoure. On le sait car si l'on injecte un produit colorant dans le liquide amniotique, on le retrouve dans l'intestin quelques heures plus tard.

De leur côté les poumons poursuivent leur développement ; l'échographie a permis de constater dès le troisième mois des mouvements respiratoires ; d'abord irréguliers, ils deviennent réguliers à partir de 8 mois environ. Mais bien sûr, il ne s'agit pas d'une respiration identique à la nôtre qui n'est possible qu'à l'air libre. Alors comment expliquer les mouvements respiratoires du fœtus ? On suppose (mais ce n'est qu'une hypothèse) qu'il s'agit d'un entraînement à la vie aérienne.

Le fœtus mesure maintenant 25 centimètres, 100 fois plus qu'à quatre semaines. Mais la grande période de croissance est terminée. Sa taille ne va que doubler jusqu'à la naissance. Par contre, dans le même temps, le poids va sextupler, puisqu'il passera des 500 grammes actuels aux 3 kilos que pèse en général le bébé à terme.

Le sixième mois

Le sixième mois est vraiment celui du mouvement, comme si le bébé exerçait ses forces. Il fait en moyenne 20 à 60 mouvements (bras, jambes, torsion du buste, etc.) par 1/2 heure. Il y a des variations au cours de la journée : la majorité semble remuer plus le soir quand la mère se repose. Les calmes bougent moins de 20 fois par 1/2 heure. D'autres au contraire, plus agités, remuent plus de 80 à 100 fois, toujours par 1/2 heure. Et rien ne permet actuellement d'établir un rapport entre la fréquence des mouvements avant la naissance et le « caractère » ultérieur de l'enfant après la naissance. Un fœtus « agité » ne sera pas forcément un enfant « nerveux ».

La fréquence des mouvements varie aussi avec l'âge de la grossesse. Elle est plus élevée entre la 22e et la 38e semaine ; elle a tendance à diminuer 2 à 4 semaines avant l'accouchement en partie parce que l'enfant a moins de place. La fréquence des mouvements change aussi avec l'état physique de la mère ; elle diminue nettement quand la mère a de la fièvre ; elle est également influencée par son état psychologique. On a pu constater qu'une forte émotion, qui provoquait une brusque décharge d'hormones, faisait aussitôt réagir le fœtus.

A quoi cela sert-il d'étudier les mouvements de l'enfant ? A se rendre compte de sa vitalité : des mouvements actifs sont rassurants, toute diminution nette et prolongée peut inquiéter. A fortiori, un arrêt total pendant 24 à 48 h doit conduire à consulter le médecin.
Et depuis peu, on se sert de l'observation des mouvements pour évaluer l'influence de la consommation de tabac et d'alcool par la mère. Il semble qu'une consommation excessive agite le fœtus et accélère les battements de son cœur.

Le cerveau, quant à lui, continue à se développer, c'est-à-dire à se compliquer. Le visage s'affine, les sourcils sont bien apparents, le dessin du nez plus ferme, les oreilles plus grandes, le cou plus dégagé. L'enfant dort et s'éveille. Mais comment sait-on qu'un fœtus dort ou qu'il est réveillé ? Précisément en observant les mouvements, et puis en vérifiant le comportement de l'enfant à l'échographie.

Selon les observations de T.B. Brazelton *, le fœtus a deux sortes de sommeil : le sommeil profond et le sommeil léger. En sommeil profond, il ne bouge pas. En sommeil léger, l'ensemble du corps ne bouge pas, mais de temps en temps, bras et jambes s'agitent, ainsi que le diaphragme. Ces mouvements un peu brusques et sporadiques donnent à la mère l'impression que l'enfant a le hoquet.

Ce phénomène, qui apparaît à 6 mois, inquiète souvent au début la future mère.
A l'échographie on voit que quand l'enfant dort — ce qu'il fait 16 à 20 heures par jour — il a déjà la position qu'il aura dans son berceau : le menton contre la poitrine ou la tête rejetée en arrière.

A la fin du sixième mois l'enfant se tient les bras repliés sur la poitrine, et les genoux remontés sur le ventre. Il mesure 31 centimètres et pèse 1 000 grammes. Il a maintenant tout ce qu'il faut pour naître. Et s'il naissait à cet âge, il serait considéré comme viable. Toutefois, il resterait un grand prématuré et ses chances de survie seraient minces malgré les grands progrès de la médecine néonatale.

---

* Racontées dans *La Naissance d'une Famille*, Éditions Stock, p. 49.

Le septième mois : l'éveil des sens

Jusqu'ici, nous avons parlé muscles et os, nous avons vu un visage se dessiner, des cheveux pousser, nous avons pesé ce bébé, nous l'avons mesuré. Au septième mois, c'est un autre éveil, c'est « l'aube des sens » *.

Ces dernières années, l'intérêt accru pour la vie avant la naissance, la mise au point de différents appareils ont fait qu'on s'est rendu compte des perceptions sensorielles du fœtus. Les découvertes, les observations de ces travaux remplissent déjà plusieurs livres.

Ces découvertes ne surprendront pas vraiment les mères : depuis toujours elles ont su que l'enfant qu'elles attendaient avait des sensations, qu'il réagissait à des bruits, à la musique, à certains de leurs comportements, mais ces croyances, n'étant pas étayées par la science, restaient du domaine féminin.

Mais comment ne pas croire cette jeune femme qui, se trouvant dans une discothèque bruyante, au bout d'un moment a été obligée de sortir : « Il bougeait tellement... Ce n'était pas moi qui me sentais mal, c'était lui **. »

Quant aux berceuses, selon Françoise Loux, si elles plaisent c'est peut-être parce que le « nouveau-né retrouve la voix qu'il percevait avant la naissance... Ce n'est pas une voix qui parle, qui s'adresse à quelqu'un de façon consciente ; c'est en quelque sorte une voix extérieure, celle que l'enfant entendait avant sa naissance *** ».

Aujourd'hui ces intuitions des mères, ces impressions sont devenues des certitudes scientifiques ; la première : le fœtus entend. Les chercheurs ne sont pas tous d'accord sur l'âge : pour certains (dont l'école japonaise) c'est 5 mois 1/2, pour les autres, la majorité, c'est 7 mois.

Qu'entend le fœtus avant la naissance ? Toute une gamme de bruits et de sons. La voix humaine, mais laquelle ? Pour les uns celle du père, pour les autres, celle de la mère.

Le docteur Feijoo, qui s'est spécialisé dans des recherches sur l'audition, n'hésite pas : pour lui, l'enfant avant la naissance entend surtout les sons graves, donc plus facilement la voix de son père. Ce chercheur s'est aussi rendu compte que non seulement l'enfant pouvait entendre mais pouvait reconnaître : il a choisi un enregistrement de la phrase musicale jouée au basson — donc dans les sons graves — dans *Pierre et le loup* de Prokoviev ; il a constaté que non seulement l'enfant entendait ce morceau, mais le reconnaissait une fois né : ses pleurs cessaient si on lui faisait entendre la musique. Le docteur Feijoo a fait la même expérience avec la voix du père : certains bébés étaient capables de la reconnaître après la naissance ****.

Les recherches se poursuivent et réservent probablement d'autres découvertes.

Bien évidemment, le fœtus entend différemment de nous, les bruits lui arrivent assourdis, filtrés par le milieu aquatique dans lequel il baigne ; en plus il est

---

* Nous empruntons ce titre évocateur au N° 6 des « *Cahiers du Nouveau-né* », consacré aux perceptions sensorielles pré et post-natales. Ce Cahier est un ouvrage collectif publié sous la direction d'Étienne Herbinet et de Marie-Claire Busnel aux Éd. Stock.
** *L'Aube des sens*, p. 203.
*** *L'Aube des sens*, p. 128.
**** *L'Aube des sens*, p. 193.

entouré de tout un environnement sonore, cœur de sa mère, bruits de son intestin qui répondent à cet étrange mot de borborygmes, et aussi le battement de son propre cordon.

Comment sait-on que le fœtus entend ? Grâce au stéthoscope, par les mains posées sur le ventre, par l'échographie, on observe qu'à l'écoute de ces différents bruits, et suivant les cas, le cœur du bébé bat plus vite, que l'enfant sursaute, qu'il s'agite, qu'il change de position. Aussi dans certaines maternités, pour calmer les prématurés et les réconforter, leur fait-on entendre les battements du cœur de leur mère, enregistrés et amplifiés : le bébé, reconnaissant ce bruit, se calme* .

Ce qu'on a du mal à croire c'est que le fœtus puisse être sensible à une impression visuelle. Pourtant c'est ce que rapporte T.B. Brazelton : si après avoir repéré la tête de l'enfant par échographie, on dirige une forte lumière sur le ventre de la mère, que fait le bébé ? Il sursaute.

Avant la naissance, les autres sens de l'enfant s'exercent aussi, par exemple le goût. « Un obstétricien anglais a été extrêmement surpris par l'odeur de curry que dégageait un bébé indien à sa naissance. Le liquide amniotique n'aurait-il pas aussi une saveur ** ? »

L'enfant suce son pouce comme on le voit sur la célèbre photo reproduite p. 145. Et bien des nouveau-nés arrivent au monde avec un pouce tout irrité d'avoir été sucé.

A sept mois, le fœtus pèse 1 700 grammes et mesure 40 centimètres. S'il naissait, il aurait maintenant de grandes chances de survivre, mais parfois avec des problèmes. L'enfant de cet âge est certes viable — et bien des prématurés le prouvent — mais il est encore fragile : il n'a pas encore le poids et surtout la maturité nécessaire pour s'adapter facilement et rapidement au monde extérieur. Cette maturité il va l'acquérir au cours des deux derniers mois. Plus l'enfant est proche du terme, plus il est prêt à s'adapter à sa nouvelle vie. C'est pourquoi il est faux, contrairement à ce que certains croient encore, qu'une naissance prématurée à 7 mois soit de meilleur pronostic qu'à 8 mois.

Le huitième mois : il se fait une beauté

Les principaux organes sont maintenant au point. Certains fonctionnent déjà comme ils le feront après la naissance, en particulier l'estomac, l'intestin, les reins. D'autres ne sont pas encore tout à fait prêts : le foie et surtout le poumon. C'est seulement vers ce huitième mois que s'achève sa maturation.

Le poumon est formé de multiples petites alvéoles où circule l'air que nous respirons. Chez le fœtus au huitième mois, ces alvéoles, entourées de tout un réseau de vaisseaux, sont prêtes à fonctionner. Mais c'est à cette époque qu'apparaît une substance graisseuse (appelée surfactant) qui enduit chacune de ces alvéoles et empêche le poumon de se rétracter complètement après chaque

* Bernard This. *Naître*. Aubier-Montaigne.
** *L'Aube des sens*, p. 330.

inspiration. En l'absence de surfactant, le fœtus a de quoi respirer, mais pas parfaitement, et ceci d'autant plus qu'on est loin du terme de la grossesse. Ceci explique les problèmes de certains prématurés.

Le cœur continue de battre à un rythme élevé, 120 à 140 battements par minute. Il a sa forme et son aspect définitifs mais la circulation ne s'y fait pas encore tout à fait comme après la naissance, notamment parce que le sang fœtal ne s'oxygène pas au niveau des poumons, mais grâce à l'oxygène que lui apporte le cordon ombilical. Certaines communications existent encore (par exemple entre les parties droite et gauche du cœur), elles ne se fermeront qu'après la naissance.

La naissance approche, l'enfant se fait une beauté. La graisse tend la peau ; les rides disparaissent ; les contours s'arrondissent, la peau, de rougeâtre, devient rose clair ; le fin duvet qui la recouvrait disparaît, peu à peu, il est remplacé par un enduit, le vernix caseosa.

C'est généralement au cours du huitième mois (mais parfois avant) que l'enfant prend sa position définitive pour l'accouchement. L'utérus ayant la forme d'une poire renversée, l'enfant cherche à s'adapter le mieux possible à l'espace dont il dispose. C'est pourquoi, dans la plupart des cas (95 % au moins) il va se placer de façon que la partie la plus volumineuse de son corps, c'est-à-dire le siège, se retrouve dans le fond de l'utérus. L'enfant sera donc tête en bas, et le dos plus souvent à gauche qu'à droite. Ainsi, lors de la naissance, c'est la tête qui va se présenter la première. On dit qu'il s'agit d'une *présentation céphalique* mais dans certains cas, notamment lorsque l'utérus est malformé et manque d'ampleur, c'est la tête qui se cale dans le fond de l'utérus. C'est alors le siège qui sort le premier lors de l'accouchement. C'est une *présentation du siège*. Très rarement enfin, le bébé se met complètement en travers : c'est une présentation transversale qui n'est pas compatible avec un accouchement normal, elle nécessite le recours à la césarienne.

A la fin du huitième mois, l'enfant pèse en moyenne 2 400 grammes et mesure 45 centimètres. S'il naissait, il aurait 95 chances sur 100 de survivre sans problème.

Le neuvième mois : le jour se lève

L'enfant va consacrer ces dernières semaines à prendre des forces et du poids, 20 à 30 grammes par jour, et à grandir. Il remue encore beaucoup au début du mois mais il n'est pas rare que ces mouvements diminuent dans les 15 à 20 jours qui précèdent la naissance, vraisemblablement par manque de place.

Le fin duvet qui recouvrait le fœtus est maintenant presque entièrement tombé, mais il peut persister après la naissance, notamment sur la nuque et les épaules. La peau est maintenant blanc rosâtre. L'enduit sébacé qui la recouvrait est également en train de disparaître.

Le crâne n'est pas entièrement ossifié. Entre les os persistent des espaces fibreux que l'on appelle les fontanelles. Il en existe deux : l'une en forme de losange, en avant, au-dessus du front, l'autre triangulaire, en arrière, au niveau de l'occiput. Ces fontanelles permettent à l'accoucheur de reconnaître la position de la tête lors de l'accouchement. Elles ne se fermeront que plusieurs mois après la naissance.

A la fin du neuvième mois, l'enfant est prêt à naître, tête en bas, bras et jambes repliés sur le ventre. En moyenne, il pèse 3 000 à 3 300 grammes, et mesure 50 centimètres. Il peut maintenant aborder sans péril le monde extérieur.

C'est au chapitre 15 que vous verrez les premières réactions, l'aspect et le développement du nouveau-né. En venant au monde, des modifications importantes s'opèrent en quelques heures dans son organisme pour qu'il puisse s'adapter au milieu dans lequel il est brusquement plongé.

Comment votre enfant vit en vous

Nous mangeons par la bouche, nous respirons par le nez et les poumons. Pour des raisons évidentes, le fœtus ne peut en faire autant. Il devra attendre de naître pour s'alimenter et respirer à notre manière. Pour le moment, c'est de sa mère, qu'il reçoit la nourriture et l'oxygène dont il a besoin pour se développer. Ces échanges mère-enfant sont possibles grâce à un système relativement complexe que l'on appelle les « annexes » de l'œuf. Ces organes « annexés » à l'œuf sont transitoires. Ils n'existent que pendant la grossesse, ils seront éliminés après la naissance.

Ces annexes comprennent le placenta, le cordon ombilical, les membranes de l'œuf.

Placenta et cordon se complètent, mais chacun a son rôle bien précis. Le premier puise dans le sang maternel les matières premières et l'oxygène nécessaires au fœtus, le deuxième les lui apporte. Après la naissance, le placenta est expulsé, c'est la délivrance.

Quant aux membranes, ce sont elles qui forment le sac à l'intérieur duquel se trouvent l'œuf et le liquide amniotique.

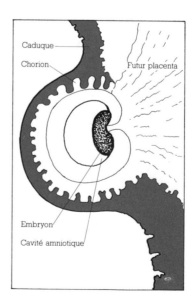

Schéma 11

Le trophoblaste va former,
en profondeur, le placenta.
A la périphérie de l'œuf
il prend le nom de chorion.
La cavité amniotique apparaît.
(Ceci est un détail du schéma 8 page 118)

Pour mieux vous faire comprendre ce que sont les annexes, il est nécessaire de faire un bref retour en arrière.

Lors de la nidation, vous l'avez vu, l'œuf finit par pénétrer complètement dans la muqueuse utérine. Celle-ci prend alors le nom de « caduque » car elle sera éliminée après l'accouchement. Sur le schéma de la page 136, et sur le schéma 8 p. 118, vous pouvez voir que la « caduque » tapisse toute la cavité utérine, y compris la zone où va se nider l'œuf.

Au niveau de la zone où l'œuf s'est implanté, le trophoblaste (voir plus haut) comprend deux régions distinctes. L'une profonde, qui, pénétrant dans la muqueuse utérine et érodant ses vaisseaux, établit un contact avec la circulation maternelle pour y puiser les aliments nécessaires au développement de l'embryon. C'est l'ébauche du placenta. L'autre partie du trophoblaste (schéma ci-contre) se trouve à la périphérie de l'œuf et prend le nom de chorion. L'œuf qui, en se développant, fait de plus en plus saillie dans la cavité de l'utérus, se trouve alors recouvert de deux couches de tissus : la caduque et le chorion.

Parallèlement, est apparue dans le bouton embryonnaire une cavité remplie d'un peu de liquide : la cavité amniotique qui est limitée par une membrane appelée amnios.

Rapidement, cette cavité va se remplir de plus en plus de liquide. Elle va augmenter de volume et prendre une place de plus en plus grande dans la cavité utérine qu'elle va finir par occuper complètement vers la 10e semaine. La membrane qui la limite, l'amnios, va donc s'accoler au chorion et à la caduque. Ils vont former ce que l'on appelle les membranes de l'œuf.

En même temps, l'embryon, qui augmente de volume, s'est écarté de la zone d'implantation. Il s'éloigne progressivement de la paroi utérine et ne lui reste attaché, au niveau du placenta, que par un pédicule entouré par l'amnios : c'est le futur cordon ombilical.

Entrons maintenant dans le détail.

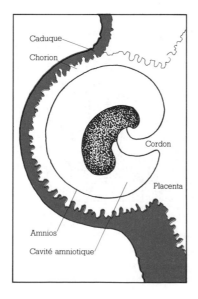

Schéma 12

La cavité amniotique occupe tout l'œuf. L'embryon y « flotte ».

Le placenta

En latin, placenta veut dire gâteau. A la fin de la grossesse le placenta ressemble en effet à un gros gâteau spongieux dont le diamètre est de 20 centimètres en moyenne, et de 2 à 3 centimètres d'épaisseur.

Voici comment se constitue le placenta. Lorsque l'œuf se nide, le trophoblaste s'insinue dans la muqueuse utérine et détruit la paroi des vaisseaux maternels où il peut puiser les aliments dont l'œuf a besoin pour se développer.

Très vite, cette machinerie élémentaire devient insuffisante pour les besoins de l'embryon qui se développe à grande vitesse. L'organisme maternel et l'œuf se mettent alors à édifier une petite centrale : le placenta. Le trophoblaste envoie de multiples petits filaments dans la muqueuse. En quelques semaines ces filaments grossissent, s'organisent, et forment ce que l'on appelle les « villosités » du placenta. Vous pouvez les imaginer comme des arbres dont le tronc se divise en branches principales, elles-mêmes divisées en branches secondaires. Celles-ci se hérissent de bourgeons multiples où les villosités se terminent comme des touffes au nombre de plusieurs dizaines. Il existe ainsi 15 à 33 gros troncs qui, par divisions successives, vont aboutir à des milliers de villosités terminales. C'est au niveau de ces villosités que vont se faire les échanges entre la mère et l'enfant.

Ces villosités baignent, au niveau de l'utérus, dans une sorte de petit lac sanguin qui représente la partie maternelle du placenta. Dans ce lac sanguin circule le sang de la mère. Dans les villosités circule le sang de l'enfant, apporté par le cordon ombilical.

Ainsi le sang de la mère et celui de l'enfant se rencontrent au niveau du placenta, mais ils ne se mélangent jamais car ils sont séparés par la paroi de la villosité à travers laquelle vont se faire les échanges mère-enfant. Cette paroi est d'ailleurs de plus en plus mince au cours de la grossesse, comme pour faciliter les échanges au fur et à mesure que les besoins du fœtus augmentent.

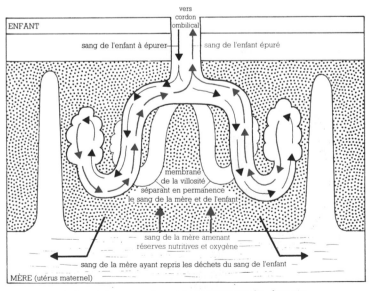

Schéma 13

Les échanges mère-enfant au niveau du placenta.
Remarquez que les sangs ne se mélangent pas.

L'explication qui précède peut sembler un peu technique, elle est pourtant indispensable pour ceux qui veulent comprendre le rapport entre le sang de la mère et celui de l'enfant : la présence entre ces deux sangs d'une séparation — la paroi de la villosité — montre bien que le sang de la mère ne passe pas directement à l'enfant, comme on le croit parfois.

Le premier rôle du placenta est donc celui d'une véritable usine nutritive. C'est à travers la membrane qui limite les villosités que le sang fœtal puise son oxygène. Le placenta est le véritable poumon fœtal. En ce qui concerne l'eau, elle passe facilement à travers le placenta (3,5 litres à l'heure à 35 semaines) ainsi que la plupart des sels minéraux. En ce qui concerne les matières premières, c'est-à-dire les aliments, les choses sont plus complexes. Glucides, lipides, protides passent facilement. Les autres, le placenta doit d'abord les transformer avant de les assimiler. C'est là qu'on retrouve la notion d'usine, usine d'ailleurs prévoyante : dès qu'il y a abondance de nourriture, elle fait des stocks. L'usine se double alors d'un magasin dans lequel le fœtus puise en cas de besoin.

Le second rôle du placenta est celui d'une barrière qui arrête certains éléments et en laisse passer d'autres comme une douane. C'est un rôle protecteur quand il s'agit de barrer la route à des agents agresseurs. Ainsi, la plupart des microbes ne peuvent traverser le placenta. Il n'en est malheureusement pas toujours ainsi puisque peuvent passer par exemple : des microbes comme le colibacille, ou le tréponème de la syphilis qui peut passer à partir de la 19e semaine ; des parasites comme le toxoplasme ; la plupart des virus, en raison de leur petite taille, passent également sans difficulté, ce qui explique par exemple les malformations fœtales dues à la rubéole (lorsqu'elle est contractée en début de grossesse).
Les anticorps maternels traversent également le placenta. Ce sont des substances fabriquées pour lutter contre une agression, une infection par exemple. C'est le plus souvent un bien pour le fœtus : passant dans son sang, les anticorps maternels le protégeront contre les maladies infectieuses correspondantes pendant les six premiers mois de sa vie environ. C'est parfois un mal : c'est le cas de la mère rhésus négatif enceinte d'un enfant rhésus positif. Si elle a fabriqué des agglutinines antirhésus, ceux-ci passent dans le sang de l'enfant et risquent d'y détruire les globules rouges.

De nombreux médicaments passent la barrière placentaire. Là encore ce peut être un bien : tel antibiotique va protéger l'enfant contre l'action du toxoplasme, tel autre va lutter contre la syphilis. Ce peut être aussi un mal, puisque certains médicaments peuvent avoir une action néfaste sur l'enfant.
L'alcool absorbé par la mère traverse facilement le placenta, de même que les drogues notamment la morphine et ses dérivés.
Le placenta représente donc, en général, une bonne barrière protectrice, mais celle-ci n'est pas toujours imperméable.

Filtre, usine, magasin, le placenta a encore une autre fonction, il fabrique des hormones. Les hormones sont de deux types et certaines sont propres à la grossesse, telles la gonadotrophine chorionique, et l'hormone lactogène placentaire.
La gonadotrophine chorionique, produite dès les premiers jours par le placenta, a déjà joué un rôle dans votre grossesse : c'est peut-être grâce à elle que vous avez su que vous étiez enceinte, car c'est sur sa présence dans le sang ou les

urines que sont basés les tests faits en laboratoire ou vendus en pharmacie. La production d'hormone gonadotrophine chorionique augmente rapidement jusque vers la 10e-12e semaine ; ses taux sont un bon témoin de la vitalité de la grossesse, puis les taux diminuent jusqu'au 4e mois et restent stables. Le rôle essentiel de l'hormone gonadotrophine chorionique est de maintenir en activité le corps jaune de l'ovaire indispensable à la survie de la grossesse.

La seconde hormone, l'hormone lactogène placentaire, est de découverte plus récente. Son rôle est encore mal défini mais on sait que son dosage constitue un bon indice du fonctionnement correct du placenta. Ces deux hormones ne traversent jamais le placenta vers l'enfant.

Le placenta fabrique aussi d'autres hormones qui vous sont déjà connues : les œstrogènes et la progestérone. Au début de la grossesse, ces hormones sont produites par le corps jaune. A la 7e-8e semaine, le placenta prend le relais. Il va en fabriquer des quantités de plus en plus importantes jusqu'à la fin de la grossesse : à terme, on trouve dans les urines d'une femme enceinte 1 000 fois plus d'œstrogènes qu'au cours du cycle menstruel. Ces hormones sont indispensables au maintien de la grossesse, ainsi qu'à la croissance et au développement du fœtus. Là aussi leur dosage renseigne utilement sur la vitalité de la grossesse.

Dans les sociétés primitives, ou chez nous il n'y a pas si longtemps, les coutumes faisaient une place à part aux organes éliminés lors de l'accouchement.

Alors que le cordon ombilical et les membranes amniotiques étaient précieusement conservés — généralement après séchage — pour accompagner l'enfant comme porte-bonheur, le placenta était éliminé, caché, ou transformé pour servir ailleurs. On l'enterrait pour fertiliser le sol, on le jetait à l'eau pour nourrir les poissons (comme en Allemagne au XVIe siècle) ; dans les pays nordiques, on le brûlait et sa cendre était considérée comme médicament ou poison, selon les cas. Aujourd'hui on est plus utilitaire, des laboratoires pharmaceutiques fabriquent des produits de beauté à base d'extraits placentaires.

Parfois, on gardait le placenta tel quel et, placé sous le lit d'un couple stérile, ou trempé dans le bain d'une femme stérile, il était censé rompre la malédiction. Mais dans la plupart des cas, on l'écartait de l'enfant et presque toujours, c'était pour le dissoudre, le disséminer. Un peu comme si l'on avait cherché à l'oublier.

Pourquoi ce rejet s'est demandé le psychanalyste Bernard This *, pour qui les rites et les traditions sont des voies qui permettent à notre inconscient de s'exprimer ? Le placenta serait-il un « gêneur » ? Il contredirait ce que l'on appelle le « fantasme unitaire », notre désir de retourner à un état mythique où nous ne faisions qu'un avec le corps maternel, « union » que la naissance aurait brutalement interrompu, provoquant comme une déchirure entre la mère et cette « partie d'elle-même » que nous aurions été alors. La présence du placenta vient troubler ce tableau : dans la réalité cette membrane, bien avant la naissance, nous séparait déjà du corps de la mère en nous donnant un espace propre. Est-ce pour cela qu'il faut l'oublier ?

---

* Bernard This, *Naître*, Aubier-Montaigne.

Le cordon ombilical

Le placenta est relié au fœtus par le cordon ombilical. Ce cordon est une sorte de tige gélatineuse, arrondie, blanchâtre, luisante, qui unit le fœtus au placenta. Il mesure en moyenne 50 à 60 centimètres mais il existe des cordons plus courts ou plus longs, mesurant jusqu'à 1,50 m. L'épaisseur moyenne du cordon est de 1,5 à 2 centimètres.

Le cordon ombilical est formé en grande partie par les cellules de l'amnios, l'une des membranes qui recouvre l'enfant. A chaque extrémité du cordon, l'amnios, qui forme la gaine (ou la paroi) du cordon, se confond du côté fœtal avec la peau de l'abdomen, et du côté placentaire avec l'amnios qui recouvre le placenta (cf. schéma 13). Le cordon est un vrai pipe-line. Il contient une veine et deux artères ; la veine amène au fœtus de la nourriture et l'oxygène prélevés et transformés par le placenta dans le sang maternel. Les artères ramènent les déchets (gaz carbonique, urée, etc.) au placenta, lequel les déverse dans la circulation générale maternelle.

Le cordon est solide et élastique (il supporte des tractions de l'ordre de 5 à 6 kg) et il se laisse difficilement comprimer, heureusement car sinon le transport sanguin risquerait d'être perturbé.

Le cordon est très souple, ce qui permet au fœtus tous les mouvements possibles.

Après la naissance de l'enfant, la section du cordon rompt définitivement les liens entre la circulation maternelle et celle de l'enfant qui devient complètement autonome.

Ce qui reste du cordon au niveau de l'abdomen de l'enfant tombe quelques jours après la naissance, et laisse une cicatrice indélébile qui persistera toute la vie : le nombril ou ombilic.

« Il n'a pas coupé le cordon. » « Elle se regarde le nombril. » « Il se prend pour le nombril du monde. » Comme le placenta, le cordon — et le nombril — sont devenus des symboles au-delà du rôle qu'ils ont joué pendant la grossesse.

Le liquide amniotique
et les enveloppes de l'œuf

Nourri par le placenta, ravitaillé par le cordon ombilical, le fœtus est protégé par ses enveloppes : au milieu, comme un poisson dans l'eau, il flotte dans le liquide amniotique.

Des enveloppes, appelées aussi membranes (le chorion, la caduque, l'amnios) je ne reparlerai pas, vous avez vu en détail comment elles s'étaient constituées (voyez leurs places respectives sur le schéma de la page suivante).

Du liquide amniotique, il y a peu et beaucoup à dire. Sur ses origines, on sait peu de choses, mais on pense qu'il a plusieurs sources. Tout d'abord, le fœtus lui-même qui le sécrète par la peau (jusqu'à 20 semaines), par le cordon (à partir

Les membranes de l'œuf

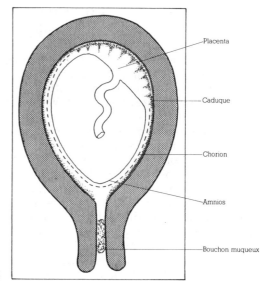

Placenta

Caduque

Chorion

Amnios

Bouchon muqueux

Schéma 14

de 18 semaines), par les poumons, enfin et surtout par la vessie. Une autre partie du liquide semble .venir de l'organisme maternel en passant à travers les membranes de l'œuf, ces dernières en sécrètent d'ailleurs elles-mêmes.

La quantité de liquide amniotique varie : 20 centimètres cubes à la septième semaine, 300 à 400 centimètres cubes à la vingtième semaine, un litre en moyenne à terme. Quand la grossesse dépasse son terme, la quantité de liquide diminue progressivement.

Le liquide amniotique est clair, transparent, blanchâtre, d'odeur fade. Il est composé d'eau, pour presque 97 %. Il contient toutes les substances que l'on trouve dans le sang. On y trouve aussi des cellules éliminées par la peau et les muqueuses du fœtus, des poils et des fragments de matière sébacée qui forment des grumeaux.

Le liquide amniotique n'est pas une eau stagnante, comme celle d'une mare. Il est perpétuellement changé et, à la fin de la grossesse, il est renouvelé toutes les 3 heures. Ceci veut dire que non seulement du liquide est sécrété en permanence, mais également qu'en permanence il est absorbé pour être remplacé. Le fœtus absorbe du liquide par la peau, il en avale beaucoup : au voisinage du terme, en moyenne 450 à 500 centimètres cubes par jour. Une partie de ce liquide filtre à travers les reins et reforme de l'urine fœtale. Une autre partie est absorbée par l'intestin, gagne la circulation fœtale et, par l'intermédiaire du placenta, retourne à l'organisme maternel.

A quoi sert le liquide amniotique ? D'abord, il protège le fœtus contre les traumatismes extérieurs en formant autour de lui une sorte de matelas. Il lui permet de se déplacer facilement à l'intérieur de l'utérus et maintient une température égale. Enfin, il apporte chaque jour au fœtus une certaine quantité d'eau et de sels minéraux. A la fin de la grossesse, il facilite ce que l'on appelle l'accommodation ; l'enfant cherche à trouver sa meilleure position pour que l'accouchement se déroule le plus facilement possible. Au cours de l'accouchement, le liquide amniotique s'accumule au pôle inférieur de l'œuf pour former la poche des eaux qui aide le col à se dilater. Après la rupture des membranes (qu'elle soit spontanée — c'est la perte des eaux — ou provoquée par l'accoucheur ou la sage-femme) le liquide amniotique s'écoule à l'extérieur et sert à lubrifier les voies génitales donc à faciliter l'accouchement.

En fait, pour important qu'il soit, le rôle mécanique du liquide n'est certainement pas le seul. Mais nos connaissances dans ce domaine ne sont pas encore très grandes. Ainsi, on pense que le liquide contient des substances utiles à la croissance fœtale, d'autres qui seraient susceptibles de tuer certains microbes, d'autres encore qui agiraient sur les contractions utérines.

Ce qui est certain, et c'est une notion relativement nouvelle, c'est que le liquide amniotique est un lieu bien vivant, une zone permanente d'échanges incessants entre la mère et l'enfant. Enfin, et ce n'est pas son moindre intérêt, le liquide amniotique permet des examens dont le rôle va croissant dans la surveillance médicale de certaines grossesses : il s'agit essentiellement de l'amniocentèse.

En images, la vie avant la naissance

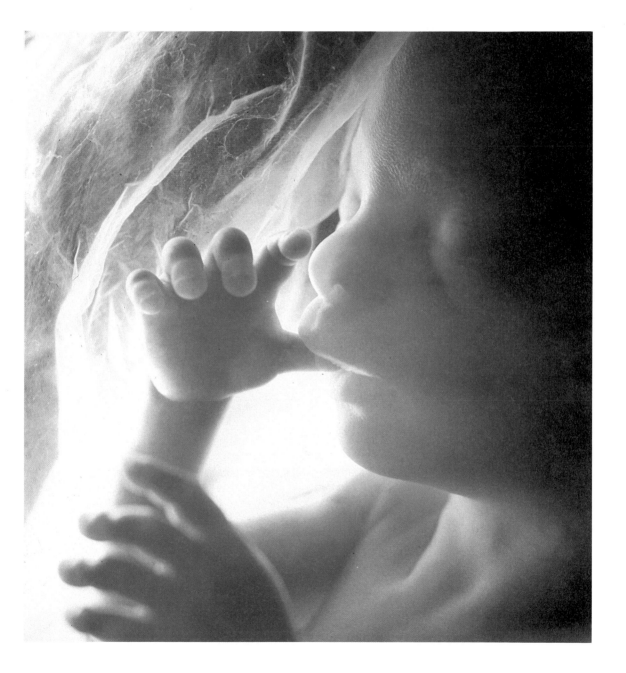

Six mois : il suce son pouce

Ce document extraordinaire a fait le tour du monde.

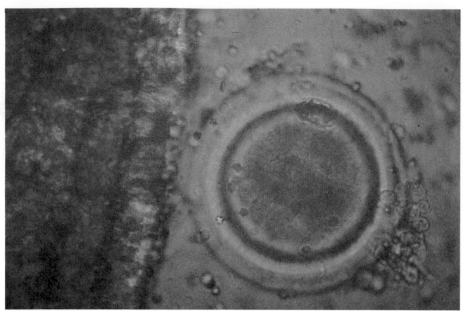

L'ovule

L'ovule prêt à être fécondé entouré de sa membrane (zone pellucide) et chargé de réserves.

L'œuf humain vers quatre semaines. Il mesure deux centimètres de diamètre.
L'embryon que l'on distingue — difficilement — à l'intérieur, a la taille d'un grain de blé.

Sixième semaine : on voit nettement l'ébauche de l'œil et des membres.
L'embryon est relié au placenta par le cordon.

L'embryon à l'intérieur de l'œuf. On voit par transparence les vaisseaux du placenta.
(Septième semaine)

La quatrième semaine

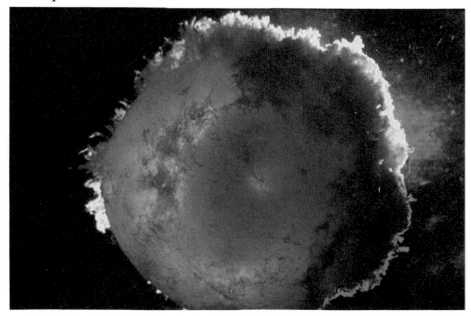

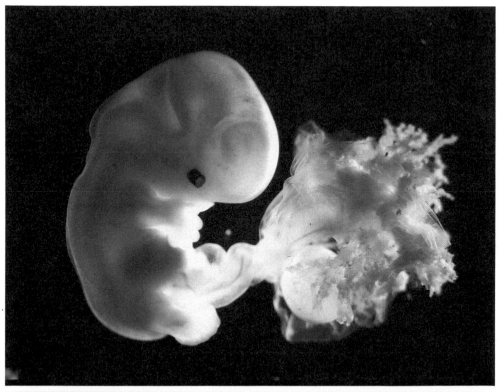

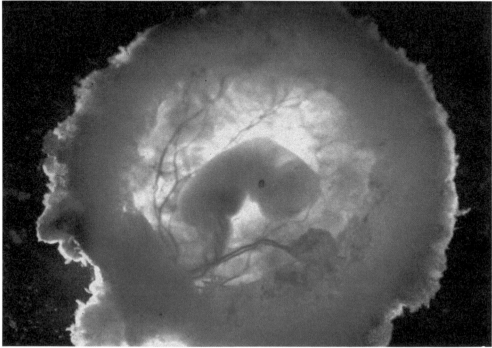

La septième semaine

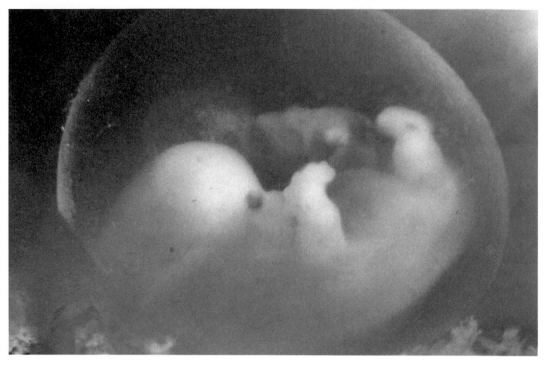

A onze semaines

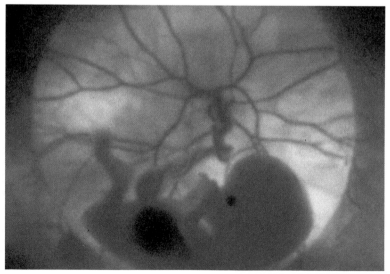

Au quatrième mois

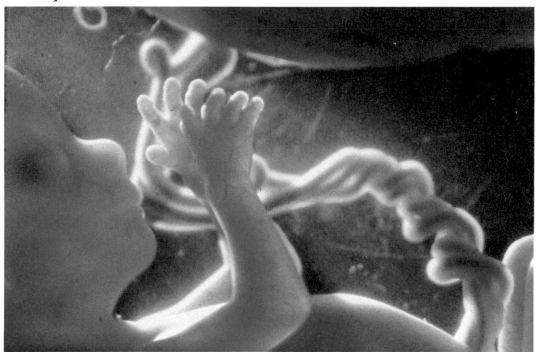

Vers huit semaines, il prend « figure humaine ». Les membres existent. Le visage se forme.

L'embryon dans son œuf à onze semaines.

Le cordon, organe vital pour l'enfant, lui apporte, depuis le placenta,
tout ce dont il a besoin pour son développement. (Quatre mois)

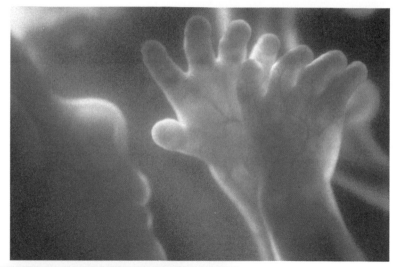

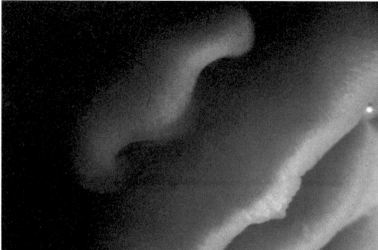

A quatorze semaines, les mains
sont complètement formées.
La peau est encore très mince
et laisse voir les vaisseaux.

Les lèvres et les narines
à cinq mois et demi.

Le pied au même âge.

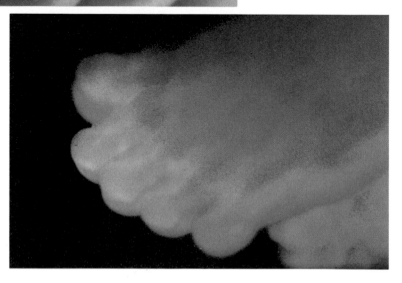

L'aube des sens

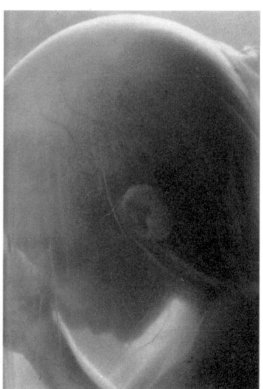

A cinq mois et demi : l'oreille externe
est formée, mais les avis divergent sur ce que
le fœtus entend.

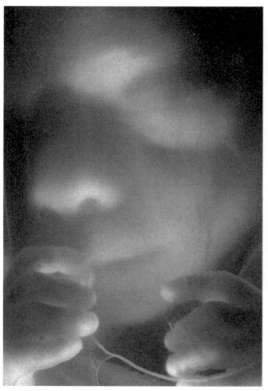

A cinq mois, les paupières sont encore soudées.

L'échographie

Vers sept semaines.
Le pied et le bras
sont visibles.
En blanc,
la colonne vertébrale.

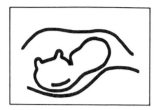

Vers trois mois et demi.
L'os du tibia et
la colonne vertébrale
ressortent en blanc.

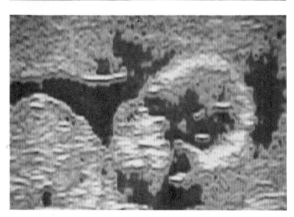

Cinq mois environ.
La boîte crânienne
est bien visible.

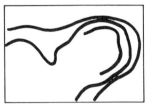

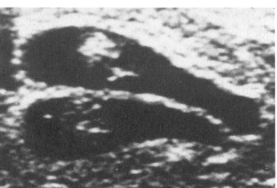

**Grossesse gémellaire
de huit/neuf semaines.**
On voit
les deux œufs
et les deux embryons.

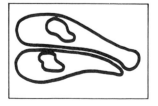

Nous reproduisons ici des échographies faites en couleurs, mais c'est rare.
Le plus souvent, les documents échographiques sont en noir et blanc.

Le fœtus
et son environnement

Ce qui suit va peut-être sembler technique à certains d'entre vous, mais peut en intéresser d'autres car ces pages font état de connaissances toutes nouvelles.

Comme vous l'avez vu, c'est dans un environnement particulier que se développe le fœtus : il est bien à l'abri dans l'organisme de sa mère, il est protégé contre les chocs et les traumatismes par la double enveloppe de l'utérus maternel et du liquide amniotique. Pour combler ses besoins qui sont considérables puisque sa croissance se fait à un rythme qui ne sera plus jamais atteint au cours de sa vie *, l'usine placentaire travaille pour lui en permanence en filtrant, en transformant, en stockant les aliments indispensables. Ces aliments le fœtus les reçoit, de même que l'oxygène, par l'intermédiaire de ce véritable pipe-line qu'est le cordon ombilical. C'est également le placenta qui forme une barrière protectrice (malheureusement incomplète) contre certaines agressions chimiques et infectieuses.

Est-ce à dire que le fœtus est une sorte « d'objet » totalement passif, subissant sa croissance sans y participer activement. C'est ce que l'on a cru pendant longtemps. Or nous savons maintenant qu'il n'en est rien, et que le fœtus est capable de « traiter » lui-même un certain nombre de matériaux fournis par la mère. Il le fait selon un programme génétique précis de développement en s'équipant progressivement d'un certain nombre de substances nécessaires.

C'est le cas des enzymes. Ce sont des substances chimiques (plus exactement des protéines) qui sont chargées de provoquer, de permettre ou d'entretenir les milliers de réactions chimiques qui se produisent dans l'organisme et sans lesquelles la vie ne pourrait se poursuivre. A chaque réaction correspond un enzyme particulier. Eh bien, les milliers d'enzymes nécessaires, le fœtus va les produire lui-même et les utiliser au fur et à mesure de ses besoins.

C'est ainsi, par exemple, grâce à ses propres enzymes, que le fœtus va utiliser le sucre (le glucose) que lui fournit le placenta à partir de la circulation maternelle. Ce sucre constitue sa nourriture essentielle, mais il va s'en servir un peu différemment de ce que fait un adulte. Il n'a pas à dépenser d'énergie pour maintenir sa température constante : la « thermorégulation » est assurée par la circulation fœto-placentaire. D'autre part, toujours au contraire de l'adulte, le fœtus a des dépenses musculaires réduites (il fait peu d'efforts et il dépense peu d'énergie puisque ses mouvements se font dans l'eau) ; aussi, la majeure partie du sucre, le fœtus va l'utiliser de deux façons : transformation en protéines dont le besoin est très grand pour la croissance ; stockage en fin de grossesse pour constituer les réserves qui serviront, après la naissance, pendant la période d'adaptation à l'alimentation.

---

* L'augmentation moyenne quotidienne du poids est de 5 g à la 2e semaine, 10 g à la 21e, 20 g à la 29e et 35 g à la 37e semaine.

De même qu'il a ses propres enzymes, le fœtus a ses propres hormones, ces substances fabriquées par des glandes (dites glandes endocrines). Elles transmettent des ordres à certains organes (différents selon l'hormone) possédant des récepteurs sensibles à l'hormone en question et chargés d'exécuter les ordres transmis. Par exemple, l'hypophyse sécrète des hormones qui commandent l'activité de l'ovaire.

Chez le fœtus, un certain nombre d'hormones semble jouer un rôle important dans la croissance. Ce sont : l'hormone de croissance sécrétée par l'hypophyse, les hormones sécrétées par la glande thyroïde et celles fabriquées par la glande surrénale qui est particulièrement volumineuse au cours de la vie intra-utérine (cette glande surrénale fœtale paraît jouer un rôle important dans le déclenchement de l'accouchement). De même, c'est grâce à l'insuline fabriquée par le pancréas fœtal que le glucose peut être transformé en graisse. Enfin les parathyroïdes président au métabolisme du calcium, particulièrement important pour l'ossification du squelette.

Enfin, même s'il est encore vulnérable, comme en témoignent les agressions dont il peut être victime, qu'elles soient chimiques ou infectieuses, le fœtus commence à élaborer ses moyens de défense, son « système immunitaire ».

Avant de conclure, je voudrais vous faire remarquer les difficultés évidentes qu'il y a à étudier les différents métabolismes du fœtus dans l'espèce humaine. Dans ce complexe qui associe mère-enfant-placenta, il est souvent difficile de préciser ce qui revient à l'un ou aux autres. Ceci explique que nous sachions encore peu de choses dans ce domaine. Pourtant, nous en savons suffisamment pour affirmer que le fœtus ne subit pas sa croissance de façon passive. Parler d'autonomie serait exagéré, le fœtus est étroitement dépendant de sa mère pour l'apport de tous les matériaux nécessaires, et les difficultés rencontrées par certains prématurés prouvent que l'indépendance se paie cher quand elle survient trop tôt. Par contre, dire que le fœtus collabore à sa propre croissance selon un programme précis est tout à fait conforme à la réalité.

Nous venons de voir le cas le plus fréquent, celui où un spermatozoïde féconde un ovule, et où, de la fusion de leur noyau, résulte un œuf humain, première cellule d'un homme ou d'une femme. Cette grossesse unique est la plus fréquente dans l'espèce humaine. Mais parfois il arrive que deux ou plusieurs enfants se développent ensemble dans l'utérus. Sur les jumeaux et les naissances multiples, vous pourrez lire les pages 163 à 169.

Comment votre corps devient maternel

Vous avez vu par quelles étapes un point invisible à l'œil nu devenait en neuf mois un enfant de plus de trois kilos. Vous allez lire maintenant comment, pendant ce temps, le corps de sa mère se transforme jour après jour.

Pour une femme, voir son ventre se tendre et se gonfler, et sentir sous sa main cette vie qui naît est émouvant. Mais découvrir ce qui se passe en elle est aussi très impressionnant.

D'abord se produit ce phénomène étonnant dont je vous ai déjà parlé : non seulement la mère ne rejette pas cet œuf, mais elle va le protéger, le nourrir, lui fournir tous les matériaux nécessaires à son développement. Puis elle va organiser la vie à deux, faire face à la nécessité d'alimenter deux cœurs, etc.

Pour remplir ces tâches, le corps maternel subit des modifications de tous ordres : anatomiques, physiologiques ou chimiques, visibles et invisibles, majeures ou mineures. La grossesse a une répercussion sur tous les organes, toutes les fonctions, tous les tissus de la mère, sans parler des répercussions sur son état psychologique et sur son moral. Cette adaptation de l'organisme maternel se fait selon quatre grands axes :

- Tout d'abord l'enfant grandit, d'où augmentation du volume de l'utérus avec ses conséquences.
- En même temps les seins se développent : ils se préparent pour l'allaitement.
- La future mère assurant pendant la grossesse la nutrition de deux êtres, elle-même et le bébé, la plupart de ses fonctions physiologiques en sont modifiées.
- Enfin, surtout en fin de grossesse, l'organisme maternel se prépare pour l'accouchement.

Augmentation du volume de l'utérus

Avant la conception, l'utérus, qu'on peut comparer à une figue fraîche, pèse 50 grammes, mesure 65 millimètres de haut, 45 mm de large et a une capacité de 2 à 3 centimètres cubes.

Dès le début de la grossesse, l'utérus commence à augmenter de volume, mais cette augmentation ne devient visible de l'extérieur qu'entre le quatrième et le cinquième mois, selon les femmes. Au deuxième mois, l'utérus a la grosseur d'une orange. Au troisième mois, on peut le sentir au-dessus du pubis. Au quatrième mois, sa hauteur atteint le milieu de la distance qui sépare l'ombilic (ou nombril) du pubis. Au cinquième mois et demi, il atteint l'ombilic. Au septième mois, il le dépasse de 4 ou 5 centimètres et monte de plus en plus dans la cavité abdominale. Au huitième mois, il est situé entre la pointe du sternum et l'ombilic (voir schéma page suivante).

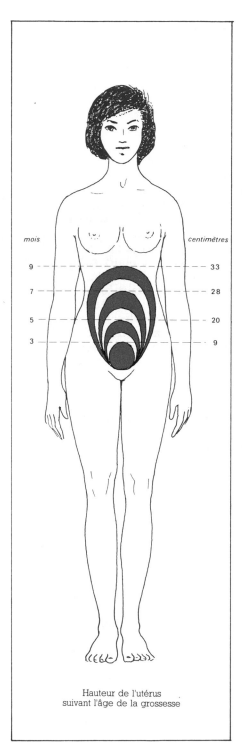

mois   centimètres

9 - - - - - - - - -   33

7 - - - - - - - - -   28

5 - - - - - - - - -   20

3 - - - - - - - - -   9

Hauteur de l'utérus
suivant l'âge de la grossesse

L'utérus atteint son point culminant (32-33 cm) à terme. Parfois cependant, vous pourrez avoir l'impression, deux à trois semaines avant l'accouchement, que l'utérus se met à redescendre. La pression abdominale est diminuée, la respiration plus facile, vous vous sentez comme allégée. C'est le signe que l'enfant « descend » et que la naissance approche.

A terme, l'utérus pèse 1 200 à 1 500 grammes. Il a une capacité de 4 à 5 litres. Sa hauteur est de 32 à 33 centimètres et sa longueur de 24 à 25 centimètres. Ces chiffres sont évidemment des chiffres moyens qui peuvent varier suivant les femmes et d'une grossesse à l'autre chez une même femme. Cependant ils servent de points de repère pour apprécier l'âge d'une grossesse et surveiller son évolution.

La place qu'il lui faut, l'utérus la gagne sur l'extérieur, comme c'est visible, mais en même temps sur l'intérieur, où, en augmentant de volume, il refoule et comprime les organes qui l'entourent : estomac, intestins, vessie, etc.

En général, l'augmentation du volume de l'utérus se poursuit sans inconvénient grâce à l'élasticité des parois abdominales qui se laissent distendre, et les organes s'adaptent bien à leur nouvelle situation. On a cru longtemps que beaucoup de troubles de la grossesse : difficulté à respirer, constipation, nausées et varices, étaient dus à la compression. Celle-ci n'explique certainement pas tout car beaucoup de ces troubles apparaissent dès le début de la grossesse alors que l'utérus est encore peu développé. Aussi, pense-t-on aujourd'hui que ces troubles sont dus, en grande partie, à l'action des hormones de grossesse sur certains organes. Il faut mettre à part les envies fréquentes d'uriner (surtout à la fin de la grossesse) qui paraissent bien en rapport avec une compression de la vessie. De même, les malaises de type syncope qu'éprouvent certaines femmes quand elles se couchent sur le dos sont en rapport avec une compression de la veine cave. Il suffit alors de s'étendre sur le côté gauche (la veine cave est à droite) pour que le malaise disparaisse.

L'attitude de la future mère se modifie au fur et à mesure que l'utérus augmente de volume : ses reins se creusent, sa taille se cambre. Elle a tendance à se rejeter en arrière pour contrebalancer le poids qui la tire en avant. Sa silhouette est d'ailleurs différente suivant l'état de sa paroi abdominale : si ses muscles sont fermes, ils forment une bonne sangle qui soutient l'utérus et l'empêche de tomber en avant. Si au contraire ses muscles sont relâchés, la paroi abdominale distendue n'offre qu'une faible résistance à la pression de l'utérus qui tombe en avant. Vous avez certainement rencontré de ces femmes : on dit qu'elles portent leur enfant « en avant ».

Préparation à l'allaitement

Tout au long de la grossesse, les seins se préparent à remplir leur fonction, qui est de sécréter le lait dont se nourrira le nouveau-né.

Dès le premier mois, les seins se mettent à gonfler, augmentent de volume et deviennent plus lourds. Ils sont parfois le siège de picotements et d'élancements douloureux. Quelques semaines plus tard, le mamelon devient plus saillant : la région pigmentée qui l'entoure — l'aréole primitive — plus foncée, est bombée comme un verre de montre. Sur cette aréole apparaissent, vers la huitième semaine, de petites saillies : les tubercules de Montgomery. Ce sont des glandes sébacées qui s'hypertrophient et constituent des glandes mammaires rudimentaires. Ces modifications des seins permettent d'étayer un diagnostic de grossesse.

A partir du quatrième mois, on peut faire jaillir du mamelon un liquide jaunâtre et visqueux, précurseur du lait, le colostrum. Vers le cinquième mois, autour de l'aréole primitive apparaissent quelquefois des taches brunes qui forment une aérole secondaire.

A l'intérieur des seins, les glandes qui fabriquent le lait, qui sont presque inexistantes en dehors de la grossesse, se multiplient et augmentent de volume, de même que le réseau des canaux qui conduiront le lait des glandes vers le mamelon. Pour alimenter cette région en pleine activité les vaisseaux sanguins s'élargissent : c'est pourquoi les veines sont parfois très apparentes au cours de la grossesse. En même temps, les mamelons augmentent de volume et deviennent plus mobiles pour faciliter la tétée.

A terme les seins sont prêts à allaiter. La sécrétion lactée commence en général trois jours après l'accouchement, sous l'action d'une hormone hypophysaire : la prolactine. Les deux premiers jours, les seins sécrètent encore du colostrum qui fait le plus grand bien à l'enfant.

Modifications des fonctions de l'organisme

L'augmentation de volume de l'utérus et des seins est la modification la plus visible de l'organisme durant la grossesse. Il y en a d'autres qui, pour n'être pas aussi évidentes, n'en sont pas moins importantes. Ce sont celles qui concernent les fonctions essentielles de l'organisme : digestion, circulation, respiration, etc.

Ces modifications sont dues à deux causes : pour former son squelette, sa peau, ses muscles, l'enfant puise dans le sang de sa mère les matériaux qui lui sont nécessaires : calcium, fer, sucre, graisse, sel, etc. C'est également dans le sang de sa mère que l'enfant rejette ses déchets. En même temps, certaines parties du corps de la mère se développent, principalement l'utérus et les seins. L'édification de ces tissus nouveaux nécessite un apport supplémentaire de matières premières.

C'est pour faire face à ces besoins nouveaux que tous les mécanismes du corps vont s'intensifier. C'est comme un moteur qui, soumis à un effort plus grand, consomme davantage et tourne plus vite.

Le cœur et la circulation sont les premiers concernés. Ils doivent faire face au travail supplémentaire créé par l'apparition de la circulation mère-enfant au niveau du placenta ; il y a ainsi une augmentation de 40 % de la quantité totale de sang circulant ; le cœur bat plus vite (15 pulsations en moyenne de plus par minute) ; il débite davantage : presque 5,5 litres au lieu de 4 par minute. En un mot, le cœur travaille plus. Ceci explique que la grossesse puisse être moins bien supportée quand existe une maladie cardiaque, car un cœur malade a plus de peine à fournir l'effort supplémentaire qui lui est demandé.

Une femme enceinte ne respire pas plus vite qu'une autre mais elle fait passer, à chaque respiration, une quantité plus importante d'air dans ses poumons et elle consomme plus d'oxygène (10 à 15 %). Ceci, joint à l'ascension du diaphragme, qui est repoussé progressivement vers le haut par l'utérus, peut expliquer la sensation d'essoufflement que ressentent certaines femmes à la fin de la grossesse.

Les reins, dont le rôle est de « filtrer » le sang pour en éliminer dans les urines les éléments inutiles et certains déchets, voient leur travail augmenter puisque la quantité de sang circulant chez la femme enceinte est notablement augmentée (voyez plus haut).

Par contre, les hormones de grossesse — notamment la progestérone — ont pour effet de ralentir certaines fonctions — c'est bénéfique au niveau de l'utérus, puisque ainsi elles l'empêchent de se contracter. C'est moins bénéfique quand il s'agit de l'appareil digestif, estomac, intestin, vésicule, mais cela explique des troubles fréquents : lenteurs et difficultés de digestion, constipation, etc. Il se passe la même chose au niveau de la vessie et des uretères, qui conduisent l'urine des reins à la vessie, ce qui explique en partie la relative fréquence des infections urinaires.

Préparation à l'accouchement

Pour que l'enfant puisse naître, il faudra que l'utérus, qui est un muscle, se contracte, et que l'enfant franchisse successivement le col de l'utérus qui, en temps normal, est un canal filiforme plus étroit qu'une paille à soda, puis le vagin.

Ce chemin que suivra le bébé pour naître traverse le bassin de part en part, bassin constitué par des os en apparence inextensibles. Vous lirez d'ailleurs au chapitre 10 le mécanisme de l'accouchement.

Tout au long de la grossesse ces différents organes vont se préparer à l'accouchement.

Le bassin. Les articulations qui relient les os du bassin se relâchent. Ce relâchement élargit le bassin de quelques millimètres.

L'utérus. Ses fibres deviennent 15 à 20 fois plus longues. En même temps, elles deviennent plus larges. Ces modifications rendront l'utérus plus élastique, elles lui permettront de se contracter plus facilement et donc de mieux jouer son rôle de « moteur » pour ouvrir le col et pousser l'enfant en avant. La circulation sanguine au niveau de l'utérus augmente considérablement. Le col de l'utérus, qui, avant la grossesse, était dur et fibreux, s'amollit et devient souple. A terme on dit qu'il est « mûr ». Il pourra ainsi s'ouvrir sans difficultés.

Le vagin s'allonge, s'élargit. Ses parois deviennent de plus en plus souples et extensibles pour supporter les efforts imposés par l'accouchement. Il en est de même pour la vulve et les muscles du périnée. En même temps, les sécrétions vaginales sont nettement augmentées ainsi que l'acidité du vagin. Les sécrétions favorisent le développement des champignons responsables de fréquentes vaginites chez la femme enceinte, mais cette hyperacidité représente un excellent barrage contre de nombreux microbes. Le bouchon muqueux qui apparaît en fin de grossesse au niveau du col en forme un second, les membranes de l'œuf un troisième.

Le rôle des hormones

L'évolution de la grossesse est dominée par l'action des hormones qui, pendant neuf mois, ont une activité intense. Après avoir, comme chaque mois, provoqué l'ovulation et préparé l'utérus à accueillir l'œuf, les hormones ovariennes vont permettre le transport de l'œuf et son implantation ; et elles empêcheront l'utérus de l'expulser lorsqu'il sera nidé.

Au début de la grossesse, les hormones sont produites par le corps jaune. Ensuite, lorsque des quantités de plus en plus importantes deviennent nécessaires, elles sont fabriquées par le placenta, véritable usine hormonale de la grossesse, qui va la prendre en charge jusqu'à son terme.

Ce ne sont pas seulement les glandes endocrines sexuelles qui ont une activité accrue durant la grossesse : les autres, le pancréas, la thyroïde, les surrénales, fonctionnent également davantage.

Enfin, au cours de la grossesse, de nouvelles hormones apparaissent : l'ocytocine, qui joue un rôle dans le déclenchement de l'accouchement, et la prolactine qui déterminera la lactation.

L'action conjuguée de ces différentes hormones, ordonnatrices des grands événements de la grossesse, règle la plupart des changements qui surviennent pendant ces neuf mois. En particulier, elles stimulent l'édification des tissus de l'utérus en pleine croissance, elles président à la mobilisation des réserves de la mère auxquelles fait appel le fœtus, elles règlent la délicate chimie des échanges nutritifs si importants pour la croissance de l'enfant, elles sont responsables de l'augmentation du poids de la mère, elles permettent aux glandes mammaires de se développer, etc. Et c'est pourquoi l'un des moyens de surveiller le bon déroulement de la grossesse est de doser les hormones.

Telles sont les principales modifications de l'organisme maternel au cours de la grossesse. Vous avez vu qu'elles ont essentiellement pour but de permettre à la grossesse d'évoluer et d'amener à l'enfant tout ce qui est nécessaire à son développement. Elles ont aussi pour effet de le protéger au maximum contre toute une série d'agressions.

Les jumeaux

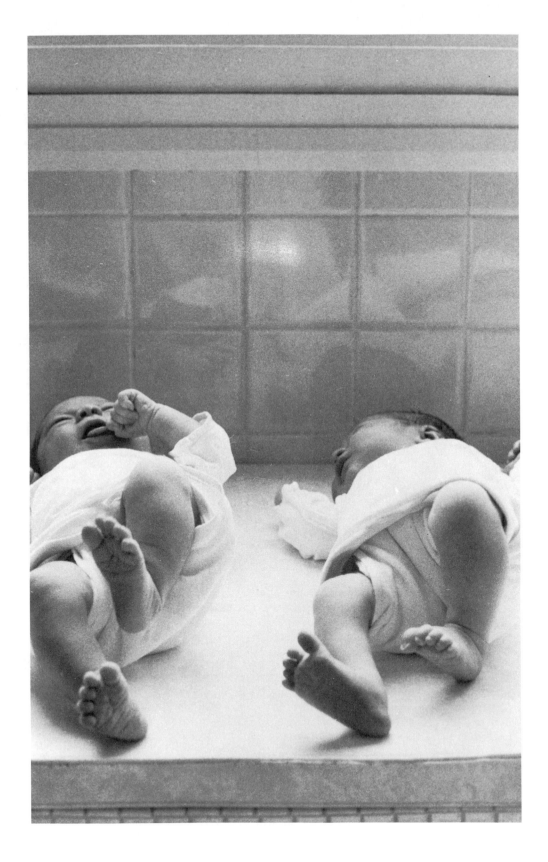

« Est-ce que j'en attends deux, docteur ? » La question est posée plus souvent qu'on ne croit : par une future mère sur deux m'assure-t-on. En fait si la question est fréquente, l'éventualité est rare, elle ne représente, en France, qu'1,2 % des naissances, soit entre 9 000 et 10 000 par an.

Imaginer qu'on attend des jumeaux, c'est un peu fantasmer. « Deux d'un coup ce serait si bien », disent des mères. La future mère à la fois craint d'avoir des jumeaux et parfois le désire ; comme partout se retrouve l'ambivalence des sentiments.

Quelques femmes demandent, paraît-il : « Que faut-il faire pour avoir des jumeaux ? » Rien en fait, c'est le hasard aidé de quelques circonstances qui paraissent favorisantes.

La race joue un rôle. Les Noires ont plus souvent des jumeaux : aux U.S.A., le taux est une fois et demie plus élevé que chez les Blanches. Et pour certaines régions d'Afrique occidentale, on a cité des chiffres allant jusqu'à 5 %. Chez les Jaunes au contraire, il y a moins de jumeaux : 0,15 % chez les Chinois ; 0,27 % chez les Japonais ; 0,10 % en Asie du Sud-Est.

Les conditions de vie et le climat semblent aussi jouer. En Europe, il y a plus de jumeaux au nord qu'au sud : 1,5 % en Scandinavie ; 0,5 % sur le pourtour du bassin méditerranéen.

La fréquence augmente également avec le nombre de grossesses et l'âge de la mère avec un maximum vers 36-37 ans. On trouve aussi un plus grand nombre de femmes appartenant au groupe AB parmi les mères de jumeaux.

Enfin, c'est une notion populaire, et tout à fait exacte : les jumeaux sont plus fréquents dans certaines familles que dans d'autres. On pense que le père ne jouerait aucun rôle dans cette fréquence, et que seule la mère interviendrait. La prédisposition à la grossesse gémellaire se transmettrait suivant les lois de l'hérédité selon le mode récessif (voyez le chapitre 7).

De tout temps, les jumeaux ont été l'objet d'une curiosité particulière. Leur relative rareté a suscité des réactions diverses : pour les uns ils étaient un don du ciel, pour les autres la colère des dieux, le mauvais présage ; dans certaines tribus primitives, les jumeaux (et parfois même leur mère) étaient sacrifiés ; dans d'autres civilisations, on leur attribuait des dons surnaturels. Chez les Aztèques, la déesse de la fertilité était la mère de jumeaux. Si Romulus et Rémus, Castor et Pollux n'avaient pas été des jumeaux, ils seraient peut-être moins célèbres aujourd'hui.

De nombreux spécialistes continuent à s'intéresser particulièrement aux jumeaux (biologistes, généticiens, psychologues), surtout aux vrais jumeaux qui représentent un terrain privilégié pour étudier ce qui, chez l'homme, appartient à l'hérédité ou relève de l'acquis. A Rome, l'Institut Gregor Mendel s'est spécialisé dans l'étude des jumeaux.

Vrais jumeaux

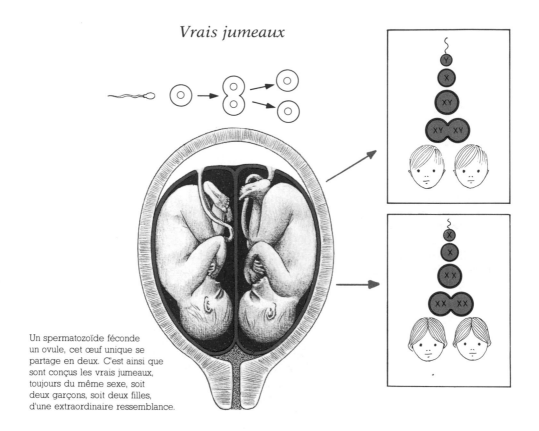

Un spermatozoïde féconde un ovule, cet œuf unique se partage en deux. C'est ainsi que sont conçus les vrais jumeaux, toujours du même sexe, soit deux garçons, soit deux filles, d'une extraordinaire ressemblance.

La conception des jumeaux

Bien que, dans la réalité, les choses soient un peu plus complexes, on peut dire schématiquement qu'il existe deux grandes variétés de jumeaux.

Ceux que l'on appelle les « faux jumeaux » proviennent de la fécondation de deux ovules différents par deux spermatozoïdes différents au cours du même cycle menstruel et, habituellement, au cours du même rapport sexuel. Il en résulte évidemment deux œufs différents qui vont se nider l'un à côté de l'autre dans l'utérus.

Chaque œuf a ses propres annexes : membranes (chorion et amnios) et placenta sont distincts. Il n'y a pas de communication entre les deux fœtus. Chacun a sa propre circulation placentaire qui l'unit à l'organisme maternel. Ces faux jumeaux vont ainsi se développer ensemble certes, mais séparément.

A la naissance les deux enfants peuvent se ressembler, mais pas plus que les frères et sœurs habituels. Ils peuvent être de sexe différent. Ceci est tout à fait normal puisque ces faux jumeaux, issus de deux œufs distincts et qui n'ont fait que se rencontrer par hasard dans l'utérus, ont reçu un patrimoine héréditaire (un héritage chromosomique) aussi différent que celui de frères et sœurs nés à plusieurs années de distance. Il peut même arriver que ces enfants n'aient pas le même père. On cite l'exemple classique de la femme blanche mettant au monde à une heure d'intervalle un premier enfant blanc, fils d'un Blanc, et un enfant

Faux jumeaux

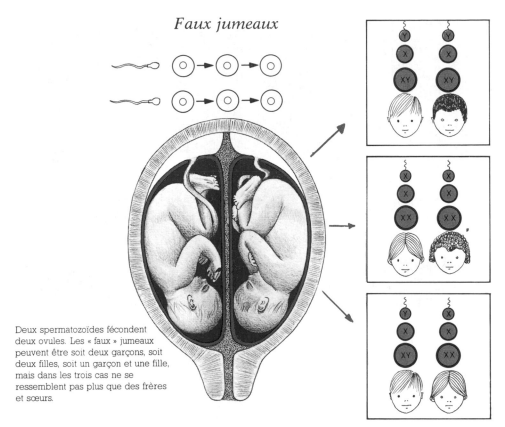

Deux spermatozoïdes fécondent deux ovules. Les « faux » jumeaux peuvent être soit deux garçons, soit deux filles, soit un garçon et une fille, mais dans les trois cas ne se ressemblent pas plus que des frères et sœurs.

mulâtre, fils d'un père de race noire. Il y a eu ce que l'on appelle : superfécondation. Cette éventualité est toutefois exceptionnelle.

Ces grossesses dizygotiques (« di » parce qu'il y a deux œufs) représentent au moins les deux tiers des cas de grossesses gémellaires.

Dans un tiers des cas, la conception des jumeaux se fait différemment. Il s'agit des grossesses monozygotes (« mono » parce qu'il n'y a qu'un œuf au départ) qui résultent d'un processus totalement différent : un seul spermatozoïde féconde un seul ovule aboutissant à un œuf unique. Sous l'influence de phénomènes que nous ne connaissons pas, cet œuf unique va se partager — plus ou moins précocement mais toujours avant le 15e jour — en deux parties égales, en deux œufs qui vont chacun se développer. En ce qui concerne les annexes de chaque œuf, la disposition variera selon que l'œuf unique initial s'est divisé plus ou moins tôt. Tantôt chaque œuf a ses annexes propres, son placenta, ses membranes, comme chez les faux jumeaux, tantôt le placenta est unique, mais en ce qui concerne les membranes, il y a deux possibilités :
- soit deux amnios, ce qui veut dire que chaque fœtus possède son sac propre ;
- soit un seul amnios, ce qui veut dire que les deux fœtus sont dans un seul sac amniotique, autrement dit qu'aucune membrane ne les sépare.

Ces grossesses monozygotes correspondent à ce que l'on appelle les « vrais jumeaux » ; elles ont plusieurs particularités par rapport aux grossesses dizygotiques.

Elles sont beaucoup plus rares (on l'a vu : un tiers des cas).

L'existence fréquente d'annexes communes aux deux jumeaux, et notamment d'un placenta unique, peut aboutir à la communication entre les deux circulations placentaires. Ceci est parfois cause d'un déséquilibre, un des deux jumeaux recevant davantage de sang que l'autre. Le premier (dit « jumeau transfusé ») risque de souffrir de cet apport trop important de sang. L'autre (dit « jumeau transfuseur ») risque, au contraire, de souffrir d'un manque de sang. Dans le premier cas existe une possibilité d'insuffisance cardiaque par excès de masse sanguine (le cœur a un travail trop important à accomplir). Dans le second, le risque est celui d'une anémie ou d'une insuffisance de développement (hypotrophie) par insuffisance d'apport sanguin.

Les deux fœtus ayant pour origine un œuf unique séparé en deux moitiés égales, chacun va recevoir un matériel de chromosomes et de gènes rigoureusement identiques. A la naissance, ces vrais jumeaux seront donc des sosies, la réplique exacte l'un de l'autre, ou encore, selon une formule devenue classique, le « même individu tiré à deux exemplaires ». Ils seront toujours du même sexe. Leurs empreintes digitales, à quelques détails près, seront identiques. Cette extraordinaire ressemblance ne s'arrête d'ailleurs souvent pas à l'aspect physique, mais porte également sur certains traits intellectuels et psychologiques et sur la prédisposition à certaines maladies.

Le diagnostic des jumeaux

Les médecins sont tous d'accord pour dire qu'une grossesse gémellaire doit être surveillée plus qu'une autre ; certains n'hésitent pas à la classer dans le groupe des grossesses à risques. Il y a donc intérêt à en faire le diagnostic le plus tôt possible. Ce diagnostic est difficile à faire sur le seul examen clinique. Le médecin peut y penser lorsque les malaises habituels de la grossesse sont plus importants que d'habitude, mais ce symptôme n'est pas toujours présent. Par contre, l'échographie peut faire le diagnostic dès la 6e-7e semaine de la grossesse.

Plus tard, la future mère peut avoir l'impression de sentir des mouvements partout et très nombreux. D'autre part, le médecin est frappé, lorsqu'il examine la femme, par une discordance entre le développement trop important de l'utérus et l'âge théorique de la grossesse. Parfois, l'examen permet aussi de percevoir deux têtes ou deux sièges, ou encore d'entendre deux foyers différents de bruits du cœur (c'est pourtant beaucoup plus difficile qu'on ne le pense). De toute façon, il reste possible, au moindre doute, d'affirmer le diagnostic grâce à l'échographie.

La grossesse gémellaire

Les malaises et indispositions du début sont plus fréquents, je vous l'ai dit. De même, l'utérus augmentant plus rapidement de volume, les troubles « mécaniques » dus à la compression de l'utérus, telle l'envie d'uriner, apparaissent plus tôt ; ils sont aussi plus marqués. La gêne respiratoire est plus grande, les varices risques d'apparaître plus facilement, etc.

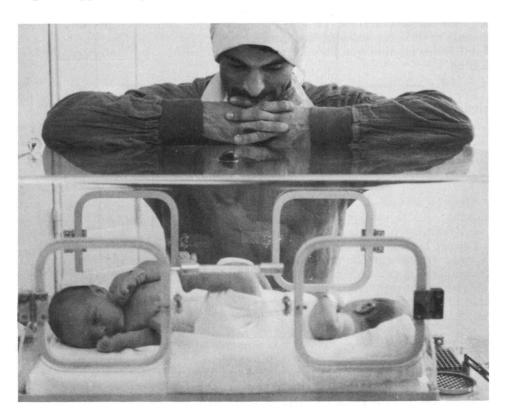

Enfin, si la surveillance médicale et les précautions de régime ne sont pas suffisantes, on peut voir apparaître plus souvent des complications telles que prise de poids excessive, albuminurie, hypertension artérielle.

Mais, bien surveillée, la grossesse a toutes les chances de se développer aussi bien qu'une grossesse simple. Si vous attendez des jumeaux, ne vous faites donc pas un double souci. Soyez seulement deux fois plus attentive aux recommandations qui vous seront faites par le médecin.

Quelques précautions particulières à prendre

- Faire faire une analyse d'urine tous les quinze jours dès le sixième mois, car les risques d'albuminurie sont plus grands.
- Voir très régulièrement le médecin, sinon tous les quinze jours, au moins toutes les trois semaines. Celui-ci prescrira peut-être un arrêt de travail.
- Se reposer le plus possible dès le sixième mois pour éviter un accouchement prématuré. Les grossesses gémellaires se terminent en effet souvent par un accouchement prématuré, car lorsque l'utérus est surdistendu, il se contracte plus facilement. Les statistiques indiquent que 75 à 80 % des primipares, et 45 à 65 % des multipares accouchent avant terme.

Dans la grande majorité des cas, l'accouchement se déroule normalement. Il est un peu plus long qu'un accouchement simple. Il s'écoule de 15 à 30 minutes entre les deux naissances. Il est possible que le deuxième jumeau prenne une position insolite et que ceci nécessite une intervention.

Il est indispensable que l'accouchement se passe dans un établissement bien équipé.

Une remarque pour terminer : contrairement à une opinion courante, l'aîné des jumeaux est celui qui naît le premier.

Triplés, quadruplés, quintuplés

En 1934, au Canada, naquirent des quintuplés, 5 filles, les sœurs Dionne. Leur naissance fit la une de tous les journaux et de toutes les radios. Ce fut un événement international et une véritable curiosité.

Depuis, la naissance de quintuplés est devenue plus fréquente. On peut, grâce à certains traitements hormonaux, faire ovuler des femmes qui n'ovulent pas spontanément, et qui de ce fait souffrent de stérilité. Mais parfois le traitement dépasse le but recherché, et au lieu d'un ovule, ce sont plusieurs qui arrivent à maturation en même temps et qui seront fécondés en même temps : ainsi peuvent naître des jumeaux, des triplés, des quadruplés...

Les triplés. Les grossesses triples proviennent, soit d'un seul œuf ayant donné naissance à trois embryons qui seront tous du même sexe (vrais triplés), soit de deux œufs, dont l'un donne de vrais jumeaux (voir plus haut), donc toujours du même sexe, et l'autre un enfant de l'un ou de l'autre sexe, soit enfin de trois œufs. Dans les deux derniers cas, il s'agit de faux triplés.

Les quadruplés peuvent provenir d'un, deux, trois ou quatre œufs. Vrais quadruplés : un œuf a donné naissance à quatre embryons, Faux quadruplés : il peut s'agir, soit de deux œufs (donnant deux paires de vrais jumeaux ou des vrais triplés + un frère ou une sœur), soit de trois œufs (donnant une paire de vrais jumeaux et une paire de faux jumeaux), soit de quatre œufs. Dans ce dernier cas, aucun des quatre enfants n'a de raison de ressembler à l'autre plus que des frères ou sœur, car ils proviennent chacun d'un œuf différent.

Les quintuplés. Plusieurs cas sont possibles, sept très exactement suivant qu'il y a eu fécondation d'un, deux, trois, quatre ou cinq ovules.

Tout ce qui a été dit plus haut en ce qui concerne la grossesse gémellaire aussi bien pour le diagnostic, les précautions particulières à prendre, le repos, etc., s'applique aux grossesses multiples avec encore plus de vigilance, car l'avortement puis les accouchements avant terme sont plus fréquents. Mais je ne m'étendrai pas plus sur le sujet, car ces grossesses sont connues tôt et surveillées de près.

Les trois questions
que vous vous posez

CHAPITRE 7

Fille
ou
garçon ?

Les progrès sont là, il serait déraisonnable de le nier : l'image de la femme est meilleure depuis quelques années, grâce à des livres et des campagnes venus parfois d'ailleurs mais qui finissent par nous toucher, grâce à des prises de position, certaines fois excessives, mais qui peu à peu ont fait leur chemin.

Mais il y a un domaine où rien n'a changé : comme hier, comme toujours, les parents veulent un garçon d'abord, à une large majorité. Posez vous-même la question, vous verrez la réponse.

De plus, s'il naît une fille alors qu'on espérait un garçon, en général on en rend responsable la mère ; or, c'est une grande injustice, car le sexe de l'enfant dépend du père. On le sait depuis maintenant plus de vingt ans, mais les connaissances mettent du temps à se répandre.

Pourquoi le père est-il « responsable » du sexe de l'enfant ? Pour le comprendre, il est nécessaire de faire une incursion dans le domaine de l'infiniment petit et de vous donner quelques explications un peu techniques : c'est un chapitre à lire à tête reposée.

La cellule. Vous savez peut-être que l'organisme est composé de différents tissus eux-mêmes faits de cellules.

Chaque être humain en possède une dizaine de milliards environ. La cellule est l'élément de base de tout être vivant.

Nos cellules sont très différentes les unes des autres suivant le rôle qu'elles jouent : un globule rouge du sang est une cellule qui a la forme d'un disque, celle de la peau a plutôt la forme d'un cube, celle de l'os la forme d'une étoile, etc.

Le noyau de la cellule. Chaque cellule comprend, entre autres, une partie plus dense que l'on appelle le noyau et qui est la plus importante, on serait tenté de dire : la plus noble.

Les chromosomes. Ce noyau est fait d'une substance appelée *chromatine* parce qu'elle a la faculté d'absorber certaines matières colorantes (du mot chromos : couleur). Quand les cellules se divisent pour se multiplier et se renouveler, la chromatine du noyau prend un aspect particulier. Elle se fragmente en corpuscules appelés chromosomes. L'aspect et le nombre des chromosomes varient selon les espèces animales : il y en a 8 chez la mouche drosophile, 26 chez la grenouille, 68 chez le chien, 380 chez le papillon Lysandria. Dans l'espèce humaine, il y a 46 chromosomes par cellule. Ils sont groupés en 23 paires ; dans chaque paire l'un des chromosomes est hérité du père et l'autre de la mère.

X et Y. Vingt-deux paires sont identiques dans l'un et l'autre sexe. La vingt-troisième, au contraire, est différente chez l'homme et chez la femme. Il s'agit de

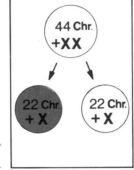

Chez la femme,
tous les chromosomes
sexuels sont X.

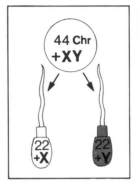

Chez l'homme,
les chromosomes sexuels
sont tantôt X tantôt Y.

la paire de chromosomes sexuels. Chez la femme cette paire est faite de deux chromosomes semblables appelés chromosomes X. Chez l'homme, les deux chromosomes sont différents : l'un est appelé X et l'autre Y. Dans le sexe féminin, les cellules sont donc composées de 22 paires + 1 paire XX. Dans le sexe masculin les cellules comportent 22 paires + 1 paire XY.

La division des cellules. A l'exception des cellules nerveuses, toutes les cellules de l'organisme se renouvellent : la durée de vie d'une cellule est en effet limitée et va de 4 jours à 4 mois. Cette reproduction se fait par simple division. Chaque cellule se divise en deux cellules filles contenant le même nombre de chromosomes que la cellule mère dont elles sont issues (soit 46 dans l'espèce humaine).

Les cellules sexuelles. Cependant, les cellules sexuelles échappent à cette règle de la division. Lors de la fabrication des ovules chez la femme et des spermatozoïdes chez l'homme, la division des cellules prend un caractère un peu particulier et les cellules sexuelles adultes (ovule ou spermatozoïde) qui vont assurer la fécondation, ne contiennent plus que la moitié des chromosomes soit 23 au lieu de 46. Ainsi, lors de la fusion du spermatozoïde et de l'ovule, sera reconstituée une cellule (l'œuf) qui comportera 46 chromosomes, nombre caractéristique de l'espèce humaine.

Il est facile de comprendre que, s'il n'en était pas ainsi, l'œuf aurait 46 + 46 soit 92 chromosomes, ce qui n'est pas le nombre caractéristique des individus normaux. Vous verrez d'ailleurs plus loin que certains œufs ont un nombre anormal de chromosomes. Cela conduit soit à un avortement, soit à la naissance d'un enfant qui peut être anormal.

Pourquoi garçon ? Pourquoi fille ? Jusqu'à nouvel ordre, il faut admettre qu'il s'agit là d'un pur hasard mais qui mérite une explication.

Lors de la fabrication des ovules dans l'ovaire, les deux chromosomes sexuels étant identiques chez la femme (X et X) tous les ovules recevront 22 chromosomes ordinaires + 1 chromosome X. Cela équivaut à dire que tous les ovules auront une formule chromosomique identique.

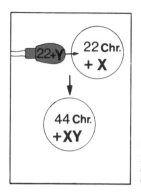

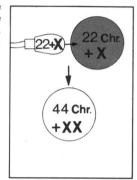

Un ovule est fécondé
par un spermatozoïde
à chromosome X,
ce sera une fille.

Un ovule est fécondé
par un spermatozoïde
à chromosome Y,
ce sera un garçon.

Chez l'homme, au contraire, la cellule mère qui donne naissance aux spermatozoïdes comprend 44 chromosomes + deux chromosomes sexuels différents X et Y. Lors de la division, 50 % des spermatozoïdes recevront 22 chromosomes ordinaires + 1 chromosome X alors que 50 % recevront 22 chromosomes ordinaires + 1 chromosome Y. Cela revient par conséquent à dire que tous les spermatozoïdes n'ont pas la même formule chromosomique. Lors de la fécondation, c'est-à-dire lors de l'union d'un ovule et d'un spermatozoïde, deux possibilités apparaissent donc :

La fille. L'ovule est fécondé par un spermatozoïde à chromosome X : il va en resulter, par réunion des chromosomes, un œuf contenant 44 chromosomes + X + X (soit XX). Cette formule est celle du sexe féminin. Cet œuf donnera naissance à une fille.

Le garçon. L'ovule est fécondé par un spermatozoïde à chromosome Y : la reconstitution du capital chromosomique aboutira à la formule : 44 chromosomes + X + Y (soit XY). Cette formule est celle du sexe masculin. Cet œuf ne pourra aboutir qu'à la naissance d'un garçon.

Il apparaît donc que c'est la formule chromosomique du spermatozoïde fécondant qui détermine la survenue d'une fille ou d'un garçon. C'est dans ce sens que l'on peut dire que c'est le père qui est « responsable » du sexe de l'enfant. Il ne faut évidemment pas prendre l'expression au pied de la lettre : la responsabilité du père, au sens habituel du terme, n'est pas engagée, c'est le hasard qui fait que la fécondation sera assurée par tel ou tel spermatozoïde.

Pas seulement le hasard. Certaines notions échappent d'ailleurs encore à nos connaissances dans ce domaine. En effet, si le hasard seul intervenait, comme dans le jeu de pile ou face, il devrait y avoir statistiquement, autant de naissances de filles que de garçons. Or, il naît un peu plus de garçons que de filles (104 à 106 contre 100). D'autre part, dans certaines familles, on observe de façon frappante un bien plus grand nombre d'enfants de l'un ou l'autre sexe et l'on a pu parler de familles à filles et de familles à garçons. On a cité le cas d'une famille où, en trois générations, sont apparues soixante-douze filles sur soixante-douze grossesses. L'explication de tels phénomènes reste encore actuellement du domaine de l'hypothèse. Au fil des années cependant, de nombreux travaux faits dans le monde entier permettent de cerner de mieux en mieux la réalité.

On sait par exemple, que les spermatozoïdes X et Y présentent des différences : les derniers ont une tête plus petite et se déplacent plus vite que les premiers. Il semble d'autre part que certaines anomalies du sperme se fassent surtout au détriment de tel ou tel groupe de spermatozoïdes. Cela expliquerait pourquoi certains hommes donnent naissance à plus de filles que de garçons par exemple.

Il reste vrai toutefois que de nombreuses inconnues persistent en ce domaine.

Peut-on choisir le sexe de l'enfant ?

Avoir à volonté une fille ou un garçon est un rêve vieux comme l'humanité. Comme la prédiction du sexe, il a donné lieu à des conseils et des remèdes tous plus fantaisistes et surtout inefficaces les uns que les autres. Depuis quelques années de nombreux travaux sont faits dans le monde entier sur ce sujet, moins pour satisfaire le désir des parents d'avoir une fille ou un garçon, que pour venir en aide aux familles dans lesquelles se transmet une maladie héréditaire liée au sexe. Comme vous le verrez plus loin (page 188) certaines maladies n'affectent que les filles ou que les garçons. Où en sont actuellement ces recherches ?

Une première série de travaux concerne la possibilité de séparer, en laboratoire, les spermatozoïdes Y — qui donnent les garçons — et les spermatozoïdes X — qui donnent des filles. Différentes techniques ont été proposées. Elles donnent des résultats variables, mais qui ne dépassent pas 80 % de succès. Ces techniques nécessitent bien sûr de recueillir le sperme — par masturbation — puis, pour assurer la fécondation, de procéder à une insémination artificielle.

D'autres recherches essaient d'exploiter les différences qui semblent exister entre les spermatozoïdes Y et X : les premiers seraient plus petits et rapides, mais moins résistants. On peut donc penser que tout ce qui empêche une union rapide du spermatozoïde et de l'ovule favorise, dans un sperme donné, une prédominance des spermatozoïdes X sur les Y, c'est-à-dire la naissance de filles. Et inversement.

Si ces théories étaient exactes, on augmenterait les chances d'avoir un garçon :
- en ayant un rapport unique le plus près possible de l'ovulation (dont la date habituelle doit être déterminée par l'établissement d'une courbe de température) ;
- en diminuant l'acidité hormonale du vagin plus néfaste pour les spermatozoïdes Y qui sont moins résistants. Ceci peut être obtenu, par exemple, par des injections vaginales au bicarbonate de soude.

Au contraire, la naissance d'une fille serait favorisée par :
- des rapports plus fréquents et suffisamment à distance de l'ovulation ;
- un renforcement de l'acidité vaginale (injections avec un savon acide) pour essayer de détruire le maximum de spermatozoïdes Y.

Malheureusement, les résultats de ces méthodes sont loin d'être constants et sont même, dans l'ensemble, plutôt décourageants.

Plus récemment, s'est ouverte une nouvelle voie de recherche, à la suite de succès indiscutables obtenus en médecine vétérinaire. Elle consiste à étudier l'influence sur la détermination du sexe, de différents sels minéraux et notamment du chlorure de sodium (c'est le sel de table), du potassium, du calcium et du magnésium. Ainsi, un régime alimentaire déterminé, associé à la prise de certains médicaments, serait susceptible de modifier le simple choix du hasard.

Il est encore trop tôt pour avoir des statistiques suffisantes permettant de juger les résultats de ces méthodes. Ceci est d'autant plus vrai que beaucoup de femmes abandonnent en cours de route ces régimes qui doivent être observés très strictement et qui sont donc très contraignants. Toutefois, certains médecins font état de 80 % de succès.

Peut-on connaître le sexe de l'enfant avant la naissance ?

C'est une question à laquelle on cherche une réponse depuis les temps les plus anciens.

Dès le XIVe siècle avant J.-C., les Égyptiens proposaient d'arroser du blé ou de l'orge avec de l'urine de femme enceinte et d'observer celle des deux céréales qui germait. Les Grecs, avec Hippocrate, tenaient compte de la coloration du visage ou de l'importance du développement utérin.

Au fil des siècles, on a tenté d'accorder une valeur :
- au rythme cardiaque de l'enfant : certaines femmes restent persuadées que le cœur bat plus ou moins vite selon qu'il s'agit d'un garçon ou d'une fille. Les enregistrements électroniques du cœur fœtal ont montré qu'il n'en était rien ;
- au déroulement de la grossesse et à l'importance des malaises ressentis ;
- à la date du rapport fécondant par rapport à l'ovulation, car les spermatozoïdes X et Y n'auraient pas la même durée de survie : en supposant que cela soit vrai, il resterait encore à connaître exactement la date de l'ovulation, et il faudrait qu'il n'y ait eu qu'un seul rapport susceptible d'être fécondant au cours du cycle.

Actuellement il y a deux méthodes qui permettent de connaître le sexe avant la naissance. L'une est l'échographie, l'autre l'amniocentèse.

L'échographie (voir p. 217) a l'avantage d'être simple et sans risque ; elle est capable — dans une certaine mesure — de reconnaître le sexe de l'enfant, je dis dans une certaine mesure car il y a quand même des restrictions à faire. S'il s'agit d'un garçon, l'échographie est capable de « voir » les organes génitaux externes ; en revanche, si l'échographie ne décèle rien, on n'est pas pour autant sûr que ce soit une fille, il peut quand même s'agir d'un garçon dont la position ne permette pas de voir distinctement l'anatomie. Il faut aussi tenir compte de l'habileté du technicien à lire ce qui s'inscrit sur l'écran.

En pratique, l'échographie permet de connaître le sexe de l'enfant dès le début du 7e mois, avec une certitude de 80 à 85 %.

L'autre méthode est d'emploi plus exceptionnel. Elle consiste à examiner les cellules du fœtus et à étudier les chromosomes sexuels. S'il s'agit d'une paire XY, l'enfant sera un garçon. Ce sera une fille en cas de paire XX. Cette détermination est possible en prélevant du liquide amniotique dans lequel baigne l'enfant (c'est l'amniocentèse, voir p. 190). On extrait ensuite de ce liquide les cellules éliminées par l'enfant et on les cultive. Après des manipulations longues et difficiles, on peut établir la carte d'identité chromosomique de l'enfant, c'est-à-dire son caryotype et connaître son sexe.

Toutefois la difficulté et la longueur de ces examens font qu'il est impossible d'y recourir uniquement pour satisfaire la curiosité des parents. Aussi, ne connaît-on le sexe par cette méthode que si, pour une autre raison, il a fallu faire une ponction amniotique.

Donc, et quoi qu'en disent les magazines, livres ou publicités à sensation, vous devez savoir que seule l'échographie, avec une précision que l'on peut prévoir de plus en plus grande, est une méthode facile pour déterminer le sexe de l'enfant avant la naissance.

Cela dit, est-ce vraiment souhaitable de savoir d'avance le sexe de l'enfant à naître ? Je n'en suis pas sûre. Imaginez combien déprimante peut être la grossesse d'une femme désirant ardemment un garçon et à qui l'on annoncerait qu'elle aurait sûrement une fille. Alors qu'on a constaté, dans un cas semblable, qu'au moment de la naissance, la déception disparaissait rapidement devant la vue du nouveau-né.

Je suis d'ailleurs surprise de constater qu'un plus grand nombre de futures mères qu'on ne croit ne désire pas connaître le sexe de l'enfant avant la naissance. En fait, il n'y a pas une femme sur deux qui ait envie de savoir le sexe de son enfant. Il n'y a donc pas de raison qu'on le lui impose. Souvent le médecin va au-devant de la demande et dit : « Revenez dans un mois, je vous dirai le sexe. » Ou bien, l'appareil est sur le ventre de la mère et l'échographiste dit : « Je vois le sexe, est-ce que vous voulez savoir ? »

Si vous ne voulez pas savoir, le mieux est de le dire nettement, avant l'échographie. Pouvoir parler à son médecin, c'est souvent difficile ; le pouvoir médical est une réalité à laquelle se heurte tout le monde. Il est important de pouvoir dire non, sous peine de renoncer à ses goûts, ses désirs. Il faut pouvoir dire non à l'échographiste, non si on ne veut pas d'anesthésie, non à un déclenchement de l'accouchement provoqué (sauf pathologie bien sûr) si on veut attendre le terme. Se plaindre de la médicalisation c'est souvent être une victime consentante, incapable de résister au pouvoir du médecin.

À qui
ressemblera votre enfant ?

Vous avez sûrement envie de savoir si votre enfant héritera des cheveux blonds et des yeux noirs de sa grand-mère, ou bien du nez busqué et de la haute taille de son père. Et vous espérez aussi qu'il n'aura pas le caractère acariâtre de son grand-père, mais plutôt votre don musical. En un mot vous vous demandez comment d'une génération à l'autre se transmettent les dons et caractéristiques physiques et intellectuels.

Pendant longtemps, on a cru que l'hérédité se transmettait par le sang. On parle encore aujourd'hui d'un cheval pur-sang ou demi-sang, on évoque aussi le sang bleu des familles royales. On sait maintenant que les agents de transmission, ce sont les chromosomes dont je viens de vous parler.

Les gènes. Bien que situé à l'échelon de l'infiniment petit — il mesure quelques millièmes de millimètre —, le chromosome apparaît comme un corps de structure très complexe. Vous pouvez l'imaginer comme une pile d'assiettes, comme un centimètre de couturière, ou encore comme un long collier de perles. Chaque assiette, chaque graduation du centimètre, chaque perle, c'est un gène. Chacun de ces gènes est chargé de la transmission d'un caractère héréditaire (couleur des yeux par exemple) ; on dit qu'il est le support du message héréditaire. Un gène peut d'ailleurs être responsable de plusieurs caractères, et un caractère dépendre de plusieurs gènes.

C'est du mot gène qu'est venu le mot génétique qui veut dire à la fois « science de l'hérédité » et « héréditaire ». Un chromosome étant porteur d'un grand nombre de gènes (plusieurs milliers), il est donc porteur d'un message héréditaire important. Pour mieux connaître la façon dont se transmet ce message héréditaire, donc mieux connaître et dépister les maladies héréditaires, on a entrepris de dresser la cartographie des gènes, c'est-à-dire l'ordre dans lequel ils sont placés sur les chromosomes. C'était d'ailleurs le sujet d'un grand séminaire qui s'est tenu à Paris en septembre 1987. Il ne faut toutefois pas se dissimuler qu'il s'agit là d'un travail de très longue haleine qui demandera probablement de nombreuses années encore : en 1987, nous ne sommes capables de localiser que 1 000 gènes environ sur les milliards qui existent.

Il n'est pas possible ici d'entrer dans l'intimité de ces phénomènes très complexes. Mais il est facile de comprendre que, lors de la fécondation, l'union des chromosomes maternels et paternels et la combinaison des gènes entre eux apportent au futur enfant des caractères physiques et psychologiques qu'il tiendra ainsi pour partie de son père et pour partie de sa mère.

Les ressemblances physiques

En ce qui concerne les caractères physiques, on pourrait logiquement s'attendre à ce que l'enfant ressemble pour moitié à son père et pour moitié à sa mère : avoir, par exemple, la couleur des yeux de l'un et la forme de nez de l'autre. Cela

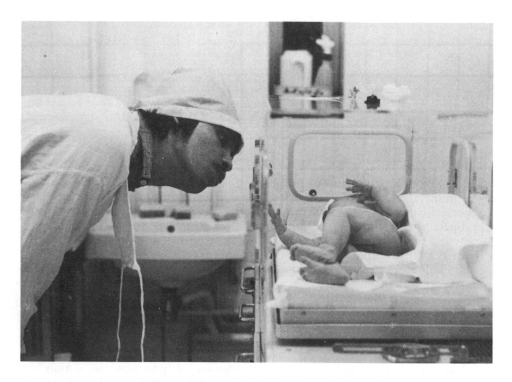

n'est pas le plus fréquent, l'enfant n'apparaît pas habituellement comme composé d'une mosaïque dont les éléments reproduiraient fidèlement pour moitié les traits du père et pour moitié ceux de la mère.

Ces faits s'expliquent par ce qu'on appelle les lois de l'hérédité, infiniment complexes, et dont je ne peux vous donner ici que les grandes lignes.

Un demi-héritage seulement. Il faut d'abord comprendre qu'un enfant ne peut recevoir tous les caractères de son père et tous ceux de sa mère. En effet, lorsque se forment les cellules sexuelles, seuls 23 chromosomes (sur les 46 que comprend la cellule mère) passent dans le spermatozoïde ou dans l'ovule. Dans l'œuf on ne retrouvera donc que la moitié de l'héritage du père et la moitié de celui de la mère.

De plus la division des 46 chromosomes de la cellule-mère en deux groupes de 23 (qui vont se retrouver dans le spermatozoïde ou dans l'ovule) se fait complètement au hasard. Ceci veut dire que, du point de vue de l'hérédité, un homme peut fabriquer 8 388 608 (2^{23}) sortes de spermatozoïdes différents (dont le message héréditaire ne sera pas le même). Il en est évidemment de même pour les ovules de la femme.

Ainsi s'explique que, bien que nés de la même mère et du même père, des frères et sœurs puissent n'avoir entre eux qu'un « air de famille » et que la ressemblance n'aille souvent pas plus loin. On peut dire qu'à l'exception des vrais jumeaux, chaque nouvel œuf va donner un individu nouveau, différent de ses parents et de ses frères et sœurs, et différent a fortiori de tous ceux avec lesquels il n'a aucun lien de parenté. Chaque nouvel embryon est, dans l'histoire de l'humanité, un individu unique, différent de ceux qui l'ont précédé et différent de ceux qui le suivront.

Dominants et récessifs. Lors de sa conception, l'enfant va recevoir, pour chaque caractère physique, un gène de son père et un de sa mère. Prenons par exemple, la couleur des yeux et supposons qu'il hérite sur le gène paternel de la couleur marron, et sur le gène maternel de la couleur bleue. Ses yeux ne seront pas moitié marron et moitié bleu, mais marron : car cette couleur l'emporte sur le bleu. On dit que le gène qui porte la couleur marron est « dominant » et que l'autre est « récessif ». On dit aussi qu'il est « réprimé » car empêché de transmettre son message (la couleur bleue).

Voici quelques exemples de caractères dominants : les longs cils, les narines larges, les grandes oreilles, les taches de rousseur ; et de caractères récessifs : les yeux bridés, les cheveux clairs, la myopie.

Mais revenons à cet enfant aux yeux marron : il faut comprendre également qu'il garde dans son capital héréditaire, sur un gène de ses chromosomes, le caractère « yeux bleus », bien que celui-ci n'apparaisse pas chez lui puisque dominé par le caractère yeux marron.

Imaginons maintenant cet enfant aux yeux marron devenu adulte. Il peut transmettre à sa propre descendance le caractère yeux bleus puisqu'il l'a gardé sur un de ses gènes. S'il en est de même pour sa femme, leur enfant pourra avoir les yeux bleus bien que son père et sa mère aient les yeux marron.

Ainsi, bien que possédant tout son patrimoine de ses parents, un enfant peut parfaitement ne pas leur ressembler. En revanche, il tient forcément tous ses caractères des générations précédentes.

Les caractères physiques sont donc héréditaires et un individu ne peut posséder que ceux qu'avaient déjà les générations qui l'ont précédé.

Il existe toutefois des exceptions à ces lois générales.

L'environnement. La première exception est représentée par l'influence éventuelle d'éléments extérieurs à l'hérédité. En voici quelques exemples :
- Le poids : la « prédisposition » à prendre du poids est héréditaire. Mais il est évident que le poids d'un individu dépendra aussi de ses conditions d'alimentation : abondance ou famine.
- La taille : on a constaté que les descendants des asiatiques émigrés aux États-Unis (Chinois et Japonais généralement de petite taille) ont une taille moyenne supérieure à celle de leurs ancêtres. On ne voit pas d'autre explication à ce phénomène que l'action du mode de vie et plus particulièrement de l'alimentation.
- La couleur de la peau : elle est aussi déterminée par l'hérédité ; toutefois la peau sera plus ou moins foncée selon que l'on sera souvent ou jamais exposé au soleil.

Cette action de l'environnement est toutefois limitée : un Noir qui ne s'exposera jamais au soleil n'aura pas la peau blanche ; un albinos qui se mettra au soleil ne brunira pas. Mais il y a sans cesse une interaction, comme un jeu entre l'inné, ce que l'hérédité apporte, et l'acquis, ce qui provient de l'environnement.

Les mutations. Elles représentent la seconde exception aux lois de l'hérédité.

On appelle mutation un changement brutal, imprévisible dans la transmission de l'hérédité. Tout d'un coup apparaît chez un individu un caractère qui n'existait pas chez ses ascendants.

Il existe deux types de mutations. Les premières intéressent la structure ou le nombre des chromosomes : ce sont les « aberrations chromosomiques » dont je vous parlerai plus loin. Les autres ne touchent qu'un ou plusieurs gènes : ce sont les mutations géniques.

Les conséquences visibles d'une mutation sont très variables.

Le plus souvent les mutations sont « neutres », c'est-à-dire qu'elles se produisent et passent totalement inaperçues parce que le gène qui a muté est récessif ou parce que, bien que dominant, sa fonction n'est pas assez perturbée par la mutation pour entraîner des manifestations ou des troubles que l'on puisse remarquer. D'ailleurs, en règle générale, une mutation, à elle seule, ne peut provoquer un changement brutal et immédiat dans l'aspect de l'individu. Il faut de nombreuses mutations combinées avec la reproduction de nombreux individus, et prolongées sur une longue période de temps, pour obtenir des différences appréciables. On pourrait dire, en quelque sorte, que la mutation agit plus au niveau d'un ensemble que d'un individu.

Parfois la mutation a des conséquences néfastes et aboutit à une anomalie de structure (malformation) ou de fonctionnement (maladie) chez un individu ou dans une famille. Ainsi, certaines malformations cardiaques, certaines surdités par absence de développement embryonnaire de l'oreille interne, sont dues à des mutations. Quant aux maladies géniques, elles sont très nombreuses (plus de 3 000 actuellement répertoriées) et très diverses : les myopathies, la phénylcétonurie, la mucoviscidose sont des maladies géniques.

Mais il arrive aussi que la mutation aille dans le sens d'une amélioration, d'un progrès. On les connaît mal chez l'homme alors qu'elles sont très nombreuses dans les espèces végétales ou animales. Toutefois, on a retrouvé chez certains individus une hémoglobine (pigment qui donne au sang sa couleur rouge) mutée qui fixe l'oxygène deux fois mieux que l'hémoglobine normale ; on a également découvert chez certains hommes des gènes, responsables de la fabrication des sucres, qui « travaillent » 4 fois mieux que les gènes habituels. D'ailleurs certains chercheurs se sont demandé si les sujets considérés comme des « surdoués » n'étaient pas les bénéficiaires de plusieurs mutations capables d'expliquer leurs performances exceptionnelles.

Bon nombre de mutations surviennent vraisemblablement spontanément, par hasard. D'autres sont la conséquence d'agents dits « mutagènes » : les rayons X, la radioactivité, les rayons cosmiques, de nombreux produits chimiques peuvent être mutagènes. Il est bien évidemment impossible de connaître le nombre de mutations dans l'espèce humaine.
Disons pour terminer que, dans la théorie de l'évolution, qui tente d'expliquer scientifiquement l'apparition de l'homme sur la terre, de nombreux chercheurs pensent que c'est par une suite de mutations innombrables, s'étendant sur des milliards d'années, que s'est faite l'évolution qui va de l'apparition de la première cellule vivante jusqu'aux hommes que nous sommes aujourd'hui.

Les ressemblances psychologiques

Les caractères physiques ne sont pas les seuls à se transmettre selon les lois de l'hérédité. Il en est de même de certains traits intellectuels ou psychologiques. La transmission héréditaire se fait de la même façon que pour les caractères physiques ; mais ses conséquences paraissent souvent moins apparentes dans la pratique. En effet, tout ce qui va constituer la structure intellectuelle et surtout psychologique d'un individu est soumis à des influences multiples : mode de vie et comportement des parents, mode d'éducation, classe sociale, etc. C'est d'ailleurs un des mérites de la psychologie moderne que d'avoir mis en évidence l'influence de l'entourage sur la structure psychologique d'un être. Ainsi, bien que l'enfant tienne de ses parents certains traits psychologiques et intellectuels, sa personnalité sera plus ou moins fortement modifiée par les influences extérieures. C'est d'ailleurs ce qu'a spontanément retenu la sagesse populaire en deux proverbes apparemment contradictoires mais qui contiennent chacun un fond de vérité : « Tel père, tel fils » et « A père avare, fils prodigue ».

Vous voyez que si votre enfant a des chances de vous ressembler, ou de ressembler à son père, il pourra tout aussi bien avoir la couleur des yeux de sa grand-mère ou la nature des cheveux de son arrière-grand-père. Mais en tous les cas c'est vous qui aurez été le maillon indispensable dans la chaîne de l'hérédité.

Quant à son caractère et à ses goûts, il pourra certes hériter sur ses chromosomes de vos dispositions pour un art : la musique par exemple (encore qu'il soit rare qu'un grand musicien soit le fils d'un grand musicien). Il pourra surtout aimer la musique parce que vous lui en aurez donné le goût. Il pourra aussi, par réaction, l'avoir en horreur.

Si vous voulez en savoir plus sur l'hérédité, je vous conseille : *L'hérédité racontée aux parents*, par le professeur Jacques-Michel Robert, Point-Seuil.

Mon enfant
sera-t-il
normal ?

Parmi les nombreuses questions que vous vous posez, c'est certainement celle qui vous tient le plus à cœur.

Je pourrais vous répondre que le pourcentage d'enfant malformés ne dépasse pas 3 %. C'est peu si l'on tient compte que, dans ce chiffre, entrent un grand nombre de malformations mineures aisément guérissables.

Je pourrais vous dire aussi que la nature ne fait pas si mal les choses et qu'elle fait elle-même sa sélection. Vous pouvez voir au chapitre des avortements que 70 % des avortements précoces, ceux qui surviennent dans les 6 premières semaines de la grossesse, sont en rapport avec une anomalie des chromosomes. Cela veut dire que la plupart des œufs malformés sont rapidement éliminés. J'y reviendrai plus loin.

Mais sans doute demandez-vous autre chose à ce chapitre. Vous voulez être informée de tout ce qui peut causer une déficience ou une malformation et vous voulez savoir ce qu'une future mère doit faire pour mettre toutes les chances de son côté. Je vais essayer de répondre à vos questions. Je dis « essayer », car bien des points restent encore obscurs dans ce domaine.

Pourquoi tel enfant
n'est-il pas normal ?

Pourquoi certains enfants naissent-ils « différents », je veux dire avec un handicap physique ou intellectuel ?

Devant un nouveau-né malformé, les médecins sont encore dans la plupart des cas incapables de trouver une explication. Lorsqu'il y a une explication, trois causes sont possibles : une agression pendant la grossesse, une anomalie chromosomique (10 %), une anomalie génique (10 %).

Dans le premier cas, l'œuf est victime de l'environnement. Dans les autres il est victime de son héritage.

Victime de l'environnement. L'œuf peut souffrir, pendant son développement dans l'utérus, d'une agression qui peut être infectieuse, chimique ou physique. Vous verrez au chapitre 9 qu'un certain nombre de facteurs peuvent perturber le développement normal de l'œuf et produire des malformations.

C'est le cas de certaines maladies infectieuses maternelles comme la rubéole ou la toxoplasmose. Presque toutes les maladies infectieuses et parasitaires ont d'ailleurs été mises en cause mais, pour beaucoup d'entre elles, on ne possède aucune preuve de leur action néfaste. Selon la date de contamination de l'œuf, les

conséquences seront différentes : au cours des trois premiers mois, période de formation de l'œuf, le risque est celui d'une malformation (plus ou moins grave selon l'organe qu'elle affecte), plus tard celui d'une maladie qui se révélera à la naissance (maladie congénitale) mais le risque de malformations aura disparu.

L'agression peut être chimique. Le plus souvent il s'agit de traitements administrés malencontreusement à la mère pendant la grossesse. Voyez ce que je vous en dis page 221. Mais il peut aussi s'agir de catastrophes écologiques : intoxications par le mercure comme celle qui s'est produite à Minamata au Japon, ou par la dioxine, il ya quelques années à Seveso, en Italie. Ce peut être enfin l'action de certaines radiations (rayons X, produits radioactifs).

Dans la chapitre 9, je vous parlerai des précautions à prendre pour éviter, autant que faire se peut, de tels accidents.

Une émotion, un chagrin, une angoisse ou une dépression nerveuse peuvent-ils être responsables de la naissance d'un enfant anormal ou malformé ? La réponse des médecins est : non.

Victime de l'héritage. Ici l'enfant n'est plus victime d'une agression mais d'une anomalie qui porte sur les chromosomes ou sur les gènes.

Mais dans ce domaine, certaines notions fausses circulent. Je voudrais vous en dire quelques mots.

Quelques notions fausses
sur l'hérédité

Héréditaire et congénital. Au sens strict, ces deux termes ne sont pas synonymes, bien que la confusion soit souvent faite entre les deux.

On appelle congénitale une maladie (ou une malformation) qui se révèle à la naissance, et dont l'origine remonte généralement à la vie intra-utérine. Par exemple, un enfant dont la mère a eu la rubéole peut présenter à la naissance diverses malformations. Elles sont congénitales mais non héréditaires : sa mère ne les avait pas, et l'enfant ne les transmettra pas à sa descendance.

On appelle héréditaire une maladie transmise par les gènes. Les parents la possèdent déjà et la transmettent à leurs enfants ; exemple : l'hémophilie. La maladie héréditaire peut n'être pas apparente à la naissance, et ne se manifester que beaucoup plus tard.

D'autre part, s'il est vrai qu'une affection qui apparaît à plusieurs reprises dans une même famille a de grandes chances d'être héréditaire, il n'en est pas toujours ainsi. Elle peut être en rapport avec des conditions communes d'environnement. Exemple : le goître par manque d'iode.

« La syphilis et l'alcoolisme responsables ? » Il est courant de croire que les frasques du père ou du grand-père peuvent avoir des conséquences néfastes sur la descendance. Je peux vous dire que c'est faux : qu'ils aient été alcooliques ou syphilitiques n'altère en rien leurs chromosomes.

Mais en revanche, c'est la syphilis de la femme enceinte qui peut avoir de graves conséquences (voyez p. 247). Il en est de même de l'alcoolisme chronique maternel qui peut être à l'origine de malformations ou de troubles du développement psychique. L'enfant peut donc bien souffrir de la syphilis ou de l'alcoolisme, mais pas par l'intermédiaire des chromosomes. C'est pendant la grossesse qu'il est atteint. Il n'y a pas d'hérédité alcoolique ou syphilitique.

A propos de l'alcool, je voudrais préciser ceci.

Avant la conception, l'alcool n'a donc pas d'action. Le danger ne commence que l'œuf une fois formé et implanté, car c'est en passant à travers le placenta, qui ne lui offre aucune résistance, que l'alcool atteint l'enfant. Lorsque la mère est alcoolique, les dégâts peuvent être considérables, voir p. 250.

« Les maladies héréditaires : toujours graves et incurables. » C'est faux. Un certain nombre de maladies héréditaires ne s'accompagnent d'aucune malformation et sont parfaitement compatibles avec une vie normale. Beaucoup d'entre elles peuvent actuellement être traitées. En revanche, il est évident que l'on ne peut empêcher le sujet de rester porteur du gène responsable et de le transmettre à sa descendance (voir plus loin : la consultation de génétique).

Passons maintenant aux anomalies provenant vraiment de l'hérédité.

Les anomalies portant sur les chromosomes

Ces anomalies, les « aberrations chromosomiques », peuvent porter sur le nombre ou la structure des chromosomes.

Les aberrations de nombre sont dues le plus souvent à une erreur lors de la fabrication des spermatozoïdes (ou des ovules) : au lieu que chacun des deux spermatozoïdes nés de la cellule-mère reçoive 23 chromosomes, l'un en reçoit un de plus, l'autre un de moins. Dans le premier cas, l'œuf aura un chromosome de trop, on parle d'une « trisomie ». Dans le second cas, l'œuf a un chromosome de moins il s'agit d'une « monosomie ».

La première aberration chromosomique fut décrite en 1959 : la 21ᵉ paire de chromosomes (vous verrez un peu plus loin qu'elles sont toutes numérotées) comporte 3 chromosomes au lieu de 2. C'est pourquoi on l'a appelée trisomie 21. Elle est responsable du mongolisme.

Les aberrations de structure. Les aberrations chromosomiques peuvent porter sur la structure des chromosomes. Parfois un chromosome peut se casser, et le ou les fragments se fixer sur un autre chromosome, ou se perdre. Pour les conséquences pratiques, ce qui compte c'est la perte ou non pour le noyau et la cellule du fragment brisé du chromosome. S'il se recolle, il n'y a pas de perte du matériel héréditaire ; la carte d'identité chromosomique (le caryotype, voyez page 189) est « équilibrée ». Si le fragment du chromosome est perdu, le caryotype est déséquilibré.

Les anomalies de chromosomes se produisent au moment de la fabrication des cellules sexuelles, ou lors des premiers stades du développement de l'œuf.

Un grand nombre d'œufs possédant des chromosomes anormaux sont éliminés. C'est l'origine de trois quarts des avortements spontanés des 6 à 8 premières semaines.

Les anomalies géniques

Ici, l'anomalie est beaucoup plus localisée que dans le cas précédent puisqu'elle ne concerne qu'un gène, c'est-à-dire un fragment de chromosome.

Alors que les anomalies (ou aberrations) chromosomiques sont décelables au microscope, les anomalies géniques sont impossibles à détecter de cette façon puisque même les microscopes les plus perfectionnés ne peuvent « voir » les gènes.

C'est à la suite d'une mutation spontanée ou provoquée (rayons, produits chimiques, infection) que le gène normal devient gène « muté ». Ceci veut dire qu'au lieu d'envoyer dans la cellule l'ordre normal concernant le travail qu'il doit commander, le gène se met à envoyer une information différente. Et la cellule, au lieu de fabriquer telle protéine, va en fabriquer une autre qui ne convient pas. Or, vous savez le rôle fondamental des protéines tant dans la structure des cellules que dans la constitution de très nombreuses substances indispensables à la vie normale de l'organisme. Quand les ordres ne sont plus les bons, on assiste à des déviations du travail cellulaire dont on peut donner de nombreux exemples : la cellule osseuse va fabriquer trop d'os ou pas assez ; la cellule musculaire trop peu de muscle ; les cellules qui fabriquent l'hémoglobine vont fabriquer une hémoglobine de mauvaise qualité ayant du mal à transporter normalement l'oxygène ; les cellules qui fabriquent tel ou tel enzyme * vont cesser de la fabriquer d'où perturbation dans le métabolisme des sucres, des protéines ou des graisses, etc.

Actuellement, on connaît plus de 3 000 maladies géniques encore appelées maladies métaboliques héréditaires. Leurs conséquences sont variables puisqu'elles vont par exemple de graves maladies musculaires (appelées myopathies) au simple daltonisme (impossibilité de distinguer le rouge du vert ou inversement).

La transmission de l'anomalie génique. Elle se fait, comme celle des caractères normaux, selon les lois de l'hérédité. Le risque est évidemment plus ou moins grand pour la descendance selon que le gène « anormal » est dominant ou récessif, et selon qu'il est situé sur un chromosome normal ou sur un chromosome

---

* Les enzymes sont des substances qui facilitent ou autorisent certaines réactions chimiques. Leur déficit entraîne des maladies.

sexuel. Je ne peux entrer ici dans le détail. Sachez seulement qu'en cas de gène récessif, un sujet peut être porteur du gène sans être malade. Mais il peut par contre le transmettre à sa descendance : on dit qu'il est « conducteur » du gène.

L'exemple typique est celui de l'hémophilie, cette maladie du sang qui l'empêche de coaguler et dont vous avez certainement entendu parler, car elle a ceci de particulier qu'elle est transmise par les femmes, mais ne peut donner de troubles que chez les hommes ; autrement dit, la femme est en apparence saine, mais elle peut transmettre la maladie à un de ses fils.

Dans tous les cas dont nous venons de parler, l'anomalie (malformation ou maladie) a une cause connue. Il reste les cas les plus nombreux où l'on ne retrouve aucune cause à l'origine de la malformation, le bec-de-lièvre par exemple. Faute d'en savoir davantage (au moins pour le moment), force est d'admettre qu'il s'agit soit d'une agression méconnue, soit d'un défaut de fabrication, comme la paille dans l'acier.

Quel est le risque d'avoir un enfant anormal ?

Il faut bien dire que, le plus souvent, la naissance d'un enfant malformé apparaît comme un accident imprévu et imprévisible. Dans certains cas cependant, on peut penser, a priori, sans avoir bien sûr de certitude, que certains couples prennent des risques plus importants que d'autres. Je voudrais vous en dire quelques mots.

L'existence d'une maladie héréditaire. Que ce soit dans votre famille ou dans celle de votre mari, l'existence d'une maladie héréditaire augmente certainement vos risques d'avoir un enfant anormal. Mais cela ne veut certainement pas dire qu'il vous est impossible d'avoir un enfant normal.

Les mariages consanguins. Ce sont les mariages dans lesquels les partenaires ont un ancêtre commun. Dans la pratique, le problème se pose surtout pour les cousins germains et issus de germains.

Nous en connaissons tous de très heureux, et dont les enfants sont en excellente santé.

Pourtant, supposons qu'existe dans une famille le gène d'une anomalie et que ce gène soit récessif. Autrement dit, certains membres de cette famille sont porteurs d'un gène anormal : celui de la surdité précoce par exemple. Malgré cela tout le monde est parfaitement normal. C'est parce que, chez chaque individu, le gène anormal est masqué par son homologue normal (celui de l'ouïe normale), qui est dominant.

Deux membres de cette famille se marient entre eux, des cousins germains par exemple. Tous deux sont porteurs, sans le savoir, du gène anormal. Chacun court donc le risque, comme à pile ou face, de transmettre à son enfant le gène récessif porteur de la surdité. Si l'un des enfants hérite des deux côtés le gène récessif, cet enfant sera atteint de surdité.

En somme, la consanguinité ne crée pas l'anomalie, mais elle augmente les risques pour un enfant de voir apparaître une « tare » jusque-là cachée parce que récessive.

L'âge des parents. L'âge de la mère augmente le risque de malformations. C'est particulièrement vrai pour certaines aberrations chromosomiques comme celle qui est à l'origine du mongolisme. Cette maladie voit sa fréquence passer de 1/2 000 environ jusqu'a 40 ans à 1/100 entre 40 et 44 ans et à 1/45 après 45 ans.

Il est d'autres aberrations chromosomiques dont la fréquence semble augmenter avec l'âge maternel. On est plus ignorant du rôle éventuel que pourrait jouer l'âge du père.

La consultation de génétique

Les généticiens sont les médecins qui s'occupent des problèmes d'hérédité. C'est à eux qu'il faut, le cas échéant, demander conseil. Actuellement, il existe des consultations de génétique dans la plupart des grandes villes de France, et la liste s'allonge chaque jour. Renseignez-vous à l'hôpital le plus proche de votre domicile.

A qui la consultation de génétique est-elle utile ?
■ Tout d'abord aux parents qui ont déjà un enfant anormal et veulent connaître les risques de récidive pour une future grossesse (cela ne vaut évidemment pas pour les malformations accidentelles comme celles qui sont dues à la rubéole). Ces couples représentent plus de 50 % des demandes de conseil génétique.
■ Aux femmes qui ont déjà fait plusieurs avortements par aberrations chromosomiques. En effet, si la plupart de ces avortements sont accidentels, quelques-uns (2 à 10 % selon les statistiques) peuvent résulter d'une anomalie chromosomique des parents et peuvent donc se reproduire.
■ Aux femmes enceintes qui s'inquiètent de tel ou tel événement survenu pendant la grossesse : prise de certains médicaments, examen radiologique, maladie infectieuse, etc...
■ Aux sujets porteurs d'une maladie ou malformation, qui veulent se marier et souhaitent savoir s'ils risquent de transmettre l'anomalie à leurs enfants.
■ Enfin aux candidats à un mariage consanguin.

Généralement, les généticiens vont établir la carte d'identité de vos chromosomes, le **caryotype**. On recueille quelques-unes de vos cellules (habituellement quelques gouttes de sang) et, grâce à des techniques complexes, on peut voir vos chromosomes au microscope, les photographier et les classer. Depuis 1960, on s'est mis d'accord sur un certain ordre pour classer les chromosomes (par paires et par taille décroissante) en leur donnant des numéros. Sur cette carte d'identité apparaîtront d'éventuelles anomalies susceptibles d'être transmises à votre descendance. Au passage, je vous signale que ce caryotype peut également se faire sur un œuf (après avortement) ou, bien évidemment, sur un enfant présentant une malformation.

Les médecins tiendront compte également :
■ du caractère certainement héréditaire ou non de la maladie que vous redoutez,
■ de son caractère dominant ou récessif,
■ de sa transmission par les chromosomes ordinaires ou par les chromosomes sexuels.

Que peut-on attendre de la consultation de génétique ? Munis de ces renseignements, les médecins tenteront de vous éclairer. Je dis qu'ils tenteront, car la consultation de génétique a malheureusement ses limites.

Vous devez comprendre d'abord que l'on ne peut vous donner que des probabilités et non une certitude pour l'enfant à naître. Par exemple, quand il s'agit d'une maladie bien connue dans son mode de transmission, on pourra vous dire que vous courez un risque sur deux, ou un risque sur quatre, d'avoir un enfant anormal. Dans d'autres cas, vos chances se répartiront entre la naissance d'enfant normaux, celle d'enfants normaux mais porteurs de la tare (conducteurs), enfin celle d'enfants anormaux. Ailleurs, on pourra vous prédire que l'enfant sera normal ou non selon son sexe.

Un autre exemple : si des parents ont un enfant mongolien, le risque d'en avoir un autre est très faible car le mongolisme est le plus souvent un accident. En revanche, il existe de rares cas où il est en rapport avec une aberration chromosomique des parents. Il devient alors une maladie héréditaire et peut se reproduire. On sait également que, quand existe une tare familiale, le mariage entre cousins germains expose l'enfant à venir à un risque de 1/16 de présenter une tare. En revanche, quand il n'existe pas de tare apparente, le risque est beaucoup plus difficile à apprécier. Cependant, les généticiens déconseillent en principe les mariages consanguins.

Dans d'autres cas, on ne peut vous donner que des renseignements beaucoup plus vagues, soit parce que le mode de transmission de la maladie est mal connu, soit parce que son caractère héréditaire n'est pas évident.

N'attendez donc pas du généticien une autorisation ou une interdiction (de vous marier, d'avoir un autre enfant...). Souvent, il ne pourra pas le faire et ce n'est d'ailleurs pas son rôle.

Une femme enceinte peut-elle savoir si son enfant sera normal ? Oui et non. Je m'explique.

Pendant très longtemps, il a été tout à fait impossible de dépister une anomalie pendant la grossesse, à l'exception des très grosses malformations portant sur le squelette, comme l'hydrocéphalie (augmentation anormale du volume de la tête fœtale).

Depuis quelques années, une méthode nouvelle permet de dépister certaines malformations et maladies héréditaires. C'est l'étude des cellules du fœtus par ponction du liquide amniotique dans lequel baigne l'enfant. Je vous ai déjà parlé de cette ponction, l'amniocentèse, à propos des grossesses à risques et de la prédiction du sexe.

L'amniocentèse et le diagnostic prénatal

L'amniocentèse se fait habituellement entre la 16e et la 18e semaine de la grossesse ; avant, il n'y a pas suffisamment de liquide amniotique ni assez de cellules fœtales dans le liquide pour un examen convenable.

L'amniocentèse consiste, après repérage exact de la position de fœtus et du placenta par échographie, à prélever quelques centimètres cubes de liquide amniotique à travers l'abdomen maternel. Cet examen est totalement indolore. Le liquide est ensuite confié à un laboratoire spécialisé et les cellules fœtales éliminées dans le liquide sont prélevées et mises en culture pour établir le caryotype. Selon les cas, d'autres examens biochimiques peuvent également être faits.

L'amniocentèse va ainsi permettre le diagnostic des anomalies chromosomiques responsables de certaines maladies comme le mongolisme.

L'amniocentèse est également capable de dépister les maladies héréditaires liées au sexe. L'établissement du caryotype permet en effet de connaître le sexe de l'enfant, donc de savoir s'il risque ou non d'être atteint d'une maladie transmise par les chromosomes sexuels, l'hémophilie ou une myopathie par exemple qui ne peuvent atteindre que les garçons.

Enfin, l'amniocentèse peut permettre le dépistage de certaines maladies géniques dont je vous ai parlé, notamment celles qui entraînent un déficit enzymatique (voyez plus haut) mais il faut des microdosages très délicats.

Cette amniocentèse précoce * se pratique de plus en plus souvent. Toutefois, elle n'est possible que dans les grands centres hospitaliers car elle nécessite une équipe entraînée et un matériel important, surtout en ce qui concerne la culture et l'examen des cellules. De plus, elle coûte cher (2 000 F environ pour le diagnostic d'une anomalie du caryotype ; 5 000 F à 10 000 F pour celui d'une maladie enzymatique). Enfin, elle n'est pas absolument sans risque et entraîne dans 0,5 % des cas environ une interruption de grossesse.

Aussi, n'est-il pas possible (et peut-être pas souhaitable) de faire une amniocentèse précoce à toutes les futures mères qui le désirent. On la réserve actuellement :

■ aux femmes de 38 ans et plus, en raison du risque accru d'anomalies chromosomiques et notamment de mongolisme ;

■ à celles qui ont déjà eu un enfant anormal, ou à celles qui ont fait plusieurs avortements par suite d'une anomalie chromosomique ;

■ aux couples dont l'un des conjoints présente une anomalie du caryotype.

Mais l'amniocentèse soulève le douloureux problème de l'I.V.G. en cas de diagnostic d'anomalie importante. L'éventualité doit être discutée avant l'examen. D'ailleurs la plupart des centres ne font d'amniocentèse que lorsque la future mère accepte d'avance la possibilité de cette interruption de grossesse.

On pourrait discuter longuement du problème. Les progrès de la science croisent sans cesse la conscience. En plus, une I.V.G. dans ces cas se passe à un stade déjà avancé. Elle est d'autant plus difficile à vivre, et un soutien psychologique sera souvent nécessaire à la femme pour surmonter l'épreuve.

L'amniocentèse n'est pas capable de dépister toutes les malformations et maladies congénitales mais d'autres méthodes sont peu à peu mises au point.

– Le prélèvement des villosités du placenta (voir page 138), encore appelé choriocentèse, est une de ces méthodes. Elle présente l'avantage d'être possible dès la 10ᵉ semaine de grossesse. Elle permet le diagnostic du sexe fœtal, donc le dépistage des maladies liées au sexe (myopathie, hémophilie), et celui de certaines maladies sanguines ou métaboliques. Elle a par contre l'inconvénient d'entraîner plus d'interruptions de grossesse que l'amniocentèse (5 % environ). Aussi doit-elle être réservée à des cas bien sélectionnés.

– L'échographie (voir page 118) est également capable de dépister de nombreuses malformations.

– Je vous parle plus loin d'autres techniques plus rarement employées : dosage de l'alpha-fœto-protéine (page 227), embryoscopie (page 228), fœtoscopie (page 228).

---

* Cette amniocentèse est dite précoce par rapport à l'amniocentèse tardive (voir page 228).

Mais certains peuvent se dire : quel est l'intérêt de savoir d'avance s'il y a une malformation ? Si elle est mineure, ce ne sera pas gênant de la découvrir à la naissance ; si elle est grave on risque d'être confronté à l'éventualité d'un avortement thérapeutique, décision qui risque de se heurter à des convictions éthiques, philosophiques, religieuses.

Non, ce n'est pas la seule issue, ni le seul intérêt de la détection. On peut être amené à décider suivant les cas, soit de provoquer l'accouchement avant terme, soit de faire une césarienne, soit exceptionnellement de faire in utero une intervention sur le bébé, soit encore de faire une intervention précocissime après la naissance. En d'autres termes, il ne s'agit pas simplement de la connaissance précoce d'une situation à problèmes, mais du moyen précoce d'y remédier. Lorsqu'on ne découvrait les malformations qu'à la naissance, il était souvent trop tard pour agir efficacement.

Les malaises courants

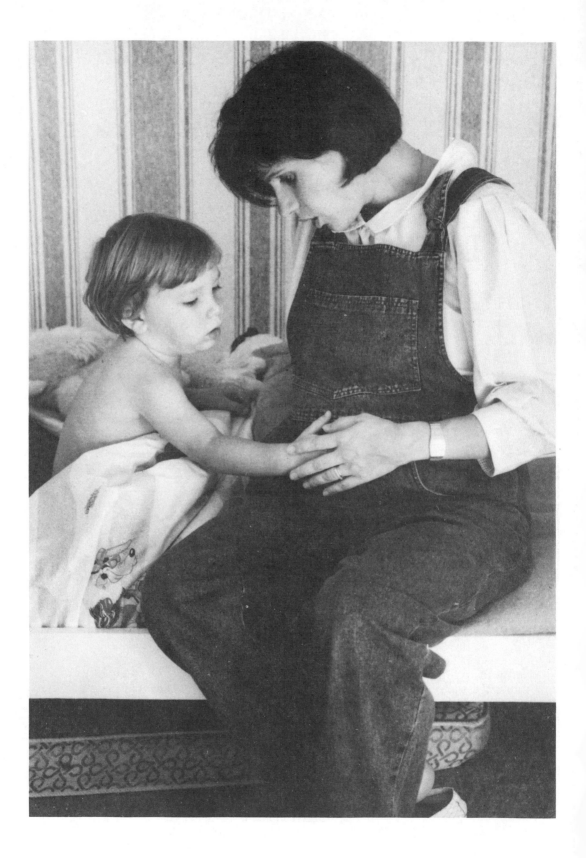

Il y a des femmes qui disent ne jamais si bien se porter que lorsqu'elles attendent un enfant ; elles découvrent qu'elles sont enceintes seulement parce que leurs règles s'arrêtent, et leur grossesse se poursuit sans trouble ni malaise jusqu'à l'accouchement. Mais dans d'autres cas, les modifications que la grossesse impose à l'organisme s'accompagnent d'ennuis ou malaises divers. Il faut que vous les connaissiez pour être avertie et ne pas vous alarmer. Vous les signalerez, le cas échéant, au médecin qui vous donnera les conseils nécessaires pour les atténuer ou les faire disparaître.

Ces malaises varient en nature et en intensité avec le stade de la grossesse : ils apparaissent surtout au début et à la fin. De ce point de vue, la grossesse se divise en trois périodes.

La première est celle de **l'adaptation.** Cette période dure les trois premiers mois : la grossesse « s'installe », l'organisme s'adapte. Il réagit plus ou moins vivement. Des troubles peuvent apparaître, qui disparaîtront complètement vers le troisième mois dans la plupart des cas, mais ces troubles rendent parfois le début de la grossesse un peu pénible. Les nausées et les vomissements en sont l'exemple le plus fréquent.

La deuxième période est celle de **l'équilibre.** Elle s'étend jusqu'au septième mois : les corps de la mère et de l'enfant semblent parfaitement adaptés l'un à l'autre. Les troubles ont généralement cessé. L'utérus n'est pas encore assez volumineux pour être gênant. Les risques d'avortement sont réduits au minimum. C'est la période la plus agréable de la grossesse.

La troisième période de la grossesse, qui correspond au troisième trimestre, voit apparaître des troubles dus à deux causes : d'abord au fait que l'enfant en se développant prend de plus en plus de place dans l'utérus, ce qui peut entraîner, par exemple, fatigue et varices ; ensuite au fait que l'organisme se prépare à l'accouchement : ainsi, par exemple, les modifications du bassin qui sont souvent douloureuses.

Cette troisième période est celle de la **lassitude,** celle où l'on éprouve vraiment le besoin de se reposer. C'est pourquoi, souvent, les six semaines de repos prévues avant l'accouchement sont insuffisantes.

Nausées et vomissements

Bien des futures mamans croient que grossesse et nausées sont synonymes. Or, si les nausées, parfois accompagnées de vomissements, sont fréquentes, elles ne se produisent quand même que dans cinquante pour cent des cas. Vous pouvez très bien être enceinte et n'avoir jamais mal au cœur. Les nausées apparaissent en général vers la troisième semaine, elles persistent rarement au-delà du quatrième mois.

Rien n'est plus variable et capricieux que les nausées et vomissements de la grossesse, qu'il s'agisse du moment où ils se produisent ou de la cause qui les provoque.

Les nausées surviennent souvent le matin à jeun, et disparaissent après le petit déjeuner ; mais elles persistent parfois pendant la matinée, ou même toute la journée.

Parfois les nausées surviennent sans raison ; parfois, au contraire, elles sont dues à des odeurs précises (tabac ou certains aliments), odeurs qui deviennent insupportables. Il arrive aussi que certains aliments, sans provoquer de nausées, inspirent seulement du dégoût.

Les nausées s'en vont souvent comme elles sont venues ; dans d'autres cas, elles ne s'arrêtent qu'après un vomissement, qui soulage : vomissement facile, sans effort, fait d'eau, de bile ou d'aliments, suivant l'heure de la journée.

Que faire lorsqu'on a des nausées ? Plusieurs précautions peuvent se révéler efficaces. A l'usage, vous trouverez celle qui vous convient.

Comme les nausées et les vomissements surviennent surtout quand l'estomac est vide, il est conseillé :
- de faire des repas moins abondants et plus fréquents, mais sans oublier pour ces petits repas les conseils donnés au chapitre 3 ;
- si possible de prendre son petit déjeuner au lit, puis de rester allongée un quart d'heure avant de se lever ;
- à ce petit déjeuner, de manger un aliment protéiné : œufs, laitages (yaourts ou fromage), viande, etc.
- d'éviter les aliments difficiles à digérer tels que graisses cuites, chou, chou-fleur. C'est de toute manière une recommandation valable tout au long de la grossesse ;
- d'avoir une alimentation plus solide que liquide ;
- de boire de l'eau gazeuse, mais sans excès : car si elle facilite la digestion, elle augmente également l'appétit, et contient du sel, d'où risque de prendre trop de poids.

Si, malgré ces précautions, les nausées et vomissements persistent, il faut voir le médecin. Il existe de nombreux médicaments efficaces, mais qu'il ne faut pas prendre sans prescription.

Les nausées et vomissements disparaissent spontanément vers la fin du troisième mois. Lorsqu'ils persistent au-delà de cette date, ce n'est pas normal et il faut consulter le médecin : il cherchera alors une cause indépendante de la grossesse.

Je dois vous signaler, bien que le cas soit exceptionnel, que les vomissements deviennent parfois très fréquents et très abondants, et que la future mère ne peut plus avaler aucun aliment, ni solide ni liquide. Son état général s'en ressent évidemment ; elle perd du poids et se déshydrate : elle a la langue et la peau sèches. Il faut consulter le médecin. Parfois, il prescrit une mesure qui surprend la malade ou sa famille : la mise en observation à l'hôpital ou à la clinique. Cette hospitalisation permet d'appliquer des traitements efficaces, tels que perfusions diverses par voie intraveineuse.

Cet isolement a, d'autre part, l'avantage de couper momentanément les ponts avec l'ambiance familiale, qui peut, dans de tels cas, avoir une action nocive, car souvent les vomissements graves ont une cause psychique.

Avant d'en terminer sur ce sujet, je vous signale que parfois, en fin de grossesse, nausées et vomissements réapparaissent : pas plus qu'au début, ils ne doivent inquiéter.

Salivation excessive

Au cours de la grossesse, la salivation est souvent abondante, sans qu'on puisse trouver une explication satisfaisante à ce phénomène. Cette salivation devient parfois si considérable qu'elle atteint un litre, ou même plus, par jour. C'est une véritable maladie qui s'appelle *le ptyalisme* et qui gêne considérablement la femme obligée de déglutir et de cracher sans cesse.

Heureusement, le ptyalisme est beaucoup moins fréquent que les nausées. Si je vous en parle quand même, c'est pour que vous sachiez, le cas échéant, que rien d'anormal ne vous arrive, et qu'il faut prendre votre mal en patience, car, hélas, la plupart du temps, les traitements prescrits sont inefficaces. Mais sachez que cette salivation exagérée cesse en général vers le cinquième mois.

Aérophagie, douleurs et brûlures d'estomac

La grossesse entraîne une certaine paresse de tous les muscles de l'appareil digestif, qu'il s'agisse de l'estomac, de l'intestin ou de la vésicule biliaire. En même temps, les sécrétions de certaines glandes dont le rôle est important dans la digestion (foie et pancréas) sont modifiées. Le résultat, c'est que très souvent la future mère a des digestions lentes et difficiles, qu'elle se sent lourde après les repas, qu'elle a des ballonnements, l'impression d'avoir le tube digestif plein d'air. A ces malaises s'ajoutent souvent des sensations d'aigreur, de brûlures, de douleurs au niveau de l'estomac.

Tout cela est évidemment peu confortable, souvent même désagréable, mais il y a certaines précautions efficaces à prendre pour atténuer ces différents malaises.

D'abord, il ne faut pas trop manger (très important). Puis, il faut éviter :
■ les aliments trop riches,
■ les aliments acides,
■ les aliments qui fermentent (choux-fleurs, choux, légumes secs, haricots, asperges, fritures),
■ les aliments difficiles à digérer, comme tous les plats en sauce.

Alors que manger ? Des grillades, des légumes verts bouillis assaisonnés de beurre ou d'huile non cuits, et des fruits.

Et faire plusieurs petits repas plutôt que les deux repas traditionnels.

Si vous souffrez de brûlures d'estomac, ne commettez pas une erreur fréquente qui consiste à prendre du bicarbonate de soude, ou un médicament qui en contient. Certes, ces médicaments soulagent sur le moment ; mais ils ont l'inconvénient majeur d'augmenter les sécrétions acides de l'estomac. Si vous souffrez vraiment, demandez plutôt conseil au médecin qui vous prescrira un médicament approprié.

Il arrive que certaines femmes se plaignent de régurgitations acides, de brûlures qui remontent de l'estomac vers la gorge et la bouche, le long de l'œsophage. Je vous signale que, dans ce cas, certaines positions sont défavorables : se pencher en avant ou être complètement allongée. Lorsque vous êtes au lit, mettez deux oreillers supplémentaires, pour dormir presque assise. Et, là encore, évitez le bicarbonate de soude ou tout médicament qui en contient.

Constipation

Elle est très fréquente au cours de la grossesse, même chez les femmes qui n'en ont jamais souffert auparavant.

Contrairement à ce qu'on croit en général, cette constipation n'est pas due au fait que l'utérus, en augmentant de volume, comprime l'intestin ; la meilleure preuve en est que la constipation apparaît souvent très tôt, avant que l'utérus ne soit assez développé pour exercer une compression quelconque. La constipation est vraisemblablement due à cette paresse des intestins dont je vous ai parlé plus haut.

Il est nécessaire de lutter contre la constipation : outre l'inconfort qu'elle entraîne, elle expose, en effet, à une infection urinaire.

Il y a plusieurs moyens de combattre la constipation :
- d'abord, en faisant de l'exercice physique. Souvent, une demi-heure de marche par jour suffit à régulariser les fonctions intestinales ;
- ensuite, bien sûr, il faut veiller à l'alimentation, manger suffisamment de légumes verts (notamment des salades et des épinards), de fruits (en particulier prunes, raisins et poires), prendre des laitages (tels que lait caillé et yaourts), manger du pain de son (il y a aussi des biscottes au son vendues en pharmacie), remplacer le sucre par du miel ; les pruneaux crus, ou cuits sans ajouter de sucre, sont aussi très recommandés ;
- il faut aller à la selle régulièrement, même si vous n'en avez pas envie.

Ce qui est souvent efficace, c'est simplement de boire le matin au réveil un grand verre de jus de fruits frais — orange en hiver, raisin en été —, et un quart d'heure après, prendre au petit déjeuner un mélange de café et de chicorée.

Je vous signale aussi l'All-Bran, céréale d'avoine, vendue dans les maisons de régime, que l'on peut mélanger à du miel et qui donne souvent d'excellents résultats.

Enfin, je vous recommande de boire plusieurs fois par jour de grands verres d'eau : en particulier le matin à jeun, et entre les repas.

Et les médicaments ? Vous pouvez, sans crainte, essayer les suppositoires à la glycérine. Je vous signale aussi le Microlax, en usage externe, souvent plus efficace que les suppositoires à la glycérine.

Quant aux laxatifs, n'en prenez pas sans prescription : certains sont très puissants et risquent d'irriter l'intestin.

Le meilleur traitement, c'est d'associer des mucilages * donnés au repas du soir, et une huile minérale (du type paraffine) prise au coucher. Le traitement, prescrit par le médecin, peut être prolongé autant que nécessaire.

Hémorroïdes

Ce sont des varices des veines du rectum et de l'anus. Elles forment des excroissances douloureuses, plus ou moins tendues, qui peuvent donner une pénible impression de démangeaison. Elles apparaissent surtout pendant la deuxième moitié de la grossesse. Lors de l'émission des selles, il est possible que les hémorroïdes saignent.

Si vous aviez des hémorroïdes, il faudrait les signaler au médecin : il vous donnerait un traitement simple qui éviterait qu'elles ne s'aggravent.

Ce traitement comprend habituellement :
- la lutte contre la constipation qui aggrave les hémorroïdes ;
- des soins locaux de propreté rigoureuse, pouvant comprendre des bains de siège avec un produit désinfectant ;
- des applications locales de pommade et des suppositoires à base de rutine, d'héparine et d'hydrocortisone.

Je vous signale que, même avec un bon traitement, les hémorroïdes risquent de s'aggraver dans les jours qui suivent l'accouchement. Puis elles disparaissent, du moins en grande partie.

Varices

Comme vous le savez, les varices résultent d'une dilatation anormale des parois des veines. Elles apparaissent surtout dans la deuxième moitié de la grossesse, et hélas, ont tendance à s'aggraver à chaque grossesse.

A l'origine des varices, on retrouve essentiellement trois causes :
- d'abord, une mauvaise qualité du tissu qui constitue la paroi des veines. Cette mauvaise qualité est souvent héréditaire ;
- puis, le fait de rester longtemps debout, ce qui est le cas dans certaines professions ;
- enfin, la grossesse elle-même joue un rôle en distendant anormalement les parois des veines.

Les varices peuvent s'accompagner de troubles très variés : sensation de pesanteur, de chaleur, de gonflement, de tension plus ou moins douloureuse des

* Extraits de végétaux (vendus en pharmacie).

jambes. Parfois, les varices donnent des fourmillements ou des crampes. Ces troubles sont accentués par la station debout, par la fatigue, par la chaleur. Et ils sont évidemment plus importants en fin de journée.

Il est très rare que les varices se compliquent au cours de la grossesse. Les modifications de la pigmentation (couleur) de la peau, de même que le classique ulcère variqueux, ne se voient que dans les varices très anciennes, et sont exceptionnelles chez les femmes en âge d'être enceintes. La phlébite superficielle, au niveau d'une varice, est également très rare. Elle est caractérisée par l'apparition assez brutale de douleurs et de modifications de la varice (gonflement, rougeur, chaleur).

Enfin, l'exceptionnelle hémorragie par rupture de varice n'est pas grave. Une seule chose à retenir : il ne faut pas placer de garrot, mais exercer une compression sur le point qui saigne.

En règle générale, on peut donc dire que, hormis le souci esthétique immédiat — et plus encore lointain —, les varices n'ont pas de caractère de gravité. Après l'accouchement, elles disparaissent, au moins en partie. Mais elles ont tendance à réapparaître, et surtout à disparaître moins complètement, lorsqu'il y a d'autres grossesses.

Peut-on prévenir les varices ?

Dans une certaine mesure, on peut prévenir l'apparition des varices en prenant diverses précautions, qui ont toutes le même but : faciliter la circulation du sang dans les veines des jambes.
- Évitez de rester debout trop longtemps : certains travaux professionnels et les travaux de ménage sont donc en cause. Dans le premier cas, il faut, avec un certificat médical, que vous obteniez de pouvoir vous asseoir de temps en temps ; dans le second, il faut, quitte à sacrifier un peu le ménage, faire assise les travaux que vous aviez l'habitude de faire debout, dans toute la mesure du possible ;
- prenez l'habitude de marcher une demi-heure par jour, bien chaussée, en évitant les talons trop hauts. Je vous rappelle que, même sans penser au risque de varices, la marche est de toute façon le meilleur exercice pendant la grossesse ;
- évitez ce qui peut comprimer les veines, chaussettes ou bottes trop serrées par exemple ;
- dormez les jambes un peu surélevées, en mettant sous les pieds de votre lit deux cales en bois. Vous pouvez aussi mettre sous vos pieds un oreiller ou un coussin ;
- évidemment, si vous en avez la possibilité, je vous conseille également de vous étendre dans la journée quand vous avez un moment, avec les jambes surélevées ;
- enfin, je vous signale que les massages énergiques des jambes sont contre-indiqués ; de même les douches au jet.

Toutes ces précautions sont destinées à prévenir les varices. Évidemment, elles deviennent d'autant plus nécessaires si des varices sont déjà apparues. En ce cas, il faut, en plus :
- éviter de se tenir près d'une source de chaleur, radiateur, poêle ou cheminée, car

la chaleur gonfle les veines ; pour la même raison, les bains de soleil sont contre-indiqués ;

■ éviter les bains trop chauds ou trop froids : l'idéal est l'eau à la température du corps (37°) ;

■ porter des bas ou collants spéciaux que vous trouverez dans le commerce et qui vous soulageront. Mais je vous signale qu'il y a deux sortes de bas : les bas dits « de maintien » (tels que Veinophil), à 60 F environ, et les « bas à varices » en gomme et rilsan, qui coûtent d'ailleurs beaucoup plus cher, de 80 à 150 F. Les seconds, assez inesthétiques, ne sont à porter que dans les cas de varices très importantes. Certains de ces bas sont remboursés par la Sécurité sociale. Renseignez-vous.

Détail pratique mais qui a son importance : il est recommandé de mettre ses bas — et de les ôter — en étant allongée, car dans cette position, les veines sont moins gonflées.

Et si vous vous reposez dans la journée, ôtez vos bas tant que vous restez étendue.

Et les médicaments ? Ils ont peu d'action sur la constitution des varices elles-mêmes. En revanche, ils peuvent être efficaces contre les troubles entraînés par les varices : pesanteur, chaleur, lourdeur, etc. Ces médicaments sont à base de vitamine P et d'intrait de marron d'Inde.

Quant aux traitements beaucoup plus actifs, destinés à supprimer les varices (par injections locales ou intervention chirurgicale), il ne saurait en être question pendant la grossesse. D'abord parce que ces traitements risquent d'être dangereux. Ensuite, parce que, spontanément, les varices disparaissent plus ou moins complètement après l'accouchement. C'est à ce moment-là que vous verrez avec le médecin ce qu'il y a lieu de faire. Les interventions se font en général entre trois et six mois après le retour de couches.

Au cours de la grossesse, il n'est pas rare de voir, associées aux varices ou précédant leur venue, des dilatations beaucoup plus fines, rosées, rouges, ou bleu-violet, dues à la dilatation de vaisseaux capillaires. Ces dilatations qui forment, ou un fin réseau, ou même une véritable plaque, disparaîtront au moins en grande partie après l'accouchement.

Varices vulvaires

Enfin, chez certaines femmes, on peut voir apparaître des varices au niveau des organes génitaux externes. Souvent très importantes, ces varices vulvaires peuvent être cause de douleurs à la marche ou lors des rapports sexuels. Ces varices disparaissent complètement après l'accouchement sans jamais laisser de séquelles.

En attendant, il n'y a pas de traitement à faire, sauf des soins locaux qui peuvent apporter un certain soulagement :

■ bains de siège froids,

■ application de crème à l'oxyde de zinc.

Sécher en tapotant et sans frotter, puis, talquer modérément à sec.

Troubles urinaires

Le fonctionnement des reins n'est guère modifié pendant la grossesse, mais la présence de l'enfant leur impose un surcroît de travail. C'est pourquoi une insuffisance rénale ignorée avant la grossesse peut se révéler à ce moment-là. C'est dire combien il est important de faire à intervalles réguliers et répétés des analyses d'urines.

Quant à la vessie, souvent elle manifeste sa présence d'une manière tyrannique, surtout au début et à la fin de la grossesse : la femme enceinte ressent une envie fréquente d'uriner, beaucoup plus souvent qu'en dehors de la grossesse.

Ce phénomène s'explique au début parce que la vessie subit l'influence des hormones sécrétées en quantité importante ; à la fin, parce que la tête de l'enfant appuie sur la vessie.

Contre ce désagrément, il n'y a rien à faire, seulement éviter de boire trop le soir pour ne pas être dérangée la nuit.

Si vraiment cette envie fréquente d'uriner devenait trop gênante, parlez-en au médecin : il vous donnera des médicaments antispasmodiques, souvent efficaces.

Avec la deuxième ou la troisième grossesse apparaît parfois une incontinence d'urine. Elle peut être modérée : difficulté à retenir les urines, ou beaucoup plus importante : impossibilité de se retenir, notamment quand on éternue ou que l'on tousse. Ce symptôme fort désagréable est dû à l'insuffisance du système de fermeture de la vessie. Ce phénomène est habituellement la conséquence des accouchements antérieurs. Cette incontinence d'urine disparaît après l'accouchement. Mais après plusieurs grossesses, elle risque de devenir plus ou moins permanente. Dans ce cas, il n'y aura plus qu'une solution, une intervention chirurgicale.

Vergetures

Ce sont de petites stries en forme de flammèches, de couleur rosée. Elles apparaissent chez 75 % des futures mères, vers le cinquième mois de la grossesse, sur le ventre et sur les cuisses, mais parfois aussi sur les seins. Après l'accouchement, les vergetures deviennent peu à peu blanc nacré.

Les vergetures sont dues à une destruction des fibres élastiques de la peau. On croit en général qu'elles n'apparaissent que chez les femmes, et que cette perte d'élasticité de l'épiderme est due à la distension mécanique de la peau pendant la grossesse. Or les vergetures ne sont pas rares chez les hommes, et la peau d'un adolescent ou d'une adolescente peut être distendue à l'extrême sans qu'apparaissent de vergetures.

On a tout lieu de croire que les vergetures sont dues à l'action de la cortisone sécrétée par les glandes surrénales. En effet, ces glandes sont particulièrement actives au troisième trimestre de la grossesse.

Mais connaître le mécanisme probable de la formation des vergetures ne permet pas de les empêcher. Tout ce qu'on peut conseiller pour éviter leur développement, c'est de ne pas prendre trop de poids. En effet, l'action de la cortisone, responsable des vergetures, semble facilitée par la trop grande distension des tissus due à une prise de poids excessive.

Bien sûr, vous entendrez dire qu'on peut prévenir les vergetures en massant la peau avec une crème à base de vitamines ou de liquide amniotique. Je ne voudrais pas vous décevoir, mais il n'y a guère de résultat à attendre de ces crèmes.

Quant à supprimer les vergetures constituées, je ne puis, hélas, être plus optimiste : il est impossible de les supprimer, même par la chirurgie esthétique. Nul moyen ne peut rendre à la peau son élasticité.

Pour les vergetures sur lesquelles on lit tant de textes faussement prometteurs, retenez donc ceci : on ne peut les empêcher, ni les supprimer ; la seule chose certaine c'est qu'une trop grosse prise de poids favorise leur développement.

Démangeaisons

Certaines jeunes femmes souffrent dans la deuxième moitié de la grossesse, et surtout à partir du huitième mois, de démangeaisons. Parfois sur tout le corps, mais plus souvent au niveau de l'abdomen. En général, les démangeaisons ne sont pas accompagnées d'éruptions, mais elles peuvent être très intenses, et entraîner des lésions dues au grattage quand la femme ne peut pas s'empêcher de se gratter. Elles sont dues à des modifications (sans gravité) du fonctionnement du foie.

Le médecin pourra indiquer un traitement si l'irritation est trop forte.

Si la démangeaison est associée à une éruption, il est recommandé de voir un médecin.

Pertes blanches

Vous savez peut-être que la peau est faite de cellules disposées en couches et que, sans cesse, tout au long de la vie, les cellules de la surface vieillissent, meurent et sont éliminées puis remplacées par des cellules jeunes. Ce phénomène continu, qu'on appelle la desquamation, n'est pas visible à l'œil nu (sauf, par exemple, après un coup de soleil).

La muqueuse du vagin est faite comme la peau : sans cesse, des cellules se détachent et sont éliminées. Mais pendant la grossesse, sous l'influence des hormones sécrétées en grande quantité par les ovaires et le placenta, la desquamation des cellules devient beaucoup plus importante. Elles forment un enduit blanchâtre, grumeleux qui est tout à fait normal, et ne doit donc pas vous inquiéter.

Ces pertes blanches banales ne doivent pas être confondues avec les pertes généralement plus abondantes, souvent de couleur différente (jaunâtres ou verdâtres), et accompagnées de démangeaisons ou de brûlures locales : elles sont les témoins d'une infection (vaginite ou vulvo-vaginite).

Le diagnostic de cette infection sera fait par le médecin qui demandera parfois un prélèvement. Celui-ci montrera habituellement la présence d'un champignon (candida albicans) ou d'un parasite (trichomonas).

Le traitement est essentiellement local sous forme d'ovules ou de comprimés gynécologiques. Un traitement général est rarement nécessaire. Par contre les récidives ne sont pas rares au cours de la grossesse.

Tendances aux syncopes et aux malaises

La circulation du sang est modifiée pendant la grossesse : la quantité totale de sang augmente, un nouveau circuit est créé pour alimenter le placenta, les battements du cœur s'accélèrent.

Un cœur normal fournit sans peine ce travail supplémentaire *. Et ne croyez pas que les différents malaises que vous pourriez ressentir soient d'origine cardiaque. Ils peuvent aller de la simple sensation de « tête qui tourne », au grand malaise profond et très désagréable : sensation de perte imminente de connaissance, accompagnée de sueurs froides.

Ces troubles n'ont aucun caractère de gravité. Ils sont d'origine nerveuse, car la grossesse retentit toujours plus ou moins sur l'état du système nerveux.

Au moment du malaise, allongez-vous, les pieds surélevés, de manière que le sang afflue vers la tête.

Pour éviter ces malaises, ne restez pas à jeun le matin, évitez les brusques variations de température, ou le séjour dans un local trop chauffé. Si ces troubles sont fréquents et que vous conduisiez une voiture, arrêtez-vous dès que vous les sentez venir, c'est plus prudent.

A la fin de la grossesse, certaines femmes lorsqu'elles sont couchées sur le dos, se sentent au bord de la syncope. Pour faire disparaître ce malaise spectaculaire, mais sans gravité, il suffit de se coucher sur le côté gauche, ou de s'asseoir à moitié en se calant par des oreillers. Ce malaise très particulier est dû à la compression par l'utérus de la veine cave inférieure, gros vaisseau qui ramène au cœur le sang veineux de toute la partie inférieure du corps.

Pour désagréables et impressionnants qu'ils soient parfois, ces troubles n'ont aucune conséquence ; mais, s'ils se reproduisent trop souvent, il faut en parler au médecin.

L'essoufflement

Souvent dans la deuxième moitié de la grossesse, la future mère est vite essoufflée. Monter un étage est une épreuve. Cette difficulté à respirer s'explique par le fait que l'utérus, en augmentant de volume, repousse la masse abdominale vers le haut et diminue ainsi le volume de la cage thoracique : la future mère a donc moins de place pour respirer. Elle a l'impression d'étouffer. Cette sensation disparaîtra d'ailleurs lorsque l'enfant descendra pour s'engager dans le bassin.

Pour ne pas souffrir de ce malaise, qui s'accentue surtout au cours des deux derniers mois, il faut réduire le plus possible les efforts physiques. Si cette

---

* Par contre, les femmes ayant une maladie cardiaque voient leurs malaises s'aggraver, d'où la nécessité d'une surveillance médicale toute particulière pendant la grossesse.

difficulté à respirer devenait trop grande, il faudrait consulter le médecin. Il examinerait votre cœur et vous prescrirait peut-être un calmant qui, par son action sédative, vous permettrait de mieux respirer.

Enfin, si vous avez la sensation d'étouffer, voici un bon exercice : couchée sur le dos, jambes pliées, inspirez en levant les bras au-dessus de la tête. Ce mouvement amène une extension de la cage thoracique. Puis expirez en ramenant les bras le long du corps. Faites ainsi plusieurs respirations lentes et régulières jusqu'à ce que vous ayez retrouvé votre souffle.

Les douleurs

La grossesse, par les modifications qu'elle entraîne dans tout l'organisme, peut provoquer des douleurs, douleurs se situant à différents niveaux, et se produisant à différentes époques suivant le développement de l'enfant. Il est normal que, le corps s'adaptant à la grossesse, puis se préparant à l'accouchement, tout ce travail ne puisse se faire en silence, et que vous en ressentiez parfois les effets.

Parlons d'abord de la région du bassin. Au début de la grossesse, certaines femmes éprouvent une sensation de tiraillement ou de pesanteur au niveau du bassin, sensations qu'elles comparent à celles des règles, et qui sont plus intenses lorsque l'utérus est rétroversé (c'est-à-dire lorsqu'il est basculé en arrière vers le rectum). Ces douleurs ne doivent pas vous inquiéter.

En revanche, des douleurs très violentes situées dans la même région, et se produisant également au début de la grossesse, peuvent être le signe d'une menace d'avortement ou d'une grossesse extra-utérine : les signaler au médecin aussitôt.

Par la suite, le développement de l'utérus peut entraîner des douleurs dues à la distension des ligaments ; elles sont situées au niveau de l'aine (c'est-à-dire à la jonction de la cuisse et du bassin).

A la fin de la grossesse, lorsque le bassin se prépare à l'accouchement, ses articulations se relâchent peu à peu. Ce relâchement est parfois très douloureux. La femme le ressent surtout lorsqu'elle fait des efforts, ou lorsqu'elle marche. La douleur peut s'étendre de façon désagréable jusqu'à la vessie et au rectum. Pour la soulager, il n'y a guère que le repos, ou un sédatif qui sera prescrit par le médecin.

Parlons maintenant des jambes. Là, les douleurs sont fréquentes. Elles sont évidemment plus importantes lorsqu'il y a des varices.

Parfois, la douleur est ressentie comme une sciatique, c'est-à-dire qu'elle se manifeste à la face postérieure des jambes et des cuisses. Cette douleur est souvent tenace, elle est difficile à soulager. Un traitement à base de vitamines B est parfois efficace.

Et, à partir du cinquième mois, des **crampes** dans les jambes et les cuisses peuvent survenir, mais presque exclusivement la nuit. Ces crampes sont parfois si intenses qu'elles réveillent la future mère. Que faire ?

Lorsque vous souffrez d'une crampe, levez-vous et massez votre jambe. Si vous avez quelqu'un avec vous, demandez-lui de soulever votre jambe et de la lever assez haut. Vous essaierez de tendre votre pied dans le prolongement de la jambe, pendant que la personne qui vous tient la jambe forcera en sens inverse pour maintenir le pied perpendiculaire à la jambe. Après la crampe, faites quelques pas.

Les crampes sont souvent dues à un manque de vitamines B. Voyez au chapitre 3 quels aliments en contiennent. Le médecin pourra également vous prescrire une préparation à base de vitamines B, traitement souvent couronné de succès.

Passons aux bras. Là aussi, mais en fin de grossesse, des douleurs peuvent être ressenties : le bras semble lourd et contracté, ou plein de fourmillements.

Ces douleurs apparaissent surtout à la fin de la nuit, lorsqu'on dort les bras sous la tête ou sous l'oreiller.

Voici deux mesures efficaces :
- la nuit, dormez les épaules surélevées par deux oreillers ;
- le jour, évitez les gestes qui tirent sur les épaules, tels que porter des objets très lourds ou laisser pendre les bras le long du corps.

Ces douleurs sont la conséquence de compressions nerveuses dues aux modifications de la colonne vertébrale qu'entraîne la grossesse. Un sédatif indiqué par le médecin peut soulager les douleurs trop fortes.

Le thorax. Des douleurs peuvent être ressenties au niveau du thorax : soit en arrière, le long de la colonne vertébrale, soit entre les côtes, comme des névralgies, soit enfin dans la région du foie. Quelle en est la raison ? Une certaine décalcification due à la grossesse, une distension de la cage thoracique ? Rien n'est sûr. Toujours est-il que ces douleurs peuvent être atténuées par un sédatif.

Mal aux reins. Enfin, de nombreuses femmes enceintes se plaignent d'avoir « mal aux reins ». En fait, il s'agit de douleurs de la colonne vertébrale qui sont habituellement en rapport avec une exagération de sa courbure normale (vous avez pu remarquer que, surtout à la fin de la grossesse, les femmes enceintes sont très cambrées). Ces douleurs sont plus intenses le soir, ou lorsque la femme est fatiguée, ou, enfin, après une station debout prolongée, d'où leur plus grande fréquence dans certaines professions. Elles n'ont aucun caractère de gravité. Elles sont parfois améliorées par le port d'une ceinture de grossesse ; elles peuvent également l'être par les exercices indiqués page 352.

Troubles du sommeil

Le sommeil peut, lui aussi, être perturbé par la grossesse. Au début, la future mère ressent souvent un irrésistible besoin de dormir qui peut même la gêner pendant la journée. A la fin, au contraire, elle perd le sommeil dans la deuxième moitié de la nuit. Cette insomnie de la fin de la grossesse est due au fait que le bébé remue de plus en plus, et à l'augmentation des crampes et douleurs variées dont je vous ai parlé plus haut, et qui sont fréquentes à cette époque.

Comment lutter contre cette insomnie qui risque d'accentuer la fatigue ressentie à la fin de la grossesse ? Quelques moyens simples sont souvent efficaces :
- faire le soir un repas léger,
- éviter les excitants tels que thé et café,

- faire une petite promenade avant le dîner,
- prendre un bain tiède avant de se coucher,
- boire au moment de se mettre au lit une tasse de lait sucré, ou de tilleul, ou prendre un verre d'eau sucrée auquel vous ajouterez trois cuillerées d'eau de fleur d'oranger.

Si aucun de ces moyens n'est efficace, demandez au médecin un médicament pour dormir. Pris à dose normale, et sur prescription médicale, un somnifère ne peut avoir de conséquence fâcheuse ni sur la grossesse ni sur le bébé.

L'insomnie est parfois due à la crainte de l'accouchement qui s'approche. Parlez-en avec ceux qui vous entourent. Parler c'est toujours bon, garder pour soi ses craintes ne fait que les renforcer. Et la tranquillité d'esprit, le calme, c'est ce qui permet d'arriver détendue à l'accouchement.

Changements d'humeur

De nombreuses femmes voient leur caractère changer pendant la grossesse : elles deviennent irritables, anxieuses ou très émotives.

Même lorsqu'elles sont heureuses d'attendre un enfant, elles ont parfois des idées moroses qui les étonnent. Il peut y avoir de nombreuses raisons à ces modifications du caractère : peur des changements qu'entraîne dans toute famille une naissance, angoisse d'avoir un enfant anormal, peur de l'accouchement.

Vous rassurerai-je en vous disant, si vous éprouvez de telles craintes, qu'elles sont compréhensibles, surtout si c'est la première fois que vous attendez un enfant ? Tout est encore inconnu pour vous, tout vous semble mystérieux dans ce qui se passe et dans votre corps et dans votre esprit.

Parlez-en avec votre mari, ensemble vous surmonterez vos craintes. On ne se rend pas toujours compte du bienfait d'une conversation, surtout avec quelqu'un qui vous est proche. Si votre mari n'est pas là, vous parlerez à une amie ou une sœur, et vous découvrirez d'ailleurs avec soulagement que vos craintes ont été les leurs.

De toute façon, si vous vous sentez nerveuse et irritable au début de votre grossesse, dès que cet enfant vous le sentirez remuer, dès que sa présence se manifestera d'une manière tangible, vous serez apaisée, vous verrez.

Voici donc terminée la liste des malaises courants que peut provoquer une grossesse. Cette liste vous semblera peut-être longue, mais rien ne dit que vous éprouviez un ou plusieurs de ces troubles. Je vous l'ai déjà dit, il y a des femmes qui traversent leur grossesse sans la moindre gêne, pendant que d'autres vont de vomissements en nausées, et de nausées en douleurs variées. Ces différences correspondent d'ailleurs souvent à des différences de tempérament.

De toute façon, avertie de ce qui peut vous arriver, vous saurez au moins dans quels cas le médecin peut vous soulager, et dans quels cas il n'y a rien d'autre à faire que d'attendre que le temps passe.

Je ne dis pas cela pour vous pousser à la résignation ou au fatalisme, mais vous l'avez vu dans les pages qui précèdent, certains troubles sont liés à un certain stade de la grossesse, et disparaissent sans autre intervention lorsque ce stade est dépassé.

La surveillance médicale de la grossesse

Lorsqu'elle est enceinte, un paradoxe choque plus d'une future mère : elle attend, elle est heureuse, tout va bien, pas de malaises ; elle lit ici et ailleurs qu'attendre un enfant est un événement naturel dans la vie d'une femme, et pourtant on lui conseille d'aller voir le médecin, et même souvent. Ce paradoxe, je l'ai évoqué dès le début de ce livre car je sais qu'il faut du temps pour l'accepter, mais j'y reviens dans ce chapitre puisqu'il est consacré à la surveillance de la grossesse.

Bien sûr la grossesse est un événement naturel ; mais que la nature ait prévu que l'ovule rencontre un spermatozoïde, qu'un œuf en naisse, et qu'au bout de neuf mois l'enfant paraisse, cela ne veut pas dire que ce processus naturel se déroule toujours sans heurt, la nature n'est pas toujours bonne, elle fait parfois des erreurs : une fausse couche, un enfant qui souffre, une naissance trop tôt, une naissance qui tarde. Le rôle du médecin c'est précisément de surveiller la nature.

Or aujourd'hui on connaît bien les différentes étapes du développement de l'enfant avant la naissance ; on les connaît d'ailleurs tous les jours un peu mieux, la recherche dans ce domaine est très active ; on connaît, non pas toutes, mais un grand nombre des causes qui peuvent affecter ce développement ; on sait les maladies de la mère qui peuvent lui faire du tort ; on connaît les moyens d'apprécier la vitalité de l'enfant pendant ces neuf mois.

Les examens que fait régulièrement le médecin ou la sage-femme ont précisément pour but de s'assurer que la santé de la mère est satisfaisante et que l'enfant se développe bien. Parfois, il notera un petit symptôme auquel la mère n'aura attaché aucune importance et dont surtout elle n'aura pas prévu qu'il puisse avoir une conséquence pour l'enfant, par exemple une infection urinaire. Parfois la future mère aura une tension trop élevée et cela elle ne peut s'en rendre compte toute seule, or c'est dangereux pour l'avenir de la grossesse. Cette béance du col qui inquiète beaucoup d'entre vous, peut être ignorée à quatre mois et nécessiter un cerclage à cinq mois.

Mais, aller voir un médecin c'est inévitablement poser la question : « Est-ce que tout va bien, Docteur ? » Et donc envisager par là même que la réponse puisse être, sinon négative, du moins ambiguë ; c'est être impressionnée par la blouse blanche (certains médecins n'en portent plus pour dédramatiser l'acte, mais en fait cela ne change rien) * ; c'est se préparer à poser beaucoup de questions et

---

* Je me souviens des propos de cette jeune femme, très impressionnée par sa première visite à l'hôpital : une salle d'attente, toute une série de portes. « Madame X, cabine 5 ». Et dans la cabine, un écriteau péremptoire : « Déshabillez-vous ! » Je comprends que cette future mère ne soit pas dans un grand état de décontraction.

en abandonner la moitié par... timidité ; c'est se trouver devant quelqu'un pour qui attendre l'enfant est un événement habituel, alors qu'on le considère soi-même comme exceptionnel ; c'est aussi subir un examen intime que l'on appréhende souvent.

C'est vrai que les médecins n'ont souvent pas assez de temps à vous consacrer, qu'ils peuvent être maladroits en paroles, c'est vrai aussi qu'ils sont parfois plus des techniciens que des personnes avec qui on peut établir une relation chaleureuse.

Je comprends donc vos réticences, mais heureusement il y a des médecins, des sages-femmes avec qui les rapports sont faciles et agréables.

Une lectrice m'a dit un jour qu'elle ne comprenait pas mon souci d'envoyer les femmes chez le médecin. Je sais bien qu'il y a des futures mères qui veulent vivre leur grossesse sans visite ni conseil, sans sage-femme ni analyses, sans pointer à date fixe pour avoir la prime des allocations prénatales, cela ne m'empêchera pas de leur dire deux ou trois choses.

Il y a des centres de soins qui accueillent les bébés à problèmes : nés trop tôt, trop petits, nés à terme mais trop légers, nés malades. Or parmi ces bébés qui hésitent entre la vie et la mort, entre la raison et la débilité, près de 40 % (c'est d'ailleurs un progrès, hier ils étaient 60 %) ne devraient pas être là ; c'est l'ignorance des parents, ou parfois leur négligence, qui a rendu ces enfants si fragiles. Doit-on le cacher ?

Un autre fait : exprimée ou non, les futures mères — et les futurs pères — ont tous plus ou moins la crainte que leur enfant ne soit pas « normal » (c'est la première question qu'ils posent à la naissance) ; il serait vraiment illogique de refuser des examens qui représentent quand même une contrainte bien petite par rapport aux risques courus d'une grossesse non suivie.

On vous parlera peut-être de femmes n'ayant jamais vu un médecin et ayant eu une grossesse et un accouchement sans histoire. Et il est vrai que neuf fois sur dix tout se passe bien. Mais au départ, on ne sait jamais si on sera parmi les neuf cas sans histoire, ou si on sera le cas sur dix qui fait problème. Cela on ne l'apprendra qu'après la naissance.

Enfin voici des chiffres. En dix ans le nombre des prématurés a diminué de moitié. La mortalité périnatale * également. C'est considérable. Pendant ce temps le nombre de visites obligatoires est passé de 3 à 4 ; pratiquement près de 60 % des jeunes mères voient leur médecin une fois par mois, alors qu'il y a encore dix ans, près de 15 % des femmes n'allaient à aucune visite.

Sans avoir, dans les chiffres, une confiance aveugle, le rapprochement des faits est frappant.

Voilà, chère lectrice, ce que j'avais à vous dire sur ces fameuses visites qui ne vous attirent pas mais auxquelles il faut vous rendre. N'oubliez pas que si ces visites vous inquiètent, en même temps elles vous rassurent ; l'ambivalence dont je vous ai souvent parlé se retrouve à tout moment.

---

* La période périnatale est celle qui va de la 28e semaine de la grossesse au 6e jour après l'accouchement.

Et puis, vous ne serez peut-être pas seule. Même si vous n'avez pas envie que votre mari assiste à tout l'examen — certaines femmes n'aiment pas cette intimité-là — il pourra venir avec vous entendre battre le cœur de votre enfant, ou un jour, le « voir » grâce à l'échographie ; la visite ce jour-là sera un grand événement.

Voyons maintenant en quoi consistent pratiquement ces examens. Je vous parlerai d'abord de la surveillance habituelle de la future mère.

Ensuite, nous envisagerons les cas particuliers où des examens spéciaux sont nécessaires.

La surveillance habituelle de la femme enceinte

En France, il y a 4 examens obligatoires. Ils se situent avant la fin du troisième mois de grossesse, dans le cours du sixième mois, dans les quinze premiers jours du huitième mois, dans les quinze premiers jours du neuvième mois. (Voir les détails pratiques sur ces examens dans le *Mémento pratique.)*

Bien des médecins pensent que ces 4 examens sont insuffisants et font passer une visite mensuelle à partir du 4e mois.

En présence d'un symptôme anormal apparaissant entre les examens, vous aurez intérêt à consulter le médecin sans attendre le prochain examen obligatoire.

Le premier examen

Cet examen doit être fait par un médecin *, alors que les autres examens prénataux peuvent être faits par une sage-femme.

Ce premier examen a pour but :
- de confirmer l'existence de la grossesse comme nous l'avons vu dans le premier chapitre ;
- d'en vérifier le caractère normal à son début (absence de douleurs et de pertes de sang, développement normal de l'utérus) ;
- de tenter de prévoir, autant que faire se peut, le déroulement futur de cette grossesse.

Le médecin commencera par vous interroger pour recueillir un certain nombre de renseignements.

L'âge d'une femme enceinte n'est pas sans importance. Vous savez qu'il existe un âge optimum pour être enceinte. On peut le situer approximativement entre 20 et 35 ans. Les très jeunes femmes (au-dessous de 20 ans et surtout de 18 ans) semblent plus exposées que d'autres à certains accidents tel l'accouchement prématuré. A partir de 35 et surtout 40 ans ce sont d'autres risques qui augmentent : maladies associées à la grossesse (maladie cardiaque ou rénale, diabète par exemple) et ceux de malformations de l'enfant. Heureusement, les techniques modernes de surveillance et les informations qu'elles peuvent apporter sur l'enfant permettent à la future mère de cet âge d'être plus détendue que celle d'hier.

---

* Médecin homme ou femme bien sûr, mais là encore, le français nous trahit, il faut toujours employer le masculin même lorsque la profession est exercée par une femme, c'est d'autant plus regrettable aujourd'hui où il y a un nombre grandissant de futures mères qui désirent être suivies par une femme médecin.

Les antécédents généraux sont également importants à préciser. N'omettez pas de signaler au médecin toutes les maladies que vous avez eues, surtout si elles ont été graves ou si vous êtes encore sous traitement. Signalez également l'existence des maladies héréditaires familiales.

Les antécédents gynécologiques et obstétricaux pourront également, dans certains cas, inciter à une surveillance plus attentive de la grossesse. Ainsi, n'hésitez pas à dire si vous avez subi un avortement, quelle qu'en ait été l'origine.

Si votre couple a été longtemps stérile, et cette stérilité traitée, il est évident que cette grossesse est particulièrement précieuse.

La survenue d'accidents et de complications lors des grossesses ou accouchements précédents peut conduire à une surveillance et à des examens particuliers (voir plus loin « Les grossesses à risques »). En revanche, si vos grossesses et accouchements ont été normaux, tout permet de penser qu'il en sera de même pour cette nouvelle grossesse. Cela ne doit pas cependant vous donner un sentiment de fausse sécurité et vous pousser à la négligence : cette grossesse devra être surveillée aussi bien que les autres. Elle devra même être plus suivie à partir de la 4e grossesse, vous êtes devenue ce que les médecins appellent une grande multipare (voir p. 224).

Les conditions sociales et économiques jouent indiscutablement un rôle dans l'évolution de la grossesse. Les conditions de travail (fonction, horaires), l'éloignement du domicile, le mode de transport devront être précisés. Même si vous ne travaillez pas à l'extérieur, la présence de plusieurs enfants à votre foyer, l'absence d'aide domestique peuvent être source importante de fatigue.

Les habitudes de vie, habitudes alimentaires, quantité de cigarettes fumées chaque jour, etc.

A ces questions succéderont un examen gynécologique et un examen général qui comprend la mesure de la taille, du poids, de la tension artérielle, etc. Il est également prévu à cette période de faire pratiquer : un examen des urines pour y rechercher la présence de sucre et d'albumine et une prise de sang qui va permettre :
- de vérifier l'absence de syphilis ;
- de préciser le groupe sanguin. Il est prévu lorsque celui-ci est déjà connu de pratiquer une vérification. Ceci est tout à fait à conseiller en raison de la possibilité d'erreur de groupage. Si vous êtes du groupe rhésus négatif, il est nécessaire de connaître le groupe sanguin de votre mari ;
- de savoir si vous êtes ou non immunisée contre la rubéole et la toxoplasmose (voyez pages 242 et suivantes).

Le médecin vous fera peut-être faire une échographie (voir plus loin). Celle-ci permettra de vérifier que la grossesse débute tout à fait normalement et, éventuellement, d'en préciser l'âge s'il y a un doute sur ce point.

Il est souhaitable également (bien que non obligatoire) de subir un examen dentaire.

Enfin l'examen de santé du père est lui-même recommandé, surtout s'il a eu des maladies graves (tuberculose, par exemple).

Habituellement, au cours de cette première consultation, le médecin vous donnera :

- certaines informations générales sur l'évolution normale de la grossesse ;
- des conseils sur les précautions à prendre en ce qui concerne votre vie quotidienne et votre alimentation ;
- un traitement si vous avez l'un quelconque des petits troubles si fréquents en début de grossesse.

A l'issue de cette consultation, le médecin aura recueilli, par ses questions et l'examen, un certain nombre de renseignements. Ils vont lui permettre, dans une certaine mesure, de prévoir si votre grossesse nécessitera ou non une surveillance particulière. Dans la plupart des cas (neuf fois sur dix au moins) tout est favorable. Vous êtes en bonne santé et votre grossesse commence normalement. Tout permet de penser qu'elle se déroulera sans histoire pour se terminer par un accouchement normal. Sa surveillance ne nécessitera aucune mesure particulière.

Mais une fois sur dix environ, la grossesse se présente sous un jour moins favorable. Elle va nécessiter des mesures spéciales dont je vous parlerai plus loin : ce sont les « grossesses à risques ».

Revenons maintenant à la surveillance habituelle de la grossesse.

L'examen du deuxième trimestre

Cet examen, souvent fait par une sage-femme, se déroule selon le même schéma que l'examen précédent.

L'examen gynécologique vérifie :
- que le col de l'utérus a sa longueur normale et reste bien fermé ;
- que l'utérus est normalement développé. Pour cela, on mesure la hauteur de l'utérus et on la compare aux chiffres habituels. Je vous signale que mesurer la hauteur de l'utérus, ce n'est pas mesurer la taille du fœtus ce qui serait d'ailleurs impossible puisqu'il est tout ramassé sur lui-même, mais plutôt son volume (c'est-à-dire la place qu'il prend). Cette mesure permet de vérifier s'il a bien le développement correspondant à l'âge théorique de la grossesse ;
- que l'on entend bien les bruits du cœur. Cette auscultation peut se faire soit avec un stéthoscope ordinaire, soit avec un appareil spécial (stéthoscope à ultrasons), grâce auquel vous pourrez vous-même entendre battre le cœur de votre enfant.

L'examen général a essentiellement pour but la surveillance de la tension artérielle, du poids, des urines.

Si le médecin le juge nécessaire, c'est au cours du sixième mois qu'il vous fera pratiquer une radiographie des poumons. Elle est sans danger pour l'enfant.

Les examens du troisième trimestre

Ces examens dont l'un est fait au début du 8e mois, et l'autre au début du 9e, ont plus spécialement en vue de prévoir, autant que faire se peut, la façon dont se déroulera l'accouchement : appréciation du volume du fœtus, présentation (c'est-à-dire partie du corps de l'enfant qui se présentera la première : la tête — c'est la présentation habituelle —, le siège, etc.), caractéristiques du bassin. L'examen du bassin est fait les dernières semaines de la grossesse, puisque c'est seulement à cette époque qu'il atteint ses dimensions définitives. Si le médecin soupçonne une anomalie, il vous demandera de faire pratiquer une radiographie. Là encore, soyez rassurée : c'est sans risque pour votre enfant.

Au cours du dernier trimestre, sont particulièrement nécessaires :
- la surveillance du poids, des urines, de la tension artérielle, car la toxémie apparaît surtout dans les trois derniers mois ;
- la surveillance de la hauteur utérine et du col utérin, car c'est la période des accouchements prématurés.

L'échographie

Dans la surveillance médicale de la grossesse, un examen tient une place de plus en plus importante : c'est l'échographie. Relativement récente, elle a, en quelques années, transformé une partie de nos connaissances sur l'évolution de la grossesse. Elle a aussi ouvert la porte sur un monde jusque-là quasiment fermé, celui de la vie de l'enfant dès ses premiers stades, d'embryon puis de fœtus. Avant on le sentait, on le touchait, on écoutait son cœur, maintenant on le voit.

Vous le savez peut-être, on appelle ultrasons des sons qui ne peuvent être perçus par l'oreille humaine. Ils ont la propriété, lorsqu'ils sont émis par une source quelconque, de se réfléchir sur tel ou tel obstacle, et de revenir à leur source, un peu comme un écho. La méthode qui les utilise s'appelle donc échographie. Ce sont ces ultrasons qui permettent aux chauves-souris de voler dans l'obscurité avec la plus grande précision. Ce sont eux qui ont été utilisés depuis longtemps pour la détection des sous-marins et des bancs de poissons.

Pour leur utilisation en médecine, les ultrasons sont émis par un cristal de quartz qui, soumis à des impulsions électriques, vibre, émet les ultrasons qui sont ensuite captés à leur retour. Ils sont amplifiés et apparaissent sous forme d'image sur un écran de télévision. Ils peuvent également être photographiés, et ainsi mis dans le dossier de la future mère.

Sans risque, l'échographie peut être pratiquée et répétée — si nécessaire — tout au long de la grossesse. Les renseignements qu'elle donne sont de plus en plus nombreux. Au début, elle permet d'affirmer la grossesse dès la 5e-6e semaine (à partir des dernières règles). Elle permet d'en préciser l'âge grâce à la mesure du volume de l'utérus, de l'œuf et de l'embryon. Elle affirme sa bonne évolution par la détection des battements cardiaques dès la 7e-8e semaine. Elle peut aussi, dans certains cas, faire le diagnostic de grossesse extra-utérine. L'échographie est également capable de faire très tôt le diagnostic de jumeaux.

Plus tard, l'échographie a trois indications essentielles :
- Localiser le placenta, ce qui est important dans deux circonstances :
— lorsqu'on soupçonne une insertion du placenta trop basse, vers le col. C'est le placenta praevia, il peut être à l'origine de graves hémorragies ;
— lorsqu'on veut faire une amniocentèse (voyez plus loin) pour guider l'aiguille qui fera la ponction.
- Contrôler la croissance de l'enfant, ce qui est important lorsqu'il existe une divergence entre le volume de l'utérus et l'âge théorique de la grossesse. On

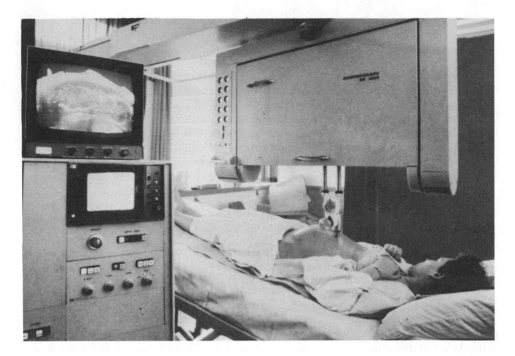

mesure alors avec l'échographie certains diamètres fœtaux (crâne, thorax, abdomen) que l'on compare aux moyennes statistiques. On peut ainsi, par exemple, si l'utérus paraît trop petit, distinguer une erreur de terme d'une insuffisance de croissance fœtale.

■ Dépister des malformations. L'échographie est capable, en visualisant le contour fœtal, de dépister les malformations du squelette, ce que faisait déjà la radiographie. Mais elle peut surtout dépister des anomalies insoupçonnables par les autres méthodes comme les malformations du tube digestif. Ceci est important car connaître à l'avance certaines de ces malformations peut permettre un traitement d'urgence, dès la naissance.

■ Enfin, l'échographie peut faire le diagnostic du sexe (voir page 177).

L'échographie donne donc des renseignements précieux, mais ne vous faites pas d'illusion : vous n'allez pas voir sur un écran la « photo » de votre bébé, vous allez voir plutôt des zones claires ou sombres, des contours, que l'échographiste va déchiffrer pour vous.

L'échographie nécessite un appareillage coûteux, les maternités ne l'ont pas encore toutes. Un examen est fait en général une fois au cours des neuf mois. Quand c'est nécessaire, l'examen est renouvelé. Mais il y a des mères — et surtout des pères — qui voudraient des échographies plus fréquentes par simple curiosité, ce qui est impossible vu le coût de l'examen, et d'ailleurs inutile *.

Le nombre idéal d'échographies au cours d'une grossesse se situe entre deux et trois. La première faite vers 7 à 8 semaines permet de vérifier que la grossesse débute normalement. La seconde, entre 18 et 22 semaines, a pour but de corriger une possible erreur de terme et surtout de diagnostiquer une éventuelle malformation (beaucoup sont déjà décelables à ce stade). La troisième, entre 28 et 34 semaines, permet de voir si tout se présente normalement en vue de l'accouchement.

---

* On peut faire deux échographies simples (cotées K15) sans entente préalable, et une troisième plus complète (cotée K35) après accord de la Sécurité sociale.

L'échographie a donc amené de grands changements, procurant au médecin des moyens sans cesse perfectionnés, de meilleures connaissances de la grossesse. Mais, du côté de la mère, n'y a-t-il qu'avantages ? Peut-on faire surgir ainsi l'enfant réel, sans incidences psychologiques sur la mère, au moment de toute l'élaboration imaginaire qui caractérise l'attente ? Rendre le corps de la mère comme transparent, n'est-ce pas une intrusion dans ses rêves, ses fantasmes, ses projets ? Une intrusion dont il faut peut-être tenir compte...

Ce que vous pouvez faire

Vous avez vous-même un rôle à jouer dans cette surveillance de la grossesse. C'est vous, en effet, qui êtes la mieux placée pour en apprécier le déroulement et pour noter l'apparition d'un symptôme d'alerte : perte de sang, douleurs, fièvre, etc.

C'est vous qui, aux environs de 4 mois 1/2, percevez les mouvements actifs de l'enfant. Vous savez qu'ils représentent un bon reflet de la vitalité fœtale. La diminution et, a fortiori, la disparition des mouvements pendant plusieurs heures doivent vous conduire à consulter. On a d'ailleurs proposé récemment que, dans les grossesses dites « à risques » (voir plus loin, page 224), la femme compte elle-même plusieurs fois par jour les mouvements du fœtus pour pouvoir alerter le médecin suffisamment tôt en cas d'anomalie. Dans ce cas, on demande habituellement à la future mère de compter les mouvements 3 fois par jour (8 h, 12 h, 20 h) pendant une demi-heure, en position couchée sur le côté gauche. On fait le total des mouvements comptés à la fin de la journée. La diminution progressive d'un jour à l'autre est considérée comme un élément de mauvais pronostic.

Le contrôle des urines est indispensable. Vous devez faire pratiquer une recherche de sucre et d'albumine tous les mois jusqu'à six mois, tous les quinze jours les septième et huitième mois, toutes les semaines le dernier mois. Vous pouvez faire cette recherche vous-même à l'aide de papiers-index colorés, vendus chez tous les pharmaciens. En revanche, au moindre doute, il est nécessaire que vous portiez un échantillon d'urines chez le pharmacien ou au laboratoire. S'il existe de l'albumine, ne serait-ce qu'à l'état de traces, allez à la consultation ou allez voir le médecin.

La surveillance du poids n'est pas moins indispensable. Vous devez vous peser régulièrement toutes les semaines. A la moindre prise de poids anormale (et surtout si elle est brutale) il est nécessaire, là encore, de consulter le médecin.

Avant d'aller à la consultation, faites une liste des questions, petites ou grandes, que vous voulez poser, sinon vous allez les oublier. Et n'ayez pas peur de paraître ridicule, dites au médecin tout ce qui vous paraît anormal ou vous pose des problèmes.

Enfin, il est préférable que la surveillance de la grossesse et de l'accouchement soit assurée par le même médecin, ou la même sage-femme. Si vous accouchez à l'hôpital sachez que votre dossier, établi et tenu à jour pendant votre grossesse, donnera à ceux qui se chargeront de votre accouchement tous les renseignements dont ils pourraient avoir besoin. Et n'oubliez pas de faire remplir à chaque consultation, votre carnet de surveillance médicale : si pour une raison ou une autre vous changiez de consultation ou de médecin, la personne qui dorénavant assurerait la surveillance de votre grossesse serait ainsi au courant des incidents qui auraient pu se produire au début. Ce carnet, vous le recevrez en même temps que le carnet de maternité. Réclamez-le s'il ne vous a pas été remis *.

Dernier point important. Il faut que vous prévoyiez d'accoucher dans un établissement bien équipé. Qu'est-ce qu'un établissement bien équipé ? Je vous en parle dans le *Mémento pratique*, page 425.

Enceinte à 40 ans

Être belle et connue, et attendre un enfant à 40 ans vous assure la une des journaux. Peut-être parce que de voir une femme auréolée de gloire penser à l'enfant fait pleurer dans les chaumières. Plus profondément, parce que 40 ans n'est pas l'âge habituel d'une maternité, surtout lorsqu'il s'agit d'un premier enfant ce qui est assez fréquent chez nos stars.

Cet intérêt — relativement récent — pour la femme enceinte de 40 ans fait penser qu'il y en a de plus en plus ; en fait il y en a de moins en moins : moins qu'il y a 20 ans, et beaucoup moins qu'il y a 200 ans. Voici les chiffres. Aujourd'hui : 1 % ; il y a 20 ans : 3 % ; au XVIIIe siècle : presque 9 %. A cette époque 100 000 femmes par an avaient un enfant à 40 ans. C'était le temps des familles nombreuses, des maternités rapprochées, mais où près de 30 % des enfants mouraient. Et l'enfant que la mère avait à 40 ans, souvent elle ne le voyait pas grandir longtemps, puisque l'espérance de vie d'une femme était alors de 45 ans. Aujourd'hui, cette espérance de vie est de 78 ans. De nos jours, la mère de 40 ans verra ses enfants mariés et elle a toutes les chances d'être elle-même grand-mère.

Et si au XVIIIe siècle, l'enfant des 40 ans était en général le dernier d'une famille nombreuse, aujourd'hui il est parfois le premier d'un couple ; comme quoi, tôt ou tard, l'enfant finit par s'imposer comme un besoin profond, et la famille séduit, même réduite...

Il est quelquefois le second, de 15 ou 20 ans le puîné du premier : c'est l'enfant de la maturité, de l'épanouissement, celui qu'on souhaite après avoir réussi sa vie professionnelle et acquis son indépendance. Après un second mariage, c'est l'enfant d'une nouvelle vie, celui avec lequel tout peut recommencer.

On dit les mères de 40 ans moins possessives, plus détendues, avec leur enfant. Mais en l'attendant, souvent elles s'inquiètent. Y a-t-il des précautions particulières à prendre pour que « tout se passe bien » ?

Après 38-39 ans, les femmes sont certainement plus menacées que d'autres par le risque de maladies associées à la grossesse — hypertension et maladies rénales notamment avec leurs risques de retentissement sur le développement de l'enfant (hypotrophie). Le risque de malformations de l'enfant (notamment de mongolisme) augmente de façon indiscutable ; l'amniocentèse est donc systématiquement demandée. Enfin le taux de césarienne est plus élevé, surtout s'il s'agit d'un premier accouchement.

Pour ces différentes raisons, la grossesse de 40 ans est dite à risques et donc particulièrement surveillée. Aussi, résultat paradoxal, une femme de 40 ans a souvent moins de problèmes qu'une future mère de 25 ans.

---

* Dans certains départements ce carnet a été supprimé. En cas de changement de médecin, deux solutions : ou la future mère demande au premier de communiquer son dossier au second, ou elle apporte au nouveau médecin le dossier qu'elle a pu constituer elle-même avec le double des analyses, des ordonnances, éventuellement les radios.

Médicaments, vaccins, radios

Au cours de la surveillance de la grossesse, il est bien rare qu'une femme n'interroge pas le médecin sur les risques éventuels pour l'enfant des médicaments, des vaccinations et des examens radiologiques.

La peur d'avoir un enfant malformé est en effet fréquente. Le drame de la thalidomide est resté dans les mémoires ; il a sensibilisé les femmes enceintes au risque pour l'enfant d'un traitement administré pendant la grossesse. Poussée à son paroxysme, cette crainte empêche des futures mères d'absorber tout médicament, même le plus anodin et même après avis médical.

D'une façon schématique, on peut dire que :
- le risque maximum se situe entre le 15e jour et la fin du 3e mois de grossesse ;
- dans les quinze premiers jours, l'agent nocif extérieur, médicament, par exemple, reste sans effet ou provoque la mort de l'œuf ;
- après le 3e mois, les malformations deviennent rarissimes.

Les médicaments

Il ne saurait être question ici de passer en revue les milliers de médicaments vendus en France sous une forme ou sous une autre. On peut cependant les diviser en deux catégories :

- les médicaments que l'on peut qualifier de courants, c'est-à-dire, ceux que l'on trouve habituellement dans les armoires à pharmacie familiales, et qui sont vendus sans ordonnance. Aucun ne paraît dangereux et vous pouvez les absorber sans crainte aux doses habituelles. Si vous êtes très anxieuse et si vous avez le moindre doute, voyez le médecin, qui vous rassurera ;
- en ce qui concerne les autres médicaments, la responsabilité de leur prescription incombe au médecin. Soyez rassurée, il ne vous prescrira rien qui soit susceptible d'être dangereux pour votre enfant.

Il peut arriver qu'une maladie chronique (un diabète, par exemple) préexiste à la grossesse et nécessite un traitement, qu'il faudra poursuivre pendant que vous êtes enceinte. Par ailleurs, une maladie aiguë peut survenir à un moment quelconque de la grossesse (une grippe, par exemple) ou une autre maladie infectieuse. Là aussi, il faut faire confiance au médecin, il connaît les médicaments contre-indiqués pendant la grossesse.

Les vaccinations

Les risques des vaccinations au cours de la grossesse sont encore mal connus, au moins pour certaines d'entre elles. Ils semblent d'ailleurs variables avec chaque type de vaccination. On peut ainsi distinguer :

Les vaccinations à déconseiller.

- Contre la typhoïde et les paratyphoïdes, elles entraînent habituellement de fortes réactions locales et générales et l'on dispose actuellement de traitements très efficaces contre ces maladies. Il paraît donc à la fois déconseillé et inutile d'y avoir recours chez les femmes enceintes.
- La vaccination antidiphtérique est à réserver aux cas d'urgence.
- La vaccination anticoqueluche n'a aucun intérêt chez la femme enceinte.
- La vaccination antituberculeuse par le B.C.G. est également à déconseiller.
- La vaccination contre la rage est d'indication exceptionnelle et doit être réservée aux cas d'urgence.
- La vaccination contre la brucellose est également à déconseiller en raison du risque de fortes réactions générales.

Les vaccinations sans danger.

- La vaccination antitétanique n'entraîne aucun risque au cours de la grossesse. Elle est même conseillée pour les femmes qui sont particulièrement exposées (milieu rural). Elle permet, en cas de blessures, d'éviter l'administration de sérum antitétanique qui présente toujours quelque risque de réactions allergiques. D'autre part, les anticorps sont transmis au nouveau-né, et celui-ci est ainsi protégé contre le tétanos néo-natal, forme exceptionnelle, mais particulièrement redoutable de cette maladie.
- La vaccination antigrippale est sans danger.
- Il en est de même de la vaccination anticholérique.
- La vaccination antipolyomyélitique est sans danger s'il s'agit des vaccins administrés par injection.
- La vaccination contre l'hépatite B.

Les vaccinations éventuellement dangereuses.

- La vaccination antipolyomyélitique par voie orale (administrée sur un morceau de sucre) doit être évitée chez la femme enceinte.
- La vaccination antivariolique est très discutée et l'on préfère s'en abstenir.
- La vaccination contre la fièvre jaune est à déconseiller et n'est d'ailleurs en cause que pour certains voyages à longue distance qui, de toute façon, ne sont pas en soi recommandés pendant la grossesse.
- La vaccination contre la rubéole est déconseillée. Toutefois, aucune malformation n'a été décrite chez les enfants nés de mères vaccinées par mégarde au début de grossesse. Je le dis pour celles qui seraient tentées d'envisager une interruption de grossesse dans ce cas.

Il en est de même des vaccinations contre la rougeole et contre les oreillons.

Radios et radiations

Les radiations ont été accusées de provoquer des mutations (voir au chapitre 7) ; d'entraîner l'apparition chez l'enfant de processus néoplasiques, c'est-à-dire cancéreux (leucémie, notamment) ; enfin de favoriser l'apparition de malformations.

L'existence de ces différents risques paraît incontestable après des irradiations massives. C'est ce qu'ont prouvé les observations faites après les explosions atomiques.

Par contre, leur réalité apparaît beaucoup plus discutable pour les rayons X employés comme moyen de diagnostic, au moins si l'on prend certaines précautions.

C'est ainsi que sont évidemment interdits tous les traitements radiothérapiques en cours de grossesse. De même, on doit fortement déconseiller les examens radiographiques qui nécessitent la prise de nombreux clichés. Cela d'autant plus que les régions à examiner sont plus proches de l'abdomen maternel, et que la grossesse est plus jeune. En effet, nous avons vu que les risques maxima se situent entre le 15e jour et la fin du 3e mois (c'est-à-dire pendant la période où a lieu l'essentiel de la formation des organes). Il est, de même, préférable de s'abstenir de tout examen radiographique (surtout s'il doit être prolongé) chez la femme dans la deuxième moitié de son cycle, date à laquelle une grossesse peut être débutante et encore méconnue.

Et là, je voudrais vous signaler un petit point de détail, mais qui n'est pas rare : une maman va chez le radiologue pour un petit enfant, le médecin lui demande d'aider à tenir l'enfant pendant la radio. Si elle est enceinte, il faut qu'elle refuse car ce n'est pas le moment de s'exposer aux rayons. Le médecin demandera à une de ses assistantes de la remplacer.

Si certaines précautions sont à prendre en début de grossesse, il est important de vous signaler les examens radiographiques qui ne sont pas dangereux par la suite.

Il en est ainsi de la radiographie du thorax, qui n'est plus obligatoire aujourd'hui, mais que le médecin peut estimer nécessaire dans certains cas. Rappelons à ce propos que la radiographie est très supérieure à la radioscopie et ne fait courir pratiquement aucun risque.

Il en est de même des examens radiographiques qui sont parfois pratiqués à la fin de la grossesse pour préciser la situation du fœtus, l'existence ou non de jumeaux, les dimensions et la forme du bassin.

Actuellement, tous les médecins savent quand on peut faire (et ne pas faire) d'examens radiographiques pendant la grossesse. Vous n'avez donc pas à redouter que vous soient proposés des examens dangereux pour la santé de votre enfant.

Et les femmes enceintes qui travaillent dans un cabinet de radiologie ? Elles sont particulièrement surveillées. Un arrêté fixe les dispositions réglementaires qui les concernent ; ces dispositions concernent aussi bien les professions de l'industrie atomique que le corps médical ou le personnel des services de radiologie : toute femme enceinte, dès qu'elle aura connaissance de sa grossesse, doit en informer le médecin. Ce médecin sera le médecin du service de médecine préventive pour le personnel employé dans un établissement public, le médecin du travail dans les établissements privés. Les femmes pourront obtenir un changement de poste pour toute la durée de la grossesse, ou pour un temps seulement.

Les grossesses
à risques

Si votre grossesse était considérée « à risques », le terme ne devrait pas vous effrayer. Il ne signifie pas que vous-même ou votre enfant courez un risque considérable pendant la grossesse. Il a été adopté par les médecins pour faire la différence entre les grossesses qui évoluent de la façon la plus normale — on serait tenté de dire la plus banale — et celles qui, pour une raison ou une autre, doivent faire l'objet d'une surveillance plus attentive et parfois d'examens spéciaux.

Pourquoi une grossesse
est-elle dite à risques ?

Les raisons qui peuvent faire classer une grossesse dans cette catégorie sont très diverses.

L'âge de la femme enceinte est, à lui seul, un élément important à considérer.

Les très jeunes femmes enceintes — notamment les adolescentes avant dix-huit ans — voient certains risques augmenter par rapport aux femmes plus âgées qu'elles : fréquence des toxémies (multipliée par 3), accouchement prématuré (multiplié par 2), morbidité et mortalité périnatale (multipliées par 2 à 3). Certaines circonstances expliquent en partie ces accidents : grossesse d'abord refusée et cachée aussi longtemps que possible, d'où retard dans la déclaration et mauvaise surveillance ; célibat et statut socio-économique défavorable, d'où malnutrition et activité professionnelle trop longtemps poursuivie, etc. Mais quand l'adolescente est bien prise en charge par sa famille et bien entourée affectivement, on observe une très nette diminution des complications. Par contre, l'accouchement est généralement normal.

Après 40 ans, la grossesse implique une surveillance particulière, je vous en ai parlé page 220.

Le nombre des grossesses précédentes. Avoir eu plusieurs enfants peut également vous faire classer dans les grossesses à surveiller spécialement. A partir du quatrième accouchement, il y a risque de présentations anormales et d'accouchement plus difficile, car l'utérus peut avoir perdu une partie de son tonus et de sa contractilité. De même, les hémorragies de la délivrance sont plus fréquentes. A ces risques peuvent s'ajouter ceux dus à un âge relativement plus élevé. Enfin, et surtout si ses précédentes grossesses se sont déroulées normalement, la future mère qui attend son quatrième ou cinquième enfant a tendance à être plus négligente dans ses précautions d'hygiène de vie et dans la surveillance de sa grossesse.

Les conditions socio-économiques. Elles jouent un rôle incontestable : la mortalité périnatale est deux fois plus élevée dans les classes sociales les plus défavorisées. De nombreux facteurs se conjuguent pour expliquer ce que nous montrent les statistiques. Ainsi, un budget familial peu élevé peut contraindre une femme à poursuivre pendant sa grossesse un travail pénible ou nécessitant de longs trajets par les transports en commun. Si cette femme a déjà des enfants, les travaux ménagers seront une fatigue supplémentaire. Enfin, pour de simples raisons financières, il pourra lui être difficile de suivre un régime alimentaire correct : les régimes à base de viande, poissons et légumes sont chers.

Pour toutes ces raisons, les complications au cours de la grossesse (toxémie, anémie) sont plus fréquentes, de même que les accouchements prématurés.

Enfin certaines raisons familiales ou personnelles peuvent inciter une femme à cacher sa grossesse le plus longtemps possible et en conséquence à moins fréquenter les consultations prénatales. La fréquence des accidents est alors 10 à 15 % supérieure à la moyenne.

Les grossesses antérieures. Il est évident que si des accidents sont survenus lors des grossesses ou accouchements antérieurs, le médecin effectuera une surveillance particulièrement stricte.

Il en est ainsi d'une stérilité (surtout si elle a dû être traitée pendant longtemps), des avortements à répétition ou des accouchements prématurés, des complications pendant la grossesse (toxémie, hémorragies par exemple), des accouchements difficiles ou terminés par une césarienne, des enfants morts nés ou malformés.

Les maladies associées à la grossesse. Ces maladies nécessitent une surveillance et parfois des traitements particuliers (diabète, par exemple), voir au chapitre 10.

Les anomalies du bassin. Elles peuvent être constitutionnelles (femmes boiteuses ou bossues, ou, plus simplement, femmes petites mesurant moins de 1,50 m) ou conséquences d'un accident (fracture du bassin). En effet un bassin anormal peut gêner le déroulement normal de l'accouchement.

Vous voyez que les causes qui peuvent faire entrer une grossesse dans le groupe des grossesses « à risques » sont diverses. Les risques peuvent s'associer chez une même femme, par exemple une femme de 40 ans attendant son premier enfant après des avortements à répétition ou une longue stérilité. L'appréciation du risque est d'ailleurs difficile et varie selon les équipes médicales. Enfin, une complication peut survenir inopinément au cours d'une grossesse normale qui devient alors une grossesse à risques.

La surveillance
de la grossesse à risques

Sur le plan pratique, qu'implique une grossesse à risques ? Tout d'abord une surveillance médicale plus étroite, avec des examens plus fréquents que dans la moyenne des cas. Plus encore que pour une grossesse normale, les quatre examens obligatoires dont je vous ai parlé plus haut sont absolument insuffisants. C'est pourquoi le médecin demandera vraisemblablement, au moins à certains stades de la grossesse, à vous voir par exemple tous les quinze jours et même toutes les semaines. Peut-être vous conseillera-t-il un court séjour à l'hôpital, où l'on peut pratiquer des examens dont certains ne peuvent être faits que dans de grands centres très bien équipés.

Je ne vous parlerai pas de la technique des examens de surveillance, mais s'ils vous sont prescrits, vous désirerez peut-être savoir en quoi ils consistent.

L'échographie. Cet examen est devenu si courant que je vous en ai déjà parlé dans la surveillance habituelle (page 217). Toutefois, dans les grossesses à risques, on est amené à faire des échographies beaucoup plus fréquentes que dans les grossesses normales.

Les dosages hormonaux. La grossesse ne peut se poursuivre normalement que si elle est entretenue par une sécrétion hormonale normale des ovaires et du placenta. On peut donc en surveiller l'évolution en dosant ces hormones dans les urines ou dans le sang. Ceci est vrai tout au long de la grossesse.

Ces dosages sont moins pratiqués qu'il y a 20 ou 30 ans, quand on croyait encore à la très grande fréquence de l'« insuffisance hormonale » ; mais ils gardent encore leur intérêt dans un certain nombre de cas.

Au début de la grossesse, on dose la gonadotrophine chorionique, les œstrogènes et la progestérone. Cette surveillance hormonale peut être justifiée soit par les antécédents (fausses couches à répétition, stérilité traitée, etc.), soit en raison d'incidents pouvant faire douter de la bonne évolution de la grossesse (douleurs, pertes de sang...).

Ensuite, on ne dose plus que la progestérone et les œstrogènes, les taux de gonadotrophine chutant spontanément vers trois mois. On admet que les taux de progestérone reflètent plutôt le fonctionnement du placenta, alors que ceux des œstrogènes, et surtout de l'un d'entre eux, l'œstriol, donnent plutôt des renseignements sur l'état de l'enfant.

Il faut savoir qu'un seul dosage n'a pas, en soi, de grande valeur. C'est l'évolution des taux hormonaux à des dosages successifs qui est intéressante.

A titre plus exceptionnel, on peut avoir recours à d'autres dosages.

– Celui de l'hormone lactogène placentaire (HPL) dont je vous ai déjà parlé, a l'avantage de refléter le bon ou le mauvais fonctionnement du placenta.

– Celui de l'hormone chorionique somatotrope (HCS) a celui de mettre en évidence une souffrance fœtale chronique ou un retard de croissance intra utérine.

– Il en est de même de l'alpha-fœto-protéine fabriquée par le fœtus mais qui passe dans le sang maternel où l'on peut la doser. Ce dosage peut également se faire dans le liquide amniotique prélevé par amniocentèse.

Les examens radiographiques. Une radio simple de l'abdomen permet de vérifier s'il y a ou non des jumeaux, de dépister certaines malformations, d'apprécier la maturité de l'enfant, de savoir s'il se présente par la tête ou par le siège. Ces examens radiologiques ont de plus en plus tendance à être remplacés par l'échographie.

Une radiographie avec mensuration du bassin (ce qu'on appelle une radio pelvimétrie) permet de mesurer au millimètre près la taille du bassin, et de prévoir si l'accouchement se passera naturellement, ou s'il faudra envisager d'intervenir, par exemple par césarienne.

L'enregistrement du rythme cardiaque du fœtus. Cet enregistrement est possible grâce à divers appareils qui permettent d'apprécier le caractère normal ou non de l'activité cardiaque du fœtus. C'est un peu comme lorsqu'on fait un électrocardiogramme à un adulte.

Au cours de la grossesse, les enregistrements ont pour but de dépister une souffrance fœtale, qui se traduit par des altérations diverses du tracé. Pendant l'accouchement, l'enregistrement permet de surveiller le retentissement des contractions utérines sur l'état de l'enfant.

Les examens du liquide amniotique : l'amniocentèse, l'amnioscopie. L'examen du liquide amniotique peut apporter de très précieux renseignements à différents âges de la grossesse.

Le prélèvement qui s'appelle *l'amniocentèse* consiste, après repérage du placenta et du fœtus par échographie, à ponctionner, à travers la paroi abdominale de la future mère, une certaine quantité de liquide contenu dans l'œuf. Sur le liquide prélevé, on peut faire divers examens.

Au début de la grossesse, l'amniocentèse a essentiellement pour but de dépister certaines malformations (p. 190).

A la fin de la grossesse, son utilité est essentiellement d'estimer le degré de maturité de l'enfant.

En effet, il y a des cas, par exemple chez certaines diabétiques, ou lorsqu'il existe une toxémie, où la poursuite de la grossesse représente un danger pour l'enfant : c'est en examinant des cellules et en dosant des produits dans le liquide, qu'on peut apprécier le risque que courrait l'enfant si on le faisait venir au monde avant terme.

On peut également, par examen du liquide, connaître le degré de vitalité de l'enfant, comme dans certains cas d'iso-immunisation rhésus.

L'examen du liquide amniotique est une intervention qui ne peut être faite que dans des centres équipés et qui doit être réservée à des cas bien précis. Il ne s'agit donc pas d'un examen de routine, comme est en train de devenir l'échographie par exemple.

Toute différente est *l'amnioscopie*. Elle aussi consiste à examiner le liquide amniotique, mais sans ponction, à le regarder, en introduisant simplement un tube dans le col de l'utérus. Elle n'est indiquée que près du terme pour voir, selon l'aspect du liquide vu à travers les membranes de l'œuf, si la grossesse est en train ou non de se prolonger anormalement. Cet examen n'a donc rien de commun avec l'amniocentèse.

Avant de terminer, je voudrais vous dire quelques mots de certains examens dont vous avez peut-être entendu parler mais qui sont encore réservés à des cas très particuliers de grossesses à risques, et qui ne peuvent être faits que dans des centres de diagnostic spécialement équipés.

L'embryoscopie : on introduit, par le col, un tube jusqu'au contact des membranes et on regarde l'embryon à travers ces membranes pour dépister une malformation qui aurait pu échapper à l'échographie. Le risque de rupture des membranes (évalué actuellement à 10 %) fait réserver cet examen aux cas où existe une forte suspicion de malformation.

La fœtoscopie se pratique entre 20 et 24 semaines. On introduit dans l'œuf, à travers la paroi abdominale, un tube très fin qui permet :
— de voir directement le fœtus pour dépister une malformation notamment en ce qui concerne la face et les extrémités (mains et pieds) ;
— de faire des prélèvements de différents tissus fœtaux ;
— de prélever le sang du fœtus au niveau du placenta notamment pour le diagnostic de certaines maladies sanguines ou infectieuses.

Dans ce domaine toutefois on utilise plutôt *la ponction du cordon ombilical* : on introduit, sous contrôle échographique, une aiguille très fine pour ponctionner le sang du cordon. Cette ponction permet de faire quelques diagnostics : certaines maladies sanguines (maladies de l'hémoglobine, troubles de la coagulation par exemple), anomalies chromosomiques mais surtout diagnostic des infections fœtales, notamment de la toxoplasmose.

Le doppler est un appareil qui permet de mesurer le flux sanguin dans les vaisseaux. On peut ainsi apprécier si la quantité qui passe dans les artères utérines, les vaisseaux du cordon et les artères cérébrales du fœtus est normale ou insuffisante. On l'utilise surtout quand existent des risques de souffrance fœtale ou un retard de croissance *in utero*.

Ainsi sont apparues au cours des dix dernières années des techniques très sophistiquées qui permettent des diagnostics de plus en plus précis de l'état du fœtus au cours de la grossesse et l'on peut vraiment parler maintenant de « médecine fœtale ».

Vous venez de lire ce chapitre des grossesses à risques, et peut-être vous demandez-vous si vous ne devez pas vous classer dans cette catégorie ? Avant de vous inquiéter inutilement, il faut d'abord que vous compreniez qu'un seul des éléments cités ci-dessus ne suffit pas à faire une grossesse à risques : ainsi, une césarienne antérieure est loin d'avoir en soi un pronostic péjoratif. Et puis, c'est le médecin qui vous indiquera si votre cas mérite une surveillance spéciale et des examens particuliers. Par exemple, si vous avez plus de 40 ans, il vous fera faire par précaution, une amniocentèse.

Ce chapitre n'est pas fait pour vous effrayer inutilement, mais pour vous faire comprendre qu'une surveillance médicale est d'autant plus nécessaire, que la grossesse s'écarte de la normale pour telle ou telle raison.

Et si une complication survient

Dans la grande majorité des cas, la grossesse est un événement naturel, qui se déroule sans problème, et se termine de façon heureuse par la naissance, à terme, d'un enfant en bonne santé. Cependant, dans un petit nombre de cas, surgissent des complications qui peuvent avoir un retentissement sur la santé de la mère ou sur celle de l'enfant.

En vous décrivant ces complications, mon but n'est pas de vous alarmer inutilement, mais seulement de vous alerter pour qu'en présence de tel ou tel symptôme vous pensiez à prévenir aussitôt le médecin qui pourra prendre les mesures qui s'imposent.

Prenons un exemple. En fin de grossesse, une femme grossit beaucoup, elle ne s'inquiète pas : ne doit-on pas grossir quand on est enceinte ? Elle ne sait pas qu'en cas de prise de poids excessive et subite, il faut aussitôt faire vérifier la tension et analyser les urines. Ce manque d'information risque d'entraîner une crise d'éclampsie aux redoutables conséquences, et pour la mère, et pour le bébé. Au contraire, la jeune femme avertie voit aussitôt le médecin qui prend la tension, fait faire des analyses, et donne, si nécessaire, un traitement.

Si vous n'avez pas le temps, ou l'envie, de lire dès maintenant ce chapitre, je vous demande de vous reporter au moins à la page 259 et de la lire avec soin. Vous y trouverez la liste des symptômes que vous devez signaler au médecin dès leur apparition, car ces symptômes sont des signaux d'alerte, des signes avant-coureurs de complications qui peuvent survenir. Autrement dit : signaler ces symptômes au médecin, cela ne veut pas dire lors de votre prochaine visite, mais aussitôt que vous les remarquerez.

En schématisant, on peut distinguer trois groupes de complications.

Dans le premier, on classe les complications dues au fait même de la grossesse. Exemple : l'avortement ; évidemment seule une femme enceinte risque d'avorter.

Dans le deuxième groupe, on classe les complications qui peuvent résulter de maladies survenant au cours de la grossesse. Exemples : la rubéole ou la toxoplasmose.

Le troisième groupe comprend les complications qui sont la conséquence d'une maladie que la future mère avait avant d'être enceinte, sans s'en douter parfois. Il y a, en effet, des maladies qui ne font pas bon ménage avec la grossesse, qui entrent en conflit avec elle, par exemple la tuberculose ou le diabète.

Les complications tenant à la grossesse elle-même

Ces complications sont très différentes selon qu'elles surviennent au début ou à la fin de la grossesse. Les complications du début sont essentiellement l'avortement et la grossesse extra-utérine.

Les avortements

Dans le langage courant, on emploie en général le mot *fausse couche* (« Elle a fait une fausse couche ») pour l'interruption spontanée de la grossesse, et on emploie le mot *avortement* pour une interruption provoquée. Les médecins ne font pas cette distinction. Pour eux toute interruption de la grossesse avant le siixème mois, que cette interruption soit provoquée ou spontanée, est un avortement. C'est pourquoi j'emploie ce mot qui peut vous surprendre à une époque où l'avortement c'est essentiellement l'I.V.G.

On parle d'avortement jusqu'au sixième mois de la grossesse, après il s'agit d'un accouchement prématuré. En fait c'est pendant les trois premiers mois que les avortements sont les plus fréquents.

Comment se manifeste une menace d'avortement ? Votre grossesse semblait débuter normalement et vous observez soudain quelques pertes de sang, parfois accompagnées de douleurs au bas-ventre.

Avant de vous affoler, demandez-vous d'abord si vous n'êtes pas à la date théorique de vos règles. Il arrive en effet qu'une femme enceinte perde un peu de sang à cette période pendant les deux ou trois premiers mois de la grossesse. Ces pertes n'ont aucun caractère de gravité.

Hormis ce cas, toute perte de sang doit être considérée comme un signal d'alarme et vous conduire chez le médecin sans tarder. Lui seul pourra, en vous examinant, essayer de trouver la signification de cette perte de sang. C'est souvent difficile dans l'immédiat et, dans la plupart des cas, pour essayer de prévoir l'avenir, le médecin demandera une échographie qui permet de préciser le caractère normal ou non de la grossesse selon le volume et l'aspect de l'œuf. Peut-être demandera-t-il également des dosages hormonaux. En effet, les hormones sécrétées par l'ovaire et le placenta, et qui sont indispensables à la bonne évolution de la grossesse, se retrouvent dans l'organisme maternel où elles peuvent être dosées dans le sang et les urines. Ainsi un dosage des hormones permet de savoir si la grossesse évolue d'une manière normale ou non.

Que faut-il faire ? L'avenir d'une menace d'avortement est généralement imprévisible dans l'immédiat. Que faire en attendant ?

Eh bien, je vais vous surprendre, ou vous décevoir : il n'y a pas grand-chose d'autre à faire que... d'attendre, pour voir comment les événements vont tourner : avortement ou non. Et cette situation inconfortable peut durer quelques jours ou même quelques semaines.

Dans le temps, en présence d'une menace d'avortement, on mettait la future mère au lit et on lui prescrivait automatiquement un traitement hormonal.

Cette attitude, qui reste celle de certains médecins, est cependant de plus en plus discutée. On a tendance à penser, au moins devant une menace d'avortement précoce, que c'est plus la qualité de l'œuf que l'équilibre hormonal qui est en cause. Si l'œuf est défectueux, l'organisme a décidé de s'en débarrasser et aucun traitement ne sera capable de le maintenir en place.

Par contre, si la menace d'avortement est en rapport avec une cause connue, comme une béance du col par exemple (voir plus loin), il est évident qu'un traitement approprié s'impose. En un mot, ce que beaucoup de médecins condamnent maintenant, c'est la prescription d'hormones faite systématiquement, de parti pris, sans savoir à quoi peut être due la menace d'avortement.

Pour vous, en pratique, s'il n'est pas nécessaire de rester allongée, il est quand même préférable d'interrompre votre activité professionnelle tant que vous avez des pertes de sang. Allez voir le médecin au rythme qu'il jugera convenable pour apprécier l'évolution de votre grossesse.

Que va-t-il se passer ? Dans certains cas, tout se déroule favorablement. Les pertes de sang diminuent, le col reste fermé, l'utérus continue de se développer. Les chiffres des dosages hormonaux augmentent progressivement. L'échographie (voir page 217) confirme que l'évolution de la grossesse se poursuit.

Vous ne pourrez cependant reprendre une vie normale que lorsque le médecin jugera que la menace d'avortement est écartée.

Bien des femmes ont alors, après cette menace d'avortement, la crainte de mettre au monde un enfant malformé. Cette crainte est injustifiée car, si l'avortement ne se produit pas et si la grossesse se poursuit, elle a autant de chances d'aboutir à une naissance normale qu'une autre grossesse.

Dans d'autres cas, la menace se précise peu à peu : les pertes de sang augmentent progressivement, l'utérus ne se développe plus, les dosages hormonaux montrent des taux effondrés. L'avortement lui-même se traduit par des pertes de sang assez abondantes accompagnées de « coliques » ressenties dans le bas-ventre : ce sont les contractions de l'utérus qui expulse l'œuf.

S'il n'y a pas d'hémorragie violente, vous pouvez rester chez vous. Un avortement spontané ne nécessite pas automatiquement un curetage, loin de là. Prenez par contre la précaution de garder tout ce qui aura été expulsé, et voyez le médecin rapidement. Lui seul pourra dire si l'avortement a été complet, et si aucune partie de l'œuf n'est restée dans l'utérus, car elle pourrait causer une infection ou une hémorragie.

En revanche, s'il y a une hémorragie importante, faites-vous transporter d'urgence à l'hôpital ou en clinique, ou mettez-vous en rapport avec le médecin ou la sage-femme.

Après l'avortement. Combien de temps faut-il se reposer ? Normalement en quelques jours vous serez remise sur pied.

Si vous êtes d'un groupe sanguin rhésus négatif, pensez à demander au médecin s'il n'y aurait pas lieu de faire une « vaccination anti-rhésus + ». Vous comprendrez pourquoi en lisant ce qui concerne le facteur rhésus page 258 *.

Après un avortement, il est très fréquent d'avoir un moment de dépression qui peut durer plus ou moins longtemps. Cette dépression s'explique psychologiquement chez la femme qui était heureuse d'attendre un enfant et qui voit ses espoirs déçus. Elle s'explique également physiquement (comme après l'accouchement) par le bouleversement hormonal qui suit l'arrêt d'une grossesse.

Si vous étiez sujette à cette dépression, et inquiète, n'hésitez pas à en parler au médecin.

L'avenir. Après un avortement, vous vous posez des questions pour l'avenir. Vous voudriez connaître la cause de cet avortement et les mesures à prendre pour éviter qu'il ne se renouvelle à la grossesse suivante.

Le médecin va s'y employer en faisant faire, lorsque vos règles seront revenues, un certain nombre d'examens. Pour que vous compreniez leur utilité, il est nécessaire que je vous dise brièvement les principales causes d'avortement spontané.

D'abord, il faut que vous sachiez une chose importante : le plus souvent l'avortements est accidentel ; après, la femme mène à bien ses autres grossesses.

Dans la plupart des cas, ces avortements sont dus à une anomalie chromosomique ; on peut même dire dans la majorité des cas, puisque on les évalue à 70 % des avortements du premier trimestre. Vous avez vu au chapitre 7 la définition des chromosomes. Un avortement chromosomique est dû à une anomalie du nombre, de la forme ou de la répartition des chromosomes, qui aboutit à un œuf défectueux et qui ne peut survivre. De tels avortements proviennent en somme d'une erreur de la nature, erreur que la nature corrige d'elle-même en expulsant l'œuf défectueux. Sauf exception, un avortement par anomalie chromosomique ne doit pas faire craindre pour les grossesses ultérieures.

Dans d'autres cas, au contraire, il y a, à l'origine d'un avortement, une cause plus ou moins permanente, qui, faute d'être reconnue et traitée, risque de provoquer des avortements à répétition.

Les avortements à répétition

Parmi les causes pouvant provoquer des avortements à répétition, on peut distinguer schématiquement trois grands groupes :
- les causes locales qui siègent au niveau de l'utérus ;
- les maladies maternelles ;
- les insuffisances hormonales.

Les causes locales utérines. Le développement normal de l'œuf nécessite l'intégrité :

---

* Ce mot de vaccin est impropre médicalement car, en fait, il s'agit d'un sérum, mais c'est quand même l'expression que j'utiliserai car elle est employée couramment par les femmes enceintes.

- de l'utérus qui abrite l'œuf ;
- de la muqueuse qui tapisse l'utérus ;
- du col qui ferme l'utérus.

Toute anomalie d'un de ces trois éléments peut entraîner un avortement :

L'utérus peut être déformé par un fibrome, malformé de façon congénitale, insuffisamment développé (utérus infantile), mal orienté (rétroversion).

La muqueuse ou endomètre peut être le siège de cicatrices (après curetage), ou d'une infection qui peuvent agir en perturbant la nidation, en compromettant la nutrition correcte de l'œuf, ou en empêchant sa croissance normale.

La partie supérieure du col, celle qui touche l'utérus, est normalement fermée pendant toute la durée de la grossesse. Ainsi, l'œuf ne peut être rejeté à l'extérieur sous l'influence de la pesanteur. Mais il arrive que « l'isthme » — c'est le nom de cette partie du col — ne joue plus son rôle de verrou et qu'il s'ouvre plus ou moins. Cette « béance » peut être congénitale, ou la conséquence d'un traumatisme : accouchement difficile, avortement provoqué, curetage.

Les maladies maternelles. Toutes les infections maternelles, soit locales (vagin), soit lointaines (gorge, amygdales, dents, reins), en envahissant l'œuf, par le sang, ou par contiguïté, peuvent provoquer un avortement. Il est donc indispensable de soigner énergiquement toute infection. Certaines maladies rénales ou vasculaires (hypertension), certaines maladies parasitaires, certaines intoxications peuvent également provoquer un avortement.

Par contre, l'iso-immunisation due au facteur rhésus (voir p. 253) n'est jamais responsable d'avortements.

Les insuffisances hormonales. Le rôle des insuffisances hormonales dans les avortements est aujourd'hui très discuté. Je vous en dis quand même deux mots, car il y a encore quelques années, les insuffisances hormonales étaient considérées comme la cause principale des avortements spontanés.

Comme vous l'avez vu au chapitre 5, les hormones jouent un grand rôle dans l'établissement et dans le développement de la grossesse. Ainsi, on peut à tout moment vérifier qu'une grossesse évolue bien en mesurant les taux des différentes hormones. Or, lorsqu'il y a un avortement, ces taux s'effondrent. C'est ce qui a fait croire si longtemps qu'à l'origine des avortements il y avait le plus souvent des insuffisances hormonales. Et c'est la raison pour laquelle dès qu'il y avait menace d'avortement, on donnait des hormones. (Certains médecins continuent à en donner, d'ailleurs.)

Aujourd'hui, la plupart des médecins pensent que la chute du taux des hormones est la conséquence d'un avortement, mais pas du tout la cause. Dans ces conditions, administrer des hormones ne servirait à rien, puisque tout est déjà joué.

Vous le voyez, un avortement peut être dû à des causes variées. Ne vous étonnez donc pas si le médecin vous demande, après l'avortement, pour permettre la bonne évolution d'une nouvelle grossesse, de faire pratiquer certains examens tels que :
- étude de la courbe de température,
- radiographie de l'utérus,
- examens de sang à la recherche d'une infection ou d'une parasitose,
- dosages hormonaux car, s'il est vrai, comme je vous l'ai dit, que les insuffisances

hormonales au cours de la grossesse sont exceptionnelles, il reste certain qu'un bon équilibre hormonal est nécessaire, *avant la grossesse*, pour que celle-ci débute et se poursuive normalement.

Quelques semaines seront nécessaires pour faire ces examens. Il faudra également du temps pour pratiquer un traitement médical ou chirurgical, suivant la cause que ces examens auront permis de dépister. Ne vous impatientez donc pas si vous êtes pressée d'être à nouveau enceinte. Il est, de toute façon, recommandé, après un avortement, d'éviter une nouvelle grossesse dans les trois mois qui suivent. Il faut en effet ce temps pour que les cycles retrouvent leur caractère normal.

La grossesse extra-utérine

Au lieu de se nider dans l'utérus, l'œuf peut se fixer, de façon anormale, dans une trompe. N'ayant pas la place de se développer il meurt, en général avant le troisième mois. Mais avant, il va, peu à peu, éroder la paroi de la trompe, et la fissurer, voire même la faire éclater, réalisant alors un accident très grave.

Il est donc indispensable de faire le plus tôt possible le diagnostic de la grossesse extra-utérine pour pouvoir aussitôt pratiquer une intervention chirurgicale. En effet, il n'y a pas d'autre solution : une grossesse extra-utérine ne peut pas évoluer.

Dans la pratique, une grossesse extra-utérine se signale comme une banale fausse couche, c'est-à-dire par des pertes de sang, mais celles-ci sont accompagnées de douleurs. A l'examen, le médecin trouvera des signes différents, et surtout pourra demander une échographie qui permettra, au moins dans la moitié des cas, de préciser le siège anormal de l'œuf ; selon les résultats, il pourra alors faire, ou faire faire, une cœlioscopie : un tube éclairant, introduit par une petite incision au niveau de la paroi abdominale, permet de regarder à l'intérieur du ventre et de faire aussitôt le diagnostic.

Vous retiendrez donc cette chose importante : si au début de votre grossesse vous avez des *pertes de sang accompagnées de douleurs*, vous consulterez le médecin sans tarder.

Une femme qui a fait une grossesse extra-utérine peut parfaitement mener à bien ensuite une ou plusieurs grossesses. Il est vrai cependant que cette affection est volontiers récidivante. Si vous avez déjà eu une grossesse extra-utérine, n'hésitez donc pas à consulter rapidement dès le moindre retard de règles, et, lorsque vous aurez la certitude d'être enceinte, au moindre symptôme anormal.

L'avortement et la grossesse extra-utérine sont des complications du début de la grossesse. Les complications dont nous allons vous parler maintenant apparaissent plutôt dans la seconde moitié de la grossesse.

Les anémies

Les besoins en fer sont nettement augmentés au cours de la grossesse. Une partie du fer nécessaire est fournie par l'alimentation (c'est pourquoi, au chapitre 3, je vous ai donné la liste des aliments riches en fer), une autre est puisée dans les réserves de l'organisme maternel. Si ces réserves sont insuffisantes (ce qui peut être le cas dans certaines grossesses rapprochées), le déficit en fer va entraîner une anémie. Celle-ci peut se traduire par des symptômes tels que fatigue anormale, essoufflement, pâleur, mais l'anémie peut aussi être entièrement cachée et révélée seulement par un examen du sang. Ne vous étonnez donc pas si le médecin demande un examen vers le cinquième-sixième mois. Ces anémies sont d'un bon pronostic lorsqu'elles sont traitées par du fer que certains médecins préconisent d'ailleurs systématiquement. Elles n'ont pas de retentissement sur l'enfant.

Les infections urinaires

En dehors des troubles urinaires « mécaniques » dont vous avez vu la fréquence (page 202), il est possible que la future mère éprouve, outre des envies fréquentes d'uriner, des douleurs à la vessie et lorsqu'elle urine, une sensation de brûlure. Parfois, les douleurs se situent plus haut que la vessie, à la hauteur de l'abdomen ou des reins. Certaines femmes prennent même ces douleurs pour des contractions de l'utérus. La cause de cette cystite est une infection urinaire. Elle peut s'accompagner d'urines anormalement troubles, parfois teintées de sang. Bien entendu il faut consulter le médecin qui demandera un examen des urines. Celui-ci montrera la présence de microbes, en général de la famille du colibacille ou de l'entérocoque.

Traitées rapidement, ces infections guérissent facilement mais elles ont souvent tendance à réapparaître. Aussi, après une infection urinaire, faut-il exercer une surveillance plus attentive des urines car, non ou insuffisamment traitées, ces infections risquent de s'étendre aux reins (pyélonéphrites), mais surtout semblent pouvoir retentir sur l'évolution de la grossesse et déterminer une hypotrophie de l'enfant et un accouchement prématuré (voir ces mots).

La toxémie gravidique

Comme son nom l'indique [*], il s'agit d'une maladie particulière de la grossesse. Voici comment elle se signale : les chevilles gonflent, les doigts deviennent « boudinés », impossible de retirer ses bagues, et la balance montre une prise de poids excessive ; enfin, les urines contiennent de l'albumine.

La présence simultanée d'œdèmes (les gonflements signalés ci-dessus), de prise de poids excessive, et d'albuminurie, est caractéristique de la toxémie gravidique ; il s'y associe fréquemment une élévation anormale de la tension artérielle. La toxémie traduit une anomalie du fonctionnement des reins ; si elle n'est pas traitée, elle peut conduire à de graves complications, telle l'éclampsie, affection qui était redoutable il y a encore trente ans mais qui aujourd'hui est heureusement très rare. L'éclampsie s'annonce par des troubles divers : maux de tête,

[*] Gravidique vient de gravis, qui veut dire lourd, or la femme enceinte est lourde de son enfant.

douleurs au niveau de l'estomac, sensations de mouches volantes devant les yeux. Si vous éprouvez de tels symptômes, il est urgent de consulter le médecin.

Il est donc essentiel pour la femme enceinte :
- de se peser régulièrement, pour déceler une prise de poids excessive ;
- de faire faire régulièrement au cours de la grossesse des analyses d'urine.

Normalement l'urine ne contient pas d'albumine. L'albumine apportée dans l'organisme par les aliments qui en contiennent, tels que la viande et les œufs, sert à reconstituer les tissus. Mais parfois le rein, qui est chargé de laisser passer l'eau dans les voies urinaires, joue mal son rôle de filtre, et laisse passer l'albumine dans l'urine : il y a albuminurie. Or, la grossesse prédispose à l'albuminurie, particulièrement au cours des derniers mois. C'est pourquoi il est nécessaire de faire régulièrement des analyses d'urine : il s'agit de déceler toute trace d'albumine.

Ces analyses doivent être faites au moins une fois par mois jusqu'au sixième mois, tous les quinze jours au cours des septième et huitième mois, tous les huit jours le neuvième mois. Ce contrôle régulier est indispensable, car vous pouvez vous sentir en parfaite santé et pourtant avoir de l'albuminurie. Toutes les fois qu'il y aura de l'albumine dans les urines, vous préviendrez le médecin, même si la quantité n'en est pas très élevée. Les analyses seront plus fréquentes en cas d'albuminurie constatée.

- Si vous avez eu la grippe ou une intoxication quelconque, faites faire aussitôt après une analyse d'urine. Les maladies infectieuses et les intoxications prédisposent à l'albuminurie. Vous ferez faire ces analyses par un laboratoire (de très nombreuses pharmacies se chargent des analyses d'urine).

Si vous êtes loin d'un médecin ou d'un laboratoire, vous avez un moyen simple de contrôler vous-même la présence, ou l'absence d'albumine dans vos urines. Procurez-vous une boîte d'*Albustix*. Mettez au contact des urines le petit ruban plastique comportant à son extrémité un papier jaune. Si le papier reste jaune, il n'y a pas d'albumine. S'il tourne au vert, il y en a. Combien ? Vous ne pourrez pas l'évaluer vous-même, mais dans ce cas vous ferez faire par un laboratoire une analyse qui vous donnera une indication précise.

Pour cette analyse, apportez un échantillon prélevé sur les urines que vous aurez recueillies pendant 24 heures dans un récipient propre. Il est recommandé, avant de recueillir les urines, de procéder à une toilette soigneuse, pour que les résultats de l'analyse ne soient pas faussés par la présence de sécrétions vaginales plus ou moins abondantes pendant la grossesse.

Une boîte d'Albustix (qui n'est pas remboursé par la Sécurité sociale) coûte 20,30 francs, mais permet de faire 50 « examens ». Avec une ordonnance du médecin, les analyses faites par un laboratoire sont remboursées.

- Évitez toutes les causes qui prédisposent à l'albuminurie : le froid, surtout le froid humide, l'intoxication alimentaire due à des repas trop copieux ou trop riches (avec gibier, charcuterie, etc. ; voir p. 90 la liste des aliments déconseillés), le surmenage et la fatigue.

- Enfin, allez régulièrement voir le médecin pour qu'il prenne votre tension, surtout si vous avez constaté des œdèmes ou une albuminurie.

Tous les conseils donnés ci-dessus sont particulièrement indiqués si vous êtes très jeune, et si vous attendez votre premier enfant, car la toxémie gravidique atteint surtout les femmes très jeunes (aux alentours de 20 ans) et primipares *.

Enfin, soyez particulièrement vigilante au troisième trimestre, surtout au neuvième mois : la date d'apparition des accidents est en général tardive.

Pendant longtemps, on a traité la toxémie gravidique par :
— le repos,
— le régime sans sel,
— les diurétiques (médicaments qui favorisent l'élimination de l'eau).

Actuellement, l'accord reste sur la nécessité formelle du repos complet, en position allongée. Par contre, comme je vous l'ai dit, la nécessité du régime sans sel est maintenant très discutée ; certains médecins n'y ont jamais recours, d'autres y restent fidèles. Les diurétiques sont encore quelquefois prescrits.

Avec le traitement, les symptômes de la toxémie disparaissent progressivement, et la grossesse peut se poursuivre jusqu'à son terme sans encombre.

L'insertion basse du placenta

Normalement, l'œuf se nide dans le fond de l'utérus. Mais, il arrive parfois qu'il s'insère à la partie basse de l'utérus, sur une des faces, plus ou moins près du col qu'il peut même recouvrir complètement (placenta dit recouvrant). C'est ce qu'on appelle le **placenta praevia.**

Habituellement, cette insertion anormale ne gêne pas le développement de l'enfant. Par contre, sous l'influence notamment des contractions de fin de grossesse, elle peut aboutir à un décollement partiel du placenta. Ce décollement provoque des hémorragies d'abondance variable, mais qui peuvent se répéter, et surtout s'aggraver brutalement.

En cas d'hémorragie en fin de grossesse, il faut voir immédiatement le médecin et se conformer à ses instructions. Il vous fera faire une échographie qui permettra de préciser l'insertion exacte du placenta. Le repos absolu est indispensable jusqu'à l'accouchement. Celui-ci pourra nécessiter une césarienne.

* Primipare : qui attend son premier enfant. Multipare : qui a eu un ou plusieurs enfants.

Quand une maladie survient

La survenue d'une maladie infectieuse pendant la grossesse inquiète : les maladies ont mauvaise presse. En effet, s'il n'est pas douteux que, dans la majorité des cas, ces maladies sont sans conséquences particulières, il reste vrai qu'elles peuvent parfois entraîner des complications graves : avortement, accouchement prématuré, malformations fœtales.

Il n'est pas question de passer en revue toutes les maladies infectieuses, je ne vous parlerai que de celles qui risquent d'être dangereuses pour le bébé.

La rubéole

La rubéole est, vous le savez, une maladie contagieuse, extrêmement fréquente, qui survient surtout au printemps, et atteint essentiellement les enfants. On couve la rubéole quinze jours, au bout desquels apparaissent les symptômes suivants :
- taches rosées sur le visage, notamment autour de la bouche, ainsi qu'aux plis de flexion du corps, aisselles, coudes, aine. A ces endroits, les taches ont en général un aspect granité,
- parfois ganglions au niveau du cou,
- fièvre : quand il y en a, elle ne dépasse pas 38°.

Souvent même, les symptômes sont encore moins nets, et une fois sur deux, la maladie passe inaperçue.

En soi, la rubéole est une maladie parfaitement bénigne, mais lorsqu'elle est associée à la grossesse, elle peut devenir redoutable. En effet, une femme enceinte atteinte de rubéole peut transmettre la maladie à l'enfant qu'elle porte. Si à ce moment-là le futur bébé est en train de former ses organes, c'est-à-dire, pendant les trois premiers mois de la grossesse, les conséquences peuvent être très graves : soit mort de l'embryon, c'est-à-dire avortement, soit malformations.

Plus tard dans la grossesse, le virus de la rubéole peut provoquer diverses lésions, ou aboutir à la naissance d'un enfant normal, mais porteur d'un virus, et donc contagieux pour l'entourage.

La rubéole est-elle fréquente au cours de la grossesse ? Non, en France tout au moins où nous sommes privilégiés : 90 % des femmes en âge d'être enceintes ont déjà eu la rubéole, et sont, par conséquent, immunisées contre elle. D'autre part, il n'existe pas dans notre pays de grandes épidémies comme celle qui, aux États-Unis, en 1964, atteignit 2 millions de personnes.

Par contre, il est vrai que certaines professions exposent plus que d'autres au risque de contagion : enseignantes, infirmières, jardinières d'enfants, etc., puisque, au départ, la rubéole est une maladie d'enfant.

Signalons à ce propos une circulaire concernant les membres du corps enseignant : « Un congé devra être accordé dès qu'un cas de rubéole se déclarera dans un établissement d'enseignement à tout membre du personnel féminin qui en fera la demande et qui, n'ayant pas contracté la maladie antérieurement, se trouverait dans les trois premiers mois d'une grossesse. Ce congé devra être attribué durant toute la période d'épidémie. »

Comment savoir si l'on est immunisée contre la rubéole ? En faisant faire un sérodiagnostic. On fait un prélèvement de sang, et l'on y recherche les anticorps, substances que l'organisme fabrique quand il est atteint de telle ou telle maladie. Ces anticorps neutralisent l'agent de la maladie. Il y a des anticorps particuliers contre chaque maladie.

Si le sérodiagnostic révèle qu'il n'y a pas d'anticorps, vous n'avez jamais eu la maladie et vous n'êtes pas immunisée. Il faut donc être très prudente et fuir la contagion.

S'il existe des anticorps, leur taux (ou leur nature car il y a différentes sortes d'anticorps) permet souvent de dire s'il s'agit d'une maladie ancienne (il n'y a aucun risque) ou récente (il y a peut-être un risque). On procède alors à un deuxième sérodiagnostic quinze jours plus tard. Si le taux des anticorps est resté stable, l'immunité était acquise depuis longtemps. Au contraire, si le taux des anticorps a augmenté, la rubéole est récente.

Il est important que le sérodiagnostic soit effectué par un laboratoire hautement spécialisé, et que les deux tests soient faits par le même laboratoire. Bien sûr, ces tests doivent être faits le plus rapidement possible.

Le prix du sérodiagnostic se situe autour de 70 francs et il est remboursé par la Sécurité sociale.

J'ai été en contact avec un rubéoleux. Que faire ?

- Si vous avez la certitude (notamment par un sérodiagnostic fait en début de grossesse) que vous êtes immunisée, n'ayez aucune crainte, vous ne courez aucun risque. Il en est de même si vous avez été vaccinée.
- Dans le cas contraire, le médecin fera faire deux sérodiagnostics à quinze jours d'intervalle. Une élévation du taux des anticorps témoigne d'une rubéole récente donc peut-être dangereuse. Je dis peut-être, car seule est source de malformation pour l'enfant la rubéole de primo-infection (vous n'avez jamais eu la rubéole et vous venez de l'attraper). La rubéole de réinfection (vous l'aviez déjà eue et vous l'avez une seconde fois, c'est possible contrairement à ce qu'on croit) n'est pas dangereuse pour l'enfant. On peut, par le sérodiagnostic, distinguer les deux formes.
- Dans les cas douteux, le médecin vous fera certainement faire des gamma-globulines qui ne semblent toutefois actives que dans la période d'incubation de la maladie (c'est-à-dire entre le contact avec le rubéoleux et l'apparition de l'éruption).
- Dans les cas où une rubéole est indiscutablement constatée au cours des quatre premiers mois, l'interruption de grossesse est autorisée en France, comme dans de nombreux pays.

Existe-t-il un vaccin contre la rubéole ?

Le vaccin contre la rubéole existe mais on ne connaît pas encore la durée de l'immunité qu'il confère. C'est pourquoi l'accord n'est pas fait sur l'âge idéal de la vaccination. On peut vacciner systématiquement toutes les adolescentes de 13-14 ans : c'est ce que l'on fait aux États-Unis où la rubéole apparaît par grandes épidémies. En France, cette vaccination systématique n'est pas pratiquée chez l'adolescente et l'on attend plutôt que la femme soit en âge d'être mère.

Si son sérodiagnostic (il fait partie de l'examen prénuptial) est négatif, il est préférable de la vacciner. Cette vaccination est d'ailleurs très simple et ne nécessite qu'une seule injection. Il faut attendre trois mois après la vaccination pour la survenue d'une grossesse car on pense que le vaccin, préparé à partir de virus vivant, pourrait être dangereux pour le bébé. Le mieux est donc de prendre la pilule pendant cette période d'attente, puisque c'est le seul contraceptif efficace à 100 %.

Il arrive qu'une mère se rende compte qu'elle a été vaccinée alors qu'en fait elle était juste enceinte, et qu'elle s'inquiète. Pour la rassurer, je lui dirai qu'on n'a jamais observé de malformations fœtales dans de tels cas.

Quand une femme a été protégée par une vaccination *, il est préférable de s'assurer, au début de sa grossesse, que cette vaccination a bien été efficace et que le sérodiagnostic est bien positif. On considère que la protection est assurée quand le titre des anticorps est au moins égal à 20.

La toxoplasmose

La toxoplasmose, maladie due à un parasite, le toxoplasme, est très répandue en France parce que les Français aiment la viande saignante. En effet, le toxoplasme — qui est tué dans une viande bien cuite — est très fréquent dans les viandes de mouton (50 % de nos moutons en contiennent) et de porc (30 %). Le bœuf et le veau sont sans doute moins souvent infestés.

Comme ceux de la rubéole, les symptômes de la toxoplasmose peuvent être très discrets : ganglions de la tête et du cou enflés, fièvre légère, fatigue, douleurs musculaires ou articulaires.

C'est pourquoi nous avons tous eu la toxoplasmose, sans même nous en apercevoir. Ou plutôt, presque tous, et c'est dans ce « presque » que réside le risque pour les femmes enceintes. Car, si 84 % des futures mères sont immunisées parce qu'elles ont eu la toxoplasmose, il reste 16 % de futures mamans qui risquent de l'attraper. Parmi elles, quelques-unes risquent de contaminer leur bébé. Or cette contamination peut avoir de sérieuses conséquences, soit pour sa vie, soit pour sa santé.

Comment savoir si je suis immunisée contre la toxoplasmose ? En faisant faire un sérodiagnostic soit en dehors de toute grossesse, soit au début de votre grossesse. Le médecin vous le conseillera généralement. Le sérodiagnostic consiste à chercher si votre sang contient des anticorps contre la maladie. S'il en contient un taux suffisant, c'est que vous êtes immunisée. Par précaution, on vous fera faire un contrôle 2 à 3 semaines plus tard pour vérifier que le taux d'anticorps reste le même (c'est le même principe que pour la rubéole), ce qui sera la preuve que vous avez eu la maladie il y a longtemps. En ce cas, vous pourrez être tranquille. Le sérodiagnostic est remboursé par la Sécurité sociale et coûte environ 70 francs ; il fait partie de l'examen prénuptial.

Une femme immunisée court-elle des risques au cours de la grossesse ? Non, car son sang, et celui du futur bébé également, contient des anticorps. Toutefois, si le taux

* A Paris, il y a un centre où les vaccins sont faits gratuitement : à l'hôpital des Enfants-Malades, tél. : 42.73.17.22 (se présenter pour un examen préliminaire les lundi et vendredi de 15 h 30 à 17 h 00. Service des vaccinations).

d'anticorps est trop faible, on considère que le résultat du sérodiagnostic est négatif et que la femme n'est pas immunisée.

Je ne suis pas immunisée, quels sont les risques ? Il n'y a de risque que si vous contractez la toxoplasmose pendant votre grossesse.

Mais, d'abord, il n'y a que 4 à 5 % des femmes à sérodiagnostic négatif qui contractent la toxoplasmose pendant qu'elles sont enceintes.

Ensuite, même dans ce cas de toxoplasmose maternelle pendant la grossesse, il y a seulement 40 % de risques que l'enfant soit atteint.

La gravité du risque dépend de deux facteurs : l'« âge » de la grossesse et la mise en œuvre rapide d'un traitement.

■ Age de la grossesse : au premier trimestre, il est rare que le toxoplasme traverse le placenta. Mais lorsqu'il y arrive, l'atteinte de l'œuf est généralement grave ; elle peut même aboutir à sa mort et à l'avortement.

C'est surtout au second trimestre, et notamment à partir du cinquième mois, que la maladie maternelle est grave : le placenta devient, en effet, plus facile à traverser ; l'enfant est donc plus souvent atteint, et l'atteinte fœtale est souvent grave (lésions cérébrales et oculaires) si la mère n'est pas traitée.

Au cours du troisième trimestre, la contamination est encore plus fréquente, mais les conséquences sont beaucoup moins graves : souvent, l'enfant naît apparemment indemne et la maladie n'est décelée que par les examens de laboratoire. Évidemment, dès que la maladie est diagnostiquée, l'enfant est traité.

Les formes de maladie inapparentes chez l'enfant sont les plus fréquentes : elles représentent 4 cas sur 5.

■ Traitement : il faut dire que lorsque la toxoplasmose contractée au cours de la grossesse est aussitôt traitée, les risques pour l'enfant sont moins grands. Voici les chiffres : 80 % des enfants nés de femmes traitées à temps sont indemnes, contre 50 % seulement dans le cas contraire.

Je ne suis pas immunisée, quelles précautions dois-je prendre ? D'abord faire faire un sérodiagnostic toutes les 4 à 5 semaines pour détecter immédiatement une infection éventuelle et envisager d'urgence un traitement. Bien entendu, en cas de ganglions enflés, de fatigue anormale, faites faire l'examen sans attendre. Puis, vous éviterez de manger de la viande crue (« steack tartare »), et de la viande saignante (surtout du mouton) *. Vous prendrez aussi une autre précaution : vous ne mangerez la salade et les fruits que très soigneusement lavés. En effet, on a découvert que le chat, souvent contaminé puisqu'il mange de la viande, abritait le toxoplasme dans ses intestins et le rejetait avec ses excréments : un chat peut donc avoir souillé de la salade ou des fruits tombés à terre. Le cas n'est pas rare. Pour la même raison, la future maman qui n'est pas immunisée évitera le contact des chats.

Existe-t-il un vaccin contre la toxoplasmose ? Non, pas pour le moment.

---

* Ces précautions ne valent pas pour la viande congelée, le parasite ayant été tué par la congélation.

La listériose

Comme la rubéole et la toxoplasmose, la listériose est une maladie bénigne ou même inapparente chez la mère, alors qu'elle est souvent redoutable pour le fœtus.

Elle est transmise par les animaux domestiques (chiens, chats) ou d'élevage (vache, mouton, chèvre, lapin, volaille). Pour cette raison, elle est plus fréquente dans les milieux ruraux et dans certains milieux professionnels, mais elle peut atteindre n'importe quelle femme enceinte soit par les aliments d'origine animale (viande, œufs, lait), soit par contact avec un animal infecté, soit enfin si des aliments ont pu être, d'une manière ou d'une autre, en contact avec des sécrétions ou excréments d'animaux. Le bacille responsable traverse le placenta et atteint l'enfant. Celui-ci peut mourir dans l'utérus. Mais le plus souvent la maladie provoque un accouchement prématuré donnant naissance à un enfant qui mourra en quelques jours dans plus de la moitié des cas.

Il est important de dépister la maladie chez la femme enceinte, car le bacille est très sensible aux antibiotiques. Malheureusement, ce dépistage est difficile car l'affection se cache souvent sous le masque d'une maladie banale : grippe, infection urinaire, etc. Chez une femme enceinte, tout épisode de fièvre qui ne peut être rapidement rattaché à une cause évidente doit faire rechercher le bacille dans le sang, la gorge et les pertes vaginales. C'est le seul moyen de faire le diagnostic et d'instaurer un traitement. Si celui-ci est suffisamment précoce, l'enfant sera indemne.

L'herpès

Cette maladie virale se traduit par l'apparition de petites vésicules (comme celles de la varicelle) groupées sur une plaque rouge. L'herpès peut se situer au niveau du visage (surtout sur les lèvres), ou au niveau de l'appareil génital (vulve, vagin et col). Seul l'herpès génital est dangereux pour l'enfant : il peut être contaminé au passage, lors de l'accouchement, et risque une encéphalite d'une très grande gravité. Aussi, quand existe une poussée d'herpès génital au moment de l'accouchement, la césarienne s'impose absolument. Et l'enfant sera indemne.

Après la naissance, et quelle que soit la localisation de l'herpès, des précautions d'hygiène s'imposent pour ne pas contaminer le nouveau-né qui a de la peine à se défendre contre les infections virales.

L'hépatite virale

Cette maladie se manifeste par une jaunisse accompagnée de démangeaisons intenses sur tout le corps. L'hépatite est surtout grave dans la deuxième moitié de la grossesse car, dans 50 % des cas, elle entraîne un accouchement prématuré. L'enfant peut avoir lui-même une hépatite, soit par passage du virus à travers le placenta, soit par contamination directe par sa mère après la naissance.

D'ailleurs, en général le bébé est éloigné de sa mère tant qu'elle n'est pas guérie de son hépatite.

Si vous étiez malade
avant d'être enceinte

Chez une femme atteinte d'une maladie, la survenue d'une grossesse peut poser certains problèmes. En effet, dans certains cas, maladie et grossesse font mauvais ménage.

Il arrive que, sous l'influence de l'effort supplémentaire que la grossesse demande à l'organisme, la maladie se complique et s'aggrave.

A l'inverse, il arrive que la maladie menace la grossesse dans son évolution, perturbe l'accouchement et retentisse sur l'état de l'enfant.

Là encore, il n'est pas question de passer en revue toutes les maladies qui peuvent exister chez une femme enceinte. Je me contenterai, pour illustrer les problèmes posés, de choisir quelques exemples parmi les plus courants.

La tuberculose

Elle ne peut pas être transmise par une mère à l'enfant qu'elle porte, car il n'y a pas de contamination *in utero*. L'évolution de la grossesse n'est pas modifiée. Les risques d'avortement ou d'accouchement prématuré ne sont pas supérieurs à la normale. L'accouchement lui-même se déroule normalement et les césariennes ne sont pas plus fréquentes. L'enfant d'une mère tuberculeuse ne naît pas tuberculeux. Par contre, il devra être isolé de sa mère si celle-ci est ou risque d'être encore contagieuse. Dès la première semaine, l'enfant sera vacciné par le B.C.G. et devra malheureusement être séparé de sa mère pendant un temps.

Mais si la tuberculose pendant la grossesse n'est pas dangereuse pour l'enfant, il n'en va pas de même pour la mère. La grossesse a tendance à aggraver cette maladie, le repos est obligatoire. L'alimentation doit être saine et équilibrée. Les lésions seront surveillées à intervalles réguliers, et traitées par les méthodes habituelles.

La période des suites de couches peut être l'occasion d'une rechute ou d'une aggravation des lésions, et l'allaitement (indépendamment même des risques de contagion pour l'enfant) est formellement contre-indiqué.

La syphilis

Alors qu'elle était en voie de régression, cette maladie vénérienne retrouve depuis dix ans une nouvelle jeunesse, et le nombre de cas enregistrés a augmenté de 300 % en quelques années. Au contraire de la tuberculose, cette maladie peut se transmettre à l'enfant dans l'utérus à partir du cinquième mois. Aussi des tests de dépistage de la syphilis sont-ils obligatoires dans les trois premiers mois de la grossesse (prise de sang).

En cas de résultats positifs, la future maman est soignée (surtout avec de la pénicilline), et l'enfant vient au monde en bonne santé. L'important est donc d'être soignée à temps, c'est-à-dire avant le 5e mois. Non soignée, une femme n'a que 35 % de chances de mettre au monde un enfant normal et sain.

De toute manière, lorsque la mère a été malade, on fait par prudence, à la naissance, des analyses du sang du bébé, pour savoir s'il n'a pas été atteint, et s'il est nécessaire ou non de lui faire un traitement.

Conclusion :
- Il est essentiel de faire le test en début de grossesse.
- Il ne faut prendre aucun risque de contamination après le test.

C'est la syphilis maternelle qui est importante. Une syphilis paternelle ne peut intervenir que comme source de contamination éventuelle de la mère.

Sida et grossesse

On sait maintenant qu'un certain nombre de sujets, bien que ne présentant aucun signe de la maladie, sont porteurs du virus du SIDA. On trouve dans leur sang des anticorps anti-Sida ou, pour employer des termes médicaux, des anticorps anti-LAV ou anti-HIV. Par contre, on ignore encore pourquoi certains de ces sujets, dits séropositifs, développent un jour un véritable SIDA alors que d'autres ne le font pas. Il semble toutefois que les contacts répétés avec le virus soient un facteur aggravant.

Une femme enceinte peut évidemment être séropositive et l'on estime très approximativement qu'il y a en France 10 000 femmes en âge d'avoir des enfants contaminées sans le savoir par le virus. En règle générale, ces femmes font partie des groupes à haut risque et l'on peut considérer comme particulièrement exposées :

— les toxicomanes usant de drogues dures administrées par voie intraveineuse. Elles représentent la grande majorité des cas de Sida découverts chez les femmes enceintes. Les femmes des toxicomanes sont également exposées ;

— les femmes mariées à des hémophiles (80 % au moins d'entre elles sont atteintes) ;

— les prostituées ;

— les femmes ayant de nombreux partenaires sexuels ;

— celles dont le partenaire est bisexuel ;

— les immigrées venant d'Afrique Équatoriale et des Caraïbes.

Les risques de l'association Sida et grossesse concernent à la fois la femme et l'enfant.

Pour la femme les modifications de l'immunité qu'entraîne la grossesse peuvent accélérer l'évolution de la maladie et provoquer l'apparition d'une poussée évolutive grave et parfois mortelle surtout à la fin de la grossesse et après l'accouchement.

Pour l'enfant il est encore difficile de préciser les risques qu'il court réellement d'être atteint par la maladie. Les statistiques actuelles donnent des chiffres très variables allant de 30 à 80 %.

Tous les enfants nés de mère séropositive sont séropositifs à la naissance car les anticorps anti-Sida maternels traversent le placenta. Ceci ne signifie pas que tous ces enfants sont infectés. Certains vont en effet voir leurs anticorps disparaître dans les 8 à 9 mois suivant la naissance. Ces enfants sont indemnes et rien ne les distinguera ultérieurement des autres.

Malheureusement 30 à 80 % vont garder des anticorps : ce sont leurs anticorps (et non ceux de la mère) et ceci signifie qu'ils sont infectés. Or le SIDA est plus grave chez les bébés que chez l'adulte. Un an après la naissance, la moitié au moins de ces enfants développera une forme grave de SIDA et mourra avant l'âge de deux ans.

Il n'existe encore aucun traitement contre cette maladie. Aussi la seule prévention possible est-elle de déconseiller formellement la grossesse aux femmes séropositives. Certains médecins proposent une interruption de grossesse quand une femme séropositive devient enceinte mais l'avis n'est pas unanime sur ce point en raison des divergences sur l'appréciation exacte des risques.

Les enfants qui restent séropositifs doivent être constamment suivis pendant les premières années de la vie.

Le diabète

C'est, vous le savez certainement, une maladie du métabolisme (transformation) des sucres, qui se traduit uniquement, au moins au début, par un taux anormal de sucre dans le sang, et par la présence de sucre dans les urines. Dans le temps, le diabète rendait la grossesse très dangereuse et pour la mère et pour l'enfant. Aujourd'hui, les progrès de la médecine ont considérablement réduit les risques. A elle seule, la mortalité périnatale s'est réduite de plus de moitié en moins de quarante ans. Il n'en reste pas moins que le diabète rend la grossesse difficile : avortement, toxémie, hydramnios, et surtout souffrance fœtale, voire mort dans l'utérus dans les dernières semaines, sont les dangers qui menacent la grossesse.

Mais une femme diabétique peut mener sa grossesse à terme sans encombre, à condition de suivre très strictement le traitement et le régime qui lui auront été prescrits. Lorsque la grossesse n'est pas surveillée, on compte 80 % d'accidents divers ; pour une grossesse surveillée, 10 % seulement. Presque toujours, le diabète est connu depuis longtemps. Dès qu'une femme diabétique soupçonne une grossesse, il faut qu'elle voie aussitôt le médecin : il modifiera peut-être le traitement en fonction de la grossesse. Une hospitalisation peut être nécessaire à un moment quelconque de la grossesse pour équilibrer correctement le diabète grâce au régime et aux médicaments.

En fin de grossesse, la future mère diabétique est en général hospitalisée, et l'on fait une césarienne, car le bébé est gros (plus de 4 kg en général), mais fragile, véritable « colosse aux pieds d'argile », selon l'expression consacrée, et risque de souffrir de l'accouchement.

On peut être diabétique ou « presque diabétique » sans le savoir, ce que l'on appelle les états pré ou paradiabétiques.

Voici les éléments qui peuvent vous donner des soupçons :
- vous avez des diabétiques dans votre ascendance ;
- vous avez déjà mis au monde de gros enfants, ou des enfants morts nés.

Si vous étiez dans l'un de ces cas, signalez-le au médecin.

Reste enfin le problème qui inquiète beaucoup de femmes : au cours d'un examen d'urines fait pendant la grossesse, vous découvrez la présence de sucre. Ne vous inquiétez pas pour autant. Faites d'abord préciser par le laboratoire s'il s'agit de glucose ou de lactose. La présence de ce dernier sucre est banale au cours des derniers mois. S'il s'agit vraiment de glucose, il traduit, au moins neuf fois sur dix, une simple anomalie de filtration au niveau du rein en rapport avec la grossesse. Signalez cependant le fait au médecin.

L'obésité

Les obèses ont souvent tendance à prendre, au cours de la grossesse, plus de poids que les autres et à faire des complications plus fréquentes : albumine dans les urines, hypertension artérielle. C'est dire la nécessité d'un régime alimentaire particulièrement strict.

Cependant, la ration quotidienne ne doit pas être inférieure à 1 800 calories car il faut assurer la croissance fœtale. La restriction doit porter surtout sur les graisses (pas plus de 30 g par jour apportés surtout sous forme de beurre frais). Les glucides doivent être absorbés en quantités modérées. L'alimentation doit être composée surtout de protides (viandes grillées, œufs, poissons), de légumes verts, de fromage non gras, de laitages et de fruits.

Les enfants sont souvent (comme ceux des diabétiques) de poids élevé, d'où des difficultés possibles au moment de l'accouchement.

Maladies cardiaques

Toutes les maladies cardiaques n'ont pas la même gravité, mais toutes imposent les mêmes mesures de prudence en raison du travail supplémentaire que la grossesse impose au cœur : repos le plus complet possible, régime strictement dépourvu de sel, vie calme sans émotions ni fatigue, surveillance médicale régulière et fréquente.

Tous les traitements habituels sont autorisés, y compris même les interventions de chirurgie cardiaque.

L'insuffisance rénale et l'hypertension artérielle

De grands progrès ont été accomplis dans ce domaine. Grâce aux traitements actuels, le retentissement de la grossesse sur ces deux maladies est beaucoup mieux contrôlé et il est devenu exceptionnel que la santé (ou même la vie) de la future mère soit tellement menacées que l'on doive recourir à un avortement thérapeutique. Par contre, il reste vrai qu'une telle grossesse, qui représente le type même de la grossesse à risques, doit être particulièrement surveillée en milieu spécialisé. En effet, les accidents restent fréquents : avortement, souffrance fœtale *in utero*, accouchement prématuré.

Interventions chirurgicales

Peut-on se faire opérer quand on est enceinte ? Oui c'est possible. Mais on ne pratique que les interventions urgentes, une appendicite aiguë, par exemple. Et quand l'opération nécessite l'ouverture de l'abdomen, elle implique des précautions particulières, en raison des risques d'avortement ou d'accouchement prématuré.

Et l'alcool ? Et la drogue ?

Alcoolisme et grossesse. C'est un sujet qu'on ne peut éviter dans un pays qui détient de tristes records mondiaux de consommation d'alcool, y compris chez les femmes : selon les régions, 1 à 3 nouveau-nés pour 1 000 subissent les conséquences de l'alcoolisme maternel.

A la naissance, l'enfant a un aspect particulier. Sa taille, son poids, son périmètre crânien sont inférieurs à la normale. Le front est bombé, le menton fuyant, le nez écrasé. A ce faciès bien particulier peuvent s'ajouter des malformations, notamment cardiaques : l'alcool est une cause de malformations cardiaques plus fréquente que la rubéole. Ce nouveau-né est particulièrement agité dans les jours qui suivent la naissance. Ultérieurement, ce handicap de départ n'a pas tendance à s'améliorer. Il existe un retard du développement physique et intellectuel s'accompagnant de troubles caractériels.

Cette description dramatique est celle d'un enfant dont la mère a bu régulièrement 2 litres de vin par jour, ce qui hélas, n'est pas rare dans certains milieux et régions ; ou plusieurs litres de bière ; ou encore 6 whiskies (d'après des statistiques américaines).

Le rôle de l'alcool semble double. D'une part il traverse directement le placenta et se retrouve dans la circulation de l'enfant. Là, il perturbe le métabolisme et le développement des cellules embryonnaires, d'autant que le foie de l'embryon — ou du fœtus — n'est pas aussi bien équipé que celui de l'adulte pour détruire l'alcool. D'autre part, l'alcool entraîne des carences et une malnutrition maternelles qui perturbent les échanges avec l'enfant.

L'alcoolisme n'est pas héréditaire. Si une femme, même alcoolique chronique, cesse de boire avant le début de la grossesse, son enfant sera aussi normal que n'importe quel autre.

Est-ce à dire que la future mère est condamnée au régime sec pendant neuf mois ? Pas tout à fait, mais presque. Pour plus de détails, voyez page 57.

Drogue et grossesse. C'est un problème qui commence à se poser en France. Les conséquences de l'usage de la drogue pendant la grossesse sont diverses selon le type d'intoxication.

Les opiacés (morphine et surtout héroïne qui est plus souvent utilisée) sont responsables d'une augmentation des infections maternelles de tout genre et de toutes les complications qui peuvent émailler l'évolution d'une grossesse. Il n'y a pas plus d'enfants malformés. Par contre le nouveau-né est de poids inférieur à la normale ; il est souvent prématuré, il peut présenter un syndrome de « manque », parfois mortel. Il faut ajouter que c'est parmi ces utilisatrices de drogues « dures » que l'on trouve le plus de cas de Sida associés à la grossesse.

Les substances hallucinogènes, comme le L.S.D., sont peut utilisées en France. Elles provoquent des avortements — la fréquence est multipliée par 2 — et des malformations congénitales — la fréquence est multipliée par 3.

Les extraits du chanvre indien (haschich, marijuana, kif) sont sans conséquences connues jusqu'à présent. Les risques, quand ils existent, tiennent plutôt au mode de vie de la femme : conditions socio-économiques, moins bonne surveillance de la grossesse, etc

Le facteur
rhésus

Peu de domaines de l'obstétrique ont évolué aussi rapidement que le facteur Rhésus. En l'espace de quarante ans, on a découvert son existence, décrit les accidents qu'il pouvait donner, et trouvé un traitement non seulement pour guérir, mais aussi pour prévenir des accidents qui constituaient un sujet de préoccupation majeure pour les accoucheurs.

Aujourd'hui, comme vous allez le voir, l'avenir se présente sous un jour très favorable. Mais les futures mères redoutent encore ces accidents, sans savoir en général ce qui peut les provoquer. Je vais vous l'expliquer. Cela va entraîner des explications un peu longues peut-être, mais sans elles vous auriez de la peine à comprendre.

Les groupes sanguins. Vous avez certainement entendu dire que, avant de faire une transfusion de sang, on analysait le sang du donneur et celui du malade. Pourquoi ? Parce que certains sangs ne sont pas acceptés par d'autres : il arrive que le sang de la personne qui reçoit se défende, et fabrique des anticorps, substances capables de détruire le sang reçu.

Chaque individu appartient à un « groupe sanguin ». Chaque groupe sanguin est caractérisé par la possession de deux substances. L'une est située dans les globules rouges : c'est l'*agglutinogène* désigné par les lettres A et B. C'est lui qui donne son nom aux groupes sanguins. Il y a quatre groupes : A, B, AB, O. Mais comme on le voit dans le tableau p. 254, l'un des groupes sanguins contient *deux* agglutinogènes (le groupe AB), et un autre (le groupe O) n'en contient pas du tout.

L'autre substance est contenue dans le plasma sanguin (ou « eau »), qui véhicule les globules rouges. C'est l'anticorps, ou *agglutinine*. On peut le désigner par les lettres a, b, correspondant aux agglutinogènes A, B. Cette agglutinine a la propriété de détruire (en terme médical d'*agglutiner* ou *lyser*) les globules rouges qui possèdent l'agglutinogène correspondant.

Il va donc de soi qu'un individu ne peut posséder dans son sang en même temps l'agglutinogène A et l'agglutinine a, car il détruirait alors ses propres globules rouges. En revanche, comme le montre le tableau, un sujet d'un groupe sanguin possède l'agglutinine qui ne correspond pas à son agglutinogène.

La répartition des groupes sanguins dans la population varie selon les races. Ainsi en Europe occidentale, 45 % des individus sont du groupe O et 5 % seulement du groupe AB.

Lorsqu'on pratique une transfusion, il est donc indispensable, sous peine d'accidents graves, de respecter les règles de compatibilité entre le sang du receveur et le sang du donneur.

Le facteur rhésus et ses particularités. Mais, tout en respectant les règles de compatibilité entre sang du receveur et sang du donneur, on observait lors de certaines transfusions, des accidents inexplicables. De même, des complications graves, parfois mortelles, survenaient chez des enfants au cours de la grossesse, ou dans les jours qui suivaient la naissance.

C'est en 1940 qu'on eut l'explication de ces accidents, lorsqu'on découvrit l'existence du facteur rhésus. On s'aperçut alors que l'on pouvait diviser les humains en deux groupes : la plupart d'entre eux (85 %) possèdent en effet sur les globules rouges un agglutinogène supplémentaire appelé facteur rhésus (du nom de la race des singes sur lesquels furent effectués les travaux expérimentaux). Ils sont appelés rhésus positif. Les 15 % restant ne possèdent pas cet agglutinogène facteur rhésus ; ils sont dits rhésus négatif. Chaque individu est donc caractérisé à la fois par son appartenance à l'un des quatre groupes sanguins, A, B, AB, ou O, *et* par son facteur rhésus positif ou négatif.

Lors des transfusions sanguines, il est donc évident qu'il faut respecter les règles de compatibilité non seulement dans le système classique (A, B, AB et O), mais aussi dans le système rhésus.

Mais, et c'est là que les choses se compliquent un peu, le système rhésus présente une originalité. Dans le système classique, un sang qui ne possède pas d'agglutinogène possède l'agglutinine correspondante, regardez, par exemple, le cas du groupe O. Pouvait-on en conclure que les rhésus négatifs, c'est-à-dire les 15 % d'humains n'ayant pas d'agglutinogène rhésus, possédaient l'agglutine anti-rhésus ? Non, et c'est là l'originalité du groupe rhésus négatif : il ne comporte pas d'agglutinine naturelle.

Mais ce qui est très important, et là vous approchez du terme de l'explication, ces agglutinines peuvent apparaître dans le cas suivant : lorsque du sang rhésus négatif entre en contact avec du sang rhésus positif (c'est-à-dire du sang dont les globules rouges portent l'agglutinogène rhésus, vous l'avez vu plus haut). Devant l'introduction de cette substance étrangère, l'agglutinogène rhésus, le sang

Groupe	Agglutinogène (globule rouge)	Agglutinine (sérum)	Remarques
A	A	b	Ne peut : • Donner qu'à son groupe • recevoir que de son groupe ou du groupe O
B	B	a	Idem
AB	A et B	pas d'agglutinine	Receveur Universel (reçoit tous les sangs)
O	pas d'agglutinogène	a et b	Donneur universel peut donner à tous les autres groupes.

rhésus négatif réagit, il fabrique des agglutinines anti-rhésus. On dit alors que le sujet rhésus négatif s'immunise contre les globules rouges rhésus positif.

C'est précisément cette immunisation, cette présence dans le sang rhésus négatif d'agglutinines anti-rhésus, qui peut être la source des accidents dont nous parlions plus haut.

En effet, que va-t-il se passer ?

Si, une femme a dans son sang des agglutinines anti-rhésus, cela n'aura aucune conséquence pour son organisme.

Par contre, si elle est enceinte, ces agglutinines, qui circulent dans son sang, franchissent le placenta, pénètrent dans la circulation fœtale, et y attaquent les globules rouges rhésus positif de l'enfant. Ces globules sont détruits, ou *hémolysés*, d'où le nom de *maladie hémolytique* donné aux divers accidents qui frappent alors l'enfant. Ces accidents peuvent être plus ou moins graves, je vous en parle plus loin.

Voyons d'abord dans quels cas une femme rhésus négatif peut s'immuniser.

Immunisation des femmes rhésus négatif. Elle peut se faire dans deux circonstances :

- *La femme reçoit, par erreur, une transfusion de sang rhésus positif.* Elle développe alors des agglutinines pour se défendre contre les globules rouges rhésus positif. Elle a le temps d'en fabriquer une grande quantité avant la survenue d'une éventuelle grossesse. Cette forme d'immunisation paraît donc particulièrement grave, et ceci d'autant plus que la transfusion responsable aura été faite à un âge plus jeune.
- *L'enfant attendu est rhésus positif.* Les globules rouges rhésus positif du fœtus peuvent (ce n'est ni obligatoire ni constant) passer dans l'organisme maternel. Ce passage se fait essentiellement au moment de l'accouchement et de la délivrance.

Alors, au contact de ces globules rhésus positif, la femme va développer des agglutinines anti-rhésus. Ces agglutinines ne peuvent plus être néfastes pour l'enfant qui vient de naître, mais puisqu'elles vont rester dans le sang de la mère, elles peuvent l'être pour l'enfant suivant. Ceci explique que les accidents ne surviennent pas au cours de la première grossesse (sauf si la femme a été immunisée par une transfusion), mais que les risques augmentent, au moins en théorie, avec la multiplication des grossesses.

Quels sont les risques pour une femme rhésus négatif d'être enceinte d'un enfant rhésus positif ? Cela dépend du père. S'il est rhésus négatif, l'enfant le sera également, donc pas de risque. Si le père est rhésus positif, il y a une chance sur deux que l'enfant soit rhésus négatif.

On voit donc qu'au cours de la grossesse, les risques d'immunisation dans le système rhésus sont loin d'être obligatoires et ne sont même pas fréquents.

Pour qu'il y ait immunisation :

- d'abord, il faut que la femme soit rhésus négatif : cela n'arrive que 15 fois sur 100 ;
- ensuite, il faut que le père soit rhésus positif, et qu'il ait engendré un enfant rhésus positif : cela n'arrive que dans 50 cas sur 100, comme vous l'avez vu.

Enfin, même quand ces deux conditions sont réunies, les accidents paraissent beaucoup moins fréquents qu'on ne devrait s'y attendre. Ainsi, nombre de couples paraissent protégés par des mécanismes dont la plupart sont encore inconnus.

Voyons maintenant les risques pour l'enfant de l'immunisation maternelle.

Risques de l'immunisation maternelle pour l'enfant. La destruction des globules rouges de l'enfant par les agglutinines maternelles va avoir des conséquences diverses dans leur gravité et leur date d'apparition.

Les accidents les plus graves sont aussi les plus précoces. Ils peuvent survenir dès le 6e ou le 7e mois de la grossesse. Ce sont :

- la mort du fœtus *in utero* ;
- un œdème, c'est-à-dire une infiltration de tous les organes du fœtus et du placenta : c'est l'anasarque fœto-placentaire, très rare et le plus souvent mortel.

Les accidents moins graves, beaucoup plus faciles à traiter, apparaissent après la naissance :

- l'anémie : elle est due à la destruction des globules rouges par les agglutinines maternelles ;
- l'ictère, c'est-à-dire la jaunisse, est également la conséquence de la destruction des globules rouges qui entraîne la libération d'un pigment, la bilirubine ; celle-ci se répand dans la circulation de l'enfant et donne la coloration jaune de la peau et des yeux. Ce pigment peut atteindre le cerveau où certaines zones sont particulièrement sensibles. Il peut en résulter de graves séquelles psychiques et motrices si l'ictère n'est pas traité.

Ces complications apparaissent en règle générale précocement dès les 24 premières heures après la naissance. Cet ictère ne doit pas être confondu avec l'ictère physiologique plus tardif et normal, que l'on voit chez de nombreux nouveau-nés.

Que faire si vous êtes facteur rhésus négatif ? Le premier geste de prévention consiste à dépister les femmes rhésus négatif, donc susceptibles de s'immuniser. Les règlements de Sécurité sociale prévoient d'ailleurs la détermination du groupe sanguin dans les trois premiers mois de la grossesse, avec un contrôle au cours du 9e mois.

Une fois que vous savez que vous êtes rhésus négatif, il est évidemment fondamental de connaître le groupe de votre mari. S'il est rhésus négatif, vous ne courez aucun risque puisque, vous l'avez vu, vos enfants seront obligatoirement rhésus négatif. Si votre mari est rhésus positif, c'est-à-dire si vous êtes dans les conditions de l'immunisation, il est intéressant de connaître son groupe (A, B, AB ou O). Il semble en effet que l'incompatibilité dans ce système (vous êtes du groupe A et votre mari du groupe B, par exemple) protège dans une certaine mesure contre la survenue des accidents d'immunisation.

Il sera nécessaire également, si l'on vous a fait des transfusions de sang, de vérifier qu'elles n'ont entraîné aucune conséquence, en recherchant dans votre sang l'existence d'agglutinines dès le début de la grossesse.

La surveillance de la grossesse doit évidemment être très attentive et les examens suffisamment fréquents. La recherche et le dosage des agglutinines seront pratiqués à chaque examen prénatal chez la multipare, au cours des 1er, 3e et 4e examens chez la primipare. Cette recherche sera faite même si la femme a déjà bénéficié d'un traitement préventif lors d'une grossesse précédente (voir page 257 : la prévention des accidents).

Dans la plupart des cas, la grossesse évolue normalement. Le médecin ne décèle aucune anomalie. Les recherches d'agglutinines restent négatives. Vous accoucherez à terme. Nous reviendrons sur les problèmes posés après la naissance de l'enfant.

Ailleurs, les choses se compliquent. Ces complications apparaissent surtout chez les femmes qui ont déjà eu des enfants, et qui ont pu être immunisées lors des grossesses précédentes. On doit redouter ces complications à plus forte raison si des complications sont déjà apparues aux grossesses précédentes.

Ici, la surveillance clinique est encore plus attentive, les recherches d'agglutinines plus fréquentes et répétées en cas d'élévation importante de leur taux. On peut être amené aussi à pratiquer des examens du liquide amniotique, prélevé par ponction. Ces examens permettent de savoir si l'enfant a été atteint, et dans quelle mesure. Si nécessaire, c'est alors qu'un traitement est mis en œuvre.

On reste très démuni contre les accidents très précoces et habituellement très graves, qui surviennent avant que l'enfant ne soit viable, c'est-à-dire avant que l'on puisse envisager de provoquer un accouchement prématuré. Dans des cas d'exceptionnelle gravité, on peut pratiquer une transfusion de sang alors que l'enfant est dans l'utérus. On a sauvé ainsi quelques enfants, mais cette technique reste d'application très rare. Ces cas gravissimes sont heureusement de moins en moins fréquents.

Le plus souvent, on attend que l'enfant soit viable et l'on provoque un accouchement avant terme (par la voie naturelle ou par césarienne) afin de le soustraire à l'influence néfaste des agglutinines maternelles. Il n'est pas souhaitable en effet de laisser la grossesse évoluer jusqu'à son terme dans les cas où l'enfant paraît souffrir, car c'est dans les dernières semaines que les risques sont les plus grands.

Après la naissance. On va pratiquer un certain nombre d'examens chez l'enfant.

Ils permettront :
- de préciser son groupe sanguin, et surtout son facteur rhésus puisque seul l'enfant rhésus positif court des risques ;
- de préciser l'existence et l'importance de ces risques.

En fonction de l'aspect clinique de l'enfant à la naissance et du résultat des examens, divers cas peuvent se présenter :
- le plus souvent, l'enfant ne présente aucun signe d'atteinte rhésus. Il reste simplement à le surveiller. Si rien ne s'est passé après le troisième jour, vous pouvez être rassurée.
- Quelquefois apparaît précocement une jaunisse. Les examens de laboratoire ne sont pas favorables. On sera amené, dans ce cas, à pratiquer une exsanguino-transfusion qui consiste à remplacer la totalité du sang de l'enfant par du sang « neuf ». Il peut être nécessaire de faire plusieurs exsanguino-transfusions consécutives chez le même enfant.
- Enfin, dans les cas présumés graves, où tout fait craindre une atteinte sévère de l'enfant, l'équipe de transfusion se trouve à côté de la salle d'accouchement, prête à agir. Les examens sont alors faits immédiatement, et la première exsanguino-transfusion est réalisée dans les minutes qui suivent la naissance.

De tout ce qui précède, vous pouvez aisément conclure que l'accouchement ne peut se dérouler que dans un centre bien équipé.

La prévention des accidents. En fait, tout permet de penser que, dans quelques années, les accidents dus au facteur rhésus ne seront plus qu'un mauvais souvenir.

Depuis quelques années, en effet, une nouvelle méthode a vu le jour. Elle repose sur un principe simple : détruire les globules rouges du fœtus passés dans la circulation de la mère rhésus négatif avant que celle-ci n'ait eu le temps de fabriquer des agglutinines.

On injecte à la mère dans les soixante-douze heures qui suivent l'accouchement, des gammaglobulines préparées spécialement pour détruire les globules rhésus positif. C'est ce qu'on appelle, improprement d'ailleurs la « vaccination anti-rhésus + ».

Ce traitement est répété après chaque accouchement. En revanche, il n'est pas applicable aux femmes déjà immunisées et qui ont déjà fabriqué des agglutinines.

A signaler : la « vaccination anti-rhésus + » peut également être nécessaire après un avortement, quelle qu'en soit la date.

Attention danger

Voici les symptômes que vous devez signaler au médecin dès leur apparition. Ils ne traduisent pas forcément la survenue d'une complication grave, mais seul le médecin pourra les interpréter.

Symptômes	Complications possibles
• Vous avez des pertes de sang, même légères (surtout si elles se répètent). • Vous avez des douleurs dans le bas-ventre.	Au début : Menace d'avortement, Grossesse extra-utérine. A la fin : Menace d'accouchement prématuré, Placenta praevia.
• Vous avez pris trop de poids trop vite (plus de 400 g par semaine). • Vos pieds, vos chevilles, vos mains gonflent. • Il y a de l'albumine dans vos urines.	Toxémie gravidique.
• Vous avez des troubles de la vue (taches devant les yeux, vue brouillée), surtout si ces troubles s'accompagnent d'une barre au creux de l'estomac et de maux de tête.	Eclampsie.
• Vous urinez fréquemment, avec des brûlures en urinant, accompagnées parfois de douleurs dans le ventre et les reins, et de fièvre.	Infection urinaire.
• Vous avez de la fièvre, qu'elle soit ou non accompagnée d'un autre symptôme. • Vous sentez des ganglions au niveau du cou. • Vous avez une éruption en un point quelconque du corps.	Maladie infectieuse.
• Vous avez une perte d'eau par le vagin (assurez-vous qu'il ne s'agit pas d'une émission involontaire d'urine, ce que vous reconnaîtrez à l'odeur).	Ruptures des membranes Risque d'accouchement prématuré.
• Vous êtes anormalement fatiguée, essoufflée, avec tendance à perdre connaissance.	Anémie.
• Vous avez subi un traumatisme important (chute, accident de la voie publique ou de la route).	Vérifier que le traumatisme n'a eu aucune conséquence sur l'évolution de la grossesse.

Quand accoucherai-je ?

CHAPITRE 11

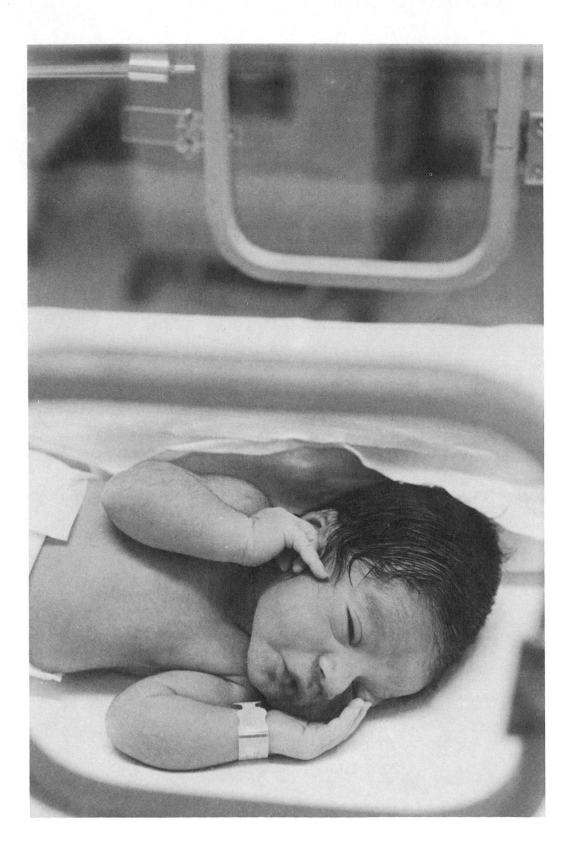

La date prévue

Vous savez bien sûr qu'une grossesse dure neuf mois, mais maintenant que vous êtes enceinte, vous souhaitez des précisions : est-ce 9 mois tout juste, et à partir de quelle date faut-il faire le calcul ?

Il serait facile de répondre à cette question si l'on connaissait avec précision la date de la conception — c'est-à-dire celle du premier jour de la grossesse — et la durée exacte de la grossesse. Malheureusement ces deux éléments sont variables.

La date de la conception correspond à la date de l'ovulation puisque, comme vous l'avez vu au chapitre 5, l'ovule ne vit que quelques heures. Pour une femme réglée régulièrement, tous les 28 jours, on admet que l'ovulation se situe au 14ᵉ jour du cycle. Mais il y a tout de suite des restrictions à cette estimation : lorsque le cycle est plus court, l'ovulation a lieu plus tôt, lorsque le cycle est plus long, l'ovulation se situe plus tard. La date de l'ovulation peut aussi varier en fonction de différents facteurs : changements de climat — vous l'avez peut-être remarqué en voyage ou en vacances — choc affectif, maladies, etc.

Pour ces différentes raisons, il est bien difficile de connaître la date exacte de la conception sauf lorsqu'on prend régulièrement sa température (voir p. 29 ce qui est dit de la méthode de la température), ou lorsque, à l'origine de la grossesse, il y a eu un seul rapport.

Devant cette difficulté, on a pris l'habitude, pour calculer la date de l'accouchement, de partir d'une date généralement mieux connue que celle de la conception : le premier jour des dernières règles. On compte alors la grossesse en semaines et non plus en mois. Mais cette manière de calculer peut être source de confusion. Si vos règles datent par exemple du 1ᵉʳ janvier, la grossesse a débuté vraisemblablement le 14. Le 1ᵉʳ mars, partant des dernières règles et comptant en semaines, on dira : la grossesse a 8 semaines, alors qu'en réalité elle n'évolue que depuis 6 semaines (14 janvier-1ᵉʳ mars).

De même, au moment de l'accouchement, la grossesse aura duré 9 mois, soit 40 à 41 semaines, et non pas 36 (comme on pourrait conclure en faisant un calcul hâtif : 9 × 4). Or cette différence a deux causes : d'abord les deux semaines écoulées entre le début des règles et la fécondation ; ensuite le fait que chacun des neuf mois comporte en réalité 4 semaines *plus* 2 ou 3 jours.

Le problème n'est pourtant pas résolu pour autant car, à partir de cette date, les statistiques prouvent que la grossesse, comme de nombreux autres phénomènes biologiques, a une durée variable. Théoriquement la grossesse dure en moyenne de 280 à 287 jours, soit 40 à 41 semaines (comptées à partir du premier jour des dernières règles). Mais ces chiffres peuvent varier dans un sens ou dans l'autre. L'expérience montre que 25 % des femmes accouchent à 38 ou 39 semaines, et que 30 % n'accouchent qu'à la 42ᵉ ou 43ᵉ semaine.

Au risque de vous décevoir, je vous demande donc de comprendre qu'il est impossible, à quelques jours près, de prévoir la date de votre accouchement. En pratique cependant, vous pouvez appliquer une règle classique : on ajoute 14 jours à la date des dernières règles puis 9 mois au calendrier *. Par exemple, si vos règles sont du 10 janvier, la date théorique de l'accouchement sera le 24 octobre. Rappelez-vous cependant que ce calcul reste très approximatif.

S'il y a eu un seul rapport, pour connaître la date de l'accouchement, il faut ajouter 9 mois au calendrier.

Le calcul de la date probable de votre accouchement sera encore plus difficile dans les cas suivants :
— si vous êtes habituellement mal réglée,
— si vous avez oublié la date de vos règles ; un gynécologue accoucheur qui a une pratique de 30 ans, m'a dit : il n'est pas rare qu'une femme ignore la date de ses dernières règles, ou alors la réponse est très imprécise du genre, « c'était un mardi », ou encore « cela fera 18 jours la semaine prochaine » ;
— si vos cycles sont habituellement très longs : 40 jours et plus,
— si la grossesse survient le premier cycle qui suit l'arrêt de la pilule : l'ovulation est alors souvent retardée.

Mais il y a quand même différents moyens d'apprécier la date de votre accouchement. Certains sont assez peu fidèles : date à laquelle vous avez perçu les premiers mouvements de l'enfant (en principe autour de 4 mois), hauteur de l'utérus. D'autres sont beaucoup plus précis : l'échographie notamment qui permet de déterminer l'âge de la grossesse à une semaine près environ.

En résumé, vous voyez qu'il est difficile de fixer avec précision la date de l'accouchement. Celle-ci restera toujours approximative, au moins à huit jours près.

Du point de vue légal, la durée de la grossesse a été fixée en France à 300 jours. Le Code civil dispose en effet que « la légitimité d'un enfant né à 300 jours après la dissolution du mariage pourra être contestée ». La durée légale la plus longue est prévue par la loi américaine : 317 jours.

La lune a-t-elle une influence sur le moment de la naissance ? Cette croyance populaire est le sujet d'une très sérieuse étude scientifique **. Voici ses conclusions : on observe en effet un plus grand nombre de naissances pendant les périodes comprises entre le dernier quartier et la nouvelle lune, et moins d'accouchements autour du premier quartier. Cette étude a également mis en évidence deux rythmes : l'un est hebdomadaire, caractérisé par un nombre de nouveau-nés minimum le dimanche et maximum le mardi ; l'autre est annuel avec un pic de naissances en mai et un creux en septembre-octobre.

Vous venez de voir que, si la durée statistique moyenne d'une grossesse est d'environ 280 jours, des variations de quelques jours dans un sens ou dans l'autre étaient fréquentes. Elles ne peuvent en aucun cas être considérées comme des complications mais seulement comme des écarts statistiques sans signification. Toutes différentes sont les anomalies franches de durée de la grossesse dont je voudrais vous parler maintenant. Ainsi l'accouchement peut se produire plusieurs semaines avant la date prévue, c'est l'accouchement prématuré. Ailleurs, la grossesse se prolonge anormalement sans qu'aucun signe précurseur d'accouchement ne se manifeste : c'est la grossesse prolongée.

Dans ces deux cas, l'enfant court des risques qu'il faut connaître.

---

* Il y a une autre manière de faire le calcul de la date de l'accouchement : au lieu de 14 jours, on ajoute 7 jours ; cela donne donc une différence d'une semaine, correspondant d'ailleurs à la variation la plus fréquente de durée.

** Journal de gynécologie obstétrique et de biologie de la reproduction (1986-15, 265-271).

Le calendrier de votre attente

JANVIER OCTOBRE		FÉVRIER NOVEMBRE		MARS DÉCEMBRE		AVRIL JANVIER		MAI FÉVRIER		JUIN MARS		JUILLET AVRIL		AOUT MAI		SEPTEMBRE JUIN		OCTOBRE JUILLET		NOVEMBRE AOUT		DÉCEMBRE SEPTEMBRE	
1	15	1	15	1	13	1	13	1	12	1	15	1	14	1	15	1	15	1	15	1	15	1	14
2	16	2	16	2	14	2	14	2	13	2	16	2	15	2	16	2	16	2	16	2	16	2	15
3	17	3	17	3	15	3	15	3	14	3	17	3	16	3	17	3	17	3	17	3	17	3	16
4	18	4	18	4	16	4	16	4	15	4	18	4	17	4	18	4	18	4	18	4	18	4	17
5	19	5	19	5	17	5	17	5	16	5	19	5	18	5	19	5	19	5	19	5	19	5	18
6	20	6	20	6	18	6	18	6	17	6	20	6	19	6	20	6	20	6	20	6	20	6	19
7	21	7	21	7	19	7	19	7	18	7	21	7	20	7	21	7	21	7	21	7	21	7	20
8	22	8	22	8	20	8	20	8	19	8	22	8	21	8	22	8	22	8	22	8	22	8	21
9	23	9	23	9	21	9	21	9	20	9	23	9	22	9	23	9	23	9	23	9	23	9	22
10	24	10	24	10	22	10	22	10	21	10	24	10	23	10	24	10	24	10	24	10	24	10	23
11	25	11	25	11	23	11	23	11	22	11	25	11	24	11	25	11	25	11	25	11	25	11	24
12	26	12	26	12	24	12	24	12	23	12	26	12	25	12	26	12	26	12	26	12	26	12	25
13	27	13	27	13	25	13	25	13	24	13	27	13	26	13	27	13	27	13	27	13	27	13	26
14	28	14	28	14	26	14	26	14	25	14	28	14	27	14	28	14	28	14	28	14	28	14	27
15	29	15	29	15	27	15	27	15	26	15	29	15	28	15	29	15	29	15	29	15	29	15	28
16	30	16	30	16	28	16	28	16	27	16	30	16	29	16	30	16	30	16	30	16	30	16	29
17	31	17	1	17	29	17	29	17	28	17	31	17	30	17	31	17	1	17	31	17	31	17	30
18	1	18	2	18	30	18	30	18	1	18	1	18	1	18	1	18	2	18	1	18	1	18	1
19	2	19	3	19	31	19	31	19	2	19	2	19	2	19	2	19	3	19	2	19	2	19	2
20	3	20	4	20	1	20	1	20	3	20	3	20	3	20	3	20	4	20	3	20	3	20	3
21	4	21	5	21	2	21	2	21	4	21	4	21	4	21	4	21	5	21	4	21	4	21	4
22	5	22	6	22	3	22	3	22	5	22	5	22	5	22	5	22	6	22	5	22	5	22	5
23	6	23	7	23	4	23	4	23	6	23	6	23	6	23	6	23	7	23	6	23	6	23	6
24	7	24	8	24	5	24	5	24	7	24	7	24	7	24	7	24	8	24	7	24	7	24	7
25	8	25	9	25	6	25	6	25	8	25	8	25	8	25	8	25	9	25	8	25	8	25	8
26	9	26	10	26	7	26	7	26	9	26	9	26	9	26	9	26	10	26	9	26	9	26	9
27	10	27	11	27	8	27	8	27	10	27	10	27	10	27	10	27	11	27	10	27	10	27	10
28	11	28	12	28	9	28	9	28	11	28	11	28	11	28	11	28	12	28	11	28	11	28	11
29	12			29	10	29	10	29	12	29	12	29	12	29	12	29	13	29	12	29	12	29	12
30	13			30	11	30	11	20	13	30	13	30	13	30	13	30	14	30	13	30	13	30	13
31	14			31	12			31	14			31	14	31	14			31	14			31	14
JANVIER NOVEMBRE		FÉVRIER DÉCEMBRE		MARS JANVIER		AVRIL FÉVRIER		MAI MARS		JUIN AVRIL		JUILLET MAI		AOUT JUIN		SEPTEMBRE JUILLET		OCTOBRE AOUT		NOVEMBRE SEPTEMBRE		DÉCEMBRE OCTOBRE	

Chiffres noirs : date du premier jour des dernières règles. Chiffres en couleur : date probable de l'accouchement.

Plus tôt : l'accouchement prématuré

Il y a quelques années, on classait systématiquement les prématurés d'après leur poids : tout enfant de moins de 2,500 kilos était dit prématuré. C'était une erreur car il existe un certain nombre d'enfants de moins de 2,500 kilos qui sont à terme. Ce sont les enfants hypotrophiques. Je vous en parlerai plus loin.

Aujourd'hui, on appelle prématuré un enfant né à moins de 37 semaines de grossesse comptées à partir du premier jour des dernières règles. Quant au poids, il dépend de « l'âge » du prématuré : plus l'enfant est né tôt, plus son poids est petit.

La fréquence de l'accouchement prématuré n'est pas négligeable : 5 % pour la France, ce qui représente 35 000 à 40 000 naissances chaque année. Cette fréquence varie d'ailleurs avec le niveau de développement socio-économique : elle est d'autant plus basse que la femme enceinte se fait mieux suivre, je vous en reparle plus loin.

Prématuré et hypotrophique. Il peut arriver qu'un enfant pèse moins de 2 500 g, et, pourtant, arrive à terme. Il n'est donc pas prématuré ; on l'appelle *hypotrophique*, ce qui signifie : « insuffisamment nourri ». (Les Anglo-Saxons disent : « light for date », « léger pour son âge ».)

Cet enfant a séjourné dans l'utérus le temps normal d'une grossesse, mais n'a pas, au bout de ces neuf mois, atteint le développement habituel d'un nouveau-né : il peut peser entre 2,500 kilos et moins d'un kilo, c'est-à-dire jusqu'à trois fois moins qu'un nouveau-né normal. Son aspect est particulier : peau desséchée, jaune et qui parfois « pèle ». Sa taille, en revanche, correspond à la moyenne.

Que s'est-il passé ? Sa mère a pu être mal nourrie, ou bien elle a souffert d'une maladie dont je vous ai parlé, la toxémie gravidique. Parfois la cause est génétique (trisomie).

Un point important à signaler : les besoins caloriques de l'enfant hypotrophique sont ceux de son âge et non pas de son poids, il faut donc l'alimenter comme s'il pesait 2,5 ou 3 kilos. Bien sûr, cela pose des problèmes, mais on y arrive en particulier par une nourriture concentrée.

Les naissances d'enfants hypotrophiques sont beaucoup moins fréquentes que les naissances de prématurés.

Mais revenons au prématuré.

Pourquoi l'accouchement a-t-il lieu prématurément ?

Les causes de l'accouchement prématuré sont nombreuses. Certaines sont d'ailleurs communes aux accouchements prématurés et aux avortements spontanés (voyez page 236).

Les causes peuvent être accidentelles.

■ Un traumatisme (accident de la route par exemple), surtout s'il est violent et s'il porte sur l'abdomen, peut entraîner un accouchement avant terme. On peut en rapprocher les opérations chirurgicales (une appendicite par exemple) qui sont capables de provoquer l'accouchement dans les jours qui suivent l'intervention.

■ Toutes les maladies infectieuses aiguës contractées dans le dernier tiers de la grossesse peuvent entraîner un accouchement prématuré.

■ Il en est de même de la distension anormale de l'utérus. Habituellement, elle est la conséquence, soit d'une grossesse gémellaire (20 à 30 % des prématurés sont des jumeaux), soit d'un excès de liquide amniotique.

■ L'insertion anormale du placenta ou placenta praevia (voyez page 241) est également cause d'accouchement prématuré.

D'autres causes sont permanentes.
Elles sont locales ou générales. Les causes locales sont représentées par les malformations utérines ou par l'insuffisance de fermeture du col (encore appelée béance de l'isthme) qui ne joue plus son rôle normal de verrou et laisse « échapper » l'enfant.

Les causes générales sont les maladies maternelles (toxémie, diabète par exemple). Dans ces cas, la maladie peut entraîner un déclenchement spontané du travail avant terme. Mais il arrive aussi que le médecin prenne la décision d'interrompre la grossesse avant la date prévue pour l'accouchement quand l'enfant souffre de la maladie maternelle. Cette décision est difficile à prendre puisque l'on oscille entre les risques de la prématurité et ceux de souffrance de l'enfant *in utero*. On dispose actuellement de moyens (examen du liquide amniotique, échographie) qui permettent d'apprécier les risques de prématurité.

A côté de ces causes « médicales », les facteurs socio-économiques jouent un rôle incontestable.
Il est certain que la fatigue de la femme enceinte augmente le risque d'accouchement prématuré. C'est dire le rôle des conditions de travail (fonction, horaires), de l'éloignement du domicile avec de longs trajets par les transports en commun, des travaux ménagers fatigants. Toutes les statistiques prouvent que l'accouchement prématuré est d'autant plus fréquent que le niveau socio-économique de la femme est moins élevé. C'est pourquoi le repos légal de 6 semaines avant l'accouchement doit être respecté. En cas de travail pénible, le médecin conseillera généralement un repos plus long.

Avant d'en terminer sur ce chapitre des causes, je voudrais vous préciser deux choses. Tout d'abord, si toutes les causes envisagées peuvent déclencher l'accouchement prématurément, il n'en est pas toujours ainsi. Ne vous inquiétez donc pas si vous êtes dans un de ces cas. Il est tout à fait possible que votre grossesse aille jusqu'à son terme.

D'autre part, toutes les causes d'accouchement prématuré ne sont pas connues. Elles nous échappent dans 30 % des cas au moins. Il n'est donc pas possible, dans près d'un tiers des cas, de prévenir un accouchement prématuré.

La menace
d'accouchement prématuré

Pour vous, elle se traduit essentiellement par l'apparition anormale de contractions utérines. Vous sentez votre ventre « se durcir » et cette contraction peut être douloureuse.

Mettez-vous immédiatement au repos, placez (si vous en avez) un suppositoire d'antispasmodique et prévenez le médecin aussitôt, ou rendez-vous à l'hôpital sans tarder. Le médecin recherchera si votre col s'est modifié. Le raccourcissement et le début d'ouverture du col sont en effet les deux signes qui traduisent que l'accouchement risque d'avoir lieu plus tôt que prévu.

Le médecin prescrira :
- le repos complet au lit ;
- l'administration de médicaments destinés à mettre l'utérus au repos et à stopper les contractions utérines ;
- il est possible qu'une hospitalisation soit nécessaire si le risque d'accouchement semble sérieux. Elle permet une meilleure surveillance et un traitement plus intensif.

Dans certains cas malheureusement ces mesures n'empêchent pas la survenue de l'accouchement prématuré.

Les risques de l'accouchement
prématuré pour l'enfant

Bien sûr, un enfant qui naît prématurément n'a pas le même aspect qu'un enfant qui naît à terme. En général, il a la peau plus rouge et plus fine. Ses veines sont très visibles. Le duvet est encore abondant ; en revanche, les cheveux sont rares, les ongles peu développés, les fontanelles larges et peu tendues.

Mais ce qui différencie surtout le prématuré de l'enfant né à terme, c'est qu'il n'a pas atteint le même degré de développement, il est comme inachevé. On le constate dans toutes les fonctions de son organisme. Et c'est d'ailleurs là que réside la difficulté de son « élevage ». Un prématuré peut se développer très bien, mais il peut aussi souffrir gravement d'être né avant terme.

On peut classer les prématurés en deux catégories :
- Le prématuré de 35 et 36 semaines, qui est généralement peu exposé. Dans un grand nombre de cas, il est simplement fragile, et soigné dans un centre ordinaire de prématuré. Parfois même, on le laisse près de sa mère à la maternité, et il rentre à la maison avec elle.
- Le prématuré né à moins de 35 semaines de grossesse, et qui pèse, en général, moins de 2 kilos. Ce prématuré, qui doit bénéficier de soins particuliers dans les services dits de soins intensifs, est, en effet, exposé aux difficultés suivantes :

— Il a de la peine à respirer, ce qui peut avoir des conséquences graves pour son cerveau qui ne sera pas approvisionné en oxygène (c'est cela qu'on appelle l'anoxie).

— Il est incapable de régler sa température, et donc peut se refroidir. C'est pourquoi, dans l'incubateur, la température est constamment surveillée.

— Il est souvent incapable de téter et son estomac a de petites capacités. On est fréquemment obligé de le nourrir par sonde ou par perfusion. Il ne digère pas bien certains aliments, les graisses en particulier (d'où l'importance du lait maternel).

— Il est sensible aux infections.

— Il est incapable de fabriquer suffisamment de sang, d'où la nécessité parfois de le transfuser.

— Il manque de vitamines et de fer.

— Son sang circule mal.

— Il ne transpire pas car il n'a pas les glandes nécessaires. Il faut donc le mettre dans une atmosphère humide.

Que faut-il faire...

... si vous redoutez un accouchement prématuré. La première chose à faire est de demander conseil au médecin. N'hésitez pas à changer vos projets. Si possible, apprêtez-vous à accoucher dans un hôpital qui possède un centre de prématurés. Dans le cas contraire, assurez-vous que la maternité où vous pensiez accoucher est suffisamment équipée pour donner les premiers soins à un prématuré, et qu'elle possède notamment un incubateur (une couveuse).

C'est en effet dans un incubateur que l'enfant doit être placé immédiatement après la naissance. On peut y faire régner en permanence le degré de température et l'apport d'oxygène les mieux adaptés à chaque cas.

Le médecin décidera, en fonction de l'état de l'enfant, s'il peut rester à la maternité, ou s'il doit être transporté dans un centre de prématurés, seul compétent pour traiter un grand prématuré. Celui-ci nécessite en effet une surveillance intensive et des soins particuliers, notamment d'alimentation. Selon son état initial, l'enfant restera dans ce centre quelques jours ou quelques semaines. Heureusement aujourd'hui, ce séjour forcé ne signifie pas une coupure avec les parents, comme autrefois. De plus en plus, les parents sont engagés à venir régulièrement voir leur bébé, le toucher, lui parler et qu'ainsi, et pour lui et pour eux, le lien ne soit pas rompu. Lors de la naissance d'un enfant prématuré, les parents se sentent toujours plus ou moins responsables. Garder un contact avec l'enfant, lui rendre visite, aide à surmonter cette culpabilité.

Peut-on éviter l'accouchement prématuré ?

Prévenir l'accouchement prématuré reste actuellement le souci majeur des médecins. En effet, la prématurité est responsable de la moitié des morts qui surviennent pendant l'accouchement ou dans les jours qui suivent.

Certes, la médecine a fait de grands progrès, et les soins donnés dans les centres dont je viens de vous parler permettent la survie d'enfants qui auraient été condamnés autrefois. Toutefois, les gains ne sont pas aussi importants que l'on pourrait espérer. C'est pourquoi le meilleur traitement de la prématurité consiste encore actuellement dans la poursuite de la grossesse le plus loin possible près du terme : le meilleur incubateur c'est vous.

J'ajoute d'ailleurs que des grands progrès ont été faits : en dix ans, le pourcentage des prématurés a baissé de moitié. C'est dû en grande partie, je vous en ai déjà parlé, simplement à une meilleure surveillance de la grossesse.

Il y a aussi des cas précis où l'on peut prévenir l'accouchement prématuré par une intervention ; par exemple la malformation utérine que l'on corrige par la chirurgie ; et la béance du col qui, elle, est corrigée par un **cerclage du col**.

Le cerclage est pratiqué entre deux mois et demi et trois mois, et consiste à fermer l'ouverture du col en passant un fil solide, comme pour fermer une bourse. Le cerclage est fait sous anesthésie générale. Il nécessite une hospitalisation de quelques jours. Malgré le cerclage, il est nécessaire de prendre des précautions jusqu'à la fin de la grossesse, essentiellement en se reposant. Quelques jours avant le terme, ou au début de l'accouchement lui-même, le médecin ôte le fil.

Cela dit, je vous le rappelle, puisque dans 30 % des cas, on ne sait pas pourquoi un enfant naît prématurément, vous n'avez pas de raison de vous culpabiliser si votre enfant naissait plus tôt que prévu, et si vous avez fait ce qui était raisonnable pour l'éviter.

Si vous voulez en savoir plus sur la prématurité, je vous conseille le numéro 6 des *Cahiers du Nouveau-né*, « Un enfant prématurément », ouvrage collectif réalisé sous la direction du docteur Laurent Le Vaguerèse *.

Si vous avez eu un prématuré, le témoignage de Françoise Loux vous intéressera certainement : *Une si longue naissance* *. C'est le récit de la lutte qu'ont menée pendant quatre mois côte à côte la mère et toute une équipe médicale pour faire vivre Valentin né à 6 mois et pesant 950 g.

* Stock/éditeur.

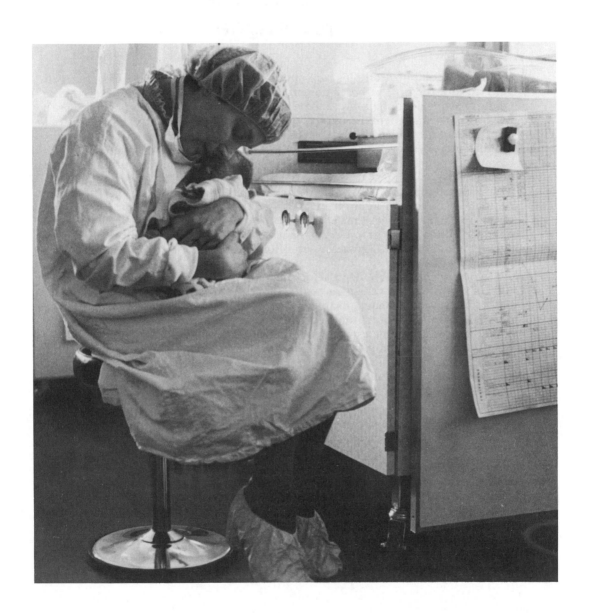

Plus tard : la grossesse prolongée

C'est une complication plus rare que la précédente (2 à 3 % des cas), mais elle peut aussi être grave et poser des problèmes délicats. Elle peut être grave car l'enfant risque de souffrir — et même de mourir *in utero* — quand la grossesse se prolonge anormalement. En effet, le placenta, véritable usine d'échanges entre la mère et l'enfant, fournit jusqu'à terme au fœtus les aliments et surtout l'oxygène qui lui sont nécessaires. Le terme dépassé, le placenta vieillit et fonctionne moins bien ; les apports au fœtus deviennent insuffisants d'où le risque de souffrance fœtale.

Sur le plan pratique, il est difficile de savoir si une grossesse est véritablement prolongée. Je vous ai déjà dit qu'il était difficile ou impossible de calculer le terme exact avec précision, et que des variations de quelques jours étaient possibles dans un sens ou dans l'autre. En vérité, la situation ne devient préoccupante que si la grossesse se prolonge de 8 à 10 jours au-delà de la date prévue, ou davantage.

Si votre terme semble dépassé, le médecin a maintenant à sa disposition un certain nombre de moyens pour confirmer ce diagnostic : échographie, radiographies, dosages hormonaux, examens divers du liquide amniotique. Muni de ces renseignements, il pourra alors prendre la décision de déclencher l'accouchement. Tout le problème est d'intervenir avant que l'enfant ne souffre.

A la naissance, l'enfant (que l'on qualifie alors de « postmature ») a souvent un aspect un peu particulier : sa peau est plus fripée que chez l'enfant né à terme et elle ne porte plus aucune trace de couche graisseuse (appelée « vernix »). Elle élimine ses couches superficielles : on dit qu'elle desquame. Enfin, les ongles sont anormalement longs.

Mais habituellement, l'enfant postmature ne nécessite pas de soins particuliers.

Peut-on
« programmer » la date
de l'accouchement ?

Oui, c'est possible de déclencher artificiellement le travail avant la date prévue pour l'accouchement. Pour cela on fait des perfusions d'ocytocine ou de prostaglandines (vous verrez leur rôle dans le déclenchement naturel de l'accouchement). Certaines futures mères sont tentées par « l'accouchement programmé », pour des raisons personnelles ou professionnelles. Certains médecins y sont favorables aussi pour une meilleure organisation de leur service, meilleure répartition des lits, etc. Qu'en penser ?

Tout déclenchement artificiel du travail implique l'acceptation de certains risques :

■ celui de faire naître un prématuré si la femme est habituellement mal réglée, ou s'est trompée dans le calcul de la date de ses règles, donc si le terme réel ne correspond pas au terme initialement prévu. Cette éventualité ne peut évidemment se produire si l'on attend le déclenchement spontané de l'accouchement ;

■ celui de se solder par un échec si les conditions locales idéales ne sont pas réunies : le col doit être suffisamment ramolli et déjà entrouvert, la tête assez basse pour que l'on puisse espérer un succès et un accouchement facile ;

■ le risque enfin, bien qu'ayant déclenché le travail, de provoquer un accouchement plus long, plus difficile, donc plus traumatisant pour l'enfant et pour la mère. Il arrive même que l'on soit acculé à des situations dont la seule issue est la césarienne, intervention dont on aurait pu se dispenser.

Programmer son accouchement est donc bien contestable quand il ne s'agit que de convenances personnelles, en revanche c'est légitime quand il s'agit de soustraire l'enfant à un danger : certaines conditions médicales peuvent imposer une interruption prématurée de la grossesse avant la date prévue du terme. Ce sont celles où l'enfant risque de souffrir d'un séjour trop long dans l'utérus maternel tels, par exemple, dans certains cas de diabète ou d'iso-immunisation rhésus. Habituellement ce sont les dernières semaines les plus dangereuses pour l'enfant. Là, la question ne se pose pas, il faut déclencher l'accouchement.

L'accouchement

CHAPITRE 12

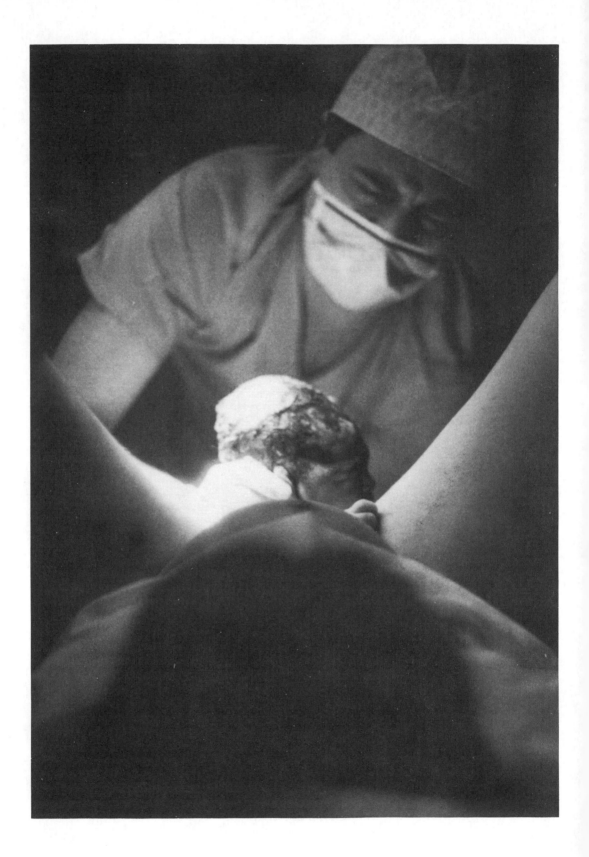

Depuis déjà plusieurs années, tout ce qui entoure la naissance fascine. L'accouchement sans douleur est à l'origine de cette curiosité et de cet intérêt puisque les femmes apprenaient enfin de la naissance tant de choses qu'elles ignoraient jusqu'alors. Puis est venue l'éducation sexuelle qui a familiarisé le grand public avec un vocabulaire et des mots réservés jusqu'alors à la médecine et à la science.

Alors les journaux et les magazines ont été peu à peu envahis de photos de femmes mettant au monde leur bébé, et de nombreux films sur la naissance ont été proposés au grand public.

Ainsi, l'accouchement s'est-il peu à peu dépouillé de son côté à la fois mystérieux et inquiétant, pour le plus grand bien des futurs parents.

Il n'empêche que la femme qui attend un enfant, et surtout lorsque c'est le premier, même si les images vues lui ont déjà rendu l'événement plus familier, veut tout savoir de l'accouchement : comment il s'annonce, comment il débute, quand il faut partir pour la maternité, combien de temps dure l'accouchement, s'il fera souffrir, etc. Ce chapitre va s'efforcer de répondre à toutes ces questions.

Un accouchement peut se raconter de deux manières :
- vu de l'intérieur, si je puis dire, ce qui permet de comprendre le mécanisme de la naissance, d'observer les forces qui entrent en jeu et les phénomènes physiologiques qui se produisent ;
- vu de l'extérieur, c'est-à-dire vécu par la mère : comment s'annonce pour elle l'accouchement, quelles sont les sensations qu'elle va éprouver, quand devra-t-elle partir pour la maternité, etc.

De ces deux aspects, l'un surtout technique, l'autre essentiellement pratique, il est certain que c'est le second qui vous intéresse avant tout. C'est celui-là que je décrirai le plus longuement dans ce chapitre. Il est néanmoins nécessaire que vous connaissiez d'abord les phénomènes mécaniques qui se produisent lors d'un accouchement.

D'abord quelques
explications techniques

Voyez la situation de l'enfant à la veille de la naissance. Pour cela, regardez la pages 119 : l'enfant (la tête en bas dans la plupart des cas) est situé dans l'utérus, entouré (comme dans un sac) par deux membranes fines. A l'intérieur du sac, le liquide amniotique.

A la partie inférieure de l'utérus se trouve le col qui, pendant toute la durée de la grossesse, reste fermé comme un verrou. Ce col a 3-4 cm de long.

L'accouchement sera la sortie de l'enfant hors de l'utérus, hors des voies génitales de la mère.

Cette sortie ne peut se faire sans un moteur qui pousse l'enfant en avant. Ce moteur, ce sont les contractions de l'utérus.

Ces contractions vont avoir deux effets :
- elles vont ouvrir le col de l'utérus ;
- la porte une fois ouverte, les contractions vont faire franchir à l'enfant le tunnel formé par le bassin et les parties molles du périnée * et de la vulve ** .

On peut considérer l'accouchement comme la résultante de deux forces opposées : l'une active, c'est la contraction utérine qui cherche à pousser l'enfant dehors, l'autre passive, c'est le tunnel qui résiste à cette poussée.

Voyons de plus près les forces en présence : le moteur utérin, et l'enfant, puis le tunnel à franchir.

Le moteur : l'utérus

Ce qu'il est, comment il fonctionne. L'utérus est un muscle, comme le biceps par exemple. Mais, à la différence du biceps, l'utérus est un muscle creux ; il forme comme une poche à l'intérieur de laquelle se trouve l'enfant. Comme tous les muscles, l'utérus est fait de fibres qui ont le pouvoir de se contracter.

Les contractions de l'utérus sont autonomes, automatiques, c'est-à-dire qu'elles échappent à la volonté : vous ne pouvez ni les diminuer ni les augmenter ; cela ne veut pas dire pour autant que vous allez rester passive pendant votre accouchement, je vous en reparlerai.

Les contractions peuvent apparaître dans la deuxième moitié de la grossesse, mais c'est seulement au moment de l'accouchement qu'elles « entrent en scène », qu'elles agissent pour de bon.

---

* Les muscles compris entre le vagin et le rectum forment le périnée.
** La vulve est l'ouverture du vagin.

Un jour le moteur se met en marche. Qu'est-ce qui, un beau jour, déclenche les contractions ? Pour l'instant, il est impossible de répondre d'une manière précise à cette question, mais il est vraisemblable que plusieurs facteurs entrent en jeu.

Les uns sont purement mécaniques : la distension utérine, qui existe en fin de grossesse, agit sur le col pour le forcer progressivement à s'ouvrir. Elle peut aussi agir sur le muscle utérin pour lui faire sécréter des substances actives sur la contraction, et dont nous parlerons plus loin : les prostaglandines.

Des facteurs nerveux interviennent également — comme des réflexes — dont le point de départ serait le col utérin. Certains arguments sont en faveur de cette hypothèse : il est fréquent que le simple examen d'une femme à terme déclenche l'accouchement dans les 24 heures qui suivent ; d'autre part, on a pendant longtemps provoqué l'accouchement en introduisant dans le col des ballons que l'on gonflait peu à peu. On ignore toutefois la nature exacte de ces réflexes.

Le rôle des facteurs hormonaux a également été invoqué. Pendant un temps, on a admis que le déclenchement de l'accouchement était dû à la chute de la production hormonale placentaire, notamment celle de la progestérone dont on sait le rôle anticontractant sur la fibre utérine. On sait maintenant qu'il n'en est rien.

Par contre, la glande surrénale du fœtus paraît jouer un rôle important : dans les jours et heures qui précèdent l'accouchement, elle devient hyperactive. Mais nous ne savons pas comment s'exerce cette influence.

Une autre hormone est connue pour déclencher et entretenir les contractions : c'est l'ocytocine sécrétée par l'hypophyse. C'est elle que l'on emploie en perfusion intraveineuse au cours de l'accouchement pour renforcer et régulariser les contractions. A la fin de la grossesse, elle est sécrétée à la fois par l'hypophyse de la mère et par celle du fœtus. Mais cette ocytocine n'aurait en fait qu'un faible rôle dans le déclenchement du travail, elle agirait plutôt pendant l'accouchement lui-même. Les prostaglandines, quant à elles, sont des substances qui activent la contraction utérine. Elles agissent un peu comme l'ocytocine mais sont surtout utilisées dans les interruptions volontaires de grossesse (après 3 mois). Fabriquées par l'utérus, leur taux augmente nettement en fin de grossesse, mais il n'est pas certain — comme pour l'ocytocine — qu'elles jouent un rôle direct dans le déclenchement de l'accouchement.

En conclusion, on peut dire qu'aucun de ces facteurs ne paraît suffisant à lui seul, pour déclencher l'accouchement. Mais il est possible qu'ils s'associent selon un mécanisme qui nous est encore inconnu, pour provoquer, puis entretenir et renforcer les contractions.

Effet des contractions. L'utérus commence donc à se contracter. Les contractions vont exercer leur force de haut en bas, c'est-à-dire du fond de l'utérus vers le col. Ce faisant, elles vont avoir une action sur le col : en effet, à chaque contraction, les parois de l'utérus tirent le col vers le haut : voyez le dessin page suivante. Et c'est ainsi que peu à peu le col va s'ouvrir. Il est en effet indispensable, pour que l'enfant puisse sortir de l'utérus, que s'ouvre le col comme vous pouvez vous en rendre compte sur le schéma de la page suivante.

Au cours de la grossesse, le col a subi un ramollissement progressif qui rend son ouverture plus aisée. Mais *il ne peut s'ouvrir que grâce à l'action des contractions utérines*.

Les contractions tendent à diminuer la longueur de l'utérus.
(Un muscle, quand il est contracté — biceps, par exemple —
se ramasse sur lui-même.) C'est ce qu'indiquent les flèches :
le fond de l'utérus est poussé du haut vers le bas, le col est tiré
du bas peu à peu vers le haut. Ainsi le col est-il amené
à s'ouvrir, et l'enfant à sortir.

... dilater le col. Dans un premier temps, le col se raccourcit progressivement jusqu'à disparaître et se confondre avec le reste de l'utérus. On dit qu'il *s'efface*. Mais, comme vous pouvez le voir page 284, il est encore fermé.

C'est dans un second temps qu'il s'ouvre, et toujours sous l'influence des contractions. On dit alors qu'il *se dilate*.

Cette dilatation, on la décrivait autrefois selon des critères peu précis (pièce de 2 francs, de 5 francs, petite paume, grande paume). On l'exprime maintenant en centimètres. La dilatation complète du col correspond à une ouverture de 10 cm de diamètre.

Au cours du premier accouchement, chez la primipare, l'effacement et la dilatation du col constituent deux phénomènes bien distincts qui se suivent dans le temps. Chez la multipare — la femme qui a déjà eu des enfants — ils vont souvent de pair : le col s'efface et se dilate en même temps. L'enfant ne peut sortir de l'utérus tant que la dilatation du col n'est pas complète, et ce sont les contractions utérines seules qui produisent cette dilatation.

... pousser l'enfant en avant. Les contractions agissent sur le col pour l'ouvrir, mais elles agissent également sur l'enfant : elles le poussent peu à peu en avant : voyez le dessin ci-dessus. Cette descente progressive de l'enfant se fait simultanément à la dilatation du col.

L'enfant ne pourra donc sortir de l'utérus que lorsque la dilatation sera complète, mais il faudra auparavant que les membranes qui l'entourent (remarquez-les sur le schéma p. 285) se rompent devant lui pour le laisser passer.

Toujours sous l'effet des contractions, une partie des membranes s'insinue dans l'ouverture du col. C'est à cette portion de membranes et au liquide amniotique qu'elle contient qu'on donne le nom de *poche des eaux*.

Cette poche des eaux se rompt en général à dilatation complète, mais le médecin ou la sage-femme peuvent décider de la rompre artificiellement avant que le col ne soit complètement dilaté.

Les contractions, après avoir ouvert le col, vont faire franchir à l'enfant le bassin maternel qui forme comme un tunnel. C'est ce tunnel que nous allons maintenant regarder de plus près.

Le tunnel à franchir : le bassin maternel

Le tunnel à franchir, vous le voyez sur le schéma page 287. Il constitue ce qu'on appelle la *filière pelvi-génitale*. C'est en la traversant que l'enfant rencontrera sur sa route divers obstacles.

Cette filière est d'abord formée par le *bassin osseux*. Ce bassin est constitué par quatre os : le sacrum et le coccyx en arrière, les os iliaques droit et gauche sur les côtés et en avant, là où ces deux os se rejoignent pour former le pubis (ou *symphyse pubienne*) voir figure page 286.

Pendant la grossesse, l'enfant est situé au-dessus du bassin. Au cours de l'accouchement, il va devoir y entrer, le traverser, puis en sortir. L'orifice d'entrée du bassin, par où entre l'enfant, est encore appelé : *détroit supérieur*. Il a un peu la forme d'un cœur de carte à jouer.

L'orifice de sortie du bassin est appelé : *détroit inférieur*.

Des muscles ferment en bas le bassin. Ils sont eux-mêmes recouverts par les parties molles du périnée et de la vulve, dont l'ensemble forme ce que l'on appelle parfois le *bassin mou*, par opposition au *bassin osseux*.

L'enfant, au cours de l'accouchement, devra franchir ces obstacles successifs.

L'enfant

Au terme de la grossesse, au moment où va se déclencher l'accouchement, l'enfant est prêt à effectuer sa sortie. Vous l'avez vu, il est habituellement en position verticale, tête en bas, siège en l'air, entouré par les membranes et par le liquide amniotique, qui le protègent. Voyez pages 282 et 283.

Pour franchir les différents obstacles que nous venons de voir, l'enfant va effectuer toute une série de manœuvres qui vont lui permettre de s'adapter aux formes et aux dimensions du tunnel.

La tête commence par franchir l'orifice supérieur du bassin, ou détroit supérieur. On dit qu'elle s'engage.

En même temps qu'elle s'engage, la tête s'oriente obliquement : c'est que l'orifice supérieur du bassin offre plus de place pour passer en oblique ; disons qu'il est plus facile d'entrer dans le bassin la tête tournée du côté droit ou du côté gauche, et fléchie vers le bas, que la tête droite : c'est pourquoi l'enfant fait ce mouvement.

Cet engagement, surtout pour un premier enfant, peut se produire à la fin de la grosssesse dans les semaines qui précèdent l'accouchement. (Il est parfois ressenti douloureusement par la future mère qui a l'impression que son enfant descend.)

(suite du texte page 290)

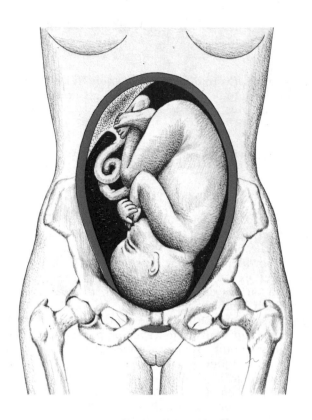

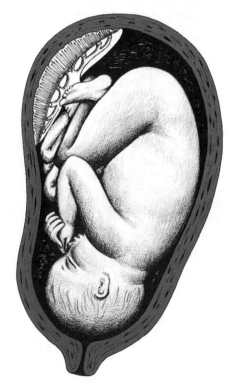

Prélude
à
l'accouchement

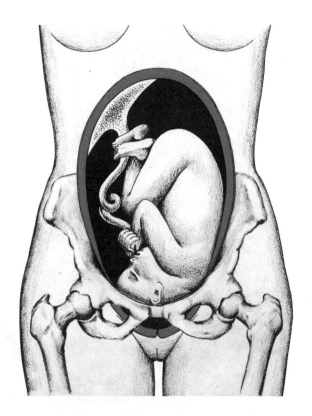

Dans quelques heures, cet enfant sera né. Les images
de ces pages le montrent au moment où sa vie fœtale s'achève :
à gauche en haut, la position de l'enfant, et la place qu'il occupe
dans le corps maternel. Au-dessous, on a isolé l'utérus :
ainsi, nous voyons que le col de celui-ci est fermé (nous le verrons
s'ouvrir aux pages suivantes) ; nous voyons aussi que,
bien que l'enfant remplisse presque tout l'utérus, il continue
néanmoins à baigner dans l'eau (le liquide amniotique :
partie sombre en haut et de chaque côté de la tête).
Ci-dessus, bien que l'utérus reste fermé, la tête de l'enfant s'est
engagée dans le bassin. C'est le prélude à l'accouchement
— ressenti par la mère comme un poids au bas du ventre —
quelques jours, parfois quelques heures avant les premières
contractions.

La tête, le liquide
(petits traits) et les
membranes de l'œuf
(gros trait de couleur),
le tout contenu dans
l'utérus, dont le col
en bas s'ouvre dans le vagin.

Nous avons
schématisé tous
ces éléments
pour mettre en
relief le mécanisme,
« ce qui se passe ».

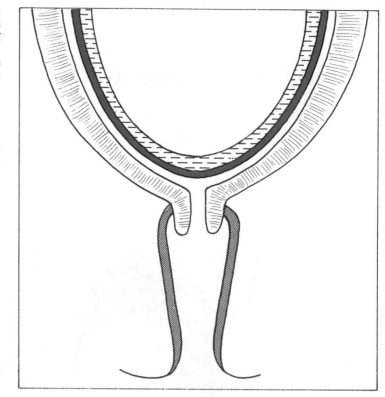

Au début de l'accouchement,
le col de l'utérus est fermé
(suite ci-dessous).

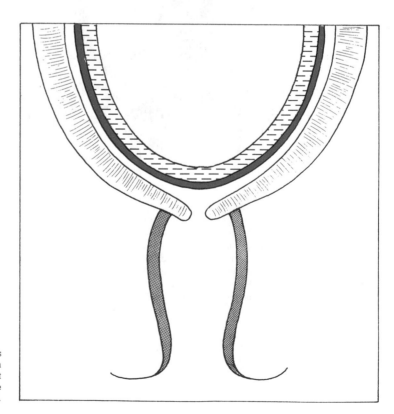

Peu à peu, sous l'effet des
contractions, le col perd sa
longueur : on dit qu'il s'est
« effacé ». Mais il reste encore
fermé.

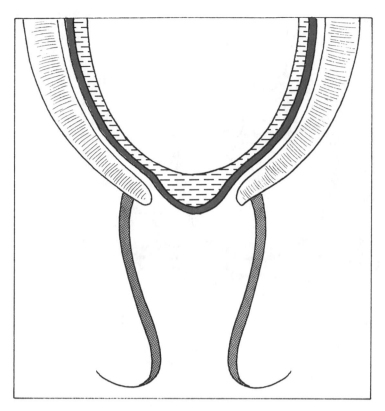

Pour sortir de l'utérus

Le col en train de s'ouvrir. Les membranes de l'œuf font saillie, poussées par le liquide amniotique : c'est la « poche des eaux ».

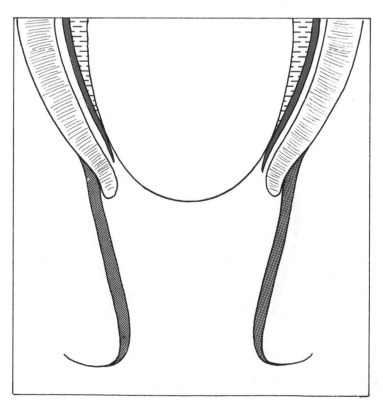

Col ouvert, poche rompue, la tête de l'enfant sort de l'utérus. Elle va maintenant traverser le vagin et la vulve dilatés au maximum.

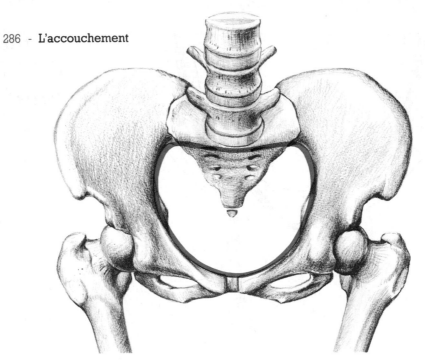

Voici vu d'en haut le bassin de la femme. Nous voyons
son « détroit supérieur », les vertèbres lombaires, les os iliaques
droit et gauche (larges surfaces), la symphyse du pubis (devant),
le sacrum (bas de la colonne vertébrale) et le coccyx (bout du sacrum).

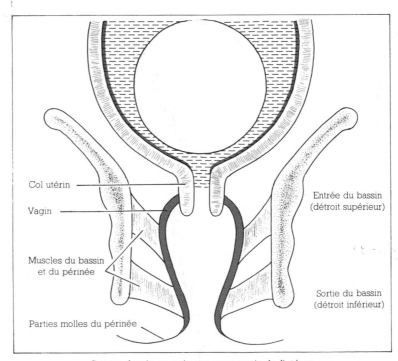

Col utérin

Vagin

Entrée du bassin
(détroit supérieur)

Muscles du bassin
et du périnée

Sortie du bassin
(détroit inférieur)

Parties molles du périnée

Sur ce dessin on voit que pour sortir de l'utérus,
la tête devra franchir :

- le bassin où il faudra entrer et d'où il faudra sortir
- le col utérin qui doit être complètement dilaté
- les muscles du bassin et du périnée,
  le vagin et le périnée qui devront se dilater.

Comment
l'enfant traverse
le bassin

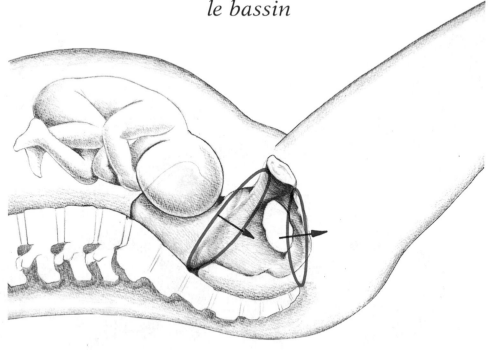

Comme vous le voyez par ce schéma
du canal osseux, vu la femme étant couchée, puis, sur l'image
du bas, vu la femme étant debout, l'enfant qui naît ne sort pas
« tout droit » : il change deux fois l'orientation de sa tête.
Vous allez voir l'accouchement dans son ensemble, page suivante.

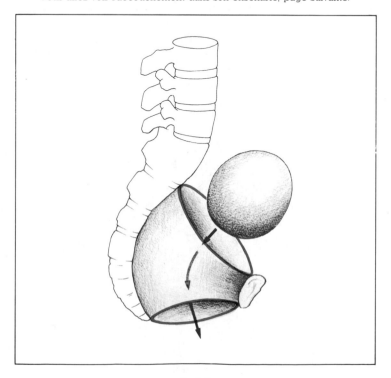

Histoire sans parole

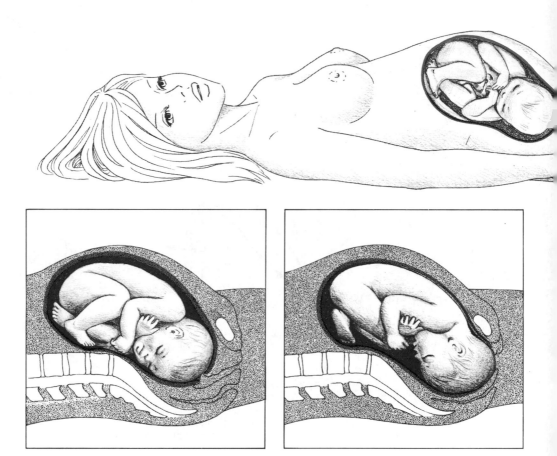

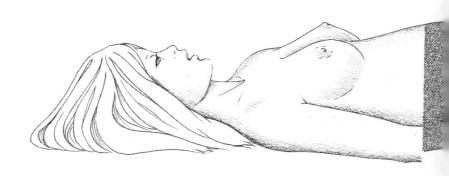

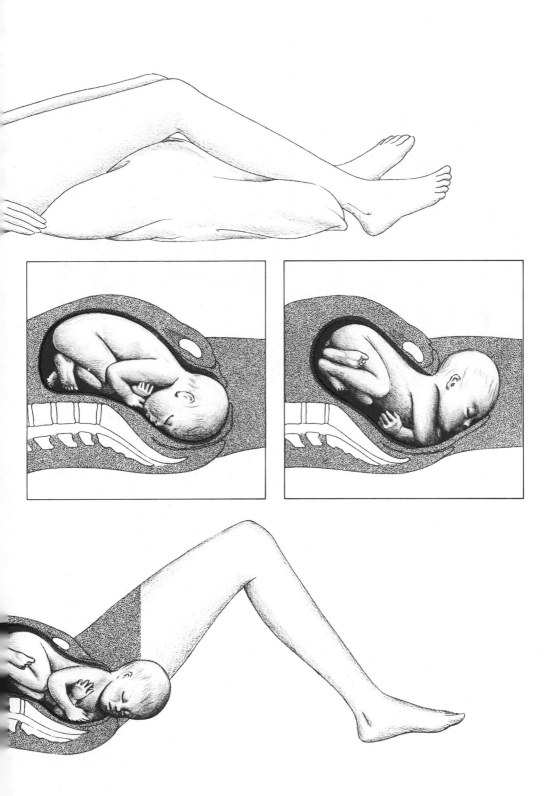

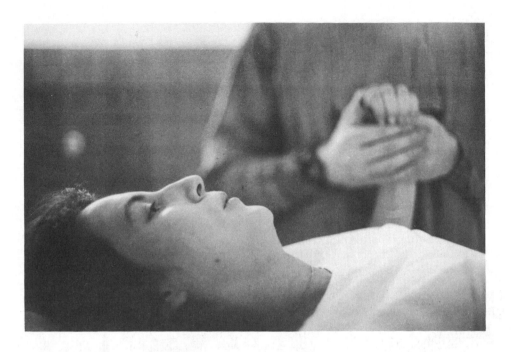

Une fois le détroit supérieur franchi, la tête de l'enfant descend progressivement dans le bassin. En même temps, elle effectue une rotation qui va l'amener dans un grand axe antéro-postérieur. En effet, au niveau de l'orifice de sortie du bassin ou détroit inférieur, l'ouverture la plus grande est, non plus dans un diamètre oblique, comme au niveau de l'orifice supérieur, mais dans le sens antéro-postérieur. Là encore, la tête s'oriente pour profiter au mieux des dimensions maxima de l'orifice. Ainsi, au cours de la traversée du bassin, l'enfant aura modifié deux fois l'orientation de sa tête ce que vous pourrez constater sur les dessins de la page 287. En d'autres termes, l'enfant est entré dans le bassin en regardant son épaule (la droite ou la gauche), et il sort en regardant le sol.

Après avoir franchi l'orifice de sortie du bassin osseux, la tête de l'enfant rencontre un nouvel obstacle, les muscles du périnée sur lesquels elle va buter un certain temps. Elle force, elle appuie sur eux ; périnée et vagin se dilatent progressivement. Ils le peuvent grâce à leur élasticité. C'est ce qu'on appelle la période *d'expulsion*.

<u>L'enfant est aidé.</u> La descente progressive de la tête, cette traversée du tunnel, est facilitée par trois éléments :
- les os du bassin sont soudés entre eux par des articulations. Or, à la fin de la grossesse — et c'est parfois assez douloureux — ces articulations se relâchent, relâchement qui élargit le bassin de quelques millimètres ;
- les os du crâne de l'enfant ne sont pas complètement soudés, leur soudure ne sera définitive que plusieurs mois après la naissance. Ainsi le crâne de l'enfant garde-t-il une certaine malléabilité qui lui permet de se façonner à la taille du passage étroit qu'il doit franchir ;
- enfin, les parties molles — vagin et périnée — ont, je vous l'ai dit, une élasticité naturelle.

L'enfant est passif. Pour terminer, deux remarques fondamentales :

- Nous avons constamment parlé de la tête comme si elle seule importait : c'est ce qui se passe en pratique, car elle représente la partie la plus volumineuse de l'enfant. Quand la tête a franchi un obstacle, le reste du corps suit sans difficulté.
- Les différents mouvements effectués par la tête au cours de l'accouchement ne sont pas des phénomènes actifs, mais passifs. L'enfant lui-même n'a aucune manœuvre volontaire, aucun effort à accomplir. Tout est la conséquence des contractions de l'utérus.

En résumé, vous devez comprendre et retenir que la contraction utérine constitue le moteur essentiel de l'accouchement. C'est elle qui permet la dilatation progressive du col et la descente de l'enfant, phénomènes qui se déroulent simultanément. Il n'y a pas d'accouchement normal sans contractions utérines régulières et efficaces.

L'accouchement comprend donc deux phases successives, et de durée inégale : la première (c'est la plus longue) *la dilatation* du col de l'utérus, la deuxième (beaucoup plus courte) *l'expulsion* de l'enfant. Vous retrouverez ces deux phases dans le film de l'accouchement que je vais maintenant vous décrire, comme vous allez le vivre vous-même.

Après la naissance de l'enfant, une troisième phase terminera l'accouchement, phase au cours de laquelle sera rejeté le placenta, et qu'on appelle la *délivrance*.

Le film
de
l'accouchement

Comment débute un accouchement

L'accouchement ne débute pas toujours de façon nette, précise et stéréotypée, et il vous arrivera peut-être, surtout si vous accouchez pour la première fois, de vous demander si le moment est venu de partir pour la maternité. Au moins en théorie, le début de l'accouchement est marqué par :

L'expulsion du bouchon muqueux. Elle est caractérisée par la perte de sécrétions glaireuses, et assez souvent teintées de sang, qui bouchaient le col de l'utérus pendant la grossesse. Cette expulsion peut toutefois précéder l'accouchement de 24 ou 48 heures.

L'apparition de contractions utérines douloureuses. Des contractions peuvent apparaître dans les derniers mois, et surtout dans les dernières semaines de la grossesse. Vous pouvez les percevoir en plaçant la main sur le ventre : vous le sentez durcir de temps en temps. Mais ces contractions n'ont pas de rythme précis, pas de périodicité : elles sont anarchiques et en général indolores. Elles ne traduisent pas le début de l'accouchement.

Il en est de même de certaines douleurs, perçues tantôt comme une sensation de pesanteur, tantôt comme celle d'une distension osseuse et qui peuvent correspondre à l'engagement de la tête ou aux modifications du bassin. Mais ces douleurs ne s'accompagnent pas de contractions.

Ces contractions non douloureuses, ces douleurs sans contractions n'indiquent pas le début de l'accouchement. C'est l'association contraction *plus* douleur qui signe vraiment le début de l'accouchement.

Les premières contractions sont habituellement ressenties dans le ventre, mais elles peuvent aussi être ressenties au niveau des reins.

Au début, les contractions sont peu intenses, pas toujours faciles à percevoir, ressenties comme un simple pincement, ou comme la douleur qui accompagne souvent les règles.

Lorsque ces pincements sont si discrets qu'on n'est pas sûre qu'ils correspondent bien à des contractions, il y a un moyen simple de s'en assurer, vous l'avez vu : il faut poser la main sur le ventre ; s'il durcit, c'est bien que l'utérus se contracte.

Si c'est le fait de ressentir les contractions qui vous a donné l'alerte, peu à peu vous remarquerez que ces contractions auront d'autres caractéristiques qui achèveront de lever le doute :

■ les contractions sont régulières, elles reviennent selon un rythme précis, vous pouvez d'ailleurs noter le temps qui s'écoule entre deux contractions ;

- elles sont de plus en plus rapprochées ;
- elles sont de plus en plus longues ;
- elles sont de plus en plus intenses, de plus en plus douloureuses.

Vous aurez l'impression qu'elles montent comme une vague, qu'elles vous envahissent, se propagent comme une onde qui naît au milieu du dos, se divise en deux branches qui entourent les hanches, et se rejoignent dans le ventre en enserrant le corps comme une ceinture.

Lorsque vous aurez constaté que les faibles contractions du début, les petits pincements qui vous ont donné l'alerte sont finalement devenus ces contractions bien rythmées de plus en plus rapprochées, de plus en plus longues, de plus en plus intenses, de plus en plus douloureuses, vous saurez que c'est vraiment la naissance de votre enfant qu'elles préparent.

Je vous parlerai au chapitre 13 de la douleur, mais sachez d'ores et déjà qu'elle est plus ou moins forte selon les femmes. Et surtout une fois que vous saurez reconnaître l'approche, la montée d'une contraction, votre attitude, à partir de ce moment-là, pourra, dans une certaine mesure, diminuer ou amplifier la douleur.

Comment être sûre que l'accouchement a bien commencé. Si vous hésitez encore, c'est possible, alors faites ceci : placez à dix minutes d'intervalle deux suppositoires d'un antispasmodique que vous aura peut-être prescrit le médecin. S'il s'agit d'un faux début de travail, les contractions s'estomperont et disparaîtront. S'il s'agit bien du début de l'accouchement, les suppositoires n'auront aucune action, les contractions continueront.

Pour le cas où vous n'auriez pas de suppositoire antispasmodique, ce seront les caractéristiques des contractions que nous avons décrites plus haut qui vous donneront une réponse. Et si, au contraire, les contractions restent irrégulières, n'augmentent ni en fréquence ni en durée ni en intensité, il y a de fortes chances pour qu'elles n'indiquent qu'un faux début de travail. Au bout de quelques heures, ces contractions disparaîtront comme elles sont venues. Et l'accouchement ne s'annoncera peut-être que quelques jours, ou même quelques semaines plus tard. Les fausses alertes sont-elles fréquentes ? Elles se produisent dix à quinze fois sur cent, et le plus fréquemment au moment de l'engagement de l'enfant dans le bassin.

Dès que vous serez sûre que l'accouchement a bien commencé, ne buvez plus rien et ne mangez plus rien : au cas où une anesthésie serait nécessaire, il est préférable d'avoir l'estomac vide.

Quand partir pour la maternité ?

Faut-il partir dès les premières contractions ? A la perte du bouchon muqueux ?

Faut-il attendre d'avoir une quasi-certitude que l'accouchement a bien commencé ?

Cela dépend si vous attendez votre premier enfant ou si c'est le deuxième ou, a fortiori, le troisième. Le premier accouchement est le plus long (voyez plus loin : durée de l'accouchement). Entre les premières contractions et la dilatation complète (dont je vous parle p. 296), il s'écoule plusieurs heures, vous avez donc le temps de voir venir. Pour vous donner quand même une indication plus précise, je vous dirai ceci : notez le rythme de vos contractions, vous n'aurez pas besoin de partir avant qu'elles se reproduisent toutes les 10 minutes environ.

Si vous attendez votre deuxième enfant, la dilatation sera plus rapide, vous partirez dès que les contractions seront régulières et bien rythmées.

Cela dit, pour décider du moment du départ, vous tiendrez évidemment compte d'autres facteurs : jour ou nuit ? distance de la maternité ? quartiers à traverser ? etc. Il est évident que pour un premier enfant s'annonçant la nuit, il est moins urgent de partir que pour un troisième s'annonçant à midi et en pleine ville.

Mais j'ajoute ceci : si vous hésitez encore à partir, allez à la maternité où la sage-femme vous examinera et, selon les cas, vous gardera, ou vous renverra chez vous s'il s'agit d'une fausse alerte. N'ayez pas peur d'être ridicule. Mieux vaut vous déranger inutilement, que partir trop tard en catastrophe. Cela est valable même si vous devez être accouchée par un médecin de votre choix. Ne pensez pas qu'il suffira de l'appeler au téléphone pour avoir son avis : il ne pourra pas vous le donner faute d'examen.

Une des angoisses de bien des futures mères, c'est de se retrouver seule en pleine nuit, au moment de partir pour la maternité (par exemple si du fait de sa profession leur mari se déplace souvent). Le plus rassurant c'est de prévoir des solutions de rechange : amis, voisins, ambulance, d'inscrire soigneusement leur numéro de téléphone. La recommandation peut paraître puérile, mais j'ai noté plus d'une fois que la future mère n'y avait pas pensé. En cas d'extrême urgence, n'oubliez pas qu'il y a toujours le SAMU ou les pompiers.

__Un cas particulier.__ Normalement, vous perdrez les eaux pendant l'accouchement, c'est-à-dire lorsque vous serez déjà à la maternité. Mais si cette perte survient alors que vous êtes encore chez vous, même en l'absence de tout autre signe faisant penser que l'accouchement va commencer, vous partirez aussitôt pour la maternité. Si vous le pouvez, vous partirez allongée ou en ambulance. Tout se passera bien sans doute ; mais, lorsque la poche des eaux est rompue, il y a quand même des risques d'éventuelles complications. Soyez prudente, rendez-vous à la maternité rapidement.

L'arrivée à la maternité

Le moment de partir est venu. Il faut que ce départ se passe dans le plus grand calme. Vos deux valises, la vôtre et celle du bébé, sont déjà prêtes. Ce n'est pas le moment de regarder si rien n'y manque. Votre mari ou votre mère auront toujours le temps de vous apporter ce que vous aurez oublié. Ne demandez pas à la personne qui vous conduit d'aller vite. Encore une fois, vous avez tout le temps.

Dans les taxis de New York, il y a un petit écriteau : « Seat back and relax », c'est-à-dire : « Installez-vous dans le fond et détendez-vous. » Imaginez que vous avez ce petit écriteau devant les yeux.

Vous arrivez à la clinique ou à la maternité. Une infirmière vous conduit dans votre chambre ou dans une petite salle réservée aux premiers examens.

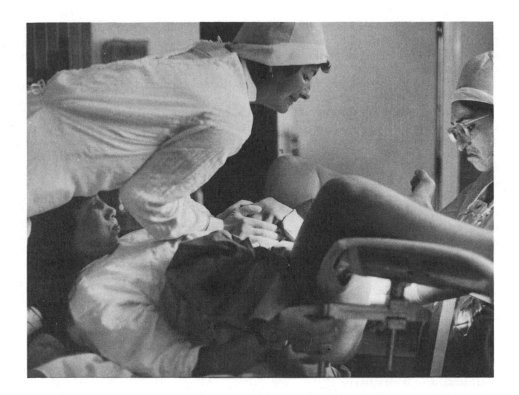

La sage-femme de service vous examine. Alors, de deux choses l'une :
- ou c'est une fausse alerte, cela arrive : le travail n'a pas encore commencé et vous n'avez plus qu'à rentrer chez vous ;
- ou la sage-femme constate que le travail a effectivement commencé. Elle le verra en examinant le col de l'utérus. S'il a commencé à se dilater, c'est bien le début de l'accouchement : la première phase, la dilatation.

La sage-femme pourra même vous dire à quel stade en est cette dilatation. Vous avez vu que celle-ci passe par différents stades que l'on évalue en centimètres. Par exemple, la sage-femme vous dira : « Vous en êtes à 3 centimètres. »

Vous serez alors installée dans une salle dite de travail (ou vous resterez dans votre chambre, selon les cas).

Maintenant que vous avez passé le stade du doute, que vous êtes entre les mains expertes de la sage-femme, que vous savez qu'elle va s'occuper de vous régulièrement, vous n'avez qu'une chose à faire : vous détendre, et vous rappeler ce que vous devez faire pendant la dilatation — on vous l'a expliqué, si vous avez suivi des séances de préparation à l'accouchement. De toute manière, je vous le rappelle en détail à la page suivante.

Peut-être d'ailleurs, la sage-femme qui vous a préparée sera-t-elle à vos côtés pour vous le redire. Il est également possible que ce soit votre mari qui soit près de vous.

Voilà ce qui se passe en général, mais je suis obligée de vous prévenir : on n'est pas toujours bien reçu dans les maternités. Les médecins n'aiment pas qu'on le dise, mais les faits sont là pourtant, et je pense qu'il vaut mieux en parler pour obtenir un changement.

On croit, mais c'est normal, que tout le monde ouvrira grand les portes et vous accueillera comme une princesse.

Or souvent, pas toujours bien sûr, mais souvent, l'accueil est bien différent ! C'est : « Donnez-moi vos papiers de Sécurité sociale, la sage-femme va venir, en attendant mettez-vous là », avec à peine un regard.

On tombe de haut, et la froideur de l'accueil, par l'énervement qu'il produit, en quelques secondes peut détruire la préparation à l'accouchement qui cherche d'abord à vous détendre.

Tout le monde est d'accord, il faut humaniser les hôpitaux. Voilà une occasion à ne pas manquer. Pour ma part, je verrais bien dans les maternités une personne dont le seul rôle serait d'accueillir les femmes sur le point de mettre au monde leur enfant.

La dilatation

Cette première phase de l'accouchement, la dilatation, qui a commencé lorsque vous étiez chez vous et que vous avez senti les premières contractions, va maintenant se poursuivre.

Il n'est pas possible de vous dire combien de temps va durer la dilatation. Cela dépendra de plusieurs facteurs ; sur ce point, lisez la p. 308.

Pendant cette période, vous serez régulièrement surveillée par la sage-femme ou par le médecin *. Ces examens sont nécessaires pour apprécier :
- l'efficacité des contractions utérines,
- le caractère progressif et régulier de la dilatation du col,
- la progression de la tête dans le tunnel du bassin,
- l'état de l'enfant par l'auscultation des bruits du cœur.

Vous pouvez également, au cours de la dilatation, voir pratiquer un certain nombre de gestes dont il ne faudra pas vous étonner et encore moins vous alarmer :
- il peut être ainsi nécessaire de vous administrer différents médicaments par voie intramusculaire, c'est-à-dire en piqûre, ou dilués dans un sérum intraveineux, c'est-à-dire en perfusion. Ils sont destinés à régulariser la marche de l'accouchement et à éviter qu'il ne traîne en longueur,
- de même, si vous n'avez pas perdu les eaux spontanément, la sage-femme ou l'accoucheur rompront les membranes au cours du travail. Ce geste est absolument indolore,
- il est également possible que l'efficacité des contractions et les battements du cœur de l'enfant soient surveillés par le monitoring (v. p. 313).

---

* Si vous devez être accouchée par un médecin de votre choix, la sage-femme le tiendra régulièrement au courant des progrès du travail, et lui-même jugera quand il devra venir.

Quand votre col sera complètement dilaté, vous irez probablement dans une autre salle, la salle d'accouchement proprement dite. Alors commencera une nouvelle phase de l'accouchement qui correspond à la sortie de l'enfant. On appelle cette phase *l'expulsion*. C'est un terme médical que je suis bien obligée d'employer, mais je ne l'aime pas : une mère n'expulse pas son enfant, elle le met au monde.

Ce que vous devez faire
pendant la dilatation

Les contractions, je vous l'ai dit, et vous allez vite vous en rendre compte vous-même, sont involontaires : vous ne pouvez ni les augmenter, ni les diminuer, ni en modifier le rythme. Pour vous donner une idée de leur fréquence et de leur durée, je peux vous signaler qu'en plein travail elles reviennent toutes les 3 à 5 minutes et durent de 40 à 60 secondes.

Mais vous ne devez pas pour autant rester passive. Votre attitude, votre comportement peuvent avoir la plus grande influence sur le déroulement de l'accouchement : il sera d'autant plus rapide que vous serez plus calme et détendue.

C'est le moment de mettre en pratique ce que vous avez appris en préparant votre accouchement.

Je vous le rappelle, il y a deux choses importantes à faire : bien respirer, bien vous détendre. Vous allez comprendre pourquoi :

<u>Respirer.</u> Lorsqu'un muscle se contracte, c'est-à-dire travaille, il consomme de l'oxygène. Et plus il se contracte, plus il en consomme. Or votre utérus est en train précisément de fournir un travail intense. Il est donc important que vous lui fournissiez sans cesse de nouvelles réserves d'oxygène. Vous devez aussi continuer à en envoyer à votre enfant. Pour cela, un seul moyen : bien respirer.

<u>Vous détendre.</u> C'est important pour deux raisons :
- La détente ou décontraction, c'est le relâchement de tous les muscles volontaires de l'organisme. Or des muscles relâchés, c'est-à-dire au repos, ne consomment pas d'oxygène. Vous détendre c'est donc faire une économie d'oxygène dont bénéficieront et l'utérus et votre enfant.
- Les contractions de l'utérus sont involontaires. Mais si vous ne pouvez les provoquer, vous pouvez les rendre plus ou moins douloureuses. En effet, que fait votre utérus en ce moment ? Comme vous l'avez vu, il se contracte régulièrement pour ouvrir peu à peu le col.

Dans des conditions normales, le col s'ouvre graduellement jusqu'à la dilatation complète. Mais lorsque la mère est contractée, le col de l'utérus qui a déjà tendance à résister à la dilatation, résiste encore plus. Résultat : douleur.

Pour l'expliquer, le célèbre accoucheur le docteur Read, dont je vous parlerai plus loin, faisait une comparaison avec la vessie : comme l'utérus, la vessie est fermée par un col. Au repos, celui-ci demeure contracté et empêche l'urine de s'écouler. Lorsque la vessie a besoin de se vider, le col qui la ferme se relâche, les parois de la vessie se contractent et expulsent l'urine. Mais si, à ce moment, vous êtes obligée de « vous retenir », vous vous contractez pour vous opposer à l'ouverture du col qui ferme la vessie. Cet effort, d'inconfortable devient rapidement douloureux ou même intenable s'il se prolonge. La douleur ne disparaît que lorsque vous laissez la vessie dilater son col et se vider.

Pendant la dilatation, il faut donc, pour ne pas contrarier la nature, que vous restiez parfaitement détendue. Pour y parvenir :

■ D'abord, vous ne ferez aucun effort pour pousser : à ce stade, en poussant, vous n'aideriez pas le travail, vous le rendriez seulement plus douloureux.

■ Ensuite, au moment où vous sentirez la contraction monter, vous éviterez de vous crisper, de résister. Une sorte de réflexe de défense tend à vous raidir contre la contraction. Il faut lutter contre ce réflexe, et, au contraire, vous détendre. Le boxeur se recroqueville, il se couvre pour parer le coup. Vous devez faire le contraire : vous détendre, vous « ouvrir » pour que le coup passe bien. C'est à ce prix que votre dilatation se fera sans encombre et en vous faisant le moins souffrir. Read dit : « A femme contractée, col contracté. A femme détendue, col relâché. » Rappelez-vous bien cette formule, elle vous sera précieuse. Vous trouverez p. 348 à 353 des exercices qui vous apprendront à vous détendre complètement.

Quand faut-il respirer ?
Quand faut-il se détendre ?

Dès qu'une contraction approche, vous savez maintenant comment elle s'annonce : respirez profondément en faisant une respiration complète comme il est indiqué p. 350.

La contraction est là. Détendez-vous complètement. Puis, respiration superficielle comme indiqué p. 348, avec inspirations et expirations rapides, légères et bien rythmées.

Pourquoi ces respirations légères pendant la contraction ? Pour éviter que le diaphragme n'appuie sur l'utérus, ce qui empêcherait ce dernier de se contracter à fond.

Le diaphragme est le muscle qui se trouve entre le thorax et l'abdomen (la poitrine et le ventre). Lorsqu'on respire, il se contracte et s'abaisse. Ainsi, plus la respiration est profonde, plus le diaphragme s'abaisse. Et lorsque la respiration est superficielle et légère, le diaphragme bouge à peine.

Plus la contraction est puissante, plus votre respiration doit devenir rapide, légère, superficielle, mais rester bien rythmée.

La contraction est passée. Faites une respiration complète (ventre et poitrine) : inspirez lentement, expirez à fond en contractant bien le ventre.

Entre deux contractions. Repos et respiration normale jusqu'à l'approche de la prochaine contraction.

Et tout recommence, dès qu'une nouvelle contraction monte (voir plus haut).

Quelle est la meilleure position à adopter pendant la dilatation ? Souvent c'est de se mettre sur le côté, mais vous trouverez vous-même celle dans laquelle vous serez la plus détendue.

A la fin de la période de dilatation et surtout si la tête est déjà engagée profondément, il est possible que vous ressentiez, au cours des contractions, le besoin de « pousser ». Ne le faites pas tant que la sage-femme ne vous l'aura pas conseillé. Cela aboutirait en effet non à un gain mais à une perte de temps. Pousser sur un col incomplètement dilaté gêne la dilatation et prolonge la durée de l'accouchement. D'autre part, ces efforts prématurés de poussée risquent de vous fatiguer et de vous faire arriver en moins bonne forme au moment où, au contraire, vous devrez participer activement à la naissance de votre enfant, et dépenser toute l'énergie musculaire dont vous disposez.

L'expulsion

Lorsque la dilatation sera complète, va commencer la deuxième phase de l'accouchement qui sera d'ailleurs beaucoup plus courte : elle durera 20 à 25 minutes pour une première naissance, et beaucoup moins pour les suivantes.

A ce stade, les contractions deviennent plus rapprochées et durent plus longtemps. La tête de l'enfant appuie sur les muscles du périnée et cet appui vous donne le besoin de pousser. Il est alors très important de discipliner vos efforts en suivant les conseils de la sage-femme ou du médecin.

Autrement dit, à la période de la dilatation, vous avez essentiellement à supporter les contractions, à les laisser faire seules leur travail, en restant détendue. Maintenant au contraire, vous allez participer activement à la naissance de votre enfant, vous allez aider l'utérus à faire son travail pour pousser l'enfant en avant. L'enfant sort du tunnel osseux du bassin, il va franchir le tunnel plus souple formé par le vagin et par le périnée. (Cela, je vous l'ai expliqué p. 290). Vos efforts de poussée, s'ajoutant au travail de l'utérus, vont aider la tête à franchir ces obstacles.

Ce que vous devez faire pendant l'expulsion

Que faut-il faire pour aider l'utérus dans son travail à ce stade ? Abaisser le diaphragme et contracter les abdominaux. Ainsi, l'utérus comprimé de haut en bas par le diaphragme, d'avant en arrière par les abdominaux, accentuera sa pression sur l'enfant. Mais l'important c'est que vos efforts de poussée coïncident avec les contractions.

Pour y arriver, voici comment vous procéderez :

La contraction s'annonce. Mettez-vous dans la position d'expulsion : dos relevé, cuisses écartées, pieds dans les étriers *. Relâchez bien le périnée. Faites une bonne respiration complète (voir page 350) **.

---

* C'est la position classique d'accouchement. En fait certains accoucheurs reviennent à des positions traditionnelles, assise ou accroupie (voir plus loin).
** Vous trouverez plus loin des exercices vous expliquant en détail les mouvements recommandés.

La contraction est là. Bouche fermée, inspirez profondément (respiration thoracique, page 348), c'est ainsi que vous abaisserez au maximum le diaphragme. Arrivée au sommet de l'inspiration, bloquez votre souffle. Puis, contractez fortement vos muscles abdominaux à partir du creux de l'estomac pour appuyer le plus possible sur l'enfant et le pousser en avant, tout en vous efforçant de garder le périnée bien relâché. Pour vous aider à pousser, saisissez des deux mains les barres soutenant les étriers, et tirez sur vos mains. Dans l'effort, vos épaules se soulèvent du lit : c'est bien, faites le dos rond ; inclinez la tête sur la poitrine.

Si vous n'arrivez pas à bloquer votre souffle aussi longtemps que dure la contraction, rejetez par la bouche l'air que vous avez dans les poumons, reprenez rapidement une bouffée d'air, bloquez de nouveau votre souffle et continuez à pousser jusqu'à la fin de la contraction *.

La contraction est passée. Vous venez de fournir un violent effort ; il faut que vous fassiez maintenant une respiration profonde en inspirant et en expirant largement.

Entre deux contractions. Relâchement musculaire pour récupérer vos forces, et respiration normale.

Sauf indication du médecin, ne poussez pas entre les contractions.

En lisant ce qui précède, vous vous demandez si vous saurez bien distinguer les moments où il faut pousser, ceux où il faut vous détendre. Ne vous faites pas de souci, le médecin ou la sage-femme, à côté de vous, suivront centimètre par centimètre la progression de l'enfant et vous guideront.

Grâce à vos efforts, la tête de l'enfant commence à apparaître dans l'ouverture de la vulve et l'on peut voir les cheveux. A chaque contraction, la vulve se dilate davantage et une plus grande partie de la tête apparaît. A un certain moment, on vous demandera de ne plus pousser. C'est en effet alors au médecin ou à la sage-femme de « dégager » progressivement la tête hors de la vulve, millimètre par millimètre. A ce stade, vous aurez à respirer très vite et superficiellement comme un chien qui halète.

Vous verrez qu'il est impossible de respirer de la sorte et de pousser en même temps. Et lâchez les barres que vous teniez : vous n'avez plus d'effort à faire, au contraire. Un effort de poussée risquerait de faire sortir brutalement la tête et de provoquer une déchirure plus ou moins importante du périnée.

L'épisiotomie

Le dégagement de la tête hors de la vulve peut être plus délicat dans certaines conditions : gros enfant, vulve très étroite, périnée très résistant ou anormalement fragile. Cette fragilité du périnée peut être constitutionnelle, ou acquise (prise de poids anormale au cours de la grossesse avec infiltration des tissus). Dans tous ces cas, le médecin est amené, afin d'éviter une déchirure, à pratiquer une incision du périnée (épisiotomie). Cette incision est fréquemment pratiquée

---

* Actuellement des recherches sont en cours (gynécologues, pédiatres, kinésithérapeutes) et remettent en cause ce « dogme » : *Inspirez, bloquez, poussez*, et préconisent au contraire une poussée sur l'expiration, ou le cri. A suivre...

au cours d'un premier accouchement. Elle est même faite d'une manière systématique dans certaines écoles d'obstétrique, notamment aux États-Unis.

La tête une fois sortie de la vulve, le médecin dégage une épaule, puis l'autre. Le reste du corps de l'enfant suit sans difficultés.

Le premier cri

Votre enfant est né : ses narines se dilatent, son visage se plisse, sa poitrine se soulève, sa bouche s'entrouvre. Pour la première fois de sa vie, il respire. Il pousse un cri, peut-être de douleur, car l'air s'engouffre dans ses poumons et les dilate violemment.

La sensation que vous éprouverez en entendant ce premier cri est difficile à décrire : satisfaction intense mêlée de fierté ; une certaine peine à réaliser que cet enfant que vous venez de porter neuf mois en vous est maintenant à côté de vous ; lassitude à cause de l'effort intense que vous venez de fournir. Ces sentiments seront riches, multiples, envahissants. D'ailleurs qu'importe, vous ne chercherez pas à les analyser, ce qui comptera d'abord pour vous c'est de contempler, admirer avec émotion cet enfant que vous venez de mettre au monde, cet enfant qui est probablement déjà dans vos bras : en effet aujourd'hui de plus en plus, dès la minute de la naissance, on pose l'enfant sur le ventre de sa mère, ainsi le contact mère-enfant est aussitôt établi, ou plutôt rétabli. La mère peut mieux sentir l'enfant, le toucher, mieux percevoir la réalité de son corps. Et lorsque le père est témoin de la naissance, cette soudaine réalisation du triangle est bouleversante, ceux qui l'ont vécu en témoignent.

Hier encore, quand un enfant naissait et qu'il n'avait pas poussé son premier cri, on s'inquiétait et on faisait tout pour le provoquer car ce cri était considéré comme le signe même de la vitalité du bébé. Aujourd'hui, on s'est rendu compte que l'enfant pouvait parfaitement ne pas crier tout en étant en pleine forme. Ce qui est important, c'est qu'il change de couleur, c'est-à-dire que de bleu avant la première respiration, il devienne rose. Je vous dis cela car il ne faut pas que vous vous inquiétiez si par hasard votre enfant ne criait pas en naissant.

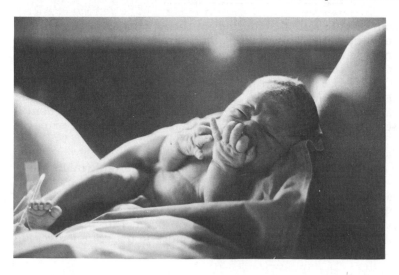

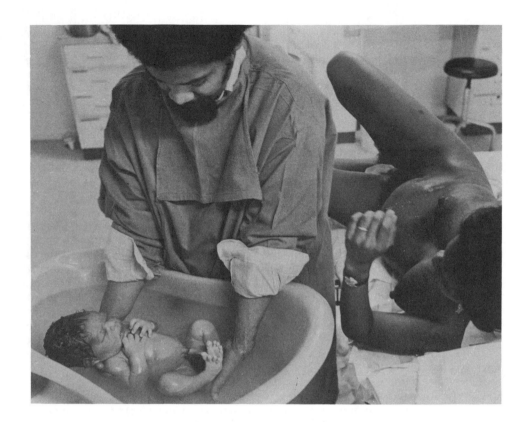

L'examen du nouveau-né

Il y a maintenant dans la salle d'accouchement une personne de plus. En ce moment, c'est le nouveau-né qui a besoin de soins, pendant que l'utérus se repose avant d'entreprendre la dernière partie de son travail, la délivrance.

Le médecin ligature le cordon ombilical, et le coupe (ce qui est indolore et pour la mère et pour l'enfant). Ce geste marque le début de l'autonomie de l'enfant.

L'enfant est alors posé sur une table chauffante, équipée d'un matériel de désobstruction car il n'est pas rare qu'il ait absorbé quelques mucosités dont il faut le débarrasser. Un système d'oxygénation peut être également mis en œuvre si nécessaire.

Pendant que la dernière phase de l'accouchement se termine, l'infirmière fait la toilette du nouveau-né : elle débarrasse le bébé de l'enduit qui recouvre son visage, soit avec de l'huile tiède, soit avec de l'eau et du savon. Elle le lave, le pèse, mesure sa taille et son périmètre crânien ; elle instille dans les yeux de l'enfant un collyre pour prévenir toute infection. Elle met à son poignet un petit bracelet d'identité ; ainsi il n'y aura aucun risque de confondre le nouveau-né avec un autre.

Le médecin alors, par un examen rapide — le test d'Apgar — contrôle que tout est normal chez le nouveau-né :
- coloration de la peau,
- rythme respiratoire et cardiaque,
- motricité spontanée,
- organes génitaux externes,
- perméabilité du nez, de l'œsophage et de l'anus en passant de petites sondes.

Un nouvel examen plus complet et méthodique sera fait dans les jours qui suivront. Cet examen comprendra en particulier la recherche du signe du ressaut pour dépister une éventuelle tendance à la luxation de la hanche, un examen neurologique avec étude des réflexes du nouveau-né :
- recherche de la marche automatique (l'enfant, étant maintenu debout sur le plan dur de la table, ébauche quelques pas),
- « grasping » de la main et du pied (il referme les doigts si on lui touche la paume et la plante),
- réflexe de succion, etc.

Ces réflexes, quand ils sont présents, témoignent du bon état du système nerveux. En outre, vers le 6e-7e jour, avant la sortie, on prélèvera quelques gouttes de sang au talon du bébé pour le dépistage systématique de certaines maladies : phénylcétonurie, et hypothyroïdie.

Les résultats de ces examens seront portés sur le carnet de santé.

Si vous souhaitez que votre enfant soit suivi par un pédiatre de votre choix, rien ne s'oppose à ce que celui-ci vienne l'examiner à la maternité.

La délivrance

Tout n'est pas encore tout à fait terminé pour vous. Dans les minutes qui suivront la naissance de l'enfant, vous ressentirez certainement encore quelques contractions utérines mais beaucoup moins intenses que celles de l'accouchement. Elles ont pour résultat de décoller le placenta qui adhérait à l'utérus. Quand le placenta est décollé, le médecin appuie sur l'utérus, et le placenta est alors expulsé. C'est ce qu'on appelle la *délivrance*.

L'accouchement est maintenant tout à fait terminé. Certains médecins font faire alors une piqûre qui aide l'utérus à bien se rétracter. C'est en effet cette rétraction des fibres musculaires utérines qui assure la fermeture des vaisseaux qui faisaient communiquer l'utérus et le placenta, et sont restés béants après le décollement de ce dernier. Ainsi sont évitées les hémorragies.

Si l'on a été amené à faire une épisiotomie, celle-ci est alors recousue sous anesthésie locale ou sous anesthésie péridurale si vous en avez eu une pour l'accouchement. Ce petit acte chirurgical est donc indolore. La cicatrice s'efface vite et n'est pas douloureuse si l'incision a été recousue avec soin.

Enfin, après une toilette locale, vous serez reconduite dans votre chambre. Si vous étiez endormie, c'est là que vous ferez enfin la connaissance de votre enfant.

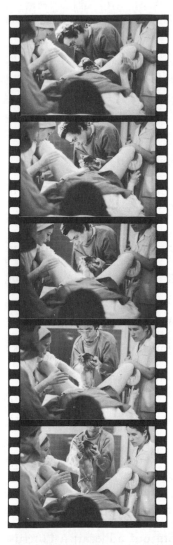

L'accouchement

vu

par Valérie Winckler

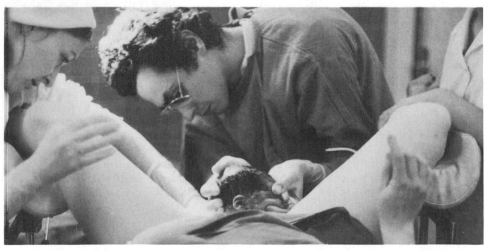

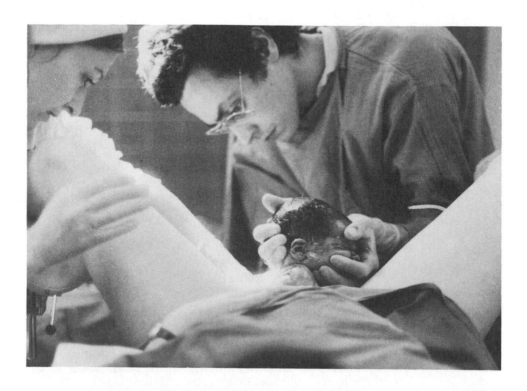

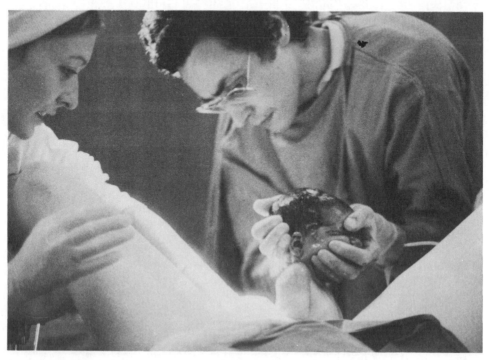

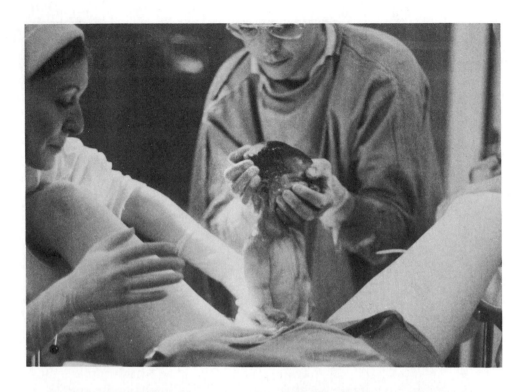

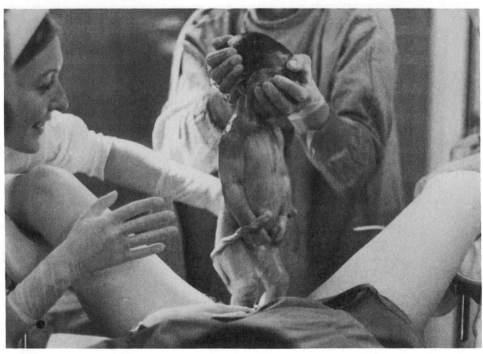

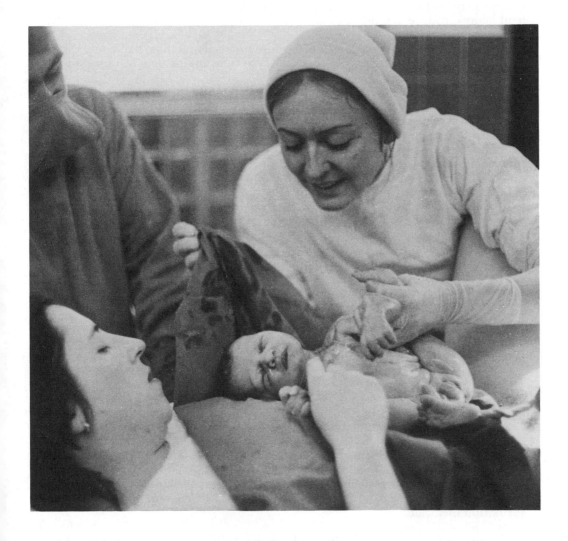

La durée de l'accouchement

Il est impossible de vous dire : un accouchement dure tant d'heures, car trop de facteurs peuvent faire varier cette durée.

Les statistiques permettent cependant de donner un ordre de grandeur : une femme, pour mettre au monde son premier enfant, a besoin en moyenne de huit à neuf heures, pour le deuxième de cinq à six, c'est-à-dire, près de trois heures de moins.

L'accouchement d'un deuxième enfant dure moins longtemps, parce que le col de l'utérus et le vagin, ayant déjà été dilatés, offrent moins de résistance à une nouvelle dilatation.

Mais ces chiffres ne sont que des moyennes établies sur quelques milliers d'accouchements, et votre accouchement pourra être plus rapide ou plus lent. Une chose est certaine : aujourd'hui, on ne laisse plus traîner un accouchement en longueur ; on dispose de moyens efficaces pour en régulariser le déroulement et en réduire la durée. La dilatation du col est la phase la plus longue. Elle représente près des neuf dixièmes de la durée totale, c'est-à-dire sept à huit heures pour un premier enfant, quatre à cinq pour un deuxième.

L'expulsion par contre ne dure en général que vingt à vingt-cinq minutes dans le premier cas, et moins de vingt minutes dans le second. Parfois même pour un deuxième enfant, l'expulsion suit immédiatement la dilatation complète.

Voici quelques-uns des facteurs qui peuvent écourter, ou au contraire, prolonger l'accouchement :
- le poids de l'enfant : habituellement, plus un enfant est gros, plus l'accouchement est long ;
- la présentation : l'accouchement d'un « siège » est un peu plus long que celui d'un « sommet » ;
- la puissance et la fréquence des contractions qui varient beaucoup suivant les femmes.

Qui sera là ?

Certaines lectrices m'ont demandé de parler des personnes qui seront présentes lors de l'accouchement. Je comprends leur souhait, mais c'est difficile d'être précis car cela dépend vraiment de l'organisation de la maternité et du moment de l'accouchement. Cela peut aller d'une personne — la sage-femme est toujours là — à 2, 3, ou plus : l'accoucheur, un anesthésiste, une puéricultrice, etc. Il peut y avoir aussi l'élève sage-femme ou l'élève puéricultrice, qui effectuent leur formation médicale.

Du côté de la famille, cela dépend du choix et du goût de la mère. Certaines aiment être très entourées, encore faut-il que la maternité l'accepte.

Avant de parler de la présence du père qui peut suggérer plusieurs réflexions, je voudrais dire deux mots de la présence des enfants que certains parents souhaitent.

Aucun des arguments que j'ai entendus jusqu'ici ne m'a convaincue de l'opportunité de cette présence. L'argument principal des parents est de dire : « Le bébé sera mieux accepté par ses frères et sœurs. » Autrement dit, les parents

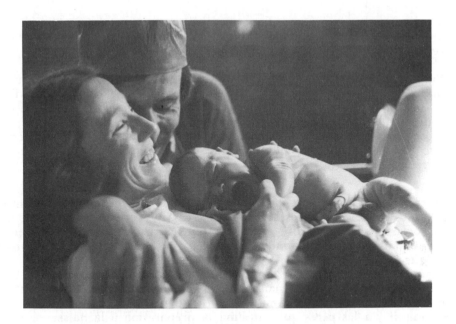

se mettent à la place des enfants, sans pouvoir imaginer le choc que pourrait produire tout de suite, et plus tard, l'image de la naissance. Un accouchement peut être émouvant, merveilleux mais aussi très violent. De quel droit imposer à un enfant une scène aussi impressionnante, aussi chargée d'émotions ? Et même si l'enfant ne dit rien, ce n'est pas sûr qu'il ne soit très fortement marqué.

Et le père ?

On a commencé à parler de la présence du père dans la salle d'accouchement il y a une trentaine d'années. Avant la question ne se posait pas, la porte de la salle lui était fermée, c'était le territoire et le domaine exclusif de l'accoucheur. Le père était prié d'aller fumer sa cigarette dans le couloir. Puis l'accouchement sans douleur est arrivé ; on a proposé à l'homme de faire faire à sa femme des respirations pour bien accoucher. On ne pouvait faire moins que de l'inviter aussi à la naissance. Et on a dit au père : « Venez, n'ayez pas peur d'entrer. » La naissance sans violence a confirmé l'invitation. Pour certains, il ne s'agit pas d'invitation mais d'obligation. Bernard Fonty * regrette l'attitude de certaines équipes médicales qui, lorsque le père n'est pas présent à l'accouchement, se posent aussitôt des questions sur la « qualité » du couple.

On ne se rend pas toujours compte de ce que cette présence signifie vraiment pour l'homme : c'est être face à face avec des images qu'on gardait soigneusement enfouies dans ses rêves ou ses fantasmes, c'est libérer des frustrations et des ressentiments, c'est être confronté à un ensemble de sensations si fortes et si complexes qu'il faudra plus d'une génération de pères ayant vécu ce moment-

---

* Mars 1987, *Naitre et Grandir* : un nouveau mensuel pour les parents. Vivant, intéressant, avec de belles photos.

là et le racontant pour mesurer la portée de l'événement et ses conséquences. Il est possible qu'il faudra même aller plus loin, et chercher dans l'inconscient les traces laissées par l'événement pour savoir s'il est positif.

L'homme le sent qui hésite, c'est bien normal : être ou ne pas être là.

D'ailleurs jusque-là l'invitation n'était vraiment pas pressante : il y a encore quelques années de nombreux accoucheurs refusaient les maris sous divers prétextes. Mais peu à peu les réticences se sont dissipées. Aujourd'hui, dans certaines maternités, on n'est pas très enthousiaste pour accueillir les pères, mais on n'ose plus invoquer de motifs, alors on les admet, du bout des lèvres. Il reste encore quelques accoucheurs qui refusent carrément, mais ils sont vraiment peu nombreux.

L'homme peut donc être invité, encouragé, ou seulement admis. Vient-il ?

Selon les enquêtes, les âges et les milieux, les chiffres varient bien sûr, mais dans l'ensemble on peut dire que six pères sur dix viennent ; c'est donc la majorité mais pas encore la foule. Et dans ceux qui sont là, il y a une ambiguïté dans leur présence.

Certains pères viennent assister à un documentaire sur l'accouchement.

D'autres viennent voir la naissance de leur enfant et ne s'occupent pas beaucoup de leur femme : ce sont les hommes-pères.

Et puis il y a les pères qui ont suivi la préparation à la naissance et qui naturellement veulent être là jusqu'au bout : ce sont les hommes-maris si je peux dire.

On trouve aussi des différences entre les pères selon le temps de présence à l'accouchement : à côté du père qui ne quitte pas sa femme, il y a le père présent seulement pendant une partie de l'accouchement, qui va fumer la cigarette traditionnelle dans le couloir pendant la sortie du bébé.

D'autres fois au contraire le père demande à la sage-femme de le prévenir au moment de la naissance, car il trouve trop long le temps du travail.

Il arrive enfin que le père qui avait décidé d'être là, ait au dernier moment un empêchement. Vrai ? Ou fuite ?

Enfin, même s'il entre dans la salle d'accouchement, sa place varie : ou il se tient au fond, à l'écart et comme gêné. Ou au contraire, il voudrait prendre les choses en main et carrément assister sa femme : il se met en face. D'autres fois, le père se tient derrière sa femme, ou à côté.

Leurs motivations sont diverses, leurs rôles également mais 95 % des pères qui étaient présents disent : « Je reviendrai la prochaine fois. » Il est certain que, pour un homme, voir naître son enfant est un moment unique.

Et qu'en retire la mère ? Outre le plaisir d'avoir près d'elle l'homme qu'elle aime, une aide : entre les passages de la sage-femme qui vient voir où en est la dilatation, la mère est seule et souvent s'inquiète ; une main compréhensive peut tout changer.

C'est pourquoi le père qui ne veut pas assister à la naissance elle-même, peut soulager beaucoup sa femme en restant auprès d'elle, au moins pendant une grande partie du travail.

Mais pourquoi 40 % des pères n'assistent-ils pas à l'accouchement ? (Ce mot *assister* fait d'ailleurs frémir les inconditionnels de la participation pour qui il ne s'agit pas d'être là, de regarder, mais d'aider sa femme quasiment à la place du médecin, jusqu'à sortir l'enfant avec lui, et à couper le cordon.)

Parfois les réticences viennent de la mère, et d'autres fois du père. Du côté de la mère, les réticences peuvent être diverses et souvent emmêlées :

— désir de vivre seules ce moment si important de leur vie de femme, de se prouver qu'elles sont capables de mener à bien leur accouchement sans aide, mais aussi désir de vivre cet accouchement comme elles le veulent avec le droit de crier si elles en ont envie ;

— peur d'offrir à l'homme qu'elles aiment un spectacle peu flatteur et que ce spectacle compromette leurs relations sexuelles futures, peur de la peur du mari, surtout si une intervention était nécessaire et qu'il risque de s'évanouir *.

Et d'ailleurs, lorsqu'un homme ne vient pas, c'est essentiellement l'angoisse qui le retient : angoisse de voir, en vrai, la scène imaginée cent fois et de ne pas la supporter ; peur de voir le corps de la femme qu'il aime souffrir ; crainte, comme sa femme, que leurs rapports sexuels en pâtissent.

On a dit si souvent au père que sa place était dans la salle d'accouchement qu'il promet en général de venir, mais que, s'il change d'avis, il se croit obligé comme un mauvais élève d'inventer une excuse : « J'avais un rendez-vous urgent », ou « J'ai raté le train. » Si c'est l'angoisse qui le retient d'être près de sa femme, il vaut en effet mieux qu'il s'abstienne ; rien n'est plus contagieux que la peur. Or une femme à ce moment-là a besoin de calme avant tout. Mais comme l'a dit une mère : « Qu'il n'aille pas trop loin. S'il est dans le couloir à portée de voix, c'est déjà rassurant. »

Pour un homme, décider s'il doit assister à la naissance de son enfant, c'est vraiment un choix qui doit être libre (comme doit l'être, par exemple, pour la mère, la décision d'allaiter). Les attitudes qui entourent la naissance sont plus que de simples gestes, elles ont des prolongements psychologiques et affectifs, une signification profonde. Elles ne doivent être dictées ni par l'entourage ni par la mode.

Ce qui permettra au père et à la mère de prendre une décision sera leur désir commun : la présence du père n'a de sens que si elle est la conséquence d'une entente profonde du couple.

Comment choisir l'hôpital ou la clinique

Je vous en parle dans le *Mémento pratique*, p. 424.

---

* En cas d'intervention, je vous signale que certains médecins font sortir le père, d'autres acceptent qu'il reste.

Le monitoring

Ce terme désigne des techniques modernes, dues aux progrès faits par l'électronique, qui permettent une surveillance intensive du comportement de l'enfant au cours de l'accouchement. Certes, on a toujours surveillé l'état de l'enfant du début à la fin du travail, notamment par l'auscultation des bruits du cœur. Mais les médecins estiment que, au moins dans certains cas, cette surveillance traditionnelle est insuffisante.

Au cours de ces dernières années, on a mis au point des appareils électroniques qui permettent deux sortes de mesures.

La technique la plus courante consiste à enregistrer d'une manière permanente les contractions de l'utérus (intensité, rythme, durée), et en même temps les battements du cœur de l'enfant. Pour cela de petits ballonnets sont posés sur le ventre de la mère, ils sont reliés à un appareil enregistreur. Ainsi on peut voir se dessiner l'amplitude des contractions de la mère et celles des battements du cœur de l'enfant.

Une autre technique, pratiquée exceptionnellement, permet par ponction directe sur la peau du crâne de l'enfant, d'apprécier certaines constantes de son sang.

Grâce au monitoring tout au long de l'accouchement, on peut dépister une anomalie traduisant une souffrance de l'enfant. Cela peut amener à interrompre le rythme spontané de l'accouchement et le terminer par une césarienne.

Ce matériel de surveillance est de plus en plus répandu et le monitoring de plus en plus courant, même pour les accouchements les plus normaux. Ne soyez donc pas inquiète si vous voyez la sage-femme installer un monitoring.

Accoucher assise ?

Dans le monde occidental, les femmes accouchent pratiquement toujours couchées sur le dos, les jambes relevées et les cuisses écartées au moment de l'expulsion. C'est incontestablement la position qui favorise le mieux le travail du médecin ou de la sage-femme au moment du dégagement de l'enfant.

Cette position ne fut généralisée qu'au XVIIe siècle. Et aujourd'hui encore, il y a de nombreuses peuplades, moins médicalisées que nous ne le sommes, où les femmes accouchent assises, accroupies, debout, etc.

Aussi certains accoucheurs proposent aux femmes une plus grande liberté de mouvement : pendant la dilatation, elles choisissent ce qui leur convient le mieux, de rester couchée, debout ou même de marcher ; et pour l'expulsion, elles peuvent accoucher accroupies, assises, ou à genoux. Selon ces obstétriciens, l'accouchement se déroulerait plus simplement, et la femme le vivrait mieux.

Il n'y a pas encore beaucoup d'accoucheurs qui soient partisans de cette liberté de position. Seront-ils plus nombreux dans quelques années ? On le verra. En attendant, quelques hôpitaux se sont équipés de chaise obstétricale ou d'un modèle de lit permettant des positions variées *.

* Sur ce sujet, vous pouvez lire le numéro 4 des *Cahiers du Nouveau-né* « Corps de mère, corps d'enfant », ouvrage collectif sous la direction de Danielle Rapoport.

Les différentes « présentations »

Le plus souvent — 95 fois sur 100 — l'enfant a la tête en bas au moment de l'accouchement. On appelle *présentation* la partie de l'enfant qui pénètre (qui *s'engage*) la première dans le bassin. Habituellement, la tête s'engage complètement fléchie, le menton sur le thorax, et présente le sommet du crâne (l'occiput) à l'entrée du bassin. On parle de *présentation du sommet*, la plus fréquente, celle qui correspond à ce que vous venez de lire dans la description que je vous ai faite de l'accouchement.

Mais ce n'est pas la seule.

La présentation de la face. Ici, la tête est complètement défléchie, complètement rejetée en arrière. L'accouchement naturel est possible, mais il est souvent difficile et peut nécessiter une application de forceps, voire même une césarienne.

La présentation du front. La tête est en position intermédiaire entre la face et le sommet. L'accouchement est impossible (la tête présente à l'engagement un diamètre trop grand). La césarienne est toujours nécessaire.

La présentation transversale (encore appelée présentation de l'épaule). L'enfant se présente horizontalement, dos en haut ou en bas. La césarienne s'impose.

La présentation du siège. Ici l'enfant se présente le siège en bas, la tête se situant dans le fond de l'utérus. Ce sont soit les fesses, soit les membres inférieurs qui se présentent en premier.

Le diagnostic de la présentation se fait en fin de grossesse, vers 7 mois 1/2-8 mois (ce n'est en effet qu'à cette période que l'enfant prend sa position définitive dans l'utérus), en palpant l'abdomen. On peut confirmer le diagnostic par une radiographie ou une échographie.

Si votre enfant se présente par le siège, ne vous étonnez pas de voir le médecin prendre un maximum de précautions.

Il vérifiera notamment attentivement les dimensions du bassin et demandera probablement, surtout si c'est votre premier enfant, une radiopelvimétrie (voyez p. 227). Au moment de l'accouchement, les difficultés d'expulsion étant plus fréquentes, il n'est pas rare qu'une anesthésie générale soit nécessaire.

Si le médecin parle de *présentation du siège*, il est donc prudent de s'assurer que la maternité prévue est bien équipée (voir p. 424).

Présentation
du front

Présentation
de la face

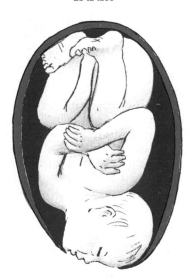

Présentation du siège

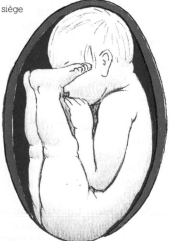

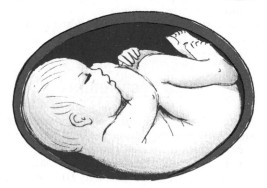

Présentation transversale

Les accouchements avec intervention

Dans la grande majorité des cas, l'accouchement se déroule tout naturellement. Mais il peut arriver que le mécanisme normal de l'accouchement soit troublé, soit que l'enfant se « présente » mal, soit que le bassin soit trop étroit pour que l'enfant puisse le traverser, etc. Il est alors nécessaire, pour éviter que ni la mère ni l'enfant ne souffrent, d'intervenir en faisant une application de forceps ou une césarienne, dont je vais maintenant vous parler.

Le forceps

Le forceps est un instrument en forme de pince destiné à saisir la tête de l'enfant et à la tirer hors des voies génitales. Il jouit d'une très mauvaise réputation et c'est souvent avec un certain effroi rétrospectif que telle femme déclare qu'il a fallu « lui mettre les fers ».

Il est d'ailleurs vrai que, lorsque la césarienne n'était pas encore entrée dans la pratique, la nécessité d'extraire coûte que coûte l'enfant par les voies naturelles pouvait parfois conduire à des applications de forceps très traumatisantes pour le périnée de la mère et surtout pour l'enfant. On le sortait à tout prix, mais à quel prix !

Heureusement, l'utilisation du forceps est maintenant parfaitement codifiée, et n'est conseillée et autorisée que quand elle peut se faire sans aucun risque : sur une tête déjà très descendue et qui se refuse à une expulsion spontanée.

Quand ces conditions sont respectées, et entre les mains d'un opérateur expérimenté, l'application de forceps est sans danger pour l'enfant. Si elle est nécessaire lors de votre accouchement, vous n'aurez donc rien à redouter, ni pour vous-même ni pour l'avenir de votre enfant.

Le vacuum extractor. Ce nom, qui littéralement signifie : extracteur par le vide, désigne une ventouse en matière souple qui permet « d'attirer » l'enfant vers l'extérieur. Au moment d'une contraction, on tire doucement pour amplifier l'effet de la contraction.

Les indications du vacuum extractor sont les mêmes que celles du forceps. Il est peu utilisé en France.

La césarienne

Il y a cent ans encore, lorsqu'une difficulté grave surgissait qui empêchait l'enfant de naître par la voie naturelle, même avec l'aide d'un forceps, la vie de la mère ou de l'enfant était gravement compromise.

On pratiquait bien l'opération dite césarienne, mais il était rare qu'elle se terminât heureusement. On peut lire dans le *Dictionnaire usuel des sciences médicales* publié en 1892 : « La mortalité en cas de césarienne est de 29 sur 30. »

Ce n'est guère que depuis quarante ans que cette opération est pratiquée couramment et sans danger.

La césarienne est une intervention chirurgicale qui consiste à inciser l'abdomen, puis l'utérus, et à extraire l'enfant par l'ouverture ainsi pratiquée. On referme ensuite l'utérus, puis la paroi abdominale. Des fils ou des agrafes sont mis sur la peau. Pendant longtemps l'intervention n'a été faite que sous anesthésie générale, mais l'anesthésie péridurale gagne maintenant de plus en plus de terrain. Une césarienne dure en général une heure.

Par rapport à un accouchement normal peu de choses changeront pour vous dans les suites. Celles-ci sont habituellement très simples et l'anesthésie péridurale a encore amélioré le confort post-opératoire. Il est possible qu'il y ait un petit drain à enlever au niveau de la cicatrice au bout de 48 heures (tous les chirurgiens n'en mettent pas). Vous vous lèverez dès le lendemain de l'intervention, et vous pourrez aller et venir dès le 2e-3e jour. Vous pourrez prendre une douche dès le 4e-5e jour. Les fils ou agrafes seront enlevés au 5e-6e jour. Vous pourrez quitter la clinique ou l'hôpital dès le 7e jour, soit pratiquement dans les délais d'un accouchement normal.

Une césarienne n'interdit pas d'allaiter quand la maman le souhaite.

J'ajoute que le préjudice esthétique est nul car il est toujours possible de pratiquer l'intervention par une incision basse, transversale, cachée sous les poils du pubis.

Quand vous serez rentrée chez vous, on vous conseillera de reprendre une vie normale un peu moins rapidement qu'après un accouchement par voie naturelle, mais au bout de 4 semaines environ vous aurez oublié que vous avez eu une césarienne.

En un mot, cette opération est devenue si courante que si le médecin vous disait qu'il est nécessaire de faire naître votre enfant de cette manière, vous ne devriez pas le redouter.

Plusieurs causes peuvent nécessiter le recours à une césarienne. On peut les grouper sous trois rubriques :

■ impossibilité d'un accouchement par voie basse, c'est-à-dire par la voie naturelle, impossibilité qui peut tenir :

— aux dimensions insuffisantes du bassin de la mère ;

— au volume trop important de l'enfant ou à sa présentation en mauvaise position : présentation transversale par exemple ;

— à l'existence d'un obstacle à la sortie de l'enfant, tel qu'un fibrome ;

■ nécessité de terminer rapidement l'accouchement pour sauver parfois la vie de la mère, mais beaucoup plus souvent celle de l'enfant, qui peut être menacée par une hémorragie ou surtout par une souffrance apparue au cours du travail ; cette souffrance fœtale est de mieux en mieux dépistée maintenant grâce au monitoring ;

■ obligation d'interrompre la grossesse avant terme si la poursuite en est dangereuse pour l'enfant : certains cas de diabète, d'iso-immunisation rhésus ou de toxémie par exemple.

Vous voyez donc que, selon le cas, la césarienne peut être prévue à l'avance dès la fin de la grossesse ou devenir nécessaire, de façon plus ou moins impromptue, au cours de l'accouchement.

Actuellement, on pratique de plus en plus de césariennes (10 à 15 % des naissances). Cette augmentation inquiète d'ailleurs souvent. Elle s'explique, au moins en partie, par :

— les progrès des techniques chirurgicales et d'anesthésie qui font de la

césarienne une intervention de plus en plus simple à laquelle on est de plus en plus tenté d'avoir recours ;
— la meilleure connaissance des risques pour l'enfant de certains accouchements par voie basse : très gros enfants ou, au contraire, enfants de très petits poids ; certaines présentations du siège ; certains prématurés ;
— le meilleur diagnostic de la souffrance fœtale en cours de travail grâce au monitoring ;
— l'indiscutable augmentation des grossesses à risques.

Un préjugé veut qu'à une césarienne ne puisse succéder qu'une césarienne. C'est vrai en partie seulement. Si l'opération a été motivée par une cause accidentelle : une soudaine hémorragie ou une toxémie, il n'y a pas lieu de redouter une nouvelle césarienne. Un accouchement ultérieur peut très bien se dérouler normalement, par « voie basse ».
Il faut toutefois savoir que la présence d'une cicatrice de césarienne sur l'utérus augmente, même dans ces cas, le risque d'avoir une nouvelle césarienne pour l'accouchement suivant.
Mais si la césarienne a été nécessitée par une cause permanente, un bassin rétréci par exemple, il est évident qu'une nouvelle césarienne sera nécessaire.
Certaines femmes croient également qu'on ne peut pas avoir plus de trois césariennes successives. Ce n'est pas un impératif catégorique. C'est plus par excès de prudence que pour des raisons parfaitement démontrées par les faits qu'il est habituel de proposer une stérilisation par ligature des trompes lors de la troisième césarienne. Je connais des accoucheurs ayant pratiqué quatre et même cinq césariennes chez des femmes qui le leur avaient demandé.

La délivrance artificielle

Vous avez vu (page 303) qu'habituellement le placenta se décolle tout seul, grâce à des contractions utérines qui réapparaissent dans les minutes suivant la naissance de l'enfant.
Il arrive, pour des causes diverses (manque ou mauvaise qualité de ces contractions utérines, adhérence anormale du placenta), que le placenta ne se décolle pas. Le risque est alors celui d'une hémorragie. Pour l'éviter, le médecin doit introduire la main dans l'utérus pour décoller artificiellement le placenta. Cette intervention se fait le plus souvent sous anesthésie générale ou péridurale (l'anesthésie n'est pas absolument indispensable, mais beaucoup plus confortable pour la femme).

La révision utérine

Il arrive qu'une hémorragie apparaisse après l'accouchement et la délivrance. Le médecin doit alors en chercher la cause. Elle peut être due soit à un fragment de placenta resté dans l'utérus, soit à une rupture de l'utérus au cours de l'accouchement. Pour le savoir, le médecin fait le même geste que celui de la délivrance artificielle (introduire la main dans l'utérus sous anesthésie générale ou péridurale).

L'accouchement
à domicile

Au siècle dernier encore, l'immense majorité des femmes accouchaient chez elles ; n'allaient à l'hôpital que les plus pauvres, les sans-abri ou celles qui désiraient cacher une naissance.

Aujourd'hui c'est l'inverse, l'immense majorité des femmes accouchent dans des maternités. D'après les derniers chiffres recensés, n'avaient accouché à domicile que 4 femmes sur 1000. Les progrès de la médecine, la sécurité de la naissance et la technique ont eu raison de la tradition.

Depuis quelques années cependant des jeunes couples revendiquent le droit pour leur enfant de naître à la maison. Nostalgie du passé, ce passé qui fascine, recherche du naturel et d'une ambiance plus chaleureuse, refus d'une médicalisation jugée excessive et d'une technique envahissante. Et à l'appui de la revendication on cite toujours l'exemple de la Hollande où 30 % des accouchements se font encore à domicile.

En fait rien n'est comparable ni avec le passé, ni avec l'hôpital, ni avec la Hollande.

Accoucher à l'hôpital, hier, jusqu'à l'ère pastorienne, c'était risquer la fièvre puerpérale qui sévissait à l'état endémique et qui était souvent mortelle. Aujourd'hui les maternités sont équipées pour faire face à toutes les éventualités et la mortalité maternelle a presque disparu *.

Quant à la Hollande, la politique de prévention y est extrêmement poussée : les mères passent une quinzaine de visites pendant leur grossesse, il y a toujours à proximité une ambulance, et à 10 minutes au maximum, un centre hospitalier ; les critères pour accoucher à domicile sont très sévères : 20 % au moins des candidates sont refusées ; d'ailleurs ces dernières années le nombre des accouchements à domicile a diminué.

Quant aux comparaisons avec l'hôpital, les voici dans leur sécheresse : la mortalité périnatale est deux fois plus importante pour les accouchements à domicile (26 pour 1 000) que pour les accouchements en maternité (11 pour 1000).

Les partisans de la naissance à la maison disent : « Nous parlons chaleur humaine, vous répondez chiffres. » Mais dans le domaine de la naissance, ce qui compte avant tout, n'est-ce pas la sécurité ?

Dans ces conditions, qui accouche encore à domicile : outre des agricultrices se trouvant loin de centres hospitaliers, des femmes en situation difficile ou à l'inverse, quelques femmes très privilégiées pour lesquelles tout est prévu, y compris le SAMU devant la porte pour le cas où... En outre, ces femmes ont pu organiser l'après-naissance dans des conditions d'extrême confort, sûres d'être aidées, c'est-à-dire de pouvoir se reposer dans les meilleures conditions.

---

* 250 par an pour environ 780 000 naissances.

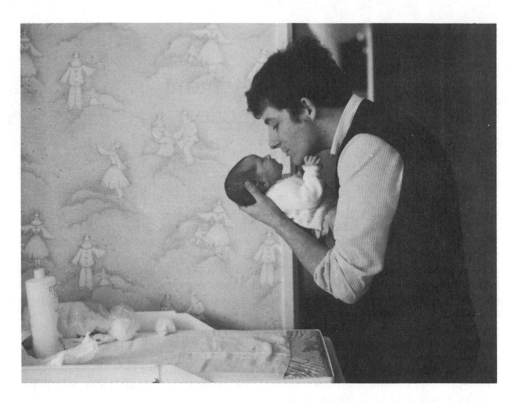

Car accoucher chez soi parmi les siens peut être très agréable sur le plan psychologique et affectif, cela le devient beaucoup moins si deux jours après, il faut être déjà sur pied avec les soucis du foyer. Or comme le disent bien des jeunes femmes, la maternité c'est au moins huit jours de repos et une halte dans la fatigue de la vie quotidienne.

Reste le cas de Montpellier ; dans cette ville a été constituée une équipe qui fait des accouchements à domicile, mais il ne faut pas s'y tromper, ses critères de sélection sont très stricts autant qu'en Hollande.

« Même s'il existe une demande pour l'accouchement à domicile, il n'existe rien d'adapté à cette demande. » C'est la constatation que fait le docteur Ph. Colin, l'un des médecins ayant participé à une brochure *Naître ou ne pas naître à la maison*, qui intéressera les couples tentés par l'aventure de l'accouchement à domicile.

Moralité : la solution raisonnable est d'aller accoucher dans une maternité. C'est d'ailleurs la conclusion du professeur Chavinié : « Dans les conditions actuelles, un accouchement à domicile, sans technique diagnostique et sans possibilités d'interventions d'urgence, fait prendre un risque trop élevé *. »

Il reste qu'il faut essayer d'obtenir que, partout, l'accueil des mères soit amélioré. On parle sans cesse d'humaniser les hôpitaux, il faudrait commencer par les maternités. La femme qui y arrive pour un moment si important de sa vie devrait pouvoir être particulièrement bien accueillie, partout comprise et accompagnée, au lieu d'être souvent laissée en face d'une machine ; je pense à ce fameux monitoring qui si souvent inquiète lorsqu'on est seule. Citons encore le professeur Chavinié : « Il semble que la solution se situe dans une modification progressive de la structure hospitalière qui, sans renoncer ni à l'asepsie ni à la technique, doit se faire accueillante et rassurante pour la femme, son mari et l'enfant. »

Si les médecins hostiles à l'accouchement à domicile, dont ils font un épouvantail au nom de la sécurité, défendaient avec la même fougue l'urgence de rendre les maternités plus accueillantes, plus chaleureuses, aucune mère ne rêverait plus d'accoucher chez elle.

Certains accoucheurs tentent de transporter la maison à l'hôpital en changeant le décor, en mettant des couleurs et des lumières différentes pour donner au cadre austère de l'hôpital un aspect plus familier, en organisant des lieux de rencontre et d'échange entre les mères. Il faut espérer que ces exemples de maternités conviviales se multiplieront, car ce qu'une mère apprécie dans de tels lieux, c'est aussi le contact avec les autres : « On échangeait nos impressions, nos ennuis... Les échanges entre femmes, sans oublier les pères, je pense que cela fait partie de l'accouchement », comme le dit une mère ayant accouché aux Lilas.

On pourrait enfin souhaiter que les mères qui le désirent puissent rentrer chez elles au bout de 2-3 jours avec prise en charge par la Sécurité sociale jusqu'au 10e jour d'une puéricultrice qui aiderait les mères à s'occuper de leur enfant. Ce serait une autre manière d'humaniser la naissance.

Si l'histoire de l'accouchement vous intéresse, je vous signale deux très bons livres : l'un plus général *l'Histoire des mères du Moyen Age à nos jours* de Yvonne Knibiehler et Catherine Fouquet qui existe dans une belle édition illustrée éditée par Montalba et en Livre de Poche, et un livre concernant plus directement l'accouchement : *Naissances* de Mireille Laget, édité par Le Seuil. Enfin, un très bel album où Valérie Winckler a réuni ses plus belles photos : *Acte de naissance* édité par Le Centurion-Médecine et enfance.

La naissance
sans violence

En 1974, Frédérik Leboyer (ancien chef de clinique en chirurgie et en obstétrique de la faculté de médecine de Paris) publiait un livre * qui fit scandale car il remettait en cause des rites bien établis.

Pourquoi un accoucheur prenait-il ainsi le risque de choquer ? Parce qu'il était bouleversé par les cris de l'enfant qui vient de naître. Le premier de ces cris est accueilli avec bonheur : il est symbole de vie ; mais pourquoi ce premier cri est-il si souvent suivi des hurlements d'un enfant crispé comme s'il souffrait ?

« Se peut-il que naître soit douloureux pour l'enfant, autant qu'accoucher l'était jadis pour la mère ? » C'est ce que se demandait F. Leboyer, et pour lui la réponse ne faisait pas de doute : l'enfant souffre pour naître, mais dans une certaine mesure, on peut lui éviter cette douleur, on peut l'aider à entrer dans le monde avec plus de sérénité, par quelques gestes simples et un nouvel accueil.

Pour trouver ces gestes, il suffit de réaliser la difficulté de l'arrivée au monde : sortant de son abri obscur, douillet, bien clos, l'enfant se trouve soudain projeté dans le bruit, la lumière vive, l'agitation et les manipulations de toutes sortes.

Pour assurer au nouveau-né une certaine continuité avec le monde qu'il vient de quitter, il faut le traiter avec plus de douceur, dit le docteur Leboyer, faire si possible la pénombre et surtout ne pas aveugler l'enfant, éviter tout bruit violent, tout geste brutal. Puis poser l'enfant sur le ventre de sa mère où il retrouve le bruit du cœur et le mouvement de la respiration qui ont accompagné sa vie durant neuf mois. Sous la main de sa mère qui le caresse, l'enfant alors se déplie, se détend.

Le cordon n'est coupé que lorsqu'il cesse de battre, pour laisser aux poumons le temps de prendre le relais (bien sûr si aucune indication d'urgence ne se présente). Puis l'enfant est doucement plongé dans un bain à température du corps, non pour le laver mais pour qu'il retrouve le milieu aquatique dans lequel il a vécu. Alors, il ouvre des yeux sereins, apaisés, confiants...

Le bain a été de toutes les propositions de F. Leboyer la plus critiquée. Mais sur le plan médical, dit Leboyer, le bain n'a pas de contre-indication dès lors que le bébé est en bonne santé, et sur l'effet produit il suffit de voir, par exemple dans les films « Naissance ** » ou dans « Heureux comme un bébé dans l'eau *** », le visage de l'enfant pour comprendre qu'il atteint alors une vraie béatitude.

Ce n'est qu'après le bain que l'enfant est pris en charge par la puéricultrice qui lui donne ses soins, le pèse et l'habille, après que les examens ont été pratiqués.

---

* *Pour une naissance sans violence*, Éditions du Seuil.
** Distribué par Gaumont.
*** Services du CNRS.

Voici l'essentiel des propositions de F. Leboyer.

Il faudrait en retenir d'autres, en particulier la participation du père à la naissance — c'est parfois lui-même qui coupe le cordon ou qui donne le bain — le réflexe de l'enfant qui, mis sur le ventre de sa mère, au bout d'un certain moment cherche déjà le sein, c'est le réflexe de fouissement, etc.

Mais ce qui doit retenir l'attention dans les propositions de F. Leboyer, plus que tel ou tel détail pratique, c'est cette manière d'accueillir l'enfant, cette attention à ses besoins, à ses réactions, le souci constant du respect, de la douceur, de la patience. « L'enfant est entre deux mondes. Sur un seuil. Il hésite. Ne le brusquez pas. »

Et précisément, ce ne fut pas tant sur le but que Leboyer proposait d'atteindre qu'il fut critiqué, mais sur les moyens d'y parvenir : « accoucher dans le noir », « plonger » le nouveau-né dans l'eau, attendre pour couper le cordon, semblèrent des propositions aberrantes. Et ce fut dit en termes violents.

Les excès de langage passés, la « naissance sans violence » a fait du chemin malgré les réticences, malgré l'hostilité de certains milieux médicaux. De nouvelles maternités appliquent ce qu'on a appelé — malgré son auteur — la « méthode » Leboyer ; de nouveaux accoucheurs s'y intéressent et d'une manière générale, dans les maternités, une attention nouvelle est portée à l'enfant.

Commencée dans le fracas des critiques et la virulence des mots, la Naissance sans violence influence peu à peu l'obstétrique. Le chemin parcouru est normal. Les évolutions débutent toujours par une révolution et du bruit, puis les esprits s'apaisent et les mots s'oublient.

Il y a trente ans l'accouchement sans douleur a suscité les polémiques les plus vives, aujourd'hui la préparation à l'accouchement fait partie de l'obstétrique la plus classique même si on la remet en cause régulièrement.

De ces deux exemples, il faut retenir un enseignement : il y a comme une alternance, comme un dialogue entre la technique et l'humain, entre les acquisitions médicales, les acquisitions de la psychologie et les sensibilités individuelles.

Un jour enfin, mettre au monde un enfant ne devint plus une aventure risquée pour les femmes. Au début de ce siècle, on comptait encore 5 femmes sur 1 000 qui mouraient « en couches » ; aujourd'hui les cas sont très rares car les hantises des accoucheurs : la toxémie, l'infection, les hémorragies ont quasiment disparu.

Alors la sécurité acquise, on put songer au confort, et proposer aux femmes de diminuer les douleurs de l'accouchement.

Et de même pour l'enfant : les remarquables progrès de l'hygiène, du mode de vie, de la médecine et des machines ont complètement transformé la sécurité de la naissance, la chute de la mortalité néo-natale en fait foi. C'est alors qu'est apparu un nouveau désir : naître sans risque, mais aussi en douceur.

Concilier ces deux désirs n'est pas toujours facile, pourtant un pas semble déjà franchi dans l'alliance de la technique et de l'humanisation de la naissance *.

* Pour celles qui voudraient en savoir plus sur la Naissance sans Violence, je recommande l'article du Dr E. Herbinet « Violence, accouchement et naissance » paru dans le premier numéro des « Cahiers du Nouveau-né » (Naître... et ensuite, aux éditions Stock) car, en quelques pages, cet article résume très bien le véritable esprit de la Naissance sans Violence.

La douleur
et l'accouchement

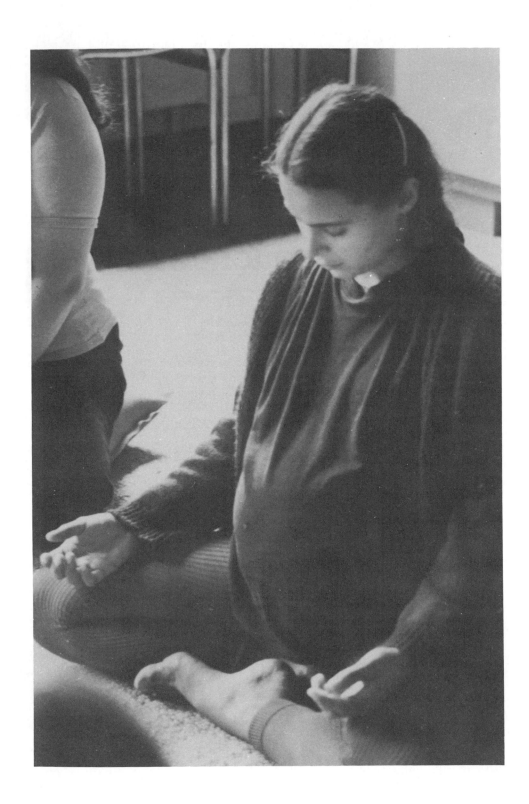

L'histoire des rapports entre l'accouchement et la douleur peut s'écrire en trois épisodes de longueur bien inégale.

La première période va de la Genèse à nos jours : des millions d'années de « Tu enfanteras dans la douleur » ; personne n'ose discuter la terrible sentence de la Bible.

La deuxième période débute vers 1950, elle va jusqu'aux années 80. C'est le temps de la première contestation : « la douleur de l'accouchement n'est pas inéluctable », et d'une affirmation audacieuse : « On peut accoucher sans souffrir, il suffit de s'y préparer. » Pendant trente ans, c'est le grand règne de l'accouchement sans douleur.

La troisième période, nous la vivons ; l'accouchement sans douleur est contesté à son tour. « Femmes, on vous a trompées, ce n'est pas en faisant des exercices que vous accoucherez sans douleur, il vous faut une bonne piqûre. Vous devez toutes la réclamer. »

« Tu enfanteras dans la douleur »

Durant la première période, les femmes n'ont pas le choix : souffrir pour donner la vie est inéluctable, et d'ailleurs nécessaire ; la souffrance est le rachat du péché et le salut de la mère.

« Même un heureux accouchement doit être douloureux. Cette conviction s'appuie sur des justifications morales, et il existe une sorte de culte de la souffrance... une vision de l'enfantement qui serait à la fois une œuvre de création et une œuvre de péché *. »

Dans le vocabulaire courant, douleur et accouchement sont synonymes : « elle entra dans les douleurs » veut dire « le travail a commencé ». Il y a « les petites douleurs », il y a les « grandes » ; il y a les douleurs « concassantes ».

L'accouchement dure facilement plusieurs jours ; on essaie bien de soulager la mère à l'aide de quelque potion ou parfois d'une bouffée de chloroforme, mais les douleurs sont acceptées puisque la femme doit souffrir pour être mère. Et la femme pleure, crie, hurle.

« Au fur et à mesure que la femme approche du terme de son accouchement, elle crie... : cris, hurlements qui font partie du rituel... Mais si l'accouchement s'éternise, les forces manquent et les cris s'arrêtent. Les femmes les plus agitées se laissent sombrer... ; elles terminent leur accouchement épuisées, gémissantes, submergées *. »

Comme l'écrit encore Mireille Laget * :

* Mireille Laget *Naissances*, « L'accouchement avant l'âge de la clinique », Le Seuil Éditeur.

« On s'interroge encore beaucoup aujourd'hui sur l'aspect inexorable des douleurs de l'accouchement : les accoucheurs et les mères restent profondément divisés. Or, l'historien peut s'appuyer sur la certitude que les femmes d'autrefois, pour la plupart, souffraient : pas toutes, car il existe, dans nos civilisations, des mères qui ne souffrent pas pour enfanter. Claude Revault d'Allones, dans une étude des années 1960, estime qu'il y en avait 8 à 10 % qui, sans aucune préparation, accouchaient sans souffrir. La proportion, il y a deux ou trois siècles, n'est peut-être pas la même, mais il est vraisemblable que certaines femmes accouchaient sans mot dire parce qu'elles ne vivaient pas la douleur. Cela pourtant n'a rien transformé des attitudes collectives. La grande majorité des femmes reproduit un drame héroïque et douloureux. »

Souffrir à hurler, accoucher sans souffrir, les extrêmes ont toujours existé, ils existent encore. La douleur de l'accouchement est éminemment variable selon les femmes, selon les stades de l'accouchement. C'est l'une de ses premières caractéristiques. Mais parlons plus en détail de cette douleur.

La vérité sur la douleur

Lorsque l'utérus se contracte pour commencer le travail, ses contractions ne sont pas indolores, c'est même le caractère douloureux des contractions qui, avec leur régularité, indique que le travail a commencé. Si la mère ne *sentait* pas son utérus se contracter, tous les enfants naîtraient dans des taxis.

Donc un premier point : la douleur obstétricale existe *mais*, et ce mais est très important, cette douleur est éminemment variable. Il y a des femmes qui mettent leur enfant au monde presque sans souffrir et sans l'aide de médicaments, alors que d'autres souffrent ; comme il y a des femmes qui ont leurs règles pendant trente ans sans jamais rien sentir, alors que d'autres sont obligées chaque mois de se coucher un jour ou deux, tant leurs règles sont douloureuses. Entre ces deux extrêmes, il y a des femmes qui souffrent, mais d'une manière très supportable ; il y en a qui ressentent la douleur tout au long de l'accouchement, tandis que d'autres ne s'en plaignent que vers la fin.

La douleur est donc variable : suivant qu'elle est plus ou moins sensible, plus ou moins nerveuse, plus ou moins fatiguée, la femme ressentira plus ou moins la douleur provoquée par la contraction. A douleur apparemment égale (on est obligé de dire apparemment, car la douleur n'est pas mesurable), telle femme fera simplement la grimace, telle autre serrera plus fort la main de la sage-femme, telle autre dira : « C'est trop, endormez-moi. »

En fait, il est bien difficile de savoir la vérité. J'ai entendu des femmes appeler leur mère, jurer qu'elles souffraient le martyre et que jamais plus elles n'accoucheraient, mais déclarer deux jours plus tard qu'en fait elles n'avaient pas tellement souffert (le mal joli s'oublie dit la chanson), et qu'elles seraient ravies d'avoir un autre enfant. D'autres, qui n'avaient rien dit pendant l'accouchement, se plaignaient le lendemain d'avoir horriblement souffert.

Tout ou rien, hurler ou se taire. Hier on ne connaissait que celles qui gémissaient, les quelques autres qui, selon Claude Revault d'Allonnes, accouchaient sans ouvrir la bouche on les ignorait, minorité silencieuse c'est le cas de le dire, jusqu'au jour où vint un certain docteur Read...

L'histoire est touchante, c'est celle d'une héroïne obscure qui par une simple phrase rendit un homme célèbre. Je ne résiste pas à l'envie de vous la raconter en quelques lignes, d'autant plus qu'elle est exemplaire.

Il fait froid, c'est l'hiver dans une masure de Whitechapel, le quartier le plus pauvre de Londres, que Charlot rendit célèbre. Une jeune femme est étendue sur un lit recouverte de sacs et d'un vieux jupon noir. Dans la nuit, un jeune médecin accoucheur se hâte à bicyclette pour venir l'assister.

En entrant, il est frappé par l'atmosphère de paix qui contraste avec la pauvreté de cette scène à la Dickens.

« Dans les délais normaux, l'enfant était né. Il n'y eut ni bruit ni embarras. Tout semblait avoir été conduit suivant un plan prévu. Il n'y eut qu'un léger incident : je tentais de persuader ma cliente de me laisser lui donner quelques bouffées de chloroforme, quand la tête apparut et que le dégagement commença. La femme sembla froissée de ma suggestion et fermement, quoique gentiment, refusa mon secours. C'était la première fois dans ma courte carrière que j'essuyais un refus en offrant le chloroforme. Comme je me préparais à prendre congé, je lui demandai pourquoi elle avait refusé le masque, timidement elle me dit : " Cela ne faisait pas mal. Cela ne devait pas, n'est-ce pas, docteur ? " »

Les femmes pourraient élever un monument à l'accouchée de Whitechapel : depuis le jour où Read l'entendit poser cette question simple, il lui chercha une explication. Pourquoi n'avait-elle pas souffert ? Il chercha, jusqu'au jour où, dit-il, « à travers mon esprit orthodoxe et conservateur, la lumière se fit : les femmes qui souffrent le moins sont aussi les plus détendues. Or, se dit-il, si la femme est détendue, c'est qu'elle n'a pas *peur* ».

Ce mot fut la trouvaille du docteur Read, et la base de sa méthode l'accouchement sans crainte : la femme a mal parce qu'elle a peur ; elle a peur parce qu'elle a toujours entendu dire qu'accoucher est une épreuve douloureuse ; elle a peur aussi parce qu'elle est ignorante ; elle ne sait pas comment son bébé vit en elle pendant neuf mois, moins encore comment il va naître ; enfin, elle a d'autant plus peur qu'elle est plus nerveuse.

Or, la peur crée une tension exagérée des muscles. Ceux qui devraient être relâchés pour que l'enfant puisse naître sont contractés. Cette contraction cause la doulcur. Pour vaincre la douleur, il faut donc vaincre la peur. Comment ? En expliquant à la femme ce qui se passe en elle, comment vit le bébé, comment il va naître. En lui apprenant à détendre ses muscles, ses nerfs, son esprit. En lui faisant faire des exercices physiques et respiratoires qui la prépareront à son accouchement. En un mot en l'informant.

En 1945, Grantly Dick Read fait paraître un livre qui connaît un immense succès en Angleterre puis aux U.S.A., *Childbirth without fear* ; l'accouchement sans crainte est né, lentement l'idée que si l'on veut lutter contre la douleur il faut supprimer la peur, se fait jour.

A quelques années de là et quelques milliers de kilomètres, un médecin soviétique, le Dr Velvoski, fait une découverte qui rejoint celle du docteur Read.

La femme souffre parce qu'elle est conditionnée à la douleur, d'abord par le langage. On ne dit pas : « Quand vous ressentirez les premières contractions », mais « Quand vous ressentirez les premières douleurs. » Si bien que, dans l'esprit de la femme déjà bien avant la grossesse, et surtout pendant ces neuf mois, il se crée une association entre ces deux mots : contraction et douleur.

Pour détruire dans la tête de la future mère, cette liaison accouchement = douleur, il faut avant tout la débarrasser de sa peur ancestrale.

Pour y arriver, Velvoski explique en détail à la future mère le mécanisme de l'accouchement (ce qui est connu perd de son mystère inquiétant) et il recommande à l'entourage de ne pas effrayer la future mère.

« Ce faisant, affirmait-il, je " n'endors " pas la femme, je ne la berce pas d'illusions, au contraire je la rends plus lucide. » Puis, ayant ainsi agi sur le cerveau pour détruire les réflexes néfastes, Velvoski agit sur le corps pour créer des réflexes utiles : il éduque les nerfs et les muscles qui doivent entrer en jeu au cours de l'accouchement. L'ensemble de cette préparation forme la méthode psycho-prophylactique * essentiellement basée sur la célèbre théorie des réflexes conditionnés exposée par Pavlov.

---

* Psychoprophylaxie obstétricale : prévention des troubles psychologiques chez la mère et chez l'enfant.

L'accouchement
sans douleur

Un jour, un accoucheur français, le docteur Lamaze, en voyage en Russie, voit à l'hôpital de Leningrad une femme mettre son enfant au monde avec le sourire, en pleine lucidité, sans anesthésie. « Je ne perdais pas de vue cette femme, raconta-t-il. Je palpais ses jambes, ses bras ; tous ses muscles étaient relâchés ; il n'y avait que son muscle utérin qui semblait travailler au milieu d'un corps complètement détendu, décontracté, comme indifférent à l'acte d'enfantement. Pas la moindre goutte de sueur ne perlait sur son front, pas une seule contraction du visage. Le moment venu, elle a fait les efforts de poussée dans un calme absolu. »

A la différence de l'accouchée de Whitechapel, celle de Leningrad avait été scientifiquement préparée selon la toute nouvelle méthode du Dr Velvoski.

Le Dr Lamaze est émerveillé, et de retour en France, il enseigne la méthode psychoprophylactique.

En quelques années, l'enseignement de Read et celui de Lamaze se répandent et se confondent, les noms d'origine se perdent, on retient celui d'Accouchement sans douleur, plus attractif mais plus critiquable aussi, comme on le verra plus loin.

La préparation classique

Peu à peu l'habitude se prend de préparer son accouchement. Et aujourd'hui plus de 80 % des femmes se préparent avec plus ou moins de zèle mais avec la conviction que « cela se fait » et peut être utile.

Selon les maternités, la préparation peut varier mais voici les principes généraux communs à toutes les préparations.

D'abord il s'agit de donner à la femme des connaissances théoriques, certes élémentaires, mais indispensables sur l'anatomie et la physiologie de la grossesse et de l'accouchement : description des organes sexuels, explication du cycle menstruel et de la fécondation, développement de l'œuf, de la conception à la naissance. Puis la future mère apprend comment se passe un accouchement, les signes qui l'annoncent, les trois périodes du travail : dilatation, expulsion, délivrance. En général, une séance est consacrée au régime et à l'hygiène de la grossesse.

Puis la préparation comprend toute une série d'exercices physiques, qui consistent :

- à apprendre les différents modes de respiration à utiliser lors de l'accouchement,
- à entraîner certains groupes de muscles qui auront à fournir un effort particulier,

■ à prendre l'habitude de la détente et de la relaxation afin de profiter au maximum du repos que les contractions laissent entre elles.

Souvent les séances de préparation sont complétées par des entretiens entre les femmes qui vont accoucher, par des entretiens avec des mères et des pères qui viennent d'avoir leur enfant, par des conversations avec la sage-femme ou le médecin, par la projection d'un film sur l'accouchement, par la visite de la salle d'accouchement et la visualisation des appareils qui s'y trouvent (monitoring, etc.).

Enfin le personnel médical (médecin ou sage-femme) chargé de la préparation cherche peu à peu à installer un climat de confiance. Cette confiance réciproque est un des éléments importants de la préparation.

La préparation se fait, selon les maternités, en 6 à 8 séances. Elle commence vers 5 mois 1/2 ou 6 mois de grossesse. Le père peut en général y assister. Les séances sont remboursées à 100 %.

Les futures mères suivent les cours avec plus ou moins d'assiduité, mais l'assiduité ne suffit pas à garantir un bon déroulement de l'accouchement ; il est certain que la manière dont la future mère sera accueillie à son arrivée à la maternité, la manière dont elle sera « accompagnée » pendant le travail, seront déterminantes pour créer le climat de confiance et de détente nécessaire.

Cet élément, hélas, est oublié trop souvent, d'où certains échecs de la préparation et une bonne part des critiques qui peu à peu vont s'élever contre l'Accouchement Sans Douleur.

Dans une maternité chantante

Les autres préparations

A côté de l'A.S.D., de nouvelles méthodes ont vu le jour ces dernières années. La plupart font référence à la psychoprophylaxie obstétricale et rejoignent les principes de la préparation devenue classique pour tout ce qui concerne les connaissances que l'on veut apporter aux futurs parents : anatomie et physiologie de la grossesse et de l'accouchement, vie avant la naissance, accueil à l'enfant, etc.

Les différences concernent essentiellement la manière de parvenir à la relaxation. Certaines femmes en effet n'arrivent pas à se relaxer avec la préparation classique, elles n'en tirent pas le profit attendu, alors que, avec d'autres méthodes, elles obtiennent cette relaxation, but de toute préparation.

Le yoga est à citer en tête : comme on le sait, le yoga est une technique de maîtrise du corps et de l'esprit. Il constitue donc une bonne préparation pour contrôler ses forces lors de l'accouchement. Le yoga donne de meilleurs résultats chez des femmes qui l'ont déjà pratiqué, mais il existe des cours spécialisés pour futures mères n'ayant jamais pratiqué le yoga *.

La sophrologie, qui est une technique dérivée de l'hypnose, cherche à obtenir une excellente maîtrise de soi par la relaxation et la suggestion ; très utilisée dans certains pays comme l'Espagne, elle l'est beaucoup moins en France **. Sur le plan pratique, la préparation comporte habituellement huit séances réparties pendant la grossesse.

L'haptonomie. Depuis peu, une nouvelle approche de préparation à la naissance est apparue : l'haptonomie, mise au point aux Pays-Bas puis introduite en France par Frans Veldman. La préparation prénatale n'est qu'un des aspects de l'haptonomie.

De quoi s'agit-il ? D'après ceux qui la pratiquent, cela ne peut se décrire ; il faut le sentir avec son propre corps pour le comprendre...

C'est pourquoi nous avons demandé au Docteur Étienne Herbinet, un des praticiens de l'haptonomie, de nous en parler. Voici son témoignage :

« Le travail haptonomique porte sur le tact, sur le toucher dans son aspect affectif, sur le contact tactile comme moyen de communication. Pendant la préparation à la naissance, l'abord haptonomique peut aider les deux parents à avoir une perception très différente de la personne du bébé à naître : Veldman montre aux futurs parents que leur perception, souvent trop intellectuelle, inhibe d'autres possibilités qui ne demandent qu'à réapparaître, des possibilités de perception plus directe, plus émotionnelle, plus riche en possibilités de communication.

Il suffit de voir le sourire éclatant qui survient soudain sur le visage des deux parents, au moment où ils découvrent cette nouvelle manière de percevoir, pour être convaincu que quelque chose a changé. De plus, cette nouvelle manière « d'être avec » s'accompagne de modifications considérables et étonnantes du tonus musculaire, celui du ventre comme celui de l'ensemble des muscles du corps. Au niveau du périnée et des muscles du bassin, cette détente musculaire

---

* Pour tous renseignements, vous pouvez vous adresser à la Fédération nationale des enseignants du yoga, 3, rue Aubriot, 75004 Paris.
** On peut lire, de Elisabeth Raoul, *Manuel pratique de préparation sophrologique.* Éditions Maloine.

pourrait permettre des accouchements bien différents : ce n'est plus la lutte d'une poussée violente contre un périnée contracté et fermé, mais l'accompagnement de la descente de l'enfant à travers une « base » ouverte, un périnée tout à fait relâché.

Enfin, pour Frans Veldman, « l'accompagnement haptonomique péri-natal » pourrait contribuer à donner à l'enfant davantage de « sécurité de base ». L'accompagnement haptonomique pré-natal se prolonge par une guidance post-natale, où un abord particulier du corps et de la personne du bébé lui permettent de ressentir physiquement une sécurité, une capacité d'autonomie qui lui donnent une présence au monde, une ouverture à ce qui se passe autour de lui, frappante pour qui connaît bien les bébés * . »

Il y a aussi la **psychophonie** — comme à Pithiviers —, la **végéthorapie** — comme aux Lilas —, et enfin **la préparation en piscine** comme à Aulnay-sous-Bois. Pour ses promoteurs, la préparation dans l'eau a plusieurs avantages : meilleure relaxation, meilleur entraînement musculaire (les mouvements étant plus faciles grâce à la diminution de l'action de la pesanteur), meilleur entraînement à la respiration. Cette préparation aurait aussi un effet favorable sur certains troubles dont se plaignent beaucoup de femmes enceintes : douleurs du dos et du bassin, constipation, varices par exemple. Après l'accouchement, les mouvements en piscine permettraient également une meilleure récupération musculaire et physique ** .

Certains médecins proposent même un accouchement en piscine — je m'entends, pas dans un bassin de 2 mètres de profondeur, mais dans un grand tub de 2 mètres de diamètre et de 50 centimètres de hauteur.

Je cite toutes ces méthodes pour vous informer, mais dans une ville de moyenne importance, il est rare de les avoir toutes à sa disposition. Pour choisir, vous tiendrez compte des possibilités locales, des conversations avec vos amies, avec le médecin, la sage-femme, et vous déciderez finalement selon vos préférences.

* Les lieux où l'on pratique l'haptonomie sont encore rares en France. Si cela vous intéresse, vous pouvez écrire à la Société internationale de recherche et de développement de l'haptonomie, en joignant une enveloppe timbrée : Sirdh, OMS 66400 CERET.

** Voici l'adresse de l'Association nationale Natation et Maternité. 21 bis rue de la Marne, 93360, Neuilly-Plaisance ; tél. 43.00.30.99.

L'accouchement
sans douleur
contesté

Depuis quelques années, l'accouchement sans douleur a été attaqué, parfois très violemment, pour publicité mensongère et promesses non tenues. C'est la troisième période de l'histoire de l'accouchement et de la douleur.

Principal chef d'accusation : l'accouchement sans douleur, que l'on nous promet depuis trente ans, n'est vrai que pour une minorité de femmes : celles qui de toute manière n'auraient pas souffert comme l'accouchée de Read ; les privilégiées qui peuvent bénéficier de l'anesthésie ; les 10 % ou 20 % pour qui la méthode est efficace.

Les autres femmes souffrent.

Promettre un accouchement sans douleur c'est donc tromper une majorité de femmes, et c'est grave puisque, sauf nécessité médicale, l'anesthésie n'est pas possible dans toutes les maternités.

Suit une autre accusation pour expliquer en partie la première : les séances de préparation à la naissance commencent trop tard, sont trop peu nombreuses, mal faites et se réduisent d'ailleurs souvent à quelques exercices de gymnastique.

Les critiques contre l'accouchement sans douleur — parfois sans nuances — ont été faites dans des livres, des magazines, des colloques, des associations féminines, pour qui plus d'une femme sur deux ayant suivi les cours d'accouchement sans douleur serait déçue. Quel contraste avec l'enthousiasme des femmes ayant aujourd'hui 40 à 50 ans et ayant pratiqué l'accouchement sans douleur au moment de son introduction.

C'est vrai que dans l'histoire de l'accouchement sans douleur il y a eu des erreurs et des excès. L'erreur initiale a certainement été de baptiser la préparation accouchement sans douleur — cela n'a d'ailleurs pas été le fait des inventeurs mais celui des promoteurs — toutes les autres appellations étaient plus modestes mais plus justes : psychoprophylaxie obstétricale, accouchement sans crainte, sans peur, cela était... sans reproche... ; mais promettre de supprimer la douleur ne pouvait qu'entraîner déboires et critiques.

Certes il y a des femmes qui, grâce à la préparation, supportent bien la douleur réelle de l'accouchement. Il n'empêche que la douleur existe, qu'il est trompeur de le cacher, que certaines femmes même préparées souffrent beaucoup, et qu'il faudrait pouvoir leur proposer une anesthésie — cette seule perspective arriverait parfois à les détendre —, or l'anesthésie pour toutes n'est pas encore possible, vous le verrez plus loin.

C'est vrai aussi que dans son désir de changer les conditions de la naissance, de transformer l'atmosphère de l'accouchement, l'accouchement sans douleur a fait des excès : au début les femmes étaient notées comme des élèves ; selon la manière dont elles s'étaient comportées en accouchant, elles avaient droit à la mention « très bien » ou au « tout juste passable ». Il y avait le « bon » accouchement et le « mauvais », le mauvais s'accompagnant de cris. Et l'on voyait ainsi la peur du maître, la peur de mal faire, remplacer la peur ancestrale que l'on voulait chasser...

On ne fait pas de révolution sans excès. Mais tirer à boulet rouge sur l'accouchement sans douleur c'est oublier que dans la vie des femmes il y a *avant* et *après* l'accouchement sans douleur.

Avant, c'étaient des accouchements qui duraient parfois quarante-huit heures, c'étaient non pas des cris mais souvent des hurlements dans les maternités, c'était ignorer tout de son corps (regardez les livres de l'époque) ; c'était n'avoir aucune idée du développement de l'enfant avant la naissance, c'était vivre dans l'ignorance et les préjugés : « Il ne faut pas croiser les jambes de peur que le cordon s'enroule autour du cou de l'enfant. » Etc. Lorsqu'on ignore tout, on a peur, on a mal, le processus est bien connu.

Avec l'accouchement sans douleur tout a changé, la femme a découvert son corps ; pour la première fois on lui parlait de cette vie qui se formait en elle, alors que jusque-là elle était objet aux mains d'un accoucheur, et que, lorsqu'elle posait des questions, il lui était à peine répondu. Son rôle et sa fonction étaient de mettre au monde, « nous nous chargeons du reste ». L'accouchement sans douleur a été le premier à rendre l'accouchement à la mère, et lui suggérer qu'elle pouvait y prendre une part active.

Vous qui voyez aujourd'hui ces images de la vie avant la naissance dans les magazines ou sur l'écran de l'échographiste (ou ici même), qui voyez des films sur l'accouchement, qui regardez dans tous les livres des photos en noir et en couleurs de femmes mettant au monde leur enfant, vous avez peut-être de la peine à vous rendre compte du changement de mentalité et de connaissances qui se sont produits en quelques années.

Comme l'a dit Pierre Vellay : « Il faut que ceux qui mènent une campagne contre la psychoprophylaxie obstétricale sachent bien que dénoncer les tromperies, les malfaçons, les préparations bâclées, c'est faire œuvre utile, mais vouloir détruire ce que pendant trente ans de nombreuses femmes ont expérimenté et apprécié, c'est commettre une faute grave, c'est n'avoir pas compris le sens profond de la psychoprophylaxie obstétricale qui est, sur le plan humain, sur le plan de la libération de la femme, un progrès indiscutable. »

L'accouchement sans douleur ne s'était imposé qu'après une violente polémique encore bien plus violente que celle qui plus tard a accueilli la naissance sans violence. Mais au fil des ans, l'accouchement sans douleur s'était peu à peu embourgeoisé. Les attaques d'aujourd'hui vont lui redonner une nouvelle jeunesse et des forces nécessaires pour combattre, obtenir de meilleures préparations et retrouver son dynamisme du début.

L'accouchement
sous anesthésie

La préparation à l'accouchement vise à diminuer, ou au moins à dominer la douleur ; elle y arrive dans une proportion variable selon les femmes, et d'ailleurs difficile à évaluer.

Mais certaines femmes refusent d'affronter la douleur quelle que soit son intensité, soit parce qu'elles trouvent inutile de souffrir, soit parce qu'elles sont particulièrement angoissées et que l'accouchement leur paraît une épreuve insurmontable, soit enfin parce qu'elles gardent d'une précédente naissance un souvenir trop pénible.

Mais dans ce désir des femmes il y a des nuances :

- certaines souhaitent ne rien sentir et ne rien voir, s'endormir pour l'accouchement et se réveiller après pour découvrir près d'elle leur bébé ;
- d'autres souhaitent ne rien sentir de la douleur tout en restant conscientes pour voir naître leur bébé ;
- les dernières enfin désirent vivre leur accouchement du début à la fin, ne veulent pas d'anesthésie pour pouvoir tout sentir et tout voir, ce qui n'exclut pas pour elles d'être soulagées par quelque drogue, le cas échéant, si la douleur est trop forte.

L'anesthésie locale

On injecte dans les muscles du périnée, ou un peu plus profondément, un produit anesthésique (de la novocaïne par exemple). L'anesthésie locale permet, sans douleur pour la femme, de faire ou recoudre une épisiotomie, d'appliquer un forceps, mais elle n'atténue pas la douleur de la contraction utérine.

L'acupuncture

L'acupuncture fait en France une percée indiscutable et des essais sont actuellement faits dans plusieurs villes (Paris, Caen, Valence par exemple). Elle est utilisée soit pour déclencher l'accouchement, soit pour supprimer la douleur. Certaines équipes pratiquent même des césariennes sous acupuncture. Selon les cas on a recours soit à une acupuncture normale, soit à une électro-acupuncture où les aiguilles sont soumises à une impulsion électrique.

On manque encore de grandes séries statistiques pour juger de la réelle efficacité de la méthode. Pour ses défenseurs elle aurait l'avantage de toute façon, même dans les cas de demi-succès, de diminuer les doses de médicaments qu'on peut être amené à lui associer.

Les anesthésies générales

Ces anesthésies peuvent ne pas faire perdre complètement conscience : on parle alors d'analgésie plutôt que d'anesthésie. La petite histoire veut que la première analgésie par inhalation ait été utilisée (avec du chloroforme) pour la reine Victoria, d'où le nom d'anesthésie « à la Reine ».

Actuellement on fait respirer à la femme à l'aide d'un masque, un gaz (généralement du protoxyde d'azote) à une concentration suffisamment faible pour qu'elle ne perde pas complètement conscience. C'est la femme qui s'administre elle-même le gaz lorsqu'elle en ressent le besoin. En fait, cette méthode n'est guère qu'une méthode d'appoint et elle est peu utilisée.

L'anesthésie générale est celle qui endort complètement comme pour une opération. Mais accoucher sous anesthésie générale — avec un produit type Gamma OH — ne signifie pas que l'on vous endorme du début à la fin de l'accouchement. L'anesthésie ne peut être démarrée que lorsque le travail est vraiment commencé et la dilatation du col suffisante (5 cm environ). Elle soulage donc pour la deuxième partie de la période de dilatation, et pour la période d'expulsion qui sont habituellement les plus désagréables et les plus fortement ressenties.

L'anesthésie générale peut se prolonger plusieurs heures sans inconvénient, mais sa durée moyenne ne dépasse habituellement pas une heure.

Il a été longtemps soutenu que cette méthode faisait courir à l'enfant des risques sans rapport avec le confort qu'elle procurait à la mère. Aujourd'hui, on peut raisonnablement dire (cela ressort de nombreuses enquêtes) que le risque pour l'enfant est devenu nul lorsque l'anesthésiste est compétent.

Dans certains cas, l'enfant bénéficie même de l'anesthésie : en effet lorsque les femmes sont si angoissées que le travail n'avance plus, on constate, après leur avoir donné une anesthésie que le col se dilate et que les contractions se régularisent. On évite aussi un accouchement traînant en longueur et un enfant souffrant d'un travail prolongé.

Mais ne rien sentir, ce qui est possible avec une anesthésie générale, cela veut dire aussi ne rien voir de la naissance, ne pas entendre le cri de son enfant arrivant au monde.

Aussi, n'ayant ni senti ni vu naître son enfant, la femme qui a été complètement endormie passe souvent longtemps après l'accouchement à essayer de reconstituer l'événement qui s'est passé comme en dehors d'elle. Cet événement, elle y a pensé pendant 9 mois, elle l'a attendu avec impatience même si elle le redoutait, elle s'est imaginée cent fois la scène, il est normal que, si tout cela se passe sans elle, elle se sente frustrée et essaie de remplir le manque. Je vous signale cette réaction pour que vous ne soyez pas déçue si vous la ressentez.

Cet inconvénient de l'anesthésie générale est évité avec la péridurale ; en effet, l'anesthésie péridurale n'insensibilise que la partie du corps qui souffre, tandis que la conscience reste éveillée. C'est pourquoi très rapidement la péridurale a eu tant de succès auprès des femmes.

L'anesthésie péridurale

Cette anesthésie a donc pour effet d'insensibiliser toute la moitié inférieure du corps. Pour cela, on injecte entre deux vertèbres de la région lombaire un produit anesthésique qui se répand autour des enveloppes de la moelle épinière et qui agit sur les nerfs qui en partent.

Cette injection est indolore, en quelques minutes elle entraîne une disparition de la douleur. Le plus souvent, elle est faite par l'intermédiaire d'un petit tube qui est laissé en place, ce qui permet, en cas de besoin, de réinjecter du produit anesthésique sans faire de nouvelle piqûre.

Presque toujours, on place en même temps une perfusion intraveineuse ; elle permet de contrôler et traiter rapidement d'éventuelles modifications de la tension artérielle que peut entraîner la péridurale ; mais la perfusion a surtout pour but d'administrer des médicaments (ocytociques) pour renforcer les contractions utérines diminuées par la péridurale. Enfin, la femme ressentant moins le besoin de pousser au moment de l'expulsion, on est souvent conduit à faire un forceps.

Voici pour la méthode. Y a-t-il des contre-indications ou des inconvénients à la péridurale ? Oui quelques-uns.

Parmi les contre-indications, certaines sont connues avant l'accouchement : infections de la peau, déformations importantes de la colonne vertébrale, allergie aux anesthésiques utilisés, troubles de la coagulation sanguine, affections neurologiques.

D'autres contre-indications n'apparaissent qu'au moment de l'accouchement ou pendant le travail : souffrance de l'enfant, hémorragies, modifications de la tension.

Du côté des conséquences, il faut signaler que les jours suivant l'accouchement, il peut y avoir quelques troubles transitoires et sans gravité : vertiges, maux de tête, douleurs lombaires et sciatiques.

Mais surtout pour être efficace, c'est-à-dire aboutir vraiment à la suppression de la douleur, pour ne pas se solder par des complications — troubles de la tension ou accidents infectieux par exemple — la péridurale doit être faite par des anesthésistes compétents et entraînés à cette technique bien particulière.

Cela dit, lorsque l'anesthésie péridurale est bien faite, et bien supportée, elle apporte à la mère un confort et une sérénité que les mères qui l'ont expérimentée apprécient : « Je n'accoucherai plus jamais autrement » disent-elles souvent. Certaines cependant regrettent que l'émotion ne soit pas la même.

Toutes les femmes peuvent-elles avoir une anesthésie ?

Oui et non. Oui en ce qui concerne l'anesthésie nécessaire pour une raison médicale (une césarienne, certains forceps, lorsque le placenta ne se décolle pas naturellement). Dans ce cas c'est le plus souvent l'anesthésie générale qui est utilisée.

Mais si l'anesthésie est demandée seulement pour supprimer la douleur, et dans ces cas-là c'est plutôt l'anesthésie péridurale que les femmes demandent puisqu'elle les laisse conscientes, cette anesthésie n'est pas possible partout.

Il y a des maternités qui n'ont pas l'équipement technique, le personnel compétent pour faire ces anesthésies dites « de confort », à toutes les femmes qui le demandent.

C'est ce « scandale » qui a été dénoncé par des femmes qui voudraient que l'anesthésie péridurale puisse être proposée dans toutes les maternités, à toutes les femmes.

Sur le plan de l'égalité, ce ne serait que justice : il n'y a pas de raison que telle femme accouchant dans telle maternité « de luxe » * soit sûre d'avance de ne rien sentir en mettant son enfant au monde, alors que telle autre vivra dans l'idée que, si elle souffre, rien ne sera fait pour la soulager. Idée fausse d'ailleurs, car il y a d'autres moyens de calmer des contractions douloureuses par injections de médicaments antalgiques (antidouleur), ou antispasmodiques, qui régularisent les contractions, etc.

Et sur le plan pratique c'est dommage car le seul fait de savoir qu'elle peut avoir une péridurale, souvent détend la mère : dans la majorité des cas elle ne la demande même pas.

Un de mes amis accoucheur m'a raconté qu'une de ses clientes refusait absolument d'être enceinte par peur de souffrir en accouchant. Le jour où elle apprit que dans le service de maternité on pouvait avoir une anesthésie si on la demandait, elle « programma » le bébé, prépara l'accouchement, arriva à la maternité avec une dilatation de 7 cm, preuve qu'une grande partie du travail s'était déjà bien passé, et accoucha... sans péridurale.

La péridurale n'est pas possible partout, car pour cela il faudrait, dans toutes les maternités, avoir un anesthésiste compétent présent 24 heures sur 24, ce qui voudrait dire trois ou quatre anesthésistes qui se relaient dans chaque service de maternité. C'est exclu actuellement pour des raisons de budget.

Mais si tout à coup, il y avait pléthore d'anesthésistes et d'argent, faudrait-il que systématiquement, chaque accouchement soit fait sous péridurale ? Je ne le crois pas.

D'abord cela accentuerait cette médicalisation si souvent critiquée.

Ensuite la majorité des femmes ne demande pas d'anesthésie. Elles veulent vivre l'événement, elles veulent se rendre compte qu'elles peuvent le supporter, le dominer et sont d'ailleurs curieuses de voir comment elles y arriveront, même si elles doivent en souffrir.

Enfin, sur le plan de la relation mère-enfant la péridurale présente un inconvénient : bien sûr la mère a la joie de voir son enfant arriver, d'entendre son premier cri, mais son corps ne participe pas vraiment à la naissance, elle ne sent pas au plus profond d'elle-même cette vie qui la traverse et parfois elle s'en plaint.

Actuellement où la naissance, ses joies et ses douleurs sont devenues un thème favori des romancières, on entend souvent le même regret.

Peut-être est-ce pour cette raison qu'en Amérique, où tout accouchement se faisait sous péridurale, on fait actuellement marche arrière, les femmes reviennent à la préparation classique : la « Lamaze Method » est devenue le comble du chic aux U.S.A.

En conclusion : la péridurale devrait être accessible à toutes, mais pas faite systématiquement.

---

* Lorsque je dis « de luxe », je ne vise pas nécessairement des cliniques privées, il y a des hôpitaux publics où l'organisation permet de faire des péridurales à toutes les femmes qui le demandent, même d'ailleurs systématiquement à celles qui ne le demandent pas, mais cela est un autre problème.

A l'heure du choix

Après avoir lu ce chapitre sur les différentes possibilités de diminuer ou de supprimer les douleurs de l'accouchement, vous vous demandez peut-être que choisir, que décider ?

Il m'est difficile de vous répondre, c'est un choix trop personnel, il dépend de votre manière de vivre, de votre psychologie, des expériences que vous avez déjà vécues, des possibilités que vous offre la maternité où vous accoucherez, de l'endroit où vous habitez...

Mais je vous fais une suggestion : pour commencer, préparez le mieux possible votre accouchement ; s'il n'y a pas de cours près de chez vous, lisez attentivement le chapitre qui suit, il comporte les bases de la préparation psychologique et physique.

De toute manière, bien préparée vous serez en meilleure forme pour l'accouchement. Et le moment venu, vous verrez si vous supportez la douleur ou non. Mais attention, il faudra vous être assurée d'avance qu'une anesthésie à la demande est possible dans la maternité où vous accoucherez, puisque, encore une fois, ce n'est malheureusement pas le cas partout.

Comment préparer
votre accouchement

Avez-vous déjà fait l'expérience suivante ? Vous avez pris rendez-vous chez le dentiste après bien des hésitations. Vous voyez avec inquiétude le jour arriver. Le moment venu, vous vous asseyez dans le fauteuil, crispée. Vous vous appuyez aux accoudoirs et vos mains transpirent. Le dentiste saisit ses instruments. Avant même qu'il ait touché l'endroit sensible de la dent malade, vous sursautez et vous jurez que vous avez souffert. Vous aviez si peur, vous étiez si prête à souffrir qu'en effet vous avez eu mal.

Et vous connaissez l'expression « malade de peur ». Elle constate un fait qui peut être observé tous les jours. La peur peut avoir des conséquences physiques. Elle se traduit souvent par des malaises qui sont parfois très désagréables et souvent douloureux : sueur froide, palpitations, nausées, diarrhées, etc.

La tension nerveuse qui accompagne la peur se traduit par une extrême tension musculaire. Cette tension est fatigante. Lorsqu'elle se relâche, l'organisme est pantelant, les bras cassés, le dos courbatu. Enfin, la peur envahit si bien l'esprit qu'elle l'empêche de s'intéresser à autre chose qu'à ce qui la provoque.

Si vous redoutez votre accouchement, voilà l'état dans lequel vous serez : c'est le moins propice à un accouchement facile. Vous serez contractée alors qu'il faut être détendue ; le travail sera ralenti et douloureux ; vous serez fatiguée, lorsqu'il vous faudra participer activement à l'arrivée au monde de votre enfant. Enfin, si votre esprit est envahi par l'appréhension, vous n'arriverez pas à vous concentrer sur l'attitude que vous devez observer à chaque phase de l'accouchement.

Les liens étroits qui unissent le psychique au physique ont toujours été connus, mais on ne les avait jamais si bien étudiés et autant mis en vedette qu'à notre époque. Les statistiques établies dans les grands hôpitaux ont prouvé que 70 à 80 % des troubles digestifs graves, tels que les ulcères à l'estomac, étaient dus à des soucis, des craintes, des émotions. Et l'on est convaincu aujourd'hui que la plupart des maladies ont une origine psychique.

Lorsqu'on s'est rendu compte de l'influence considérable de l'esprit sur le corps, on s'est mis à soigner l'esprit pour guérir le corps *. Ce principe est la base même de « l'accouchement sans crainte » du docteur Read dont je vous ai parlé. Cette influence s'exerce d'ailleurs dans les deux sens : n'avez-vous pas l'impression, quand vous êtes heureuse, de vous sentir en même temps en pleine forme ? Or la naissance d'un enfant est un des événements heureux de la vie et imaginer ce qui vous attend peut vous aider à vous détendre et alléger le travail de votre accouchement.

---

* Ainsi est née, d'ailleurs, la médecine psychosomatique (en grec, psyché c'est l'esprit, et soma, le corps).

Comment lutter contre la peur ? En luttant contre ce qui la provoque :

L'ignorance. Vous informer est le but d'une partie des cours dont nous avons parlé. Si vous avez l'impression de ne pas en savoir assez, relisez le chapitre qui concerne l'accouchement autant de fois qu'il sera nécessaire pour ne rien ignorer de son mécanisme. Ainsi l'accouchement perdra son mystère et vous saurez ce qui va se passer.

Dans la même optique, la visite de la maternité, celle de la salle de travail, la connaissance de l'équipe à qui vous aurez à faire vous éviteront d'entrer, le jour de l'accouchement, dans un monde inconnu.

L'isolement. Pendant la grossesse, si vous suivez les cours de préparation, vous ne serez pas seule. Pendant l'accouchement — en principe — vous aurez à vos côtés le médecin ou la sage-femme. Peut-être aussi votre mari sera-t-il là.

La nervosité. Si vous êtes calme, la peur n'aura pas de prise sur vous. Donc évitez les excitants, couchez-vous de bonne heure, marchez une demi-heure par jour, et ne manquez pas de faire régulièrement les exercices de relaxation indiqués plus loin. Évitez autant que possible, les récits qui ne manqueront pas de vous être faits de grossesses compliquées et d'accouchements dramatiques. Rappelez-vous que la grossesse et l'accouchement se déroulent normalement dans au moins 95 % des cas.

La gymnastique préparatoire

Les exercices que vous aurez à faire sont de trois sortes : les uns respiratoires, les autres destinés à fortifier, allonger, assouplir les muscles qui joueront un rôle important au cours de l'accouchement ; les troisièmes vous apprendront le relâchement musculaire, la relaxation.

N'attendez pas le sixième mois pour les commencer. Ces exercices sont autant destinés à préparer votre accouchement qu'à faciliter votre grossesse, et à vous permettre de retrouver rapidement votre ligne parce que vous aurez, par un entraînement régulier, conservé à vos muscles leur tonus et leur élasticité.

Je vous indique combien de fois par jour vous devez exécuter chaque exercice. Mais, c'est seulement lorsque vous serez entraînée qu'il faudra suivre cette indication. Au début, ne faites chaque mouvement qu'une ou deux fois par jour. Votre entraînement doit être progressif et surtout ne pas amener de fatigue.

Il doit de plus être régulier : il vaut mieux faire dix minutes de gymnastique par jour, que vingt minutes tous les deux jours. Enfin, faites les exercices lentement, calmement.

Alternez les exercices respiratoires avec les exercices musculaires. Faites les mouvements dans une pièce bien aérée, et, si le temps le permet, ouvrez toute grande la fenêtre. Étendez sur le sol une couverture pour faire les exercices à exécuter couchée.

Choisissez pour faire votre gymnastique le moment qui vous convient le mieux, mais ne la faites pas pendant la digestion. Si vous n'avez pas le temps de faire tous les mouvements indiqués, contentez-vous des exercices respiratoires et de relaxation. Ce sont les plus importants, et pour votre grossesse, et pour votre accouchement.

Et s'il vous a été impossible de faire les exercices ? Écoutez le docteur Read, l'un des pionniers de l'accouchement sans crainte : « Le principal avantage des exercices, c'est qu'ils permettent à la femme de rester en bonne forme physique pendant sa grossesse et de lui apprendre à bien respirer et à se détendre convenablement. Toutefois, une femme qui n'aura pu faire aucun exercice, mais qui aura bien appris comment se passe un accouchement, mettra son enfant plus facilement au monde que celle qui a un corps d'athlète et qui ignore tout de l'accouchement. Nous ne vous préparons pas pour une performance sportive, mais pour un événement naturel et de bon sens, pour lequel il y a intérêt à être en bonne condition physique. »

Je vous signale que des contre-indications aux exercices sont les lésions cardiaques et pulmonaires en activité.

Avec ces exercices, vous allez pouvoir préparer votre accouchement. Et même si vous suivez des cours, ces exercices qui sont, à de petites variantes près, ceux qu'on vous indiquera, vous permettront, d'abord de les refaire plus facilement chez vous, ensuite de les commencer à votre convenance.

Les exercices
respiratoires

Exercices à faire à partir du quatrième mois et jusqu'à l'accouchement :
Vous ferez les exercices couchée (figure 1) ou, si cela vous est plus facile au début, assise en tailleur (figure 8), dos soutenu.

Respiration thoracique (figure 1) : posez une main sur le ventre, l'autre sur la poitrine. Avant de commencer l'exercice, expirez à fond. Puis, gonflez la poitrine en inspirant par le nez. La main placée sur le ventre doit à peine bouger, celle qui est sur la poitrine doit se soulever, en même temps que les côtes s'écartent et se soulèvent, et que le diaphragme s'abaisse. Temps d'arrêt au sommet de l'inspiration, puis expiration lente et régulière, bouche ouverte.
En inspirant, ouvrez bien les narines pour faire entrer suffisamment d'air.
Lorsque vous exécuterez convenablement cet exercice, vous vous exercerez à trois types différents de respiration thoracique : les respirations bloquée, superficielle et haletante.

■ *La respiration bloquée :* bouche fermée, inspirez à fond ; arrivée au sommet de l'inspiration, retenez votre souffle, comptez mentalement jusqu'à 10, puis rejetez l'air par la bouche, violemment. Peu à peu, vous arrivez à compter jusqu'à 20 ou même 30, c'est-à-dire à retenir votre souffle une demi-minute.
Cette respiration bloquée vous servira pendant l'expulsion (voir page 299).

■ *La respiration superficielle :* maintenant que vous savez respirer profondément et garder votre souffle, vous vous exercerez à respirer au contraire légèrement et rapidement.
Bouche fermée *, inspirez, expirez légèrement et rapidement sans faire de bruit. Seule la partie supérieure de la poitrine doit bouger ; le ventre reste presque immobile. Cette respiration doit être très rythmée. Veillez donc à ce que le temps d'inspiration soit égal au temps d'expiration. Entraînez-vous à faire cette respiration accélérée et superficielle de plus en plus longtemps : 10, 20, 30 secondes, etc.

---

* Signalons cependant que certaines sages-femmes font faire cette respiration bouche entrouverte ; mais cela nous semble plus difficile.

A la fin de la grossesse, vous arriverez à tenir la respiration superficielle près de 60 secondes. Mais attention : n'oubliez pas que cette respiration rapide ne doit pas devenir désordonnée. Il ne s'agit pas de respirer de plus en plus vite, mais de plus en plus longtemps sur le même rythme rapide et régulier : environ une respiration (inspiration et expiration) par deux secondes. Vous y arriverez probablement mieux en fermant les yeux.

Cette respiration superficielle vous servira pendant les fortes contractions de la dilatation (voir page 298).

■ *La respiration haletante :* cette fois-ci, le rythme de la respiration doit s'accélérer ; il faut faire environ une respiration par seconde. Bouche entrouverte, inspirez, expirez en tirant la langue et sans craindre de faire du bruit comme fait le chien, quand il a trop chaud, afin de rafraîchir sa langue pendante et humide. S'entraîner peu à peu à maintenir la respiration haletante 30 secondes, 45 secondes, puis 60 secondes.
Cette respiration haletante vous sera utile à la fin de l'expulsion (voir page 299).

Après chaque exercice, pour vous reposer, respiration complète (voir plus loin).

Lorsque vous saurez bien maîtriser ces différentes respirations, vous vous mettrez dans la position que vous adopterez pendant l'expulsion, c'est-à-dire dos relevé par des coussins, jambes repliées et cuisses écartées comme indiqué sur la figure 2 *. Dans cette position, vous vous habituerez à l'exercice suivant : faire la respiration bloquée, celle qui permet de bien pousser, puis sans transition, faire la respiration haletante, justement celle qui empêche de pousser. Car après vous avoir incitée à pousser, tout d'un coup au moment ou apparaîtra la tête de l'enfant, la sage-femme dira : « Ne poussez plus, ne poussez plus. »
En pratique cela se traduira ainsi : Respiration bloquée : « Inspirez, bloquez, poussez, poussez, poussez. » Puis sans transition : « Ne poussez plus, ouvrez la bouche, inspirez, expirez, inspirez, expirez... »
Or, passer de la respiration bloquée à la respiration·haletante n'est pas facile, c'est pourquoi il faut s'y exercer.

<u>Respiration abdominale</u> (figure 3). Gardez une main sur le ventre, l'autre sur la poitrine. Avant de commencer l'exercice, expirez complètement. Puis, bouche fermée, inspirez en soulevant la paroi abdominale, comme si vous vouliez faire éclater votre ceinture.

---

* Pendant l'accouchement, pour être plus à l'aise pour bien pousser, vous mettrez vos pieds dans les étriers qui sont au bout du lit, vous saisirez des mains les barres des étriers ; vous aurez ainsi de bons points d'appui.

4

La main qui est sur le ventre doit se soulever, celle qui est sur la poitrine doit à peine bouger. Puis expirez lentement et régulièrement, la bouche ouverte, en abaissant progressivement la paroi abdominale, qui, à la fin de la respiration, doit être revenue à sa position normale. Dans cet exercice, comme dans le précédent, la main est un témoin qui vous permettra de vous assurer que vous exécutez correctement le mouvement indiqué. Au bout de quelques jours, vous n'aurez plus besoin de ce contrôle.

Cet exercice est destiné à vous faire exécuter correctement la respiration complète décrite maintenant.

Respiration complète (figure 4). Cette respiration combine les deux précédentes. Avant l'exercice, expirez à fond. Puis inspirez lentement en soulevant la paroi abdominale. Continuez d'inspirer en gonflant la poitrine. Marquez un temps d'arrêt au sommet de l'inspiration. Puis, la bouche ouverte, expirez lentement. Videz d'abord la poitrine en baissant les côtes, puis contractez bien le ventre. Reposez-vous quelques secondes avant de recommencer.

Cette respiration complète, faisant entrer un maximum d'oxygène dans les poumons, peut parfois donner le vertige. Il est donc indispensable de l'exécuter couchée et de ne pas faire plus de 3 ou 4 respirations complètes à la suite.

Les exercices musculaires

Exercices à faire du quatrième au septième mois :

<u>Renforcement des muscles abdominaux</u>. Mettez-vous dans la position indiquée figure 5 : couchée sur le dos, bras allongés, mains à plat, jambes repliées. Puis abaissez les jambes jointes jusqu'au sol, alternativement à gauche et à droite, décrivant ainsi avec vos genoux un demi-cercle (figure 6). Le bassin suivra, faisant accomplir à votre taille un mouvement de torsion. Pendant l'exercice, le haut du corps doit rester parfaitement immobile. (Six fois.)

L'exercice suivant est également excellent pour renforcer les muscles abdominaux en même temps que ceux des cuisses : couchée sur le dos, bras allongés, jambes fléchies, pieds sur le sol dans la position de la figure 1. Tendez les jambes à la verticale de manière à faire un angle droit avec le sol. Puis, reposez les pieds par terre en abaissant les jambes, c'est-à-dire à la position de départ. Inspirez en levant les jambes, expirez en les abaissant. (Six fois.)

<u>Élasticité du périnée.</u>
<u>Élongation des cuisses et souplesse des articulations du bassin.</u>
■ Figure 7 : accroupissez-vous comme l'indique la figure. Au début, vous aurez du mal à garder les pieds à plat sur le sol. Vous sentirez les muscles de vos mollets et de vos cuisses se tendre douloureusement. N'insistez pas trop : il suffira de quelques jours pour que vous fassiez l'exercice sans peine. Habituez-vous à prendre cette position chaque fois que vous avez à vous baisser, au lieu de vous pencher en avant.

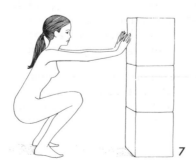

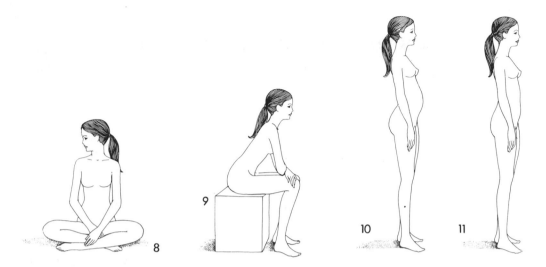

- Figure 8 : asseyez-vous en tailleur comme indiqué sur la figure : talons sous les fesses, genoux au sol. Au début, vous vous fatiguerez vite. Pour vous délasser, allongez les jambes devant vous. Quand vous aurez pris l'habitude de cette position, adoptez-la pour tricoter, lire, etc.

- Figure 9 : légèrement penchée en avant, les muscles du ventre détendus, vous contractez lentement et avec douceur le périnée, vous maintenez la contraction quelques secondes, puis vous la relâchez. Voici comment vous prendrez conscience de votre périnée : lorsque votre vessie éprouve le besoin de se vider, faites la contraction qui contrarie ce besoin. De même quand vous avez envie d'aller à la selle. Les muscles que vous avez contractés en avant et en arrière forment le périnée. Ce sont ces muscles que vous devez assouplir. Pour cela, il vous suffira donc de faire en même temps les deux contractions indiquées plus haut, dans la position de la figure 9.

Cet exercice peut être fait assise — aussi bien que debout, d'ailleurs — et vous pourrez le répéter une douzaine de fois, deux ou trois fois par jour. Vous pourrez sans inconvénient faire ce mouvement jusqu'à l'accouchement.

Contre les « maux de reins » : mouvement de bascule du bassin. A mesure qu'il augmente, le poids de l'enfant vous force à vous cambrer de plus en plus, et maintient une tension permanente sur la région lombaire. C'est la principale cause du mal au dos et « aux reins » dont se plaignent toutes les femmes enceintes. Pour vous soulager, il faut que vous fassiez le mouvement inverse de la cambrure, en basculant le bassin d'arrière en avant.
- *1er temps :* debout comme indiqué figure 10, reins creusés, ventre en avant, placez la main gauche sur le ventre, la droite sur les fesses. Inspirez.
- *2e temps*, figure 11 : contractez énergiquement les muscles abdominaux, serrez les fesses en les poussant en avant et vers le bas. Expirez. Pour vous aider à bien faire le mouvement, poussez, en l'appuyant, votre main droite vers le bas, et votre main gauche vers le haut ; vous forcerez ainsi votre bassin à basculer. Lorsque vous serez parvenue à faire correctement l'exercice, vous n'aurez plus besoin de l'aide de vos mains.

Faites maintenant le même mouvement de bascule du bassin, mais en vous mettant à quatre pattes : bras bien tendus et verticaux, mains à 30 centimètres l'une de l'autre, cuisses également verticales et genoux à 20 centimètres l'un de l'autre.

- *1ᵉʳ temps*, figure 12 : creusez le dos, redressez la tête, relevez les fesses aussi haut que possible. Inspirez en faisant le mouvement et en relâchant le ventre.
- *2ᵉ temps*, figure 13 : arrondissez le dos comme un petit chat, contractez le ventre, serrez les fesses au maximum en les abaissant vers le sol, baissez légèrement la tête entre les bras. Expirez en faisant le mouvement.

Ce mouvement de bascule du bassin est très important : non seulement il vous permettra de porter sans fatigue et gracieusement votre enfant, mais aussi il assouplira l'articulation colonne vertébrale-bassin, et renforcera vos abdominaux. Faites cet exercice lentement, six fois debout et six fois à quatre pattes.

Pour garder une belle poitrine, faites travailler les muscles qui soutiennent les seins.
- *1ᵉʳ exercice* : figure 14. Coudes levés à la hauteur des épaules, doigts écartés, les mains se touchant par les premières phalanges : appuyez aussi fort que possible les mains l'une contre l'autre. Cessez d'appuyer, mais sans écarter les mains, baissez les coudes, puis recommencez. (Dix fois.)
- *2ᵉ exercice* : levez les bras à l'horizontale, puis rejetez-les en arrière en allant le plus loin possible. Ramenez-les le long du corps. (Dix fois.)
- *3ᵉ exercice* : décrivez avec les bras bien tendus à l'horizontale des cercles complets, aussi amples que possible. (Dix fois.)

12   13

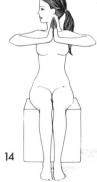

14

La relaxation

15

Ces exercices sont à commencer à partir du sixième mois, et à continuer jusqu'à l'accouchement.

Arriver à se relaxer, c'est-à-dire à détendre complètement nerfs et muscles, n'est pas un exercice facile. Pour le réussir, il faut le pratiquer dans les conditions les plus favorables.

Commencez par fermer les portes et les fenêtres de votre chambre pour être loin du bruit. Puis tirez les rideaux : une lumière trop vive empêche la relaxation. Prenez soin de vider votre vessie, sinon vous n'arriverez pas à détendre convenablement les muscles du périnée. Ôtez vos lunettes si vous en portez.

Puis étendez-vous sur votre lit si le matelas n'est pas trop mou, sinon par terre sur une couverture. Prenez soin de placer les coussins comme indiqué ci-dessus (un sous la tête, l'autre sous les genoux, le troisième servant d'appui aux pieds) de manière que toutes les parties du corps soient bien soutenues et n'aient aucun effort à faire pour rester dans la position indiquée.

L'exercice que vous allez faire a pour but d'obtenir la décontraction de tous les muscles de l'organisme en même temps. Pour y parvenir, il faut d'abord que vous vous rendiez compte de la différence qu'il y a entre contraction musculaire et décontraction. Pour cela, vous allez contracter, puis relâcher l'un après l'autre les différents muscles de votre corps. Concentrez-vous sur ce que vous devez faire, et effectuez très lentement chaque mouvement. Commencez par la main droite : serrez le poing, mais sans vous crisper ; maintenez la tension quelques secondes, relâchez-la progressivement. Puis contractez maintenant le bras lentement ; maintenez la tension quelques secondes ; relâchez-la doucement. Refaites la même chose avec la main et le bras gauches. Ensuite passez aux jambes. Contractez et relâchez successivement les doigts de pieds, les muscles du mollet, des cuisses. Maintenez chaque fois la contraction quelques secondes pour vous habituer à bien distinguer contraction musculaire et relâchement.

Inspirez toujours en contractant, expirez en relâchant la tension. Des membres, passez maintenant au reste du corps : contractez les muscles des fesses, ceux de l'abdomen, du périnée, etc. Vous finirez par le visage. Vous aurez au début beaucoup de peine à le détendre complètement, car le visage possède près de soixante muscles. Essayez d'abord de les contracter tous à la fois : fermez bien les yeux et la bouche, contractez les mâchoires, n'oubliez pas le front. Restez ainsi quelques secondes. Relâchez-vous complètement. Répétez l'exercice trois ou quatre fois.

Vous consacrerez votre première séance de relaxation à cette prise de conscience de tous vos muscles. Vous consacrerez les séances suivantes à la décontraction de chaque partie du corps prise séparément, un jour les bras, le lendemain les jambes, le troisième jour le visage, etc. Ce n'est que lorsque vous serez parvenue à vous décontracter par petites zones que vous arriverez à la relaxation totale. Car, pour cela, il faut que vous ayez le contrôle absolu de tous vos muscles. Le test suivant vous permettra de vous assurer que vous y êtes arrivée : détendez parfaitement votre bras, puis demandez à quelqu'un de le soulever. Si la personne y parvient sans rencontrer aucune résistance, et si, lorsqu'elle lâche le bras, ce bras retombe absolument inerte, la détente était parfaite. Faites le même essai avec un pied, ou une jambe.

Essayez maintenant d'obtenir le relâchement de tous les muscles de l'organisme à la fois. Respirez profondément trois ou quatre fois. Puis, en inspirant, contractez tous vos muscles, ceux des bras, des jambes, du ventre, du périnée, du visage. Restez ainsi trois ou quatre secondes, Puis, relâchez-vous complètement en expirant. Au bout de quelques instants, vous aurez l'impression que votre corps est complètement flasque et qu'il s'enfonce dans le lit. Si vous êtes parfaitement détendue, vous devez avoir les paupières mi-closes, la bouche légèrement entrouverte, la mâchoire un peu pendante. Peu à peu, un grand sentiment de bien-être va vous envahir. Votre respiration sera régulière et paisible. Restez ainsi dix à quinze minutes.

Ne vous levez pas brusquement après votre séance de relaxation, la tête risquerait de vous tourner. Faites auparavant deux ou trois respirations profondes, étirez bras et jambes, asseyez-vous, puis enfin levez-vous doucement.

Il vous faudra certainement plusieurs jours pour parvenir à vous détendre parfaitement. Ne vous découragez donc pas si au début l'exercice vous semble difficile.

Une détente totale ne pouvant être obtenue sans un réel effort de concentration, au début n'y consacrez que cinq minutes par jour ; sinon vous vous fatigueriez au lieu de vous détendre. Au bout de quelque temps, vous ne pourrez plus vous passer de votre séance quotidienne de relaxation, tant elle vous reposera, particulièrement si vous êtes un peu nerveuse du fait de votre grossesse.

Enfin, ne vous dites pas, si l'exercice de relaxation vous semble au début ennuyeux, que vous le remplacerez avantageusement par un quart d'heure de sommeil supplémentaire. Sommeil ne signifie pas détente complète de l'esprit et du corps : en dormant, vous remuez bras et jambes, vous changez de position, vous êtes tracassée par vos soucis, vous rêvez. C'est pourquoi d'ailleurs, pour avoir une nuit calme, nous vous conseillons de faire votre séance de relaxation le soir avant de vous endormir. La relaxation est la meilleure préparation au sommeil. Sinon, consacrez-lui un quart d'heure après votre culture physique ou votre petit-déjeuner.

Vers le sixième ou le septième mois, lorsqu'en se développant votre enfant deviendra plus pesant et plus encombrant, vous serez mal à votre aise couchée sur le dos, car vous aurez de la peine à respirer. A partir de ce moment-là, faites votre exercice couchée sur le côté comme indiqué ci-dessous : le poids du bébé reposant sur le lit. Disposez éventuellement un coussin sous le genou droit.

16

Votre enfant est né

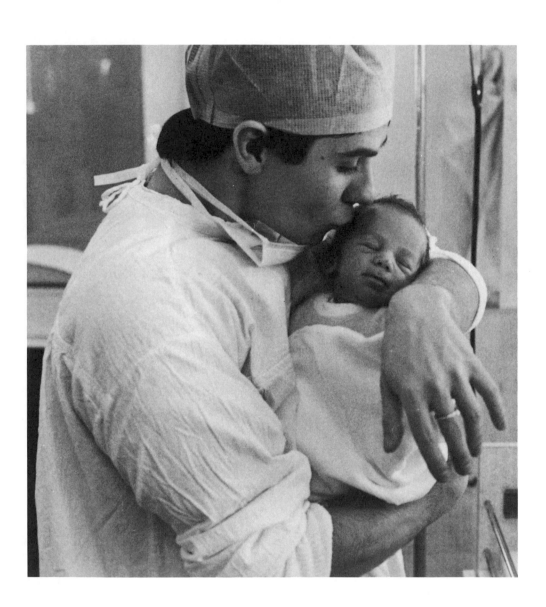

CHAPITRE 15

Le face à face

La tension qui accompagne plus ou moins l'accouchement et qui peut durer des heures, l'impatience, l'effort du travail et la fatigue, parfois l'énervement ou l'inquiétude font que la première réaction des parents à l'apparition du bébé c'est, après l'émotion, le soulagement, l'infini soulagement de le voir enfin cet enfant tant attendu : ils en pleurent, en rient, en pâlissent, en deviennent tout rouges d'émotion et de joie.

Puis les parents veulent d'urgence vérifier que le bébé est bien normal, et même si le médecin les a rassurés, ils n'en finissent pas de le contrôler. Cela leur semble même parfois plus urgent à savoir que le sexe de l'enfant.

Ce qui est également fréquent, c'est l'étonnement des parents, la surprise : ils trouvent le bébé différent de l'image qu'ils s'en faisaient ; surtout la mère, elle a de la peine à identifier ce bébé soudain dans ses bras avec celui qu'elle portait dans son ventre.

La première émotion passée, la mère éprouve souvent une autre surprise : alors qu'elle attendait depuis des mois que cet enfant se sépare d'elle, maintenant qu'il vient de la quitter, elle sent en elle comme un grand vide. Comme me l'a écrit une lectrice : « J'avais l'impression de m'ennuyer de mon ventre. »

Pour certaines mères, ce sentiment de vide est fugitif, rapidement il se transforme en une impression de plénitude, d'accomplissement, c'est son bébé, elle est sa mère, l'évidence la rassure.

Parfois au contraire la rupture déroute la mère, la sensation d'étrangeté s'accentue : devant ce berceau, elle ne sent pas monter en elle l'amour maternel qu'elle s'attendait peut-être à éprouver tout de suite. Et l'inquiétude domine ; comme un flot l'envahit le sentiment de sa responsabilité : « Il a besoin de moi, saurai-je m'en occuper ? » L'inquiétude peut venir de l'inexpérience si l'enfant est un premier-né ; mais elle est renforcée par la fatigue qui suit toujours l'accouchement.

Ces surprises, ces sensations, que la mère les perçoive distinctement ou qu'elles restent confuses, vont heureusement s'effacer lorsqu'elle aura son enfant dans ses bras ; en le touchant, en le caressant, en le nourrissant, elle renouera avec son enfant un lien physique qui la rassurera. Et ce seront les débuts d'une longue histoire d'amour.

Cette histoire ne s'écrira pas en un jour, en général l'amour maternel n'est pas un coup de foudre, il se développe lentement au contact de l'enfant, et grandit avec lui. Nous aurons bientôt l'occasion d'en reparler.

Quant au père, une fois qu'il a exprimé son émotion de la naissance, qu'il a pu constater que son enfant était bien constitué, il s'exprime souvent sans détour sur son aspect. Écoutez ces pères : « J'ai dit : qu'il est laid ! En fait il était

abominable ; il était fripé et il avait déjà des poches sous les yeux, à cet âge-là ! ».
Un autre racontait : « J'étais horrifié par ses pieds ; je me suis dit : celle-là ça sera
une basketteuse ! »

« Le premier avait une grosse tête de cosmonaute, c'était amusant comme
tout ! Quand à la deuxième, elle ressemblait à une de mes tantes qui n'est pas
chouette du tout ; alors, ça m'a un peu dérangé ; et puis après, ça s'est déplissé et
la surprise n'était plus la même *. »

Mais le grand moment de la vie d'un homme qui devient père, surtout d'un
premier enfant, se situe quand, ce nouveau-né, il le prend dans ses bras. La
femme, pour devenir mère, a déjà vécu neuf mois de grossesse et un accouchement. Rien de semblable pour le père. Aussi, pour lui, la paternité lui arrive-t-elle
souvent comme un choc dans ce geste où, pour la première fois, il tient son enfant
dans les mains.

Un autre geste important pour le père sera la déclaration de l'enfant à la
mairie. Il faut avoir assisté à ce qu'on appelle une formalité, mais qui en réalité
est un acte important dans la vie d'un homme, pour comprendre tout ce qu'elle
représente.

C'est dommage qu'aujourd'hui cette déclaration soit si souvent faite par la
Maternité ; elle devient alors un geste purement administratif. Je dis souvent car,
bien entendu, les pères qui y tiennent peuvent parfaitement aller déclarer
eux-mêmes à la mairie la naissance de leur enfant. Il suffit qu'ils préviennent la
maternité.

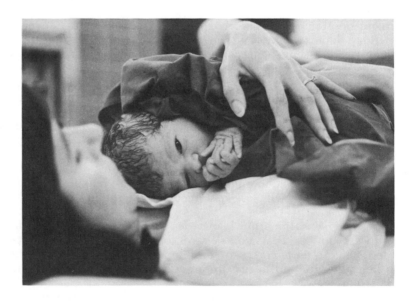

* Ces citations sont tirées d'une enquête que j'ai fait faire auprès de jeunes pères.

Le nouveau-né

Lorsque Mme de Sévigné vit pour la première fois sa fille qu'elle venait de mettre au monde, elle s'écria : « Mais elle a l'air d'une guenon ! » Puis, se tournant vers la sage-femme qui l'avait accouchée, elle ajouta : « Je ne l'en aimerai pas moins puisqu'elle est ma fille. » La petite guenon devait d'ailleurs devenir « la plus jolie fille de France », comme l'appelait Bussy-Rabutin.

Vous réagirez peut-être comme Mme de Sévigné lorsque vous verrez votre enfant. Un nouveau-né n'est pas toujours joli. Il est souvent rouge et fripé. Sa tête est parfois déformée, ses cheveux raides et ses mains violettes. Ne vivez donc pas dans l'idée que votre enfant sera un poupon joufflu le jour de sa naissance. Il lui faudra peut-être encore quelques semaines pour être un joli nourrisson.

Dès sa naissance, l'enfant se met à crier et à respirer. Il manifeste ainsi son indépendance vis-à-vis de l'organisme maternel. Jusque-là, en effet, il en était entièrement dépendant, relié à sa mère par le cordon ombilical qui lui amenait les aliments et l'oxygène dont il avait besoin pour vivre et pour se développer.

Ce passage de la vie placentaire à la vie autonome nécessite des transformations importantes de son organisme. Certaines fonctions s'adaptent progressivement, telle la fonction digestive ; d'autres vont devoir le faire brutalement, d'une minute à l'autre, dès la naissance : c'est le cas, par exemple, de la respiration.

La respiration. Dès que le nez et la bouche de l'enfant entrent en contact avec l'air ambiant, la première respiration s'instaure ; vous voyez sa poitrine se soulever régulièrement, à un rythme d'ailleurs plus rapide que chez l'adulte. Cette respiration, qui est le premier signe de la vie, naît avec l'enfant. Avec une rapidité étonnante, un profond bouleversement s'est produit dans l'organisme du nouveau-né. Quelques secondes avant de naître, le fœtus vivait encore de l'oxygène que sa mère lui fournissait. Son sang, partant du cœur, arrivait au placenta (par les artères ombilicales), se chargeait d'oxygène qu'il puisait dans le sang maternel, et revenait au cœur (par la veine ombilicale). Le placenta jouait donc le rôle de poumon. Les poumons du fœtus ne fonctionnaient pas encore, et entre le cœur et les poumons du bébé, il n'y avait pas de communication.

L'enfant naît. Il est séparé du placenta. Il faut qu'il se procure lui-même son oxygène. Il ouvre la bouche, l'air s'engouffre dans ses poumons, les déplie, les gonfle, relève brutalement les côtes qui s'écartent. La cage thoracique se soulève. Les poumons deviennent roses et spongieux. Le sang venant du cœur se précipite dans les vaisseaux pulmonaires à la recherche de l'oxygène qui vient d'arriver : la circulation cœur-poumon est établie.

Le nouveau-né respire maintenant comme un adulte. Mais pendant un an sa respiration sera irrégulière, tour à tour superficielle ou profonde, rapide ou

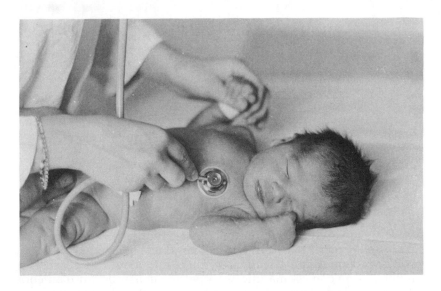

ralentie. Le cœur bat très vite, de 120 à 130 fois par minute en moyenne, presque deux fois plus vite que chez l'adulte. Le sang ne met que douze secondes pour accomplir une révolution complète. Chez l'adulte, il en met trente-deux.

<u>Le poids et la taille.</u> « Combien pèse-t-il ? » C'est une des premières questions que posent les parents à la naissance.

Dans l'esprit du grand public, le chiffre optimum est sept livres. C'est déjà celui d'un gros bébé. La moyenne est de 3,300 kilos (100 g de plus pour les garçons, 100 g de moins pour les filles), et, entre des bébés nés à terme, on peut noter des écarts considérables : certains bébés pèsent 2,500 kilos, d'autres 4 kilos et même plus *.

Plusieurs facteurs peuvent faire varier le poids du nouveau-né :
■ d'abord l'hérédité, c'est-à-dire la race, la stature du père et de la mère, la tendance familiale ;
■ le rang de la naissance : en général chez une même femme, le deuxième enfant pèse un peu plus que le premier, et le troisième plus que le deuxième ;
■ l'état de santé de la mère : certaines maladies peuvent soit augmenter le poids de l'enfant (diabète, obésité), soit au contraire le diminuer (toxémie) ;
■ l'activité de la mère pendant la grossesse : une activité exagérée a tendance à diminuer le poids de l'enfant.

Par contre le régime alimentaire ne joue qu'un rôle mineur et indirect sur le poids de l'enfant (à l'exception des grandes dénutritions qui ne se voient pas en France). Ainsi, même avec une restriction importante, vous aurez un gros enfant si votre hérédité vous y prédispose. Même avec une suralimentation anormale, vous risquez d'avoir non pas un gros bébé, mais un enfant malingre parce que vous risquez alors de faire une toxémie gravidique.

Quoi qu'il en soit, il importe seulement que le poids et la taille de votre enfant se situent dans la moyenne statistique. Un poids élevé n'est pas un signe évident de bonne santé (les enfants nés de mère diabétique pèsent habituellement très lourd et sont des enfants fragiles). A l'inverse, vous aurez presque toujours l'heureuse surprise de voir un enfant de poids peu élevé se développer sans aucun problème.

* Ce qui concerne l'enfant pesant moins de 2 500 g, est traité au chapitre 11.

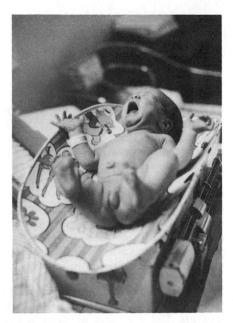

Dans les jours qui suivront sa naissance, votre enfant perdra environ le dixième de son poids de naissance. Ne vous en inquiétez pas, cette perte est normale. Elle est due au fait que l'enfant évacue les déchets qui occupent encore son intestin, et au fait qu'il est peu nourri. Dès le troisième jour, il commencera à reprendre du poids ; et vers le dix-douzième jour, il aura retrouvé son poids de naissance.

La taille, qui est en moyenne de 50 centimètres à la naissance, ne varie guère de plus de deux ou trois centimètres autour de ce chiffre, d'un bébé à l'autre.

Aspect général. Ce qui vous frappera peut-être le plus lorsque vous verrez votre enfant, c'est que les proportions des diverses parties de son corps sont différentes de celles de l'adulte : le nouveau-né n'est pas un adulte en miniature. La tête est très volumineuse. Elle représente à elle seule un quart de la longueur totale, au lieu d'un septième. Le front est immense par rapport au reste du visage. Il en représente les trois quarts, au lieu de la moitié. Le tronc est plus long que les membres. L'abdomen est légèrement saillant, les membres sont courts et grêles, et les bras plus longs que les jambes. Les organes génitaux des petits garçons semblent anormalement développés. Mais il suffira de quelques semaines pour que ces proportions changent, et que votre enfant ait un aspect tout différent de celui qu'il avait le jour de sa naissance.

Les premiers mouvements de votre enfant vous paraîtront désordonnés. Ils le sont, en effet, car le système nerveux, celui qui dirige les gestes, est imparfaitement développé chez le nouveau-né. Les mouvements ne s'organiseront qu'à mesure que le système nerveux se développera. L'enfant, à l'inverse de tant d'animaux, naît désarmé. Une demi-heure après sa naissance, le petit poulain est sur ses pattes et trottine ; le petit veau aussi. L'enfant devra attendre un an pour pouvoir marcher.

Attitude. Le nouveau-né n'arrive pas à tenir la tête droite, car elle est trop lourde pour les muscles de son cou, qui sont encore faibles. Il se tient les premiers jours dans la position qu'il avait avant la naissance : les bras ramenés vers la poitrine et les cuisses vers le ventre. Remarque d'une lectrice qui n'est pas d'accord : « Quand on a posé ma fille sur mon ventre, elle avait la tête redressée et " regardait " autour d'elle comme se demandant dans quel monde elle avait atterri. » La photo de la page 108 prise quelques minutes après la naissance vient à l'appui de cette observation, mais c'est l'exception.

La tête et le visage. Ne vous inquiétez pas si votre enfant arrive au monde avec une tête un peu déformée, crâne asymétrique ou en pain de sucre, bosse d'un côté ou de l'autre, etc. Ces petites déformations sont très fréquentes. Elles sont dues aux fortes pressions que la tête subit, lors de l'accouchement. En dix ou quinze jours, elles disparaissent, et le crâne s'arrondit.

Les os du crâne, qui ne sont pas encore soudés, sont séparés par des espaces de tissus fibreux, les sutures. En deux points, ces espaces s'élargissent pour former les fontanelles. Vous sentirez vous-même ces zones molles en passant votre main sur le crâne du bébé. La plus grande, juste au-dessus du front, a la forme d'un losange. La plus petite se trouve à l'arrière du crâne. Les fontanelles se rétréciront peu à peu jusqu'à se fermer complètement, la plus petite vers huit mois, la plus grande vers dix-huit mois.

Les cheveux. Certains bébés naissent avec une chevelure abondante et générale-ment noire. D'autres sont presque chauves. Consolez-vous si votre bébé est des seconds. Les premiers perdent la plus grande partie de leurs cheveux dans les semaines qui suivent la naissance. Par la suite, les cheveux repoussent plus clairs et plus fins.

Les yeux sont très grands, leur taille a déjà les deux tiers de ceux de l'adulte. Les paupières sont larges, les cils et les sourcils apparents, mais très fins. Le nouveau-né pleure sans larmes. Celles-ci n'apparaissent que vers la quatrième semaine, souvent même plus tard. Le nez est court et aplati, l'oreille volumineuse par rapport à la face, mais bien dessinée, quoique son lobule ne soit pas encore formé. La bouche paraît démesurément grande, avec le maxillaire inférieur peu développé. Le cou est très court et donne l'impression que la tête repose directement sur les épaules.

La peau. A la naissance, la peau est recouverte d'un enduit sébacé blanchâtre dont en général on débarrasse l'enfant à sa première toilette. Certains médecins recommandent cependant de laisser cet enduit, car il joue, disent-ils, le rôle d'un onguent protecteur.

La peau apparaît alors mince et fragile, de couleur rose foncé, parfois presque rouge. Le duvet qui recouvrait tout le corps au septième mois a presque entièrement disparu.

Les premiers jours, l'épiderme pèle finement, puis il devient plus clair. Mais il arrive aussi très souvent, dans 80 % des cas, que la peau jaunisse le deuxième ou le troisième jour. L'enfant a ce qu'on appelle l'*ictère physiologique du nouveau-né*. Cette petite jaunisse disparaît vers le dixième jour. Elle est due au fait que l'organisme du nouveau-né détruit un certain nombre de globules rouges dont il n'a plus besoin.

Souvent, on peut remarquer, à la racine du nez, une tache rougeâtre bifurquant en Y entre les deux sourcils. C'est l'aigrette du nouveau-né ; elle persistera quelques mois, puis disparaîtra. Les ongles des mains et des pieds sont bien apparents. Résistez à la tentation de couper des ongles trop longs ; cela risquerait de provoquer une infection.

La température. Vous vous demandez peut-être pourquoi, dans l'atmosphère surchauffée de la maternité, votre enfant est si couvert. C'est parce que, en naissant, l'enfant a tendance à se refroidir. Il n'est pas encore capable de régler sa propre chaleur. Il faut qu'on le fasse pour lui. Il vient de vivre pendant neuf mois dans une température, toujours égale, de 37°, la vôtre. Subitement, il se trouve dans une atmosphère de 22°, celle de la maternité. Malgré ses vêtements, il va se refroidir de 1° à 2,5°, et ne reviendra qu'au bout de deux jours environ à une température de 37°.

L'appareil urinaire et digestif. Dès la naissance, l'appareil urinaire fonctionne, et il n'est pas rare d'observer une émission d'urine dans les premières minutes qui suivent la naissance. De même, l'intestin élimine dans les deux premiers jours une substance verdâtre, presque noire, visqueuse, collante, ayant l'aspect du goudron : c'est le méconium fait d'un mélange de bile et de mucus. Vers le troisième jour, les selles deviennent plus claires, puis jaune doré et pâteuses, au nombre de une à quatre par jour pendant les premières semaines.

Les organes génitaux. Souvent, les seins des bébés, aussi bien garçons que filles, sont gonflés à la naissance. Si on les pressait, il en sortirait un liquide semblable au lait. C'est parce qu'une petite quantité de l'hormone qui provoquera la montée laiteuse chez la mère a passé à travers le placenta dans le sang du bébé avant la naissance, et stimulé le fonctionnement des glandes mammaires. Ne vous en inquiétez pas, et surtout n'y touchez pas ; dans quelques jours, les seins seront tout à fait normaux.

De même, si vous remarquiez dans les couches de votre petite fille quelques gouttes de sang, il ne faudrait pas vous affoler. Cette autre activité des glandes génitales, qui apparaît une fois sur vingt, disparaît également en quelques jours.

Ces phénomènes caractérisent ce que l'on appelle « la crise génitale du nouveau-né ».

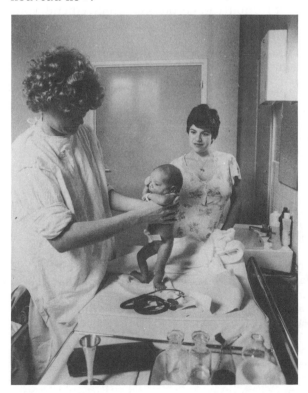

Qu'entend-il ? Que voit-il ? Que sent-il ?

50 centimètres, 3,3 kilos, peu de cheveux et la peau fripée, voilà donc comment se présente un nouveau-né, sa partie visible. Mais quelles sont ses perceptions, que voit-il en arrivant au monde, qu'entend-il ? A-t-il une sensibilité quelconque aux multiples stimulations qui l'entourent ?

Pendant des siècles, pour la plupart, la réponse a été catégorique : le nouveau-né ne voit pas et n'entend rien. C'était la fameuse théorie du « bébé tube digestif » qui soutenait que l'enfant, au moins pendant plusieurs semaines, n'était sensible qu'aux sollicitations de son estomac ; il fallait donc essentiellement le nourrir et le changer.

Il est comme une cire vierge, ajoutaient d'autres, cire dans laquelle l'adulte pourra tout graver, il est comme une feuille blanche sur laquelle l'adulte pourra tout écrire.

On disait encore : en arrivant au monde, le nouveau-né est tellement agressé qu'il est dans une confusion totale.

En somme un adulte omnipotent se trouvait devant un nouveau-né entièrement désarmé et sans aucune réaction.

Quand on découvre aujourd'hui ce dont un nouveau-né est capable, quand on admet qu'il devait bien en être ainsi hier et que les mères devaient bien le sentir, ou le deviner, j'ai peine à croire que ces mères aient toutes partagé des théories aussi radicales et aussi négatives. Mais peut-être ces théories étant surtout émises par des hommes, médecins et scientifiques, des opinions contraires venant de femmes auraient eu bien peu de chances d'être entendues.

Aujourd'hui, changement complet : le nouveau-né, dit-on partout, entend, voit, sent, ressent ! Et la liste est longue des perceptions que l'on attribue à l'enfant dès la naissance.

Les découvertes ne se sont pas faites en un jour ; c'est d'ailleurs rarement le cas, dans aucun domaine elles ne se font du jour au lendemain, elles sont le fruit de longues recherches entreprises par des équipes nombreuses et simultanément dans divers pays.

Depuis vingt ans, trente ans même, on assiste dans le monde entier, à une explosion de travaux pour savoir ce que sait un nouveau-né et ce qu'il sent. Ceci vous donnera une idée de l'ampleur des travaux : au dernier congrès mondial du nourrisson qui se réunissait pour faire le point des connaissances actuelles sur le bébé avant, pendant et après la naissance, il y avait 1 500 spécialistes de 20 nationalités différentes ; ils ont fait plus de 500 communications. On mettait les bouchées doubles pour effacer le passé !

Donc un premier constat : le nouveau-né est beaucoup plus précoce et plus doué qu'on ne le croyait et dans de multiples domaines, à commencer par ses perceptions sensorielles. En résumé, voici ce qu'on peut en dire aujourd'hui.

La vision. Dès sa naissance l'enfant voit, mais sa vision n'est pas la nôtre : elle n'est que de 1/20, donc floue. Et l'enfant ne voit que les formes, animées ou inanimées, distantes de ses yeux de 20 à 25 cm.

Cela suffit quand même au nouveau-né pour être sensible aux différences de lumière : si tout d'un coup il y en a trop, il est gêné, cligne des yeux, ou les ferme complètement.

Il peut distinguer ce qui brille et la couleur rouge ; ainsi il peut suivre des yeux une boule brillante et rouge. Les chercheurs ont constaté également que dès les premiers jours, le nouveau-né est attiré par une forme ovale, mobile présentant des points brillants et du rouge. Ce n'est pas un rébus, c'est l'ensemble correspondant au visage humain. Le bébé peut suivre ce visage s'il bouge, et si pendant ce temps on lui parle, le bébé cligne des yeux.

Mais être sensible à une forme qui ressemble au visage humain cela ne veut pas dire pour autant reconnaître telle ou telle personne de son entourage. Cela prendra beaucoup plus de temps.

Dans un article sur « la socialisation du nourrisson * », Thérèse Gouin-Decarie et Marcelle Ricard font état de travaux cherchant à préciser quand et comment l'enfant parvient à différencier sa mère (ou-la-personne-qui-donne-les-soins) des autres personnes de son entourage.

Si l'on fait une moyenne entre les résultats obtenus par différents chercheurs, on peut dire que l'enfant reconnaît sa mère par l'odeur à 10 jours, par la voix à 5 semaines, par les yeux entre 3 et 5 mois, les dates diffèrent selon les méthodes employées. Il est évidemment difficile de séparer les perceptions les unes des autres, celles fournies par les yeux, de celles qui parviennent à l'oreille ou de celles que recueille le nez, à telle enseigne que par exemple pour isoler la perception visuelle, un chercheur a présenté le visage de la mère derrière un miroir sans tain.

Mais revenons à notre nouveau-né.

On a remarqué qu'il était plus sensible aux images complexes qu'aux simples. Dès les premiers jours, si on lui présente deux feuilles, l'une grise, unie, et l'autre couverte de petits damiers noirs et blancs, l'enfant regarde la seconde. On s'en est rendu compte en observant le bébé à travers un écran percé d'un trou : on voit la feuille quadrillée se refléter dans la cornée du bébé. C'est donc celle-là que l'enfant regarde **.

C'est parce qu'il n'a pas eu l'occasion de l'exercer avant la naissance que la vision du nouveau-né n'est pas très développée (bien que certains chercheurs pensent que déjà dans le ventre de sa mère l'enfant est sensible à une forte lumière, l'observation a été signalée page 133). Mais cette vision va faire des progrès rapides. Le bébé cherche à voir même la nuit ; dans le noir il ouvre les yeux, les ferme, regarde d'un côté, de l'autre ; on a pu l'observer grâce à des rayons infrarouges.

Et dans ce domaine de l'activité visuelle, il y a de grandes différences d'un enfant à l'autre. On a l'impression que certains bébés passent leur temps à « regarder », alors que d'autres passent leur temps à dormir.

Cette différence de rythme de développement se retrouvera dans tous les domaines tout le long de l'enfance.

Un mot pour finir : les nouveau-nés ont souvent l'air de loucher parce que les muscles de leurs yeux ne sont pas assez développés pour coordonner les mouvements.

L'ouïe est plus développée que la vision, c'est normal, le nouveau-né a déjà beaucoup entendu durant sa vie fœtale, au moins pendant les deux derniers mois. Ce n'est donc pas étonnant que le nouveau-né sursaute si une porte claque ou s'il entend un bruit violent ; et son oreille étant déjà exercée, cela lui permet de distinguer des sons très proches les uns des autres. Et même lorsqu'il dort à

* *La Recherche*, n° 129, décembre 82.
** L'observation a été faite par Éliane Vurpillot et rapportée dans *l'Aube des sens,* (voir référence de ce livre page 377).

poings fermés, si on chuchote près de lui, il remue légèrement, sa respiration se modifie, il cligne des yeux. Si l'on continue à parler doucement, il s'agite et finit par se réveiller.

Bien entendu il reconnaît la voix humaine puisque, avant de naître, il l'entendait déjà ; sur ce point tous les chercheurs sont d'accord, mais entend-il mieux son père ou sa mère, les avis ne sont pas unanimes. La plupart admettent cependant que, dans l'utérus l'enfant entend mieux son père (parce qu'il entend mieux les sons graves), et qu'à l'air libre il est plus sensible aux sons plus aigus de la voix de sa mère.

Enfin on remarque que lorsqu'il y a vraiment trop de bruit autour de lui, l'enfant se bouche littéralement les oreilles pour ne pas être agressé, il arrive ainsi à s'isoler. T.B. Brazelton rapporte qu'un enfant, à qui l'on faisait un test pénible, commença par crier, puis subitement s'arrêta ; malgré les bruits aigus et les lumières brillantes il s'endormit ; le test terminé, les appareils retirés, le nouveau-né s'éveilla aussitôt et se mit à crier vigoureusement.

Le goût. Le nouveau-né a douze heures ; si on met sur ses lèvres un peu d'eau sucrée, il a l'air ravi ; si on y met une goutte de citron, il fait la grimace. Dès la naissance, l'enfant fait la distinction entre le sucré, le salé, l'acide, l'amer. Le sucré le calme, l'amer ou l'acide l'agite. C'est ce qu'illustrent les photos prises par le professeur Steiner et reproduites ci-contre.

C'est un fait connu depuis longtemps que les bébés sont très tôt sensibles aux goûts. Et les nourrices depuis toujours savent que certains aliments donnent bon goût au lait, par exemple le cumin, le fenouil, l'anis vert. Ainsi le bébé tète avec plaisir, et la sécrétion lactée augmente. Alors que d'autres aliments sont connus pour donner un goût désagréable au lait, ail, asperge, oignon, chou. En comparaison, le bébé nourri au lait industriel a une nourriture bien fade et sans surprise !

L'odorat. Une expérience est devenue classique : si on présente à un nouveau-né deux compresses, l'une ayant été en contact avec le sein de sa mère, et l'autre non, le bébé se tourne vers la compresse maternelle. L'expérience a été faite par un auteur américain Mac Farlane dès le 10e jour. Mais le record a été battu par l'équipe d'Hubert Montagner qui a obtenu le même résultat avec des nouveau-nés de 3 jours ! D'ailleurs, c'est grâce à son odorat qu'un bébé reconnaît l'approche du sein maternel.

Le toucher. Le nouveau-né est très sensible à la manière dont on le touche, aux manipulations. Certains gestes le calment, d'autres au contraire l'agitent. Cela les parents le découvrent très vite, mais cette sensibilité de la peau et du contact remonte très loin dans la vie de l'enfant : dans le ventre de la mère, il a senti le liquide l'entourer ; il s'est frotté aux parois de l'utérus ; au moment de l'accouchement, ce n'est que par une action violente et répétée des contractions sur son corps que l'enfant a pu sortir du ventre de sa mère. Après la naissance, le bébé ressent avec malaise le vide autour de lui. Le petit berceau bien douillet, l'instinct que nous avons de le prendre contre nous, le fait de le langer serré, calment et rassurent l'enfant. Dans les couveuses, on a observé que pour apaiser le bébé, il suffisait de lui caler le dos contre une couverture roulée ou un oreiller.

Comment a-t-on pu établir si précisément le degré de sensibilité du nouveau-né ? Certaines fois par des moyens très simples, d'autres fois en ayant recours à des moyens plus sophistiqués.

Odeurs et saveurs :
les réactions d'un nouveau-né de quelques heures

(Photos du Professeur Jacob Steiner)

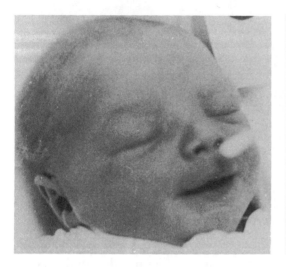

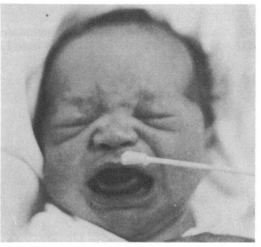

On fait sentir au bébé un coton imbibé
d'odeur de banane, il a l'air ravi

L'odeur de l'œuf pourri
le fait hurler

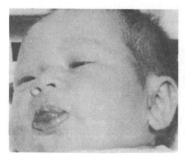

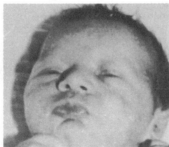

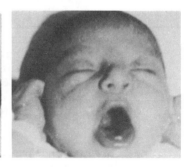

On dépose sur la langue
du bébé du sucre,
cela lui plaît

Une goutte de jus
de citron lui
fait faire la grimace

Une goutte de sulfate
de quinine (amer) : le
bébé proteste vivement

Ces photos sont extraites des deux études suivantes :

EXPRESSIONS DU VISAGE CHEZ LE NOUVEAU-NÉ
EN RÉPONSE À DIFFÉRENTES SORTES DE STIMULI GUSTATIFS,

par Judith R. Ganchrow, Jacob E. Steiner, et Munif Daher ;

EXPRESSIONS DU VISAGE EN RÉPONSE À DES STIMULI DE GOÛT ET D'ODEUR,

par Jacob E. Steiner

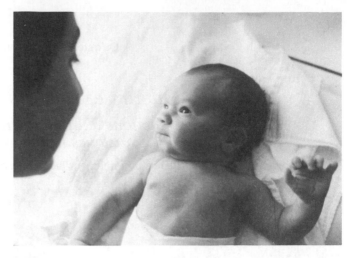

Moyens simples comme l'observation directe de chaque réaction du bébé à une stimulation : tourner la tête ; réagir à un bruit sourd, lointain, léger, ou au contraire cesser de réagir aux mêmes bruits ; crier ou au contraire cesser de crier ; cligner des yeux ; remuer les pieds ; crisper les membres, sursauter ; chaque geste le plus discret, chaque mimique ou chaque cri a un sens.

Comme il est difficile de tout noter, de tout remarquer à la fois, les chercheurs ont pris des kilomètres de films de bébés dans les situations les plus variées, dans les bras de son père, de sa mère, du pédiatre ; en face d'objets de forme et de couleurs diverses ; en face de lumières d'intensités variées, etc. Puis ils passent ces films au ralenti, arrêtent l'image, reviennent en arrière, et notent toutes les réactions de l'enfant. Grâce aux possibilités des films vidéo, aucun détail n'échappe à l'œil de l'observateur.

L'enregistrement du rythme cardiaque du bébé a permis de nombreuses observations. C'est en particulier grâce à lui qu'on a pu constater qu'un bébé était plus sensible à une voix féminine qu'à une voix masculine. Dans le premier cas le rythme cardiaque ralentissait, dans le second, il n'y avait pas de changement.

De même pour savoir plus finement à quels sons réagit un nouveau-né, on fait l'expérience suivante : on lui met dans la bouche une tétine, dans la tétine un capteur qui enregistre le rythme des mouvements de succion. Puis on fait entendre au bébé différents sons ; il réagit par des mouvements de succion : c'est l'accélération ou la diminution du rythme de ces mouvements qui permet de constater que le bébé est plus ou moins sensible aux différents sons présentés.

Puis la miniaturisation de l'électronique a permis avec des appareils sophistiqués des recherches plus poussées. Par exemple, c'est un micro minuscule introduit après rupture de la poche des eaux dans le sac amniotique d'une femme sur le point d'accoucher qui a permis de connaître le monde sonore qui entoure le bébé avant la naissance *.

Ainsi ce nouveau-né que l'on croyait naguère si démuni, si fermé au monde dans lequel il arrivait, on le découvre donc aujourd'hui prêt au contraire à réagir aux nombreuses stimulations de son environnement et de son entourage, programmé biologiquement pour éprouver tout un éventail de sensations.

Un journaliste posa un jour à René Zazzo la question suivante : « Cela veut-il dire que l'enfant, par l'effet des découvertes récentes de la psychologie, sera enfant moins longtemps ? »

Et René Zazzo lui répondit : « En aucune manière. Ce n'est pas parce que nous avons découvert des choses qui existaient depuis qu'existe l'homme que tout,

* Pour plus de détails sur ces recherches je vous renvoie à *l'Aube des sens,* (voir référence de ce livre page 377).

subitement, va changer. L'enfant, lui, il s'en fiche pas mal des psychologues. Sans eux, et malgré leurs erreurs, il a été fonctionnel dès la naissance, et, à partir de là, il a construit son monde. Ce n'est pas parce que les psychologues ont découvert qu'il était mieux armé qu'on ne le croyait que les lois fondamentales de la genèse vont changer. * »

L'important, ce qui change, c'est le regard que l'adulte va porter sur l'enfant, la manière dont il va le considérer, manière qui à son tour aura une influence certaine sur l'enfant.

La compétence du nouveau-né

Lorsque la mère caresse son enfant ou le prend dans ses bras, elle sent qu'il réagit à son contact parce que son visage s'apaise : si elle lui parle et qu'il s'arrête de bouger, elle comprend qu'il a perçu ce que sa voix comportait de sollicitation.

L'enfant réagit à son tour par une mimique, puis la mère sourit, et ainsi de suite. Ainsi sans cesse, de l'enfant à la mère, un va-et-vient de questions et de réponses s'établit : ils communiquent.

Lorsqu'une mère voit son bébé gêné par la lumière et la détourne, il rouvre les yeux. A chaque instant passe entre la mère et l'enfant un signal de reconnaissance. Si l'enfant appelle, sollicite à son tour et qu'on lui répond, sa mimique est encore une fois une réponse.

Cette sensibilité du nouveau-né aux stimulations les plus diverses, à la voix, au contact, aux gestes, à la lumière, aux odeurs se traduit donc chez lui par toute une gamme de comportements et d'émotions qui à leur tour provoqueront chez la mère ou chez l'adulte des réactions.

C'est cela qu'on a appelé la compétence du nouveau-né : la possibilité qu'il a, grâce à son équipement sensoriel et à sa sensibilité émotionnelle, de répondre aux stimulations de l'entourage, et de déclencher dans l'entourage des réactions **.

Pour l'enfant chaque nouvelle stimulation sera une nouvelle expérience et chaque fois elle sera enregistrée par sa mémoire. Pour la mère chaque réaction de l'enfant sera un moyen de communiquer avec lui.

Il est indispensable d'ajouter deux, trois choses importantes.

D'un enfant à l'autre, il y a de grandes différences, les nouveau-nés ne s'expriment pas et ne regardent pas tous de la même manière, loin de là.

Dans la journée, les nouveau-nés ont certes des moments d'éveil et d'échange, mais ils dorment quand même la plupart du temps et ils ont besoin de calme.

Enfin, les observations rapportées sont intéressantes en soi, utiles pour mieux connaître son enfant, mais elles ne doivent en aucun cas inciter à le transformer en objet d'expérience.

Les interactions précoces

Chaque mère a sa manière d'entrer en contact avec son enfant. Chaque enfant à sa manière de répondre à sa mère. Mais pour la plupart l'échange passe d'abord par le regard.

* « Où en est la psychologie de l'enfant », (voir référence du livre page 377).
** Cet enchaînement de stimulations et de réactions constitue des *interactions*.

« Il m'a semblé, à l'observation de ces moments d'échanges visuels, que le contact œil-à-œil dépassait le simple cadre de la fixation réciproque et constituait le moteur de ces interactions précoces où la mère, attentive et émue, fait connaissance avec l'enfant qu'elle vient de mettre au monde. Le regard du nouveau-né déclenche des conduites de recherche et d'échanges où se mêlent les stimulations verbales, mimiques, tactiles et posturo-kinesthésiques, le tout constituant les modalités de la communication qui vont prendre une importance plus grande ultérieurement *. »

Les mères aiment que leur bébé soit éveillé, le voir les yeux fermés les inquiète. « J'ai l'impression qu'il n'est pas vivant, tout change quand ses yeux sont ouverts... J'ai envie de lui parler, j'ai l'impression qu'il est là * . » Par leur insistance à le désirer éveillé, certaines mères parviennent même à lui faire ouvrir les yeux.

Lorsqu'une mère regarde son enfant, c'est comme si elle lui parlait ; l'enfant lui répond en clignant de l'œil, en ouvrant la bouche, en bougeant les bras ; tout ceci signifie « message reçu ». A son tour, la mère répond, pas seulement avec les yeux, mais en lui parlant, en le caressant.

Et voilà au départ une source de différence d'un enfant à l'autre : un enfant éveillé recevra plus de stimulations qu'un enfant somnolent, stimulations qui le développeront plus rapidement. Sarah est une enfant très éveillée, les échanges avec l'entourage sont multiples, variés.

Sarah très stimulée progresse à grands pas, vocalise et sourit. Sa mère est ravie. David au même âge dort presque toute la journée, il n'a d'échanges qu'au moment des repas et du bain, puis retourne... à ses rêves. Jugement de la mère : « Il n'est vraiment pas vif, quand je pense à sa sœur. »

Pour bien des mères le grand moment de la communication c'est la tétée : côté bébé, toutes les sensations sont réunies, contact, satisfaction d'être nourri, sollicitation du goût, de l'odorat, c'est le bien-être ; et du côté de la mère, sentiment de plénitude, de jouissance physique et de satisfaction de pouvoir nourrir son enfant.

D'autres mères aiment communiquer avec le bébé surtout en le touchant, en le caressant, en le portant ; ce contact est rassurant pour elles et apaisant pour le bébé. « Ce que j'aimais, disait une mère, c'était porter mon bébé. J'ai fait des kilomètres dans les couloirs de la maternité en la serrant dans mes bras, je suis sûre qu'elle retrouvait le balancement qu'elle avait connu dans mon ventre, et je la sentais si bien que ça me faisait vraiment plaisir. »

Une fois que le contact s'est établi, que le dialogue s'est engagé, tous les moyens sont bons pour communiquer entre la mère et l'enfant, non seulement par le toucher et les yeux, mais aussi par la parole, les mimiques, les sourires. Et tout devient jeu. Certaines mères hésitent à se laisser aller à ce jeu, à cet échange, elles ont peur de bêtifier avec des *gui-guili*, des *are-are*. Ce langage absolument naturel est tout à fait indispensable aux parents aussi bien qu'à l'enfant dans les premières semaines de la vie.

Non seulement l'enfant aime à répondre à ces signes de l'adulte, mais il les attend. Et s'il ne les reçoit pas, il fera tout pour les provoquer. Ainsi « quelques

---

* Monique Robin *in l'Aube des sens*, (voir référence du livre page 377).

enfants présentant une forte activité visuelle ont provoqué des réactions chez leur mère : sous l'effet du regard de son nouveau-né, la mère se penche vers lui et commence à lui parler * ».

L'enfant naît sociable, attiré par son semblable, désireux d'entrer en relation avec son entourage ; il a besoin qu'on s'occupe de lui, qu'on le reconnaisse. Si le message envoyé est reçu, l'enfant est satisfait, le contact est établi. Si malgré son insistance et ses efforts on ne lui répond pas, il sera frustré et son développement en pâtira, c'est là l'origine de bien des carences affectives.

Au fur et à mesure que l'enfant grandira, il aura d'autres moyens d'expression et de contact : vocalises, sourires et nouveaux gestes, demain la parole et la marche ; les interactions vont évoluer et s'enrichir en nature et en intensité, aussi bien du côté des parents que de l'enfant. Mais ne voyons pas si loin, et revenons au nouveau-né.

Ces réactions dont l'enfant est capable dans les premiers jours vont avoir une conséquence importante : elles montreront à sa mère — ou à la-personne-qui-s'occupe-habituellement-de-lui — qu'elle est capable de comprendre son enfant et de communiquer avec lui.

Au début une mère en doute, surtout avec son premier enfant, mais lorsqu'elle voit qu'à des stimulations les plus diverses — elle le caresse, elle le porte, elle lui parle — il répond, et qu'il en est heureux, cela lui donne confiance dans ses propres capacités ; cela lui montre que visiblement elle apporte à son enfant ce qu'il attendait d'elle.

En d'autres termes, la compétence du nouveau-né à entrer en relation avec sa mère, à tisser des liens avec elle, va peu à peu lui donner l'assurance de sa propre compétence. J. de Ajuriaguerra a résumé cette constatation en une phrase devenue célèbre : « c'est l'enfant qui fait la mère », phrase à mettre en réserve dans sa mémoire pour les jours où l'on doute...

La théorie de l'innéité de l'instinct et de l'amour maternel est trompeuse ; il faut du temps pour devenir mère...

L'attachement

Communiquer, échanger, tisser des liens c'est peu à peu s'attacher.

Je n'hésite pas à me répéter en disant que l'amour maternel n'est pas un coup de foudre. Bien sûr on peut tomber amoureuse de son bébé à la naissance, mais s'attacher à lui et qu'il s'attache à vous est une œuvre de longue haleine, un apprentissage de tous les jours.

Cet attachement est fait d'échanges, de contacts quotidiens au travers desquels vous faites connaissance de votre enfant. Vous le découvrez et il vous montre qu'à son tour il vous reconnaît. Chacun des signes que votre enfant vous envoie vous touche et vous lie plus à lui.

Vous n'en prendrez peut-être pleinement conscience que le jour où pour la première fois vous serez obligée de vous séparer de votre enfant, ou le jour où il sera malade ; c'est souvent l'inquiétude qui révèle la vraie mesure de l'attachement.

---

* M. Robin *in l'Aube des sens*.

Les difficultés de l'attachement

« Il naît, je le regarde, il me regarde, je le caresse, il est heureux, je m'attache à lui, il s'attache à moi. »

Sans oublier qu'elle peut s'étendre sur plusieurs semaines ou mois, et en la simplifiant à l'extrême, la séquence peut se résumer ainsi. Mais est-elle toujours facile ou même seulement possible ? Certaines circonstances rendent difficiles les échanges avec un bébé, parfois même impossibles s'il n'est pas là, c'est le cas du prématuré.

Les bébés ne sont pas tous du type « il est sage, il est facile, et dort bien ». Certains pleurent sans arrêt, d'autres refusent de manger et souvent dès le début. Cela permet parfois à la sage-femme de prévenir aimablement : « Avec ce bébé-là vous n'allez pas vous amuser. »

Et c'est un fait. Le bébé qui pleure sans arrêt inquiète, il doit souffrir, se dit-on, mais pourquoi et que veut-il ? Les parents s'angoissent, leur tension accroît celle du bébé, cercle vicieux apparemment sans issue.

L'enfant qui refuse de téter, qui tète trop, trop vite, ou trop longtemps, qui ne prend pas de poids, qui a des ennuis digestifs inquiète également.

Plusieurs facteurs peuvent entrer en jeu : certaines mères n'ont pas beaucoup de lait, d'autres en ont trop. Écoutez ce qu'a dit une mère à la psychologue d'un service de pédiatrie plusieurs semaines après la naissance de son bébé, une petite fille qui voulait téter tout le temps et ne savait pas s'arrêter : « Elle boit trop, mais c'est ma faute, mon lait est trop bon, et puis j'ai du lait pour deux car avant elle... j'ai perdu un bébé. » La mère non plus ne savait pas s'arrêter et, entre les tétées, chaque fois l'enfant régurgitait.

« Il faut manger pour vivre. » La mère qui pense que son premier rôle est de nourrir son enfant, supporte particulièrement mal les troubles alimentaires et les difficultés centrées autour des repas.

Il y a aussi les cas moins connus et pourtant fréquents de bébés hypersensibles qui ne supportent pas qu'on les touche. « Il se tortille comme un ver, disait une mère, je n'aime pas lui donner son bain, c'est une véritable gymnastique. C'est épuisant. »

Ces bébés ont souvent été manipulés trop brusquement après l'accouchement, ou réveillés sans égard pour être propres et changés avant la tétée.

Évidemment aucune de ces difficultés ne facilite les échanges détendus avec le bébé, ce qui est bien décevant lorsqu'on se faisait une joie de pouponner tranquillement ; les choses vont particulièrement mal lorsque la mère est déprimée, les cris deviennent quasiment insupportables.

Une jeune mère, que je connais, était très fatiguée après l'accouchement. Et son bébé ne cessait de pleurer. Elle demanda à l'auxiliaire puéricultrice de mettre son bébé à la nurserie. Réponse : « Dans quelques jours vous serez rentrée, il faut bien vous habituer. En plus c'est la mode d'avoir le bébé dans sa chambre. »

De retour chez elle, la mère épuisée, son bébé pleurant toujours autant, eut une dépression. Les choses ne commencèrent à s'arranger que le jour où le bébé fut mis à la crèche.

Qu'aurait pu faire cette jeune femme ? En parler autour d'elle, et le médecin ou la psychologue du service auraient probablement pu l'aider. Le personnel n'est pas toujours informé des problèmes psychologiques qui peuvent se présenter.

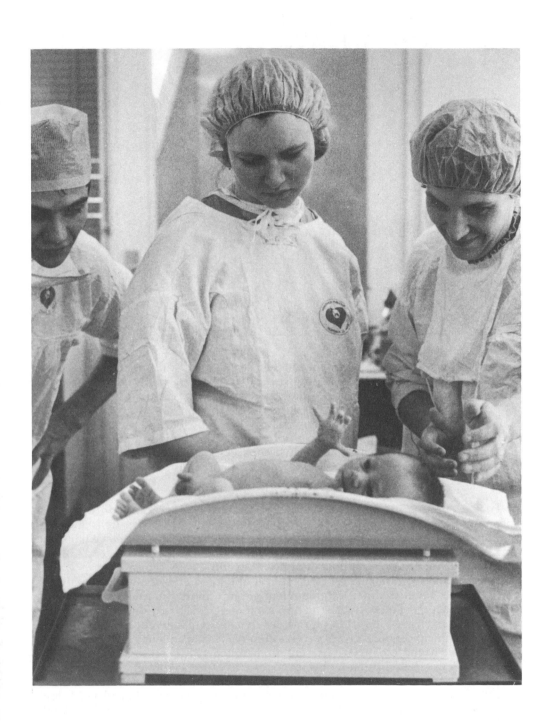

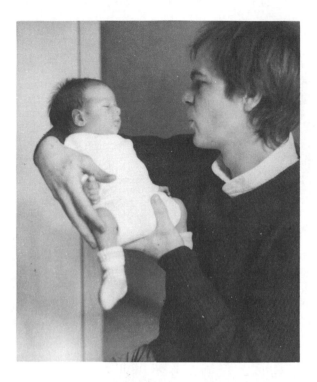

C'est d'ailleurs pourquoi les programmes des écoles d'auxiliaires de puériculture, de puéricultrices et de sages-femmes sont en train d'être modifiés : ils tiennent compte des difficultés psychologiques entourant la naissance.

Le cas cité est un cas extrême. Souvent le rythme consolation-pleurs arrive à se rétablir plus facilement ; souvent avec l'aide du père lorsqu'il peut prendre en charge le bébé ; avec l'aide aussi du temps et de la maturation de l'enfant. (Exemple typique : les fameuses « coliques » de l'enfant qui font tant souffrir... les parents, et qui à trois mois s'arrêtent.)

Pour le prématuré, pour le nouveau-né malade, soigné dans un centre de néonatologie, les difficultés s'accumulent. Comment tisser des liens avec un enfant qui n'est pas là ? Comment avoir des contacts avec un bébé élevé dans une machine alors qu'on s'attendait à le prendre dans les bras. Est-ce d'ailleurs raisonnable de s'attacher à un enfant dont l'avenir est incertain ?

Ces réactions sont normales. Et il est vrai que lorsqu'on sépare les parents du bébé, que les parents voient rarement leur enfant, qu'ils s'inquiètent loin de lui, ils ne peuvent en effet s'attacher, et après une longue séparation, ils auront chez eux un étranger avec lequel la reprise des liens posera souvent des problèmes.

Heureusement aujourd'hui, et de plus en plus, les parents peuvent entrer dans le service de néonatologie voir leur enfant, le toucher, le caresser, le sortir même de la couveuse de temps en temps, participer avec le personnel aux soins.

Lorsque les parents constatent que même un prématuré né à 7 mois peut se tourner au son de la voix, réagir à une caresse, ils réalisent à quel point leur présence est précieuse pour l'enfant. Ils se rendent compte du rôle actif qu'ils peuvent jouer dans sa guérison et sont moins désemparés.

En intégrant les parents à l'hôpital, en les aidant à s'habituer à leur bébé, à faire sa connaissance, on a constaté en outre qu'on facilitait les relations parents-enfants au retour de la maison.

Les services de néonatologie n'accueillent pas toujours les parents, mais une récente circulaire ministérielle officialise leur présence et leur participation. Et le bienfait qui en ressort fait que peu à peu ces nouvelles habitudes se répandent.

Pour parler du tissage des liens pendant les premiers jours et les premières semaines, j'ai parlé essentiellement de la mère pour des raisons simples : l'enfant naît, tète et s'endort sur le sein de sa mère. Plusieurs fois par jour la scène se répète.

A la maternité il est près de sa mère, à la maison, il passe deux mois en tête à tête avec elle presque toute la journée. Par tous les pores de sa peau, la mère va donc nouer avec son enfant des liens premiers et particuliers, et lui avec elle (comme il le ferait d'ailleurs avec toute personne remplaçant sa mère). C'est si vrai qu'au moindre trouble on se tourne vers la mère pour l'en rendre responsable.

Mais le père ? Même s'il a des contacts moins fréquents avec son enfant, cela ne veut pas dire pour autant qu'il ne va pas nouer des liens avec lui, que son enfant ne sera pas sensible à sa présence et lui à la sienne.

Encore faut-il que le père manifeste régulièrement son intérêt. Puis tout s'enchaînera, la qualité des liens qu'il va nouer avec son enfant sera proportionnelle à l'intérêt manifesté, l'intérêt manifesté grandira au fur et à mesure des réponses que le père recevra de son enfant, il grandira aussi avec le temps qui va multiplier les échanges.

Et l'enfant prendra goût aux sensations nouvelles lui venant de son père, elles seront différentes de celles qu'il a reçues de sa mère : que son père lui donne le biberon, lui parle ou le change, tout en lui est autre : ses gestes, sa voix, ses mains, son contact, son odeur, la manière de le prendre et de le porter.

Et c'est ainsi que peu à peu l'enfant distinguera son père de sa mère.

Sur les possibilités sensorielles du nouveau-né, sa compétence, l'attachement, les relations précoces parents-enfants, je vous recommande les ouvrages suivants :
— *La naissance d'une famille*, par T. Berry Brazelton, Éd. Stock.
— *L'Aube des sens*, ouvrage collectif sous la direction de Étienne Herbinet et Marie-Claire Busnel, Éd. Stock.
— *L'attachement*, ouvrage collectif présenté par René Zazzo, Éd. Delachaux et Niestlé.
— *Où en est la psychologie de l'enfant ?* par René Zazzo, Éd. Denoël-Gonthier.
— *La première année de la vie*, numéro spécial de la revue « Enfance », janvier-mars 1983, 41, rue Gay-Lussac, 75006 Paris.
— *Intelligence et affectivité chez le jeune enfant*, par Thérèse Gouin-Decarie, Éd. Delachaux et Niestlé.

Après la naissance

CHAPITRE 16

Faut-il allaiter ?

L'allaitement maternel a gagné une bataille * dans la mesure où plus de 50 % des mères nourrissent aujourd'hui leur bébé, au moins pendant les premières semaines.

J'en suis heureuse car j'ai toujours été partisan de l'allaitement maternel pour avoir constaté combien les bébés nourris au sein étaient beaux et épanouis, leurs mères heureuses, et que parmi celles qui avaient donné le biberon dès le premier jour, certaines regrettaient qu'on ne leur ait pas donné d'autre choix à la maternité.

Je ne profiterai pas pour autant de cette nouvelle tendance pour conseiller à tout prix à mes lectrices de nourrir leur enfant : je ne veux pas risquer de choquer les mères qui ne veulent ni ne peuvent allaiter. Ce serait dommage qu'un enfant en arrivant au monde donne des complexes à sa mère. Aussi j'essaierai ici d'exposer simplement les arguments de ceux qui sont pour l'allaitement maternel et les arguments de ceux qui lui préfèrent l'allaitement artificiel. Chaque mère fera son choix **.

Arguments pour l'allaitement maternel

- Le lait maternel est un aliment naturel, complet et parfaitement adapté aux besoins de l'enfant. Il est facile à digérer et les intolérances à ce lait n'existent pratiquement pas, à l'exception de quelques cas rares d'intolérence au lactose (sucre contenu dans le lait). De plus, il est toujours à la bonne température, celle du corps.
- Avec le lait maternel, l'enfant ne risque pas d'allergie aux protéines que contient le lait.
- Le fer qu'il contient est bien absorbé.
- Il protège l'enfant contre certaines infections en lui apportant les anticorps maternels. Il assure ainsi une protection naturelle au cours des premières semaines de la vie. Il est par ailleurs aseptique et n'apporte pas de microbes à l'enfant.
- C'est très agréable d'allaiter : les tétés sont de moments heureux et pour la mère et pour l'enfant.
- C'est pratique : pas de biberons à laver, stériliser, préparer. Et économique.
- L'allaitement favorise entre la mère et l'enfant l'établissement de liens affectifs profonds et inappréciables.
- Il est enfin profitable à la mère et favorise le retour à la normale de l'appareil génital : il y a une connexion étroite entre les glandes mammaires et l'utérus. Lorsque l'enfant tète, il déclenche un réflexe qui provoque des contractions utérines ; celles-ci aident l'utérus à revenir à ses dimensions normales.

---

* Le mot peut sembler excessif, il ne l'est pas pour ceux qui ont entendu hier discuter partisans et adversaires de l'allaitement.

** Ce qui pourra vous aider à réfléchir et à prendre une décision sera de lire les opinions les plus diverses exprimées dans le 3e *Cahier du nouveau-né* : « D'amour et de lait... », ouvrage collectif sous la direction d'Étienne Herbinet, Éditions Stock.

Arguments
pour l'allaitement artificiel

- La supériorité du lait maternel n'est plus aussi évidente depuis les progrès réalisés dans la fabrication des laits industriels. Leur composition peut varier en fonction des besoins et de la nature de chaque enfant.
- Le manque d'hygiène dans la préparation des biberons peut évidemment être une source d'infection pour l'enfant. Mais les complications infectieuses du sein (lymphangite, abcès) qui se voient parfois chez les femmes qui allaitent, peuvent également infecter l'enfant.
- L'allaitement maternel n'est pas toujours facile quand la sécrétion lactée est insuffisante. Et l'expérience montre que dans notre civilisation moderne, les femmes ne sont pas toujours de bonnes nourrices.
- L'allaitement maternel n'est pas toujours compatible avec une reprise rapide de la vie normale ou d'une activité professionnelle. Il constitue une source supplémentaire de fatigue après l'accouchement. Enfin, l'apparition plus tardive du retour de couches peut gêner la mise en œuvre rapide d'un moyen de contraception.
- Enfin, les liens psychologiques entre la mère et l'enfant dépendent vraisemblablement plus de la présence maternelle que de l'allaitement proprement dit.

Et l'allaitement mixte ?

C'est le nom qu'on donne à l'alimentation moitié tétées, moitié biberons. On a recours à l'allaitement mixte pour remplacer pendant un temps, ou compléter, une sécrétion lactée insuffisante ou de mauvaise qualité.
Selon les cas, la mère peut être amenée :
- soit à compléter chaque tétée : cette technique a l'avantage d'entretenir la sécrétion lactée, mais elle nécessite une pesée de l'enfant avant et après chaque tétée pour calculer la dose de complément nécessaire. La durée de chaque repas est ainsi nettement allongée ;
- soit à remplacer une ou plusieurs tétées par un biberon.

L'allaitement mixte pourra être temporaire quand la sécrétion lactée subit une baisse passagère ou quand la mère doit interrompre provisoirement l'allaitement (complications infectieuses du sein par exemple). Il sera définitif quand la prise de poids de l'enfant est insuffisante, quand l'enfant a faim après les repas, quand son état de nutrition n'est pas satisfaisant.

L'allaitement abîme-t-il la poitrine ?

Beaucoup de mères posent la question. Je vais les décevoir : honnêtement, je ne peux répondre ni oui ni non.
Pour certains médecins, ce n'est pas l'allaitement, mais la grossesse qui peut abîmer la poitrine, puisqu'elle provoque une augmentation suivie d'une diminution de volume des glandes mammaires. En empêchant une diminution trop brusque de ces glandes, l'allaitement serait même plutôt bénéfique. Pour la même raison, arrêter la montée de lait sans précautions suffisantes peut abîmer la poitrine.

Ce qui peut également l'abîmer, c'est de trop manger, d'avoir un régime engraissant (pâtisseries, etc.), ce qui est le cas chez beaucoup de femmes qui croient que, plus elles mangeront « riche », plus leur lait sera bon. C'est alors le poids de la graisse qui fait tomber les seins. Mais si l'on porte un bon soutien-gorge et si l'on a une alimentation équilibrée, on a de bonnes chances de retrouver sa poitrine d'avant la grossesse.

Cela dit, il y a des tissus plus fermes que d'autres. Certaines femmes ont allaité plusieurs enfants et gardent une poitrine parfaite. D'autres ont des seins tombants et vergeturés sans avoir jamais allaité. Et puis il y a la gymnastique faite avant l'accouchement et le sport (la natation en particulier) qui contribuent à la fermeté des muscles soutenant les seins.

En conclusion, il est difficile d'établir un lien de cause à effet entre allaitement et poitrine abîmée.

Comment la femme qui travaille peut-elle allaiter ?

Les dix semaines de repos prévu — insuffisantes d'ailleurs — ne posent pas de problème. Après, il faut progressivement sevrer le bébé *. Mais il faut que les femmes demandent que l'allongement du congé de maternité spécial pour le troisième enfant soit également possible pour les deux premiers.

---

* Plusieurs lectrices m'ont signalé qu'elles ont continué à allaiter leur bébé matin et soir tout en ayant repris leur travail.

Comment choisir ?

Il arrive que le choix soit imposé par des motifs d'ordre médical car il existe des contre-indications à l'allaitement maternel. Certaines tiennent à la mère : maladies générales, aiguës ou chroniques ; causes locales, tels les seins ombiliqués : le mamelon ne fait pas saillie et ne peut être saisi par l'enfant. D'autres contre-indications à l'allaitement tiennent à l'enfant : malformations des lèvres ou du palais (bec-de-lièvre).

En revanche, pour le prématuré, le lait maternel est très conseillé.

Dans tous les autres cas, le choix reste possible entre allaitement maternel et allaitement artificiel.

Vous ne désirez pas allaiter ? Ne vous forcez pas à tout prix. Il ne faut pas que ce soit une corvée. Pour l'enfant, il vaut mieux lui donner un biberon avec affection, que le sein à contrecœur : téter est un plaisir pour lui, et ce plaisir il ne faut pas le lui gâter. Mais, si vous n'allaitez pas, donnez vous-même le biberon, au moins pendant les premières semaines. Plus encore que l'allaitement, ce qui compte pour le bébé, c'est d'avoir établi avec sa mère un lien étroit dès le départ.

Vous désirez allaiter ? Tant mieux, faites-le, mais attention : il faudra peut-être tenir bon contre le personnel de la maternité ou de la clinique, contre l'avis de vos amies qui n'ont pas allaité, mais aussi contre vous-même car les débuts exigent patience, persévérance et volonté. Souvent les mères se découragent et abandonnent alors que si elles étaient soutenues, elles reprendraient confiance en elles-mêmes et pourraient être d'excellentes nourrices. Voici d'ailleurs l'adresse de la *Leche league* qui aide les femmes qui veulent allaiter. C'est une association (d'origine américaine) qui dans le monde entier s'est donné pour tâche la défense

Bonne position couchée.

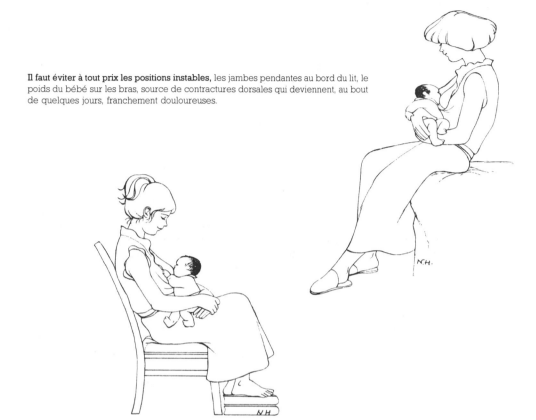

Il faut éviter à tout prix les positions instables, les jambes pendantes au bord du lit, le poids du bébé sur les bras, source de contractures dorsales qui deviennent, au bout de quelques jours, franchement douloureuses.

Bonne position assise : Le dos est bien rectiligne, appuyé sur un dossier ou des coussins, les genoux sont relevés au niveau du bassin, le coude peut être mieux appuyé qu'ici, le bébé est assis sur les cuisses.

et la promotion de l'allaitement maternel : la *Leche league* B.P. 18, 78620 L'Étang-la-Ville. Tél. 39.58.45.84). Je vous signale aussi l'existence de *Solidari-lait* ; cette association met en contact les mères qui allaitent et qui souhaitent confronter leur expérience ; comme le dit sa fondatrice, le Docteur Véronique Barrois : « C'est une chaîne de solidarité entre les mères ». (Tél. 40.44.70.70.)

Pour terminer, je vous signale que si, même après cette lecture, vous avez de la peine à prendre une décision, vous pouvez commencer à allaiter, quitte à vous arrêter rapidement, ce qui est toujours possible. En revanche, si l'on a commencé à donner le biberon, on ne peut pas se mettre à allaiter quinze jours plus tard.

Je ne peux pas traiter plus longtemps ce sujet ici. J'en parle en détail dans *J'élève mon enfant* : manière de donner le sein, débuts difficiles, régime de la maman (alimentation et vie quotidienne), soins des seins pour éviter les crevasses, sevrage.

Et la mère qui n'allaite pas trouvera dans ce livre tout ce qui concerne la préparation des biberons, quel lait choisir, horaire et quantité, etc.

Mais je voudrais vous signaler tout de suite un détail important : au début, allaiter allongée est souvent plus facile et plus confortable. Voyez les dessins.

Les dessins de cette double page sont de Noëlle Herrenschmidt (extraits du Cahier du nouveau-né n° 3 : *D'amour et de lait*, Stock éditeur).

Les suites
de
couches

Après la naissance, que va-t-il maintenant se passer en vous ? La grossesse et l'accouchement ont apporté de si profondes modifications à votre organisme qu'un délai de plusieurs semaines sera nécessaire pour que ces modifications s'estompent : certains disparaîtront, d'autres laisseront leur marque. Après avoir porté un enfant le corps d'une femme est différent, c'est pourquoi un deuxième accouchement ne se passe pas de la même manière que le premier. De nombreux organes se sont déplacés et hypertrophiés. Ils vont peu à peu retrouver leur place et leur taille. Ainsi, par exemple, l'utérus qui pesait environ 1 500 grammes à la fin de la grossesse et faisait saillie dans l'abdomen, va, en six semaines, retrouver son poids normal (50 à 60 grammes) et sa situation dans le bassin. Parallèlement, le vagin et la vulve retrouvent leurs dimensions habituelles, les ovaires et les trompes reprennent leur place. Mais bien sûr, cette remise en place des différents organes va se produire progressivement.

C'est cette période de réadaptation qui dure six à huit semaines que l'on appelle les *suites de couches*. Elle se termine par la réapparition des règles : c'est le *retour de couches*.

Dans cette période des suites de couches, il faut distinguer :
- les premiers jours où vous serez à la maternité ;
- les semaines suivantes où vous reprendrez peu à peu, chez vous, votre vie d'avant la naissance.

Vous êtes à la maternité

Pendant cette petite semaine que vous passerez à la maternité, une de vos principales préoccupations devra être de bien vous reposer, de « récupérer ». Car si l'accouchement est un acte naturel, il est cependant fatigant.

Quand vous lèverez-vous ? Nos grands-mères n'avaient le droit de mettre un pied à terre que vingt et un jours après l'accouchement. Aujourd'hui les mères ne sont plus condamnées à un repos aussi absolu. En effet, on sait maintenant qu'un séjour prolongé au lit est affaiblissant, entraîne une atrophie des muscles, empêche la bonne circulation du sang * et par conséquent favorise l'apparition des phlébites **, enfin qu'il retarde le fonctionnement normal de l'intestin et de la vessie, fonctionnement souvent troublé après l'accouchement.

* On estime que, chez une personne couchée, la vitesse de circulation du sang dans les veines des membres inférieurs est réduite au 1/5 du chiffre normal.
** C'est-à-dire la stagnation du sang dans les veines des membres inférieurs et la formation de caillots dangereux, car si l'un d'eux se déplace, il peut provoquer une embolie.

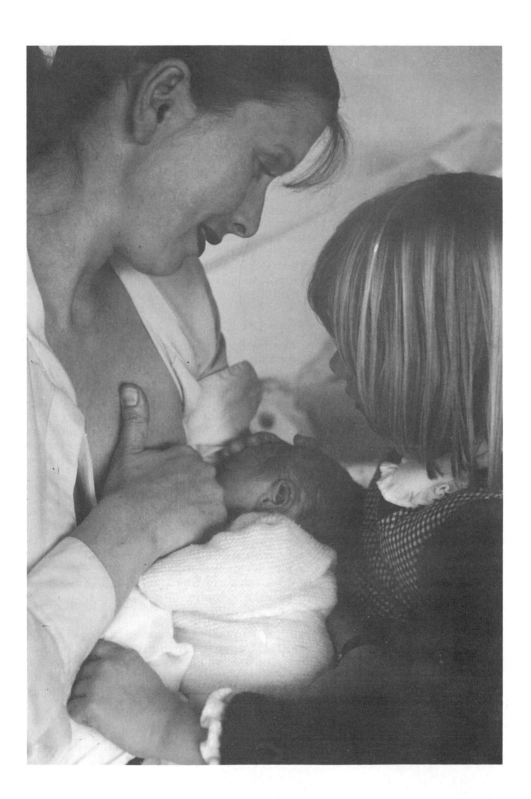

Aussi recommande-t-on aux mères de se reposer pendant une huitaine de jours, mais en se levant chaque jour un peu plus. Ce lever précoce, dont les avantages ne sont plus discutés aujourd'hui, demande toutefois quelques précautions.

- Dans les heures qui suivent l'accouchement, ne vous levez pas pour la première fois sans la présence de quelqu'un, parent ou infirmière. Il n'est pas rare à ce moment-là d'avoir des petits vertiges, et sans une aide, on risque de tomber.
- Dès le lendemain de l'accouchement, vous pourrez bien sûr aller et venir dans la chambre ou dans les couloirs. Ne forcez pas cependant, et ne cherchez pas à en faire trop.

Rapidement après l'accouchement, on conseille en général quelques mouvements de gymnastique, qui ont également pour but d'activer la circulation et de fortifier les muscles. Vous trouverez ces exercices plus loin. Si le médecin est d'accord, vous pourrez les commencer dès le deuxième jour. Faites-les progressivement comme indiqué, et continuez-les pendant plusieurs semaines pour retrouver rapidement votre ligne. L'utilité des massages est discutée. Demandez son avis au médecin.

Le retour de l'utérus à la normale. Dès les heures qui suivent l'accouchement, l'utérus commence à reprendre son volume normal. On dit qu'il s'involue. En même temps, il se débarrasse de la muqueuse qui entourait l'œuf : la caduque. Les débris de la caduque sont expulsés en même temps que le sang qui s'écoule de la plaie laissée par le placenta en se décollant : l'ensemble forme les *lochies*. D'abord fortement teintées de sang et abondantes, les lochies s'éclaircissent ensuite, et deviennent moins abondantes. L'écoulement dure cependant plusieurs semaines, parfois jusqu'au retour de couches. Il n'est pas rare d'observer un écoulement plus important, vers le douzième jour après l'accouchement : c'est *le petit retour de couches*.

Chez les femmes qui ont déjà eu des enfants, les contractions de l'utérus après l'accouchement sont en général douloureuses pendant quatre à cinq jours, et souvent d'autant plus douloureuses que la femme a eu plus d'enfants. Ces douleurs, que l'on appelle parfois *tranchées*, et qui sont assez semblables aux douleurs des règles, sont souvent plus fortes lorsque le bébé tète à cause de l'étroite connexion qui existe entre les seins et l'utérus. Des calmants seront donnés pendant quelques jours si cela est nécessaire.

L'épisiotomie. Des lectrices écrivent parfois qu'elles ont une gêne locale et une irritation au niveau de l'épisiotomie. C'est fréquent et même souvent douloureux, heureusement cette gêne disparaît peu à peu. Mais ces ennuis passagers, aussi désagréables soient-ils, ne sont rien en comparaison des dégâts irréversibles qui existaient quand on ne faisait pas d'épisiotomie ; aujourd'hui il n'y a pratiquement plus de prolapsus (descente d'organes).

Dans quelques maternités, un moyen simple et efficace est utilisé pour obtenir une bonne et rapide cicatrisation : c'est tout simplement le sèche-cheveux. Il est utilisé quelques minutes plusieurs fois par jour, l'air chaud qu'il envoie évite l'humidité locale et donc accélère la cicatrisation.

L'intestin et les urines. La constipation est fréquente après l'accouchement. Un laxatif doux, un petit lavement sont parfois utiles. De même, la formation d'un bourrelet d'hémorroïdes n'est pas rare. Il sera traité par des soins locaux.

Dans quelques cas, et surtout si l'accouchement a été difficile, la maman ne peut vider sa vessie. Cette rétention d'urines est toujours passagère mais peut nécessiter un sondage. Plus rarement, les urines ne peuvent être retenues et s'écoulent involontairement au moindre effort. Signalez ce fait anormal au médecin, mais ne vous inquiétez pas car cette incontinence d'urines guérit habituellement en quelques jours.

La montée laiteuse. Pendant que certains organes régressent, d'autres se développent et s'apprêtent à entrer en fonction : ce sont les glandes mammaires. Après la naissance, l'organisme est prêt à nourrir l'enfant pendant quelques mois.

Deux ou trois jours après la naissance de votre enfant, vous sentirez vos seins se gonfler et durcir. Vous aurez l'impression qu'ils sont congestionnés : la peau se tend, les veines apparaissent très dilatées. Cette sensation d'inconfort s'accompagnera peut-être d'une légère hausse de température. Ne vous inquiétez pas. Ces manifestations ne sont que les signes extérieurs et sensibles de la montée laiteuse. Vos glandes mammaires s'apprêtent à sécréter le lait. Voici comment :

Pendant la grossesse, ces glandes, sous l'action des ovaires et du placenta, se sont multipliées. De même, les petits canaux qui conduiront le lait au mamelon. L'hypophyse s'est mise à sécréter une nouvelle hormone, la *prolactine*, qui déclenchera la production du lait. Mais cette hormone n'est là qu'en attente. Elle n'agira que lorsqu'il n'y aura plus le placenta. L'accouchement a lieu, le placenta est expulsé. Le sang transporte la prolactine de l'hypophyse aux glandes mammaires. Celles-ci se mettent alors à fonctionner. Les deux ou trois premiers jours, elles sécrètent un liquide jaunâtre, le colostrum, riche en albumine et en vitamines. Ce n'est que le troisième ou le quatrième jour que le lait apparaîtra.

Mais pour que l'hypophyse continue à produire de la prolactine, il lui faut un stimulant. C'est l'enfant qui, en tétant, stimulera l'hypophyse et assurera une production régulière de lait. C'est pourquoi, quand la maman a décidé d'allaiter, on n'attend pas la montée laiteuse pour mettre l'enfant au sein. En général, on fait téter le bébé pour la première fois dans les heures qui suivent l'accouchement, parfois même en salle d'accouchement. Le colostrum que le bébé boit est d'ailleurs excellent pour lui. Il agit comme un léger purgatif et l'aide à se débarrasser du méconium qui se trouve encore dans ses intestins.

Si vous ne désirez pas allaiter, signalez-le au médecin. Vous recevrez alors un traitement destiné à éviter la montée laiteuse. On vous conseillera également de ne pas trop boire car l'eau augmente la production du lait. Le bandage serré des seins n'a aucune utilité, il écrase les seins, ce qui les rend plus douloureux et favorise leur affaissement. Portez, par contre, un soutien-gorge normal.

Le séjour à la maternité. Il se raccourcit de plus en plus, aujourd'hui beaucoup de femmes sortent dès le 4e ou le 5e jour. C'est un peu dommage, car ce séjour était souvent une période de repos pour la mère. Profitez de ces quelques journées pour

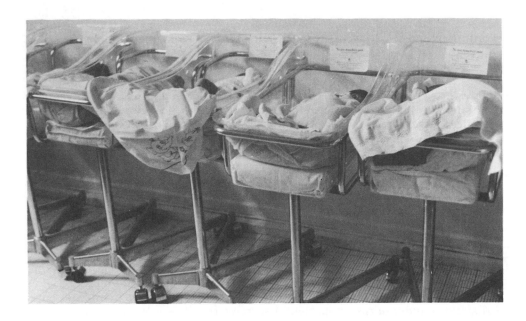

vous reposer. Vous en ressentirez d'ailleurs un grand besoin. Et moins vous serez fatiguée en rentrant chez vous, mieux vous pourrez vous occuper de votre enfant, et plus vite vous pourrez reprendre une vie active.

Profitez aussi de ces quelques jours pour faire la connaissance de votre enfant.

Autrefois, les nouveau-nés passaient leur huit jours de clinique à la nursery. Maintenant, de plus en plus, on les laisse dans la chambre de leur mère, pour la journée tout au moins. Si c'est le cas dans votre maternité, vous aurez donc tout loisir pour découvrir votre bébé, pour suivre ses progrès — vous verrez, ils sont très rapides.

Après chaque tétée, gardez votre bébé un moment près de vous avant de le recoucher : pas de meilleure occasion de faire connaissance que ce moment où le bébé, heureux d'être nourri, sourit s'il est dans les bras de sa mère.

Vous ferez aussi connaissance avec votre enfant en le changeant, en lui faisant sa toilette. De plus en plus souvent, la mère est invitée à s'occuper de son bébé très tôt, dès les premiers jours. Et c'est ainsi qu'en rentrant chez elle, elle est déjà experte en puériculture au lieu d'être désemparée comme cela arrivait si souvent.

Vous pouvez aussi commencer à rédiger le livre de bébé. Souvent, à la naissance, les mères reçoivent un bel album où texte et photos retraceront les premières années de la vie de l'enfant. En général, les premières pages sont remplies, puis le zèle tombe et l'on n'écrit plus rien. C'est dommage car un tel livre est un précieux souvenir et pour l'enfant (devenu grand) et pour les parents.

Sans même avoir un album à votre disposition, sur un simple cahier notez les événements — ou incidents — des premiers jours, collez les photos, et, si vous le pouvez, continuez par la suite.

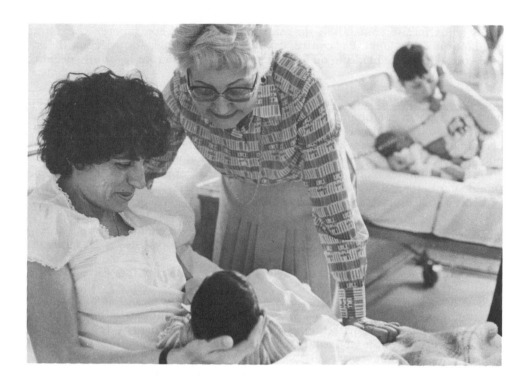

Vous rentrez chez vous

Une fois rentrée chez vous, si vous le pouvez, tâchez de vous reposer encore pendant une bonne dizaine de jours, plus si vous le pouvez. Tant pis si dans la maison tout n'est pas impeccable. Mieux vous vous reposerez pendant les suites de couches, plus vite vous pourrez reprendre votre vie active sans fatigue excessive. N'essayez pas de forcer la nature : il faut six semaines à vos organes pour revenir à leur état normal, et environ deux mois à l'organisme pour qu'il retrouve complètement ses forces. Pendant cette période, évitez donc de vous fatiguer, ne montez pas trop d'escaliers, ne portez pas de lourdes charges, faites une bonne sieste après le déjeuner. Impossible ? Non, si vous pouvez avoir près de vous, pendant les deux premières semaines, quelqu'un pour vous aider, mère, belle-mère, amie, aide extérieure, etc. Évidemment, si votre mari pouvait prendre quelques jours de congé supplémentaire, ce serait l'idéal.

Soins corporels. Les douches sont permises dès le lendemain de l'accouchement. Vous pourrez donc en prendre dès que vous en aurez envie. Les bains ne sont conseillés qu'à partir du 10-12ᵉ jour, à condition qu'ils ne soient pas trop prolongés, surtout si l'on vous a fait une épisiotomie.

Les soins locaux sont faits à la maternité. Vous les continuerez chez vous pendant quelques jours. Par contre, les injections vaginales sont déconseillées.

Si vous allaitez, le médecin ou l'infirmière vous indiqueront les soins spéciaux pour les seins.

Les rapports sexuels et la contraception après l'accouchement. Si vous demandez au médecin à partir de quand peuvent être repris les rapports sexuels, il vous répondra qu'il faut attendre trois à quatre semaines. Cela dit, la question est personnelle et dépend des circonstances de l'accouchement. Par exemple après une épisiotomie les premiers rapports peuvent être douloureux.

Certaines femmes n'ont pas hâte de reprendre les rapports sexuels. Je vous le signale car cette attitude est fréquente, mais transitoire. En ce qui concerne la contraception, je vous renvoie au chapitre consacré à cette question.

Le retour de couches. Ce sont les premières règles qui surviennent après l'accouchement. Habituellement, ces règles sont un peu plus abondantes et plus longues que les règles normales.

La date du retour de couches varie selon que vous allaitez ou non votre enfant.

Si vous nourrissez votre bébé, les mécanismes de la lactation bloquent le fonctionnement de vos ovaires. Il n'y a pas de règles pendant l'allaitement (et pratiquement jamais d'ovulation). Le retour de couches peut se faire attendre jusqu'à la fin de l'allaitement sauf si celui-ci était prolongé de nombreux mois, ce qui est maintenant exceptionnel.

En l'absence d'allaitement, le retour de couches se produit entre six et huit semaines après l'accouchement. Puis les cycles habituels reprennent, mais il n'est pas rare qu'ils soient légèrement perturbés pendant quelque temps.

La consultation postnatale. Ne considérez pas cette consultation comme une corvée qui vous est imposée par la Sécurité sociale.

Un examen gynécologique et un examen général sont en effet indispensables pour s'assurer que l'appareil génital et l'organisme tout entier ont retrouvé un état satisfaisant.

Le médecin ou la sage-femme vous donneront aussi les conseils nécessaires si vous avez gardé quelques ennuis après votre grossesse (varices, hémorroïdes, etc.)

La balance vous montrera souvent que vous avez gardé de votre grossesse quelques kilos en trop. Voyez ci-dessous comment faire pour essayer de les perdre.

Enfin, à l'occasion de cette consultation, vous pourrez aborder avec le médecin le problème de la contraception, si cela n'a pas été fait pendant le séjour à la maternité.

Votre régime pour retrouver la ligne

Pour retrouver votre poids d'avant la naissance, vous aurez vraisemblablement à perdre entre 3 et 4 kilos, chiffre correspondant à une femme de 1,60 mètre pesant en temps normal 55 kilos, ayant pris 10 kilos pendant sa grossesse, et en ayant perdu un peu plus des deux tiers du fait de l'accouchement et des suites de couches.

Un peu de discipline alimentaire viendra facilement à bout de cet excédent de poids.

Mais si vous allaitez, tout régime amaigrissant devra être reporté à plus tard, à la fin de la période d'allaitement. Allaiter, en effet, c'est dépenser des calories : ce n'est donc pas le moment de vous les refuser.

Si vous n'allaitez pas, ou si vous n'allaitez plus, voici quelques conseils pour vous aider à retrouver rapidement votre taille et votre poids d'avant la grossesse. L'excédent de poids est fait d'eau (pour un peu plus de la moitié) et de graisse. Il vous faut perdre l'une et l'autre.

Pour éliminer l'eau, on disait avant : ne salez plus, le sel retient l'eau. Aujourd'hui — les théories diététiques changent... — on dit : salez normalement, mais sans excès. Suivez donc ce dernier conseil. Quant à l'eau, buvez-en environ un litre par jour.

Pour éliminer l'excès de graisse, vous serez sévère à l'égard du sucre : pas de pâtisseries, de bonbons, etc. Rationnez également le beurre, les sauces, les graisses animales, la charcuterie, etc. En revanche, vous veillerez à ce que votre alimentation soit riche en viande, œufs, fromages, légumes et fruits, et à ce qu'elle soit très variée. Au chapitre 3, vous avez vu ce qu'on entend par alimentation variée.

La gymnastique et les sports. L'exercice physique sera un excellent moyen pour vous aider à retrouver votre ligne. Mais n'en faites pas trop tôt, car il n'est pas bon de faire travailler des muscles nécessairement ramollis par la grossesse. Pour aller progressivement, voyez plus loin les exercices à faire après l'accouchement.

Quant à une activité sportive, elle ne doit pas être reprise avant le retour de couches pour les femmes qui n'allaitent pas, avant la fin de l'allaitement pour celles qui allaitent. De toute manière, il ne faut pas faire de sports violents avant deux mois après l'accouchement.

Exercices à faire après l'accouchement

Dès le deuxième jour — sauf avis contraire du médecin — vous pourrez faire dans votre lit les quatre exercices suivants :

Pour raffermir le périnée. Pour faire l'exercice suivant, vous avez besoin d'une aide : couchée sur le dos, jambes repliées et écartées, essayez de rapprocher vos genoux pendant que les mains de la personne qui vous aide vous en empêchent ; 2e exercice : contractez le périnée, mais en restant couchée (voir p. 352, figure 9).

Ces exercices sont contre-indiqués après une épisiotomie.

17

Pour durcir le ventre. Inspirez profondément, puis soufflez lentement par vos lèvres entrouvertes comme pour éteindre une allumette. En même temps que vous soufflez, contractez fortement les muscles abdominaux, comme si vous vouliez écraser l'intérieur de votre ventre. L'expiration terminée, maintenez la pression quelques secondes, puis détendez-vous, et recommencez. Vous pouvez répéter cet exercice plusieurs fois par jour. (Il est contre-indiqué après une césarienne.)

Entre les exercices, vous exécuterez la respiration suivante : toujours couchée sur le dos, inspirez en rejetant les bras en arrière, les mains se rejoignant derrière la tête. Expirez en ramenant les bras le long du corps.

Puis, vous pourrez ajouter les exercices abdominaux suivants : à partir du quatrième jour : couchée sur le ventre, sans vous aider des bras, qui doivent rester le long du corps, redressez la tête et le buste. Inspirez en vous soulevant, expirez en vous reposant. A partir du douzième jour : couchée sur le dos, amenez les jambes à la verticale et baissez-les, en les gardant jointes et bien tendues, aussi lentement que possible.

Pour activer la circulation dans les jambes : couchée sur le dos, jambes allongées :
— 1° exercice de rotation des pieds autour de la cheville : décrivez un cercle avec vos pieds dans un sens puis dans l'autre (10 fois) ;
— 2° flexion et extension des pieds : repliez le pied sur la jambe, puis étendez-le lentement et au maximum comme si vous vouliez toucher du bout des doigts un objet placé quelques centimètres plus loin.

Pour garder les seins fermes et bien maintenus. Lorsque vous n'allaiterez plus, vous pourrez recommencer les exercices indiqués au chapitre 14 pour garder une belle poitrine. Si vous n'allaitez pas, vous pourrez les faire dès le quinzième jour.

Pour retrouver rapidement votre ligne. Progressivement et pendant les trois mois qui suivront, vous aurez intérêt à faire une séance quotidienne de gymnastique comprenant les exercices indiqués ci-dessus, mais aussi les exercices destinés à renforcer les muscles abdominaux indiqués au chapitre 14 : ces exercices sont en même temps excellents pour affiner la taille.

N'ayez pas peur
des « idées bleues »

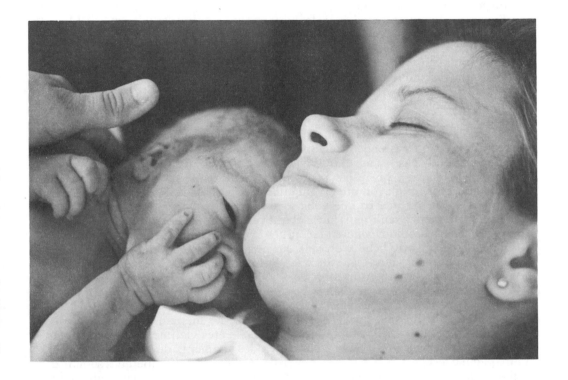

Vous êtes rentrée chez vous ; vous avez retrouvé votre cadre ; votre enfant est installé dans le berceau que vous avez préparé avec amour. Vous avez toutes les raisons d'être heureuse et de voir la vie en rose. Il se peut au contraire que vous la voyiez en noir, et qu'une vraie angoisse vous envahisse. Cette dépression est courante après l'accouchement. On l'appelle « le cafard des accouchées » ou dépression du post-partum. En Angleterre, le nom est plus joli : c'est le « blue feeling », « les idées bleues ».

Vous venez de subir un bouleversement profond, au physique et au moral. Votre organisme tout entier a participé au travail considérable de l'accouchement. Les modifications hormonales sont particulièrement importantes à ce moment-là, et, vous vous en rendez compte vous-même, les remaniements psychologiques également. Vous avez vécu une attente de neuf mois, dont le terme a été peut-être mêlé d'angoisse et d'énervement. Vous êtes encore fatiguée, et vous vous trouvez tout d'un coup seule responsable des soins à donner à cet inconnu, votre enfant, alors que, pendant votre séjour à la maternité, vous n'aviez pas eu à vous en occuper. Voilà pourquoi vous êtes peut-être inquiète, énervée, prête à pleurer, à prendre peur. Il ne faut pas confondre cet état dépressif, cette grande fatigue, avec la dépression « post-puerpérale » voire la psychose dépressive « post-puerpérale » qui peut s'accompagner d'idées folles, agressives, que la mère n'ose confier à personne, et qui la pousse même parfois à des actes dangereux. Il y a donc des différences de degrés très importants dans ces moments difficiles que la mère peut traverser et dans tous les cas il est indispensable qu'elle en parle.

Si cette dépression survient à la maternité — c'est tout à fait possible — parlez-en au personnel médical. Aujourd'hui les accoucheurs, les sages-femmes, les puéricultrices reconnaissent plus facilement que ces problèmes existent, alors qu'hier dans l'ensemble ils étaient ignorés ; le personnel médical sait maintenant que les mères qui viennent d'accoucher peuvent avoir besoin d'un soutien particulier et de repos. Ainsi certaines puéricultrices laissent-elles se reposer les mères qui en ont besoin et ne leur donnent-elles le bébé que lorsque ces mères le désirent.

Si la mère peut trouver à la maternité une aide, il y a beaucoup de chances pour que la dépression s'atténue rapidement.

Si cela n'était pas le cas, et que vous continuiez à être déprimée après votre retour à la maison, ne restez pas seule. Appelez une amie pour vous tenir compagnie. Tâchez d'avoir quelqu'un qui s'occupera de votre enfant pendant les premiers jours, jusqu'à ce que vous soyez reposée et détendue. Je vous parle comme si vous étiez seule dans la vie et que cet enfant n'avait pas de père, mais le père, en général, est loin pendant la journée et effectivement, vous vous retrouvez seule en face de votre bébé, c'est cela qui peut impressionner au début.

Parlez-en aussi à votre médecin, à la consultation de P.M.I. ou au pédiatre de l'enfant, voire à une consultation de l'hôpital le plus proche. Ils savent par expérience que la dépression après l'accouchement est une réalité quotidienne, ils pourront sûrement vous aider.

Cet état de dépression survient aussi bien chez les mamans toutes jeunes que chez des mères de famille nombreuse. Si vous en êtes victime, sachez qu'il peut disparaître comme il est venu. Vous aurez des moments de détente complète, auxquels succéderont des retours de cafard *. Cela peut durer quelques semaines, quelques mois à la rigueur, mais jamais plus de six mois, avec un mieux progressif.

Cet accouchement, vous l'avez attendu avec quelle impatience ! Et maintenant que cet enfant que vous avez abrité et protégé vous a quittée, vous avez peut-être l'impression d'un vide à la fois physique et moral ? C'est absolument normal. Je vous promets que toutes les femmes qui viennent d'accoucher ressentent cette impression, plus ou moins marquée. Dans bien des cas, l'allaitement est une bonne chose dans la mesure où il permet aux liens de se renouer. Mais dans d'autres cas il peut augmenter votre fatigue surtout si le bébé ne tète pas bien. N'essayez pas de faire mieux que vous le pouvez.

Et puis, vous craignez de ne pas savoir vous occuper de cet enfant qui vous paraît si fragile ? Dites-vous que votre instinct vous guidera avec une sûreté dont vous serez vous-même étonnée. Sachez aussi que votre enfant est plus solide que vous ne croyez, surtout si vous le laissez vous stimuler, vous provoquer. « J'ai eu

---

* Cafard en particulier au moment du sevrage qui est comme une deuxième séparation de l'enfant, et au moment du retour des règles.

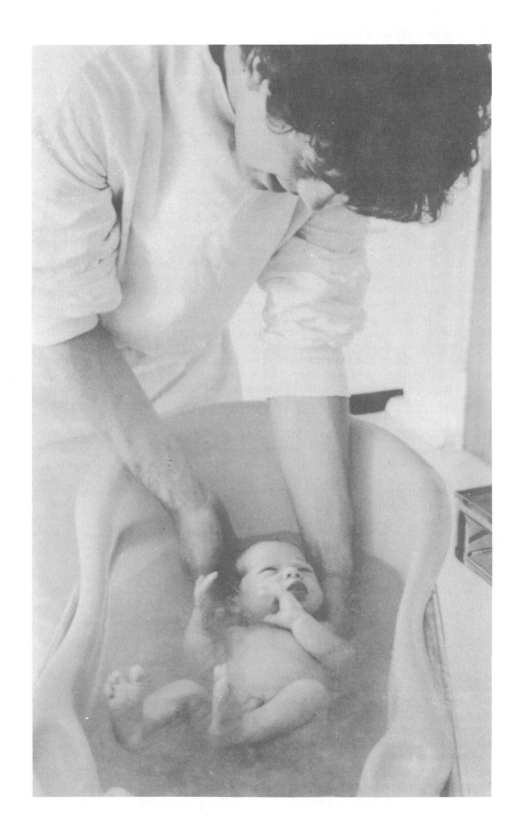

un bébé merveilleux, j'allais mal et il m'a transformée. » Faites confiance à votre bébé, il peut vous aider.

Cette mélancolie d'après l'accouchement s'accentue lorsque la mère n'est pas envahie dès le premier jour par l'amour maternel. Si cela vous arrive, ne croyez pas que vous soyez une mauvaise mère. L'amour maternel n'est pas toujours un coup de foudre. Il ne se développe souvent que peu à peu, semaines après semaines.

Prenez chaque jour un moment, après avoir baigné, nourri, changé votre bébé, pour vous asseoir près de lui, lui parler, lui sourire. Ses yeux ne vous voient pas encore bien, mais il est très sensible à votre présence. S'il pleure, ne fermez pas la porte de sa chambre, prenez-le dans vos bras. On vous dira que c'est une mauvaise habitude. Est-ce bien sûr ? Lorsqu'un bébé pleure, ce n'est pas par caprice. C'est qu'il a besoin d'une présence, et qu'on s'occupe de lui. Les pleurs, c'est sa manière d'appeler, son premier langage.

Lorsque votre enfant vous adressera son premier sourire, les moments difficiles que vous avez traversés seront oubliés. Lisez ces quelques lignes de France Quéré qui peut-être vous apaiseront : « Tu es là, et j'aime à te serrer dans mes bras, comme dans un songe. J'aime contenir ton épaule dans le creux de ma main, ton corps dans la courbe de mon bras. Voici : une conversation entre nous commence. Pendant des années nous allons bâtir ensemble le grand rêve exaucé ce matin. Notre imagination sera la reine, ta chambre le vert paradis. Nous rirons ensemble, nous jouerons, nous inventerons des histoires, notre vie sera poésie. Si ce n'est pas le bonheur, cela, qu'on me dise comment ça s'appelle. * »

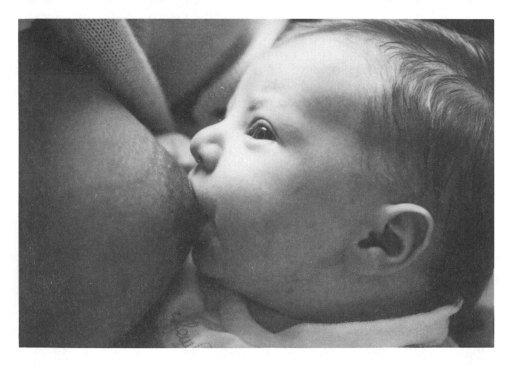

* *La femme avenir*, France Quéré. Éditions du Seuil, 1976.

Retravailler

Si vous avez une activité professionnelle vous vous demandez peut-être quand la reprendre : tout de suite ? Un peu plus tard ? Qu'est-ce qui est meilleur pour l'enfant, pour soi-même ?

Il est difficile de donner un conseil ; s'il est un domaine où le désir personnel, celui du couple, les possibilités financières interviennent, c'est bien celui-là et on ne peut interférer au milieu de ces considérations.

Mais si j'étais ministre de la Famille je prendrais avant toute autre la mesure suivante : donner aux mères la possibilité de rester six mois chez elles après la naissance de leur enfant. L'argent pour ? Je mettrais à contribution les ministres intéressés, c'est-à-dire quasiment tous, je gratterais les fonds de tiroir, je lancerais un emprunt...

Une femme ayant apporté à la société un citoyen de plus a bien droit à quelques égards. Or six mois représentent pour elle la possibilité de se remettre complètement en forme, de souffler, et le temps de faire tranquillement la connaissance de son enfant. La société y retrouverait son compte.

Des mères veulent retravailler tout de suite, le pouponnage ne les tente pas.

D'autres désirent rester un moment chez elles et pour l'enfant et pour elles-mêmes, et elles peuvent le faire matériellement.

D'autres enfin le voudraient, mais ne le peuvent financièrement.

Six mois de congé donneraient un vrai choix à toutes les mères sans déranger vraiment leur carrière. Ils donneraient à la mère et à l'enfant la possibilité d'un bon départ.

Je déteste les affirmations dramatiques, du genre : « tout est joué à... » d'autant que, vous me l'avez peut-être entendu dire je le répète assez souvent, rien — sauf cas exceptionnels —, rien n'est jamais joué à quelque moment que ce soit. Je dirais pourtant ceci : les six premiers mois de la vie d'un enfant sont importants, il s'y passe des événements à ne pas manquer si on veut comprendre les étapes de son développement, les comprendre et les favoriser tant il est vrai que actions-interactions stimulent le bébé comme vous l'avez vu.

A six mois, l'attachement a des bases solides et chez la mère et chez le bébé. Ils peuvent partir chacun de leur côté, lui à la crèche, elle à son travail.

Si vous voulez en savoir plus, j'ai parlé longuement du sujet dans *Il ne fait pas bon être mère par les temps qui courent...* *.

---

* Paru aux Éditions Stock et en Livre de Poche.

La contraception

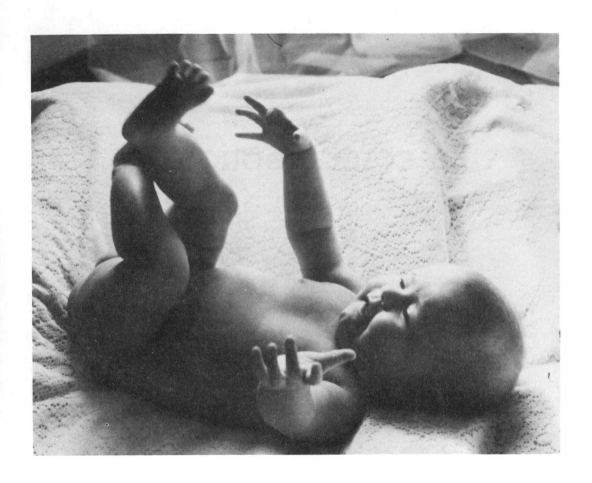

Vous venez d'accoucher et vous êtes toute à la joie de cette naissance. Même si vous avez envie d'avoir d'autres enfants, vous ne souhaitez pas redevenir enceinte trop rapidement. Sur le seul plan médical, les grossesses rapprochées ne sont pas conseillées, car elles fatiguent.

Ces problèmes de contraception, il faudra les aborder avec le médecin lors de la consultation postnatale. Il est toutefois utile que vous connaissiez auparavant les arguments qui sont ceux de la plupart des médecins et qui vous aideront pour votre choix. Vous aurez d'ailleurs quelques semaines pour y réfléchir et en parler avec votre mari. En effet, comme vous le verrez, pendant les suites de couches, peu de méthodes sont applicables. Ce n'est qu'après le retour de couches que le choix vous sera véritablement offert entre les différents procédés actuels de contraception.

Quelques précisions sur la contraception

Les moyens de contraception (ou anticonceptionnels) sont ceux qui permettent au couple d'avoir des rapports sexuels sans que puisse survenir une grossesse. Il ne faut pas confondre la contraception avec deux autres moyens d'éviter les naissances :
- l'interruption de la grossesse à son début, c'est-à-dire l'avortement provoqué ;
- la stérilisation : intervention chirurgicale pratiquée soit chez la femme (ligature des trompes), soit chez l'homme (ligature des canaux déférents) et qui est pratiquement toujours définitive.

Une des caractéristiques de la contraception est en effet de pouvoir être interrompue, à la demande, quand le couple le souhaite. Nous reviendrons sur ce point. Le désir de limiter les naissances remonte à la plus haute antiquité. Mais les moyens étaient très incertains et il n'y a guère plus d'une trentaine d'années que sont apparues des méthodes vraiment efficaces dont je vais vous parler.

Auparavant, je voudrais vous préciser que la qualité d'une méthode de contraception est jugée en fonction d'un certain nombre de critères. Ce sont :

<u>L'innocuité.</u> Une méthode de contraception ne devrait faire courir aucun risque de santé à la femme, à l'homme ou l'éventuel enfant à venir.

<u>L'efficacité.</u> On l'exprime habituellement en pourcentage d'échecs. Toutes les méthodes n'ont pas la même efficacité bien que les chercheurs du monde entier essayent de rendre chaque méthode aussi efficace que possible.

<u>L'acceptabilité.</u> Elle varie avec chaque individu. Telle femme répugne à prendre la pilule, tel homme à utiliser des préservatifs.

<u>La réversibilité.</u> La méthode de contraception doit pouvoir être interrompue quand le couple souhaite un nouvel enfant. Sa fécondité ne doit pas être compromise, c'est pourquoi il est difficile d'envisager la stérilisation comme une méthode de contraception.

Les moyens de contraception s'adressent soit à l'homme soit à la femme.

La contraception
masculine

Longtemps, elle a été la seule pratiquée car la seule efficace. Deux méthodes restent largement utilisées : le retrait (ou rapport interrompu) et le préservatif.

Le retrait

La méthode consiste à interrompre le rapport avant l'émission des spermatozoïdes (ou éjaculation).

Elle a l'avantage de ne rien coûter, de ne nécessiter ni préparation, ni recours à un quelconque instrument. Selon certaines études, elle reste la méthode la plus utilisée en France.

Elle donne satisfaction à de nombreux couples. Mais on peut lui reprocher :
- son efficacité relative : 15 à 20 % d'échecs ;
- sa difficulté d'emploi pour certains hommes qui n'apprécient pas la discipline et le contrôle qu'elle réclame. Elle n'est guère à conseiller chez les jeunes, inexpérimentés, et chez ceux qui ont des difficultés sexuelles ;
- son retentissement parfois sur l'équilibre du couple. Le retrait peut perturber l'harmonie sexuelle, et entraîner un sentiment de frustration chez l'un ou l'autre partenaire, notamment chez la femme.

De plus en plus nombreux sont les couples qui ne s'en satisfont plus et viennent demander au médecin des conseils pour changer de méthode.

Le préservatif

Le préservatif masculin reste très utilisé en France : 8 à 10 % des couples l'emploient de façon régulière et 30 % occasionnellement. On en vend en moyenne 55 000 000 par an. Les premiers ont été fabriqués en Angleterre au XVIIIe siècle avec de l'intestin de mouton. Actuellement ils sont faits en latex, souvent lubrifiés et parfois parfumés. On étudie la possibilité d'y inclure des substances spermicides.

Les avantages principaux du préservatif sont sa totale innocuité et sa facilité d'emploi au cours du rapport lui-même. Ses inconvénients sont d'être mal acceptés par un certain nombre d'hommes et surtout d'entraîner 5 à 8 % d'échecs. Ceux-ci sont exceptionnellement dus à une rupture du préservatif dont la fabrication est soigneusement contrôlée. Ils sont plutôt le fait d'une mauvaise utilisation :
— emploi de préservatifs à la seule période présumée féconde du cycle, celle-ci étant mal calculée ;
— mise en place trop tardive juste avant l'émission du sperme ;
— retrait trop tardif après l'éjaculation.

Malgré tout, le préservatif reste un bon moyen de contraception, surtout à titre de « dépannage » quand telle ou telle autre méthode, peut-être plus séduisante, n'est pas momentanément applicable : à la période des suites de couches par exemple (voir plus loin).

La contraception
féminine

Si l'on excepte la douche vaginale (dont l'efficacité est quasi nulle), il existe cinq méthodes de contraception féminine : l'abstinence périodique (appelée méthode de la température), le diaphragme, les spermicides, le stérilet et la pilule.

La méthode de la température

Elle mérite de figurer dans les méthodes de contraception féminine puisque c'est la femme qui reconnaît ses périodes de fécondité, mais elle concerne en fait le couple puisqu'elle consiste à n'avoir de rapports sexuels que lorsque la femme est certainement inféconde.

Je vous ai expliqué au chapitre 1 comment la méthode des températures est utilisable pour celles qui désirent un enfant. Je vous en reparle ici car elle est également utilisable comme méthode contraceptive. En effet, dans un cas comme dans l'autre, la femme cherche à connaître ses périodes de fécondité et de stérilité.
Pour cela, vous pouvez certes employer la méthode Ogino (du nom du médecin japonais qui l'a préconisée), et qui consiste à calculer la date approximative de l'ovulation avec un simple calendrier.
Mais cette méthode est déconseillée car elle a donné plus de grossesses qu'elle n'en a évitées.

C'est à votre thermomètre que vous pouvez faire confiance. Vous avez vu au chapitre 1 comment repérer la date de l'ovulation. Celle-ci connue, vous pouvez considérer que vous êtes féconde :
- 5 jours avant l'ovulation car les spermatozoïdes peuvent rester vivants plusieurs jours après un rapport ;
- 3 jours après l'ovulation. L'ovule meurt certainement au bout de 24 heures, mais on rajoute 48 heures de sécurité.
C'est donc pendant ces 8 jours qu'il faut vous abstenir de tout rapport sexuel.
Ce laps de temps ne correspond pas à celui qui est indiqué p. 29, il est nettement plus long, mais c'est compréhensible : si l'on veut éviter une grossesse, il faut compter plus large.

Ainsi comprise la méthode de la température a des avantages incontestables. Elle est parfaitement naturelle et exclut tout artifice mécanique ou chimique. Elle est d'autre part la seule approuvée par l'Église catholique.
L'efficacité de la méthode de la température dépend de la manière dont on interprète et on utilise cette méthode.
La température doit être prise de manière régulière et constante. En effet, si quelques courbes vous font penser que l'ovulation se produit, par exemple, le 14e jour, vous ne pouvez en conclure qu'il en sera toujours de même. Un changement

de climat, les vacances, un choc affectif, une maladie peuvent faire avancer ou reculer l'ovulation et aboutir à un échec.

. Il faut n'avoir de rapports que dans la période qui suit l'ovulation. Je vous ai dit plus haut que la période fertile commence 5 jours avant l'ovulation.

Cela laisse supposer que, avant cette date, vous pouvez avoir des rapports sans risques. Or, c'est généralement vrai mais pas toujours puisque l'ovulation peut parfois être avancée. Si cela doit arriver, il n'y a aucun moyen de le prévoir. La date de l'ovulation ne peut être connue avec certitude que quand elle a eu lieu, mais pas avant.

Appliquée avec rigueur (température prise régulièrement, rapports uniquement après l'ovulation) la méthode de la température est d'une efficacité presque absolue. Dans les autres cas, le taux d'échec atteint 10 % au moins.

Les inconvénients de la méthode tiennent :
- au refus de certaines femmes de prendre régulièrement leur température, ce qu'elles considèrent comme une servitude ;
- à la difficulté d'interpréter correctement certaines courbes (15 % d'entre elles sont ininterprétables) ;
- et surtout à la limitation de l'activité sexuelle à une période très courte du cycle. Cette contrainte est souvent mal acceptée.

La méthode « Billings »

La méthode Billings se rapproche de la précédente mais au lieu de tenir compte de la température, la femme doit apprécier les caractères particuliers de la « glaire cervicale », sécrétion du col utérin qui existe dans les quatre à cinq jours précédant l'ovulation ; cette sécrétion favorise l'ascension des spermatozoïdes, donc la fécondation. Cette méthode, qui peut être associée à celle des températures, donne statistiquement 5 à 15 % d'échecs.

Si vous désirez des détails sur cette méthode, vous pouvez lire : *La méthode Billings*, par Evelyne et John Billings, Éditions Paulines, E.A.D.E., 1980.

Le diaphragme

C'est un appareil en latex, en forme de petite coupe, que la femme place elle-même dans le vagin avant chaque rapport. Il forme ainsi, devant le col, un obstacle à l'ascension des spermatozoïdes. On le recouvre d'une crème ou d'une gelée spermicide afin de doubler la barrière mécanique d'une protection chimique.

Les diaphragmes sont vendus librement en pharmacie mais c'est le médecin qui vous donnera les conseils pratiques pour la mise en place de l'appareil, et vous indiquera la taille qu'il faut acheter car elle n'est pas la même pour toutes les femmes.

L'efficacité de la méthode est bonne. Les échecs sont de l'ordre de 8 %. Ils sont habituellement dus :
- soit à une erreur d'utilisation. Ainsi, par exemple, le diaphragme doit être laissé en place au moins 8 heures après le rapport ;
- soit à une mise en place défectueuse. Il est indispensable que vous fassiez contrôler par le médecin que vous mettez correctement votre diaphragme ;

■ soit enfin (comme pour le préservatif masculin) à un usage intermittent aux seules périodes présumées fécondes, avec les incertitudes que cela comporte.

Les avantages du diaphragme sont incontestables. Il est, là encore comme le préservatif, d'une totale innocuité et ne fait courir aucun risque à la santé.

Ses inconvénients peuvent tenir :

■ soit à l'impossibilité d'une mise en place correcte, pour des raisons locales (rétroversion de l'utérus, relâchement des muscles du périnée par exemple) ;

■ soit, de la part de certaines femmes, au refus des manipulations locales nécessaires, qui leur déplaisent ;

■ soit enfin à la perception du diaphragme par le mari qui invoque une gêne. Celle-ci peut correspondre à un refus psychologique.

Le diaphragme ne semble guère avoir la faveur des Françaises. Il ne s'en vend qu'environ 50 000 par an.

Les produits spermicides

Comme leur nom l'indique, ils ont pour propriété de tuer les spermatozoïdes. Ils se présentent sous des formes très diverses.

Les crèmes, gels et mousses sont surtout destinés à être appliqués sur un diaphragme. Par contre, les ovules ou capes qui fondent dans le vagin après la mise en place sont utilisés seuls. Leur efficacité est bonne, de l'ordre de 95 %.

Leur avantage majeur réside dans la facilité de leur emploi puisqu'il suffit de les placer dans le vagin immédiatement avant le rapport. Par contre, on les a accusés de donner parfois des phénomènes d'intolérance locale chez la femme et chez l'homme.

Le stérilet

Appelé de plus en plus souvent dispositif intra-utérin (D.I.U.), le stérilet, bien que connu depuis l'Antiquité, doit son développement actuel à l'apparition des matières plastiques : elles ont rendu son insertion facile et sa tolérance excellente. Il existe actuellement de nombreux modèles de formes très variées mais qui se divisent en deux groupes : les stérilets inertes et les stérilets au cuivre dans lequel un fil de cuivre est inclus.

Un examen gynécologique est indispensable avant la mise en place de l'appareil, afin de dépister les affections locales qui contre-indiquent son emploi : infections du col ou des trompes, polypes, fibromes, etc.

L'insertion du stérilet ne peut être pratiquée que par un médecin ; en revanche, elle ne nécessite ni hospitalisation ni anesthésie. Elle se fait, de préférence, à la fin des règles. Au stérilet est attaché un fil qui sort du col et que vous pouvez sentir dans le vagin avec le doigt. Ceci vous permet de contrôler que votre stérilet est bien en place. S'il est bien toléré, il peut être gardé deux à trois ans. L'efficacité est très grande : on ne compte que 4 à 5 % de grossesses avec les stérilets inertes et 1 à 2 % avec les stérilets au cuivre qui sont de plus en plus employés.

Quand une grossesse survient, la conduite à tenir diffère selon que cette grossesse « surprise » est acceptée ou non.

Si elle ne l'est pas et qu'on ait recours à une I.V.G., le stérilet est enlevé au cours de l'intervention.

Si la grossesse se poursuit, il est préférable d'enlever le stérilet mais ce n'est possible sans problèmes que si le stérilet n'est pas remonté dans l'utérus et que ses fils sont encore accessibles dans le vagin. Si le stérilet reste en place, la grossesse peut se compliquer (bien qu'exceptionnellement) de pertes de sang et d'infection. Par contre, le stérilet ne semble responsable d'aucun retentissement sur l'état de l'enfant.

Le stérilet est généralement expulsé avec le placenta au moment de la délivrance.

L'avantage majeur du stérilet est de ne nécessiter aucun soin particulier, aucune précaution et de permettre ainsi à la femme d'oublier qu'elle utilise un moyen de contraception.

Il a toutefois aussi des inconvénients :
- dans 10 à 15 % des cas, le stérilet n'est pas supporté. Il est expulsé de l'utérus ou encore entraîne des pertes de sang permanentes qui obligent à le retirer (il faut savoir en revanche que de petites pertes sont fréquentes dans les semaines qui suivent la mise en place) ;
- beaucoup plus rarement, on peut voir se développer une infection au niveau de l'utérus ou des trompes ;
- exceptionnellement, on a décrit des perforations de l'utérus. Malgré leur rareté, l'existence de ces complications pousse un certain nombre de médecins à déconseiller le stérilet non seulement aux femmes qui n'ont jamais été enceintes, mais aussi à celles qui désirent d'autres enfants.

Le stérilet a connu un grand essor au cours des dernières années. On évalue le nombre d'utilisatrices à environ 15 000 000 dans le monde, et 850 000 pour la France.

La pilule

Devenue le symbole de la contraception, tout a été dit et écrit sur elle, y compris de nombreuses inexactitudes qui n'ont d'ailleurs pas empêché son succès. Actuellement, on compte environ 3 millions d'utilisatrices en France, et 60 millions dans le monde.

La pilule est composée de deux hormones normalement sécrétées par l'ovaire (la folliculine et la progestérone), mais on utilise dans sa fabrication des hormones synthétiques pour abaisser le prix de revient. Il existe en fait deux grandes variétés de pilules : la pilule combinée où chaque comprimé contient à la fois les deux hormones, et la pilule séquentielle où, sur la même plaquette, se suivent des comprimés qui ne contiennent que de la folliculine et des comprimés (généralement de couleur différente) qui contiennent à la fois folliculine et progestérone. Dans chaque variété, chaque pilule peut contenir une plus ou moins grande quantité d'hormones. Les plus récentes en contiennent très peu : c'est pourquoi on les appelle minipilules.

Comment agit la pilule ? Pour empêcher la fécondation, la pilule agit par trois mécanismes distincts :
- le plus important est le blocage de l'ovulation ;
- mais la pilule agit aussi sur la muqueuse utérine (endomètre) qui devient mince, atrophique et impropre à la nidation ;
- enfin, elle modifie la glaire du col à travers laquelle les spermatozoïdes ne peuvent plus avancer.

Sur ordonnance seulement. Vous ne pouvez prendre la pilule sans l'avis (et sans une ordonnance) du médecin. C'est à lui de choisir parmi les nombreuses marques celle qui vous conviendra le mieux.

La plupart des pilules sont présentées en boîtes ou en plaquettes de 21 comprimés. Vous devez prendre le 1er comprimé le 3e jour des règles (mais le 1er jour s'il s'agit d'une minipilule), et prendre ensuite un comprimé chaque jour pendant 21 jours. Peu importe le moment de la journée, à condition que ce soit régulièrement à peu près à la même heure afin d'éviter les oublis. Lorsque les 21 comprimés ont été pris, vous arrêtez le traitement pendant 7 jours. Vos règles arriveront (quel qu'ait été votre cycle auparavant) pendant cette période. Elles seront souvent moins abondantes qu'habituellement.

Le huitième jour, vous entamez une nouvelle plaquette et vous recommencez un traitement de 21 jours.

Vous devez prendre votre pilule très régulièrement car, si l'oubli d'un comprimé pardonne pratiquement toujours avec la pilule classique, il risque de ne pas pardonner avec la minipilule. Si vous oubliez deux jours consécutifs (et a fortiori davantage), il est préférable, quelle que soit la pilule (classique ou mini), de tout arrêter, d'éviter les rapports sexuels et de recommencer une nouvelle plaquette dès les règles suivantes.

Vous pouvez avoir des rapports sans risques dès le premier jour de pilule. Et vous êtes à l'abri d'une grossesse même pendant les 7 jours d'interruption entre deux plaquettes. Vous pouvez prendre la pilule pendant plusieurs années à condition de vous soumettre à un examen médical de contrôle au moins une fois par an.

Avantages de la pilule. De nombreuses femmes apprécient la simplicité et la facilité de ce mode de contraception qui les libère de toute action locale, et permet de dissocier la contraception de l'acte sexuel.

Mais l'avantage majeur de la pilule réside dans son efficacité qui est pratiquement absolue, avantage que ne peut lui disputer aucun autre moyen actuel de contraception. Rappelons cependant que cette efficacité nécessite une grande rigueur dans la prise des comprimés surtout s'il s'agit d'une minipilule.

Les exceptionnelles grossesses observées sont la conséquence :
— soit d'un oubli,
— soit de la diminution d'efficacité de la pilule par la prise simultanée de certains médicaments : barbituriques, anti-épileptiques, antibiotiques, antituberculeux par exemple.

La pilule est-elle dangereuse ? C'est dans ce domaine que l'on a dit et écrit le plus d'erreurs, au point de créer, chez certaines femmes, une véritable psychose de la pilule.

Quand on parle des risques de la pilule, il faut distinguer les incidents et les accidents.

Les incidents. Décrits surtout avec les premières pilules, ils sont devenus moins fréquents avec les pilules moins dosées.

Il peut s'agir :
■ de troubles digestifs : nausées, vomissements, « crises de foie » qui rappellent beaucoup les symptômes de début d'une grossesse ;
■ de troubles nerveux : angoisse, nervosité, irritabilité qui apparaissent surtout chez les femmes à tendance dépressive ;

- de gonflement des seins ;
- de petites pertes de sang entre les règles.

Aucun de ces ennuis n'est grave. Ils disparaissent presque toujours spontanément au bout de 2 ou 3 cycles de traitement. Il est rare qu'ils nécessitent un changement de pilule. D'ailleurs, pour beaucoup d'entre eux, ils semblent moins traduire une intolérance à la pilule qu'un refus psychologique inconscient de ce moyen de contraception.

Une prise anormale de poids est particulièrement redoutée par de nombreuses femmes. En fait, les nouvelles pilules faiblement dosées n'ont pratiquement aucune influence sur la ligne, tout au plus la pilule peut-elle être accusée dans les premiers mois d'augmenter l'appétit.

Contrairement à ce que l'on a dit, la pilule n'a pas d'action sur la chute des cheveux. Elle a plutôt une action favorable sur l'acné. Elle est parfois responsable de l'apparition d'une pigmentation anormale, identique au masque de la grossesse, qui ne disparaît qu'avec l'arrêt du traitement.

Les accidents. On a accusé la pilule de donner le cancer. Or, toutes les statistiques sont formelles sur ce point : on n'observe pas plus de cancers utérins ou de cancers du sein chez les utilisatrices de la pilule que dans la population générale. En revanche, l'existence d'une lésion suspecte est une contre-indication à l'emploi de la pilule.

Le seul véritable risque est vasculaire. C'est d'une part celui de thrombose, c'est-à-dire de formation de caillot dans les veines ou les artères. Ce risque est statistiquement minime (1/50 000 environ) mais il existe. Il en est de même du risque d'infarctus du myocarde qui semble plus fréquent que dans la population générale. Ces risques semblent d'ailleurs plus fréquents chez les femmes de 40 ans et plus, chez les grandes fumeuses et chez celles qui présentent des anomalies des graisses du sang. C'est pourquoi la surveillance médicale des femmes prenant la pilule doit comprendre une prise de sang au moins une fois par an.

Que se passe-t-il à l'arrêt de la pilule ? Il faut savoir d'abord que le premier cycle qui suit l'arrêt de la pilule est souvent anormalement long avec une ovulation retardée. Si vous ne souhaitez pas être enceinte, prenez donc d'autres précautions que vos précautions habituelles de dates. Vous risqueriez d'être surprise. Ce sont d'ailleurs ces troubles de l'ovulation avec risques de grossesse qui sont à l'origine d'une légende : vous seriez plus féconde après arrêt de la pilule. Non, c'est inexact.

Si vous souhaitez devenir enceinte, n'ayez aucune inquiétude :
- la pilule n'a aucune action sur l'enfant à venir. Les enfants malformés ne sont pas plus nombreux que chez les autres femmes ;
- la pilule n'a jamais augmenté le nombre de grossesses gémellaires ; ce sont des médicaments à base d'hormones provoquant l'ovulation qui peuvent favoriser les grossesses plus nombreuses.

Il est cependant préférable d'attendre trois cycles pour que l'appareil génital ait retrouvé ses caractéristiques normales.

En conclusion, on peut dire que la pilule ne mérite certainement pas les nombreux reproches qui lui ont été faits. Elle est parfaitement tolérée dans plus de 95 % des cas, et la peur qu'éprouvent certaines femmes n'est pas justifiée. Il reste vrai cependant que vous ne devez pas prendre la pilule sans l'avis de votre médecin, et sans une surveillance régulière.

Le choix
d'un moyen de
contraception

Comme je vous l'ai dit au début de ce chapitre, les mêmes choix ne vous sont pas offerts avant et après le retour de couches.

Dans la période des suites de couches

Sur le plan médical, il est souhaitable de ne reprendre les rapports sexuels que trois à quatre semaines après l'accouchement. D'autre part, au contraire de ce que croient de nombreux couples, les suites de couches ne représentent pas une période toujours infertile. Certes, il est rare de voir survenir une ovulation, surtout chez les femmes qui allaitent, mais ce n'est pas absolument impossible. Aussi certaines précautions sont conseillées pour ne pas être enceinte.

Quelques méthodes restent toujours applicables :
- L'établissement de votre courbe de température (voyez au 1er chapitre). Vous ne devrez avoir de rapports qu'après l'élévation de température marquant l'ovulation. L'inconvénient de cette méthode est que, si vous n'avez pas d'ovulation jusqu'au retour de couches, vous ne pourrez avoir de rapports pendant cette période.
- Le rapport interrompu.
- Le préservatif masculin.
- Les ovules contraceptifs.

- L'utilisation d'un diaphragme est difficile sinon impossible tant que les organes génitaux ne sont pas revenus à la normale.

Enfin, l'accord n'est pas fait entre les médecins sur la pilule et le stérilet.
- Pilule : certains médecins la prescrivent dès les premiers jours qui suivent l'accouchement, d'autres s'y opposent par peur de perturber l'allaitement, le jeu hormonal normal et la survenue du retour de couches.
- Stérilet : il est possible de placer un stérilet dans les suites de couches immédiates, mais il n'est pas impossible que l'on observe alors un grand nombre de complications (perforations utérines, rejets du stérilet), et un taux plus important d'échecs (grossesse). Si vous désirez qu'on vous pose rapidement un stérilet, vous en discuterez avec votre médecin.

Après le retour de couches

Tous les choix vous sont maintenant offerts, mais il n'est pas toujours facile de choisir. Aucune des méthodes actuelles n'est parfaite. Si le moyen de contraception idéal existait, il resterait seul car les autres seraient abandonnés. Tous ont des avantages et des inconvénients, et votre choix sera la conséquence d'un compromis entre les avantages et les inconvénients.

Je dis votre choix car c'est au couple que vous formez avec votre mari de choisir, et non au médecin.

Bien sûr, il est indispensable que vous ayiez avec lui une conversation et qu'il vous examine. Mais son rôle est essentiellement de vous informer des moyens qu'il peut mettre à votre disposition. Ce n'est que rarement qu'il aura à vous déconseiller pour des raisons médicales qui vous sont propres, tel ou tel moyen de contraception. Par exemple, il ne vous prescrira pas de pilule si vous avez des antécédents de phlébite ; il ne vous mettra pas de stérilet si vous avez un fibrome.

Dans les cas (les plus fréquents) où vous n'avez ni maladie générale ni maladie locale, tous les choix vous sont offerts. Les critères de choix vous sont en effet personnels ; ils dépendent du nombre de vos enfants, de votre situation matérielle, de votre vie sexuelle, de votre caractère, de votre psychologie.

En fait, dans de nombreux cas, ce qui rend le choix difficile, c'est moins l'hésitation entre les avantages et les inconvénients des différents moyens de contraception, qu'une certaine réticence profonde et souvent inconsciente à la contraception elle-même. Les causes de cette résistance sont nombreuses et complexes et je me contenterai d'en citer quelques-unes : peur du caractère éventuellement nocif de la contraception (de nombreuses campagnes de presse ont semé le doute dans l'esprit des femmes), complexe de culpabilité devant la possibilité d'avoir une vie sexuelle sans risques, convictions religieuses, etc. Il est nécessaire de prendre conscience des raisons profondes de ces réticences.

La contraception
demain

L'absence actuelle du moyen idéal de contraception, la place que celle-ci prend progressivement dans la vie de la femme moderne et, il faut bien le dire, l'importance des intérêts financiers mis en jeu, tous ces facteurs font que, dans le monde entier, on cherche à mettre au point des techniques encore plus efficaces ou mieux tolérées ou moins contraignantes que celles dont nous disposons actuellement.

Ces recherches se font dans des directions très variées et il est bien difficile de dire aujourd'hui ce que sera la contraception de demain.

Les stérilets ont déjà été très améliorés depuis vingt ans. L'adjonction de cuivre en a augmenté l'efficacité. On propose maintenant d'y ajouter des hormones (de la progestérone notamment). On essaye également de placer dans le vagin des anneaux libérant des hormones absorbées par la muqueuse vaginale et bloquant l'ovulation.

Dans le domaine hormonal, les recherches sont extrêmement nombreuses. Les principales d'entre elles concernent :
- l'amélioration de la pilule actuelle. Mais on ne peut diminuer indéfiniment les doses d'hormones car l'efficacité ne serait plus absolue ;
- la pilule du lendemain. Elle n'existe pas vraiment mais il est certain que de fortes doses d'hormones administrées après la fécondation et avant la nidation peuvent empêcher la grossesse. L'importance des effets secondaires fait que l'on ne peut employer cette méthode qu'à titre exceptionnel ;
- la pilule du mois ou du trimestre : elle repose sur le même principe que la pilule actuelle, mais les hormones sont administrées en injections intra-musculaires. Elle est en expérimentation dans certains pays ;
- l'administration de produits agissant comme des antihormones dont l'action s'opposerait aux hormones responsables de la grossesse. Il est impossible de prévoir l'avenir de cette méthode.

Chez l'animal, on a pu immuniser la femelle contre les spermatozoïdes du mâle. Il faudra de nombreuses années pour arriver au même résultat chez la femme.

Chez l'homme, on connaît de nombreux produits capables d'inhiber la spermatogenèse, c'est-à-dire la production de spermatozoïdes. Ils ne sont pas actuellement d'un emploi courant, et il est peu vraisemblable que les hommes, qui confondent si souvent fertilité et virilité, acceptent facilement de se soumettre à de tels traitements. On a également essayé chez l'animal d'obstruer momentanément les canaux déférents avec des substances à base de silicones ou des appareils rappelant le stérilet.

En fait, aucune de ces méthodes ne semble susceptible d'avoir des applications pratiques dans un avenir proche, et vous n'avez pour le moment à votre disposition que les moyens décrits plus haut.

Memento pratique

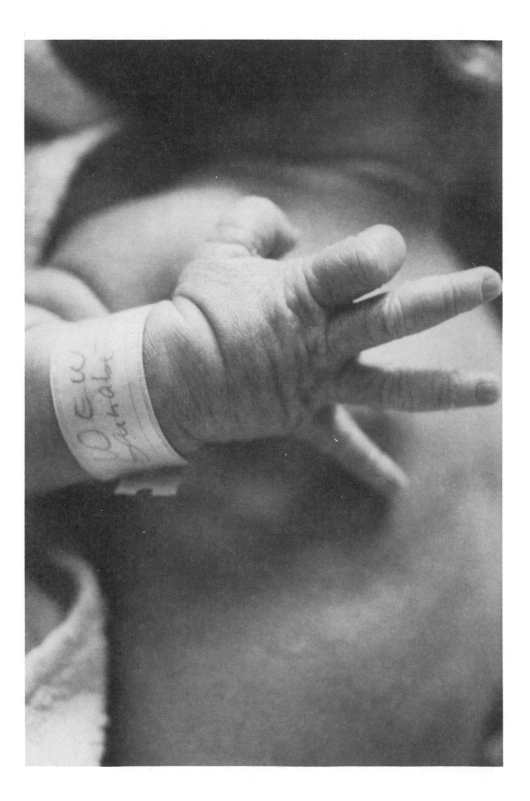

Le prénom

« Pourquoi m'as-tu donné ce prénom ? » Cette question, votre enfant peut vous la poser et elle vous mettra peut-être dans l'embarras. Certains n'auront pas de problème pour répondre : c'est le prénom de l'oncle ou du grand-père ; d'autres, par contre, ne sauront pas trop quoi dire : « Cela nous est venu comme ça ; François (ou Marie) nous plaisait. » Et puis, en y réfléchissant, ils se souviendront peut-être avoir vu, un peu avant la naissance un bébé sympathique qui se prénommait François ou Marie.

Le choix n'est jamais neutre. Il peut avoir un rapport direct avec l'histoire familiale ou personnelle, c'est le cas des exemples précédents. Mais il peut aussi avoir une origine indirecte et correspondre à des choix religieux, philosophiques, et même politiques. Les familles catholiques choisissent plutôt Jean-Marie, les juifs des prénoms tirés de l'Ancien Testament, Sarah ou David. La Révolution a vu naître des Marianne et des Égalité, la guerre de 14 des Fochettes, des Joffrettes et même des Verdun, pour les garçons ! La vogue de l'écologie a mis à l'honneur les noms de fruits ou de fleurs et la résurgence des nationalismes, qu'ils soient bretons, corses ou occitans, voit naître des petits Colomban et des petites Iseult.

Les prénoms d'aujourd'hui, répondent de plus en plus à un souci d'originalité. Mais ce prénom, original ou classique, l'enfant va le porter toute sa vie (à moins qu'il ne décide d'en changer et il lui faudra alors des raisons très sérieuses). Peut-il avoir une influence sur la personnalité de l'enfant et ses relations avec les autres ? Certainement, c'est pourquoi il importe d'y réfléchir avant et de ne pas être pris de court à la naissance au point d'accepter, comme cela s'est vu, le premier prénom que le médecin vous suggérera. Ce prénom, votre enfant devra le prononcer et l'entendre des milliers de fois à l'école, et plus tard, et vous de même. Il n'y a pas de « bon choix » et avant toute chose, il faut laisser parler ses préférences.

Même un prénom qui peut paraître curieux au premier abord peut plus tard convenir à l'enfant.

Le prénom est une sorte de cadeau que les parents font à l'enfant à sa naissance (les Anglais d'ailleurs disent « given name », nom donné) et ce cadeau, il faut que les parents aient vraiment plaisir à l'offrir. Mais on ne choisit bien quelque chose qu'en le soupesant et en le comparant. Alors n'hésitez pas à en parler d'abord entre vous pour tomber d'accord, et autour de vous, avant d'arrêter définitivement votre choix.

Mais souvent, c'est la première idée, la vôtre, qui vous semblera la meilleure. Après avoir recueilli les avis des autres, faites confiance à votre propre jugement.

Ce qu'il faut savoir : la loi du 12 novembre 1955, art. 57 du Code civil, permet de changer de prénom pour raison « d'intérêt légitime » en déposant un recours devant le Tribunal de Grande Instance. Il faut des motifs très sérieux pour que la demande soit prise en considération : crainte de persécution religieuse ou raciale, peur du ridicule ou désir de faire légitimer le prénom sous lequel on s'est fait connaître.

Il peut arriver que l'administration de la Maternité commette une erreur en inscrivant le prénom de l'enfant à sa naissance. La demande de rectification doit être faite auprès du Procureur de la République, mais ne nécessite pas d'action judiciaire.

Nous avons fait une enquête pour savoir quels avaient été les prénoms choisis ces dernières années, et voici les résultats :

— Les prénoms les plus souvent donnés : Caroline, Céline, Christophe, Corinne, Isabelle, Julie, Julien, Laurent, Nathalie, Nicolas, Sandrine, Sébastien, Sophie, Stéphane, Stéphanie, Thomas, Virginie.
— Des prénoms du Moyen Age : Amaury, Éléonore, Guenièvre, Lancelot, Nicolette, Thibaut.
— Des prénoms d'il y a 100 ans : Bérengère, Camille, Clémence, Delphine, Émilie, Gaëtan, Gaston, Gladys, Justine, Léonard, Mélanie.
— Des prénoms littéraires : Anaïs, Andréa, Aurélie, Clément, Damian, Emma, Hugo, Rebecca.
— Des prénoms venus d'ailleurs : Audrey, Boris, Elsa, Grégory, Natacha, Nastassia, Steve, Vanessa ;
et aussi Khadidja, Lamia, Nadji, Yacine.
— Des prénoms régionaux : Gaëlle, Gwenaël, Kevin.
— Des prénoms de la Bible : David, Esther, Isaac, Moïse, Myriam, Sarah.
— Des prénoms de fleurs : Anne-Fleur, Capucine, Églantine, Fleur-Amanda.

Et toujours : Anne, Claire, Christian, Christiane, Frédéric, Jacques, Jérôme, Olivier, Pascal, Pascale, Pierre, Philippe.

Et bien sûr : Marie et Jean, aussi bien donnés en simple qu'en composé : Marie-Alice, Marie-André, Marie-France, Marie-Julie, Marie-Anna... et Jean-Noël, Jean-Marc, Jean-Philippe, Jean-Baptiste, Jean-Michel...

A noter la baisse remarquée des : Catherine, Florence, François, Martine, Patrice, Pierre.

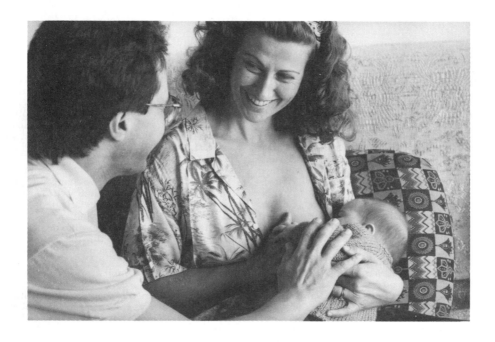

* Il y a eu beaucoup de livres sur les prénoms, voilà celui que je vous recommande : *Un prénom pour toujours*, par Philippe Besnard et Guy Desplanques, Editions Balland.

Ce dont votre enfant
aura besoin

Pour vous aider à préparer matériellement la
venue de votre bébé, ce qui veut dire aussi bien
coudre ou tricoter
que faire différents achats, et remplir les formalités
administratives, j'ai réuni dans ce Mémento pratique
tous les renseignements qui vous sont nécessaires.

Si c'est la première fois que vous avez un enfant,
qu'autour de vous, dans la famille, il n'y en n'a pas
encore, il est possible que vous ne sachiez pas ce
dont il aura besoin pour ses vêtements, pour sa
toilette, etc. Je vais donc faire une liste complète,
mais ne croyez pas que je pousse à la consommation, simplement je pars du principe que pour le
moment vous n'avez encore rien. Mais si, au départ,
vous ne voulez pas consacrer un vrai budget au
trousseau de bébé, vous allez voir qu'en faisant le
tour de vos amies et de la famille, votre enfant sera
quasiment vêtu, couché, promené, au moins les
premiers mois, sans achats.

La layette de votre bébé

C'est de la layette qu'il faudra vous occuper
d'abord, car c'est elle qui doit être prête en premier
lieu. Si votre enfant arrivait plus tôt que prévu,
vous auriez toujours le temps de vous procurer la
voiture, dont il ne se servira que plusieurs semaines
après sa naissance, ou le berceau, dont il n'aura
besoin qu'au retour de la maternité. Mais, dès la
première heure, il faudra l'habiller. Pour composer
votre layette, voici quelques faits à prendre en
considération :

Au début, votre enfant va grandir et grossir très vite. Et
c'est parce que le poids et la taille d'un enfant
changent si vite, que l'on divise les six premiers
mois en deux tailles : de la naissance à 3 mois, et de
3 à 6 mois. Il y a même certaines marques qui
proposent une taille plus petite, appelée « naissance », et qui correspond au premier mois.
Pour faire vos achats, tenez donc bien compte de
la croissance de votre enfant. Prévoyez peu de
vêtements de la première taille : votre enfant les
portera très peu puisqu'en trois mois il grandira de
10 centimères, autant qu'au cours des neufs mois
qui suivront. Et, si vous tenez à avoir tout de suite
une layette très complète, achetez dès le début les
vêtements deuxième taille que votre bébé mettra à
quelques semaines et portera jusqu'à sept mois
environ.

Il faut qu'il soit bien couvert. Au cours des premières
semaines et des premiers mois, il sera très sensible
au froid et aux changements de température. Aussi,
qu'il naisse en été ou en hiver, prévoyez des lainages.

Il faut qu'il soit à son aise et que vous n'ayez pas de
peine à lui enfiler ses brassières. Aussi achetez-les
suffisamment amples.

Sa peau est fine, rien ne doit la blesser : taillez les
brassières de tissu dans une jolie toile fine. Tricotez
les brassières dans une laine très souple. Les fabri-
cants de layette font actuellement des chemises et
brassières en matières synthétiques. N'en achetez
pas trop avant de savoir si votre bébé les suppor-
tera. Il y a en effet des nourrissons qui sont allergiques aux matières synthétiques. Le mieux est de
prévoir, au moins pour le début, des matières
naturelles comme le pur coton et la pure laine.

Il est sensible à l'infection : tout ce qui l'entoure doit
être propre. Ayez suffisamment de vêtements faciles à laver pour les changer souvent.

> Pour les premiers mois, les vêtements doi-
> vent donc être chauds, amples, douillets,
> lavables et faciles à entretenir.

Autant qu'à son confort, pensez à sa sécurité :
● Ne mettez pas de rubans pour serrer les brassières à la hauteur du cour : le bébé pourrait tirer
dessus et s'étrangler.
● Ayez des brassières qui croisent suffisamment
dans le dos pour éviter d'avoir à les fermer par des
épingles de sûreté. Vous pouvez aussi choisir des
brassières qui se boutonnent, ou bien qui se ferment
avec du velcro.

Enfin, il vaut mieux acheter bien que beaucoup. Pour
les lainages, choisissez une bonne laine qui ne
feutre et ne se rétrécisse pas, sinon, après quelques
lavages, les vêtements auront perdu toute leur
souplesse.

Comment habillerez-vous votre enfant ? Aujourd'hui,
on ne met pratiquement plus de lange, et dès le
premier jour, les bébés portent, sur leurs couches,
culotte, grenouillère, petite robe ou salopette. Cela
dit, il y a quand même différents éléments à
prendre en considération pour savoir comment
habiller un enfant : la saison, la température, le
poids du bébé. Ainsi, si votre enfant naît en hiver et
que votre logement n'est pas bien chauffé, vous
n'hésiterez pas à mettre quand même un lange, au
besoin la nuit, et cela d'autant plus facilement que
l'enfant sera de petit poids : en effet, ce qu'il faut

éviter avant tout, c'est que le nouveau-né ne prenne froid. Mais, sauf les exceptions indiquées, vous pourrez mettre tout de suite à votre bébé une culotte et des chaussons, ou une grenouillère ; et la nuit, un pyjama.

Sous la grenouillère ou la culotte, vous mettrez à votre enfant soit des couches à jeter, soit des couches en tissu. A signaler, une formule chère mais très pratique : le change-complet (pointe de plastique et couche) qui se jette. Et au début, tant que la plaie ombilicale n'est pas cicatrisée, vous mettrez à votre bébé une bande autour du ventre. Je vous signale que pour certains pédiatres la bande est inutile. Et dans ce cas la compresse ombilicale est maintenue par un sparadrap.

La layette de base	0-3 mois	3-6 mois
Chemises (très douces) en toile fine ou interlock	3	3
Brassières de laine	3	3
Bandes pour le ventre (7 cm de hauteur)	3	
Vestes de laine (à emmanchures raglan pour pouvoir failement les enfiler sur la brassière)	1	1
Chaussons ou chaussettes	4	4
Culottes de laine — ou de coton — ou grenouillères : selon la saison	2	3
Culottes de plastique ou un sachet de pointes en plastique	2	2
Bonnet	1	1
Robes ou salopettes	2	2
Pyjamas	2	2
Serviettes (pour les repas)		6
Couches carrées (de préférence à double tissage)	12	

Telle est la layette de base. Évidemment, vous l'adapterez à la saison où naîtra l'enfant et à la région que vous habitez. Vous pouvez compléter cette layette par un petit peignoir de bain, avec capuchon, très pratique pour essuyer la tête du bébé. Vous pouvez également acheter un nid d'ange en lainage, rhovyl ou nylon matelassé, très pratique pour les sorties parce qu'il enveloppe parfaitement le bébé.
Vous ajouterez à cette layette un ou deux langes si vous avez l'intention d'en utiliser. Quant au couches nous en avons indiqué une douzaine, car même si vous vous servez de change-complets, vous aurez souvent besoin de couches pour différents usages de la vie quotidienne.

Ce que vous pourrez faire vous-même : presque tout si vous aimez coudre, tricoter et si vous avez du temps : chemises, robes, peignoir de bain, draps ; et tout ce qui est en laine : brassières, vestes, chaussons, bonnets, etc. Vous trouverez des modèles dans les albums de layette, ou dans les magazines féminins.

Le berceau, le lit

Pour coucher votre enfant, vous aurez le choix entre le classique berceau taille 90 cm sur 40 cm, que vous achèterez tout garni ou que vous garnirez vous-même, et un vrai petit lit, longueur 1,20 m ou même 1,40 m, largeur 60 cm ou 70 cm, en bois ou en rotin.

Si vous n'avez pas déjà un lit ou un berceau et que vous hésitiez à acheter l'un plutôt que l'autre, nous vous conseillons le lit. Dans un berceau, un enfant ne peut dormir que quelques mois ; dans un lit, il peut rester jusqu'à 2 ou même 3 ans ; mais si vous avez la possibilité qu'on vous prête un berceau, ne le refusez pas ! De tous temps, les berceaux ont bercé les bébés, et cela leur plaît beaucoup.
Une solution intermédiaire : le lit en toile monté sur tube métallique, qui est économique, facile à transporter et à laver, mais qui sert moins longtemps.
Quelle que soit la solution que vous adoptiez, choisissez un lit ou un berceau qui soit :

d'un entretien aisé. S'il est en bois laqué, vous le savonnerez facilement. S'il est entièrement garni de tissu, il faut que la garniture soit détachable et facile à laver ;

stable, pour que votre enfant ne risque pas de le renverser en remuant ,

enfin qu'il comporte une **capote** ou un rideau léger monté sur une flèche, pour que votre bébé soit à l'abri des mouches, des courants d'air et d'une lumière trop forte.
Et si vous décidez d'avoir tout de suite un vrai lit, achetez-le avec de hauts barreaux (lit anglais) : votre bébé ne pourra pas tomber, vous pourrez vous absenter sans risque, et même s'il est couché sur le ventre, votre bébé pourra voir tout ce qui se passe autour de lui à travers les barreaux.

La literie

Dans les lits d'enfant, il n'y a pas de sommier, le matelas est posé directement sur un simple châssis de bois. Vous avez le choix entre le matelas garni de crin végétal, ou le matelas à ressort, plus cher mais qui a l'avantage de ne pas se déformer.

On trouve également dans le commerce des matelas avec enveloppe de plastique : les pédiatres ne les recommandent pas. Il sont moins sains que les matelas en coutil car ils font transpirer. En outre, comme la matière plastique est glissante, les draps ne tiennent pas bien.

Pour protéger le matelas, il y a deux solutions : l'alèze molletonnée en coton imperméabilisé, douce, pratique, qui est très confortable et qui peut bouillir, ou l'alèze en caoutchouc, que l'on recouvre d'un molleton et d'un drap de dessous.

L'oreiller. Si vous couchez votre bébé sur le ventre, l'oreiller est inutile et même déconseillé.

Si vous couchez votre bébé sur le côté, vous pouvez prévoir un oreiller mais vous le mettrez sous le matelas plutôt que dessus. En effet, un oreiller, surtout lorsqu'il est mou, est dangereux pour le bébé : les nouveau-nés y enfoncent leur figure, et risquent de s'étouffer.

Les draps. Deux ou trois draps de dessus, que vous pouvez faire vous-même facilement et sans grosse dépense. Choisissez du tissu de coton de bonne qualité, mais léger à cause du lavage. Piquez au bord du drap blanc soit un galon brodé, soit une ganse de couleur. Ou sur du Vichy quadrillé, mettez un gros croquet blanc. Vous pouvez aussi broder le bord du drap, mais évitez les applications de dentelles que le bébé déchirerait.

Trois ou quatre draps de dessous, moins élégants, que vous pourrez couper dans des draps usagés. (Il faut plus de draps de dessous, car il faut les changer plus souvent.) La taille des draps dépend évidemment de celle du lit ou du berceau. A titre d'indication, pour un berceau il faut des draps de 80 × 115, pour un lit de 110 × 150.

A signaler, parce que pratique, le drap housse qui s'emboîte sur le matelas et ne bouge plus.

La couverture. Une bonne couverture de laine, assez grande pour qu'elle serve longtemps. Au début, vous pourrez la mettre en double.

Attention : Votre enfant doit avoir chaud dans son lit et être bien couvert. Ce n'est pas une raison pour accumuler sur lui plusieurs couvertures, qui pèseraient trop lourd sur son corps et le gêneraient. C'est pourquoi vous avez intérêt à acheter une couverture de laine de bonne qualité qui tout en étant légère soit suffisamment chaude.

Nous déconseillons l'édredon — ou la couette, sa version moderne — dangereux car le bébé le tire souvent sur sa tête ; en plus, un édredon c'est trop chaud.

Si votre enfant doit naître en été, prévoyez une moustiquaire.

Vous pouvez également acheter un fixe-couvertures pour attacher sa couverture lorsqu'il commence à beaucoup remuer, sinon il sera tout le temps découvert, ou bien vous pouvez, soit acheter, soit faire vous-même un « sur-pyjama » : en tissu chaud, il se met par-dessus le pyjama. Vous en verrez des modèles dans les magasins spécialisés ou les grands magasins.

Sa chambre

Que vous ayez la possibilité de transformer une pièce de votre appartement en chambre d'enfant, ou que vous consacriez à votre enfant un coin dans une pièce, il faut que vous pensiez suffisamment tôt à installer l'un ou l'autre. Si vous avez des peintures à y faire, il faut leur laisser le temps de bien sécher.

On ne peut mettre un nouveau-né sans risque de l'intoxiquer dans une pièce sentant encore la peinture fraîche. Voici quelques conseils pour installer la chambre de votre enfant.

Pensez à l'époque où votre enfant sera dans son parc, se traînera à quatre pattes ou commencera à marcher. Il faut qu'il puisse y jouer sans crainte de se cogner à des coins de table trop aigus, que la couleur des murs ne soit pas trop délicate. Enfin, il faut que votre enfant puisse se traîner par terre sans crainte de s'enfoncer des échardes dans les mains ou les genoux. Tout ce qui se trouve dans sa chambre doit être solide, lavable, sans danger, pratique et propre.

Les murs. Mettez-y soit un papier peint lavable, soit une peinture lavable au moins jusqu'à 1 mètre de haut : les enfants découvrent rapidement qu'on peut crayonner aussi sur les murs.

Les couleurs. Cherchez à réaliser entre les murs, le plafond et le sol une harmonie de couleurs discrète, reposante et unie. C'est fatigant pour les yeux d'un enfant de voir autour de lui des murs entièrement recouverts de dessins ou de petits sujets. Réservez les couleurs vives et les dessins pour les rideaux. Une solution intermédiaire : posez le papier à motifs sur un mur ou deux, et peignez les autres dans un ton uni assorti.

Les rideaux. Ils doivent être suffisamment opaques pour que votre bébé ne soit pas réveillé trop tôt.

En installant la chambre de votre enfant pensez dès maintenant à déplacer les prises de courant placées trop bas. Les enfants touchent toujours les prises quand elles sont à portée de leurs mains. Pour être hors d'atteinte, elles doivent se trouver à 1,50 m du sol. Il existe d'ailleurs des prises de courant dans lesquelles les enfants ne peuvent pas enfoncer les doigts.

Voici pour le cadre. Passons aux meubles. Le plus important sera bien entendu le lit ou le berceau, que vous aurez pris soin de bien choisir puisque votre enfant y passera la plus grande partie de son temps pendant les premiers mois.

Pour changer votre enfant, vous avez plusieurs possibilités.

Il existe des meubles à langer spécialement conçus pour cet usage. Ces meubles comportent une planche qui se rabat comme dans un secrétaire et sur laquelle on pose l'enfant, une place pour la cuvette, une autre pour les accessoires de toilette, des tiroirs pour les couches, etc. Malheureusement ces meubles sont chers et ne servent pas très longtemps.

Vous pouvez utiliser tout simplement une commode, dans les tiroirs, vous rangerez les vêtements de votre bébé. Pour éviter de salir le dessus de la commode, vous la recouvrirez d'un tissu en matière plastique. Et pour poser le bébé quand vous le changerez, préparez un coussin assez grand rempli de crin que vous glisserez dans une enveloppe de plastique, ou achetez un matelas à langer. Il existe un modèle très pratique à bords incurvés.

Pendant les premiers mois, vous n'aurez besoin dans cette chambre que d'un lit et d'un meuble pour changer votre bébé. Mais si vous voulez, dès maintenant, meubler entièrement la chambre, mettez-y un parc, une chaise haute et transformable ou un petit fauteuil inclinable, un coffre à jouets.

Si vous pensez allaiter votre enfant, tâchez de vous procurer un petit fauteuil bas du genre fauteuil crapaud ou une chaise basse : vous y serez beaucoup plus à l'aise qu'assise sur une chaise de hauteur normale.

Si vous ne disposez pas d'une chambre, réservez dans une pièce un coin qui sera celui de votre enfant. Vous y réunirez ce dont il a besoin (lit, meuble à langer, balance) pour faciliter son confort et votre tâche. Installez ce coin dans la chambre la plus tranquille. N'oubliez pas que votre enfant aura besoin de calme pendant les premiers mois. Mais, si dans la journée, il doit dormir dans votre chambre, il vaut mieux qu'il n'y reste pas la nuit. Roulez son lit dans une autre pièce. Votre sommeil et le sien seront meilleurs.

La température de la chambre. Les nouveau-nés sont sensibles au froid et aux variations de température. Dans la pièce où ils se trouvent, il faut maintenir une température de 18 à 20°. Comment chauffer la pièce ? Puisque le chauffage idéal — feu de bois dans la cheminée — est devenu aujourd'hui un luxe, parlons du chauffage central et des poêles. Dans le premier cas, mettez des saturateurs aux radiateurs, et remplissez-les d'eau chaque jour. Dans le second, assurez-vous qu'aucune fuite d'oxyde de carbone n'est possible.

Sa toilette

Pour donner le bain, vous pouvez utiliser soit une baignoire pour bébé (il y a plusieurs modèles), soit une bassine posée sur une table, soit simplement un lavabo — mais seulement les premières semaines car le lavabo sera vite trop petit.

En plus de la baignoire, ayez une petite cuvette double en matière plastique pour laver votre bébé lorsque vous le changerez.

Vous aurez besoin en outre pour sa toilette des objets et produits suivants :
thermomètre de bain ;
boîte pour mettre le coton ;
boîte de talc ;
savon pur sans parfum ni colorant : le plus sain, le savon de Marseille ;
huile pour bébés ou lotion crème ;
petits flacons : d'alcool à 60°, d'éosine à l'eau 1 ou 2 %, de sérum physiologique ;
deux ou trois gants de toilette en tissu très doux (comme celui des couches), le tissu éponge irrite la peau fragile des nouveau-nés.
Les gants de toilette sont plus propres que les éponges car on peut les faire bouillir ;

(c'est à dessein que nous ne mentionnons pas l'eau de Cologne ; il est préférable de ne pas frictionner un bébé avec de l'alcool, même faible. Mais il existe de l'eau de Cologne glycérinée sans alcool) ;
quelques épingles spéciales pour bébés, c'est-à-dire courbées, en métal inoxydable et munies d'une fermeture spéciale ;
deux serviettes éponge suffisamment grandes pour envelopper votre enfant lorsqu'il sort de son bain ;
une paire de petits ciseaux spéciaux pour couper les ongles. Et si vous voulez acheter dès maintenant une brosse à cheveux, prenez-la en soie et pas en nylon.

Très utile : un petit panier doublé de tissu plastique où vous mettrez tous les objets nécessaires à la toilette de votre enfant et ses vêtements propres ;
un pèse-bébé que vous louerez chez le pharmacien. Une prise de poids régulière pendant les premiers mois est le meilleur indice de la bonne santé de l'enfant. Si vous avez une balance, vous pourrez donc mieux surveiller son poids. Pour les prématurés, un pèse-bébé est indispensable. Signalons qu'une sorte de hamac peut être adapté sur certaines balances de ménage qui se transforment ainsi en pèse-bébé.

Sa nourriture

Si vous n'avez pas l'intention d'allaiter votre enfant, voici le matériel nécessaire pour préparer et stériliser les biberons :
Un stérilisateur à panier métallique pouvant contenir 7 biberons à la fois. Mais un fait-tout peut aussi bien faire l'affaire, à condition que vous le réserviez pour la stérilisation. Après, il vous servira dans votre cuisine courante.
7 biberons gradués en verre incassable, genre Pyrex, à large goulot pour faciliter le nettoyage.
7 protège-tétines.
7 tétines : il en existe différents modèles. Le plus pratique est celui qui comporte une fente, mais vérifiez qu'il s'adapte bien au goulot de vos biberons.
Une brosse longue appelée goupillon pour nettoyer les biberons.
On peut aussi stériliser les biberons à froid. Pour cette stérilisation, on se sert d'un bac et d'un produit vendu en pharmacie qui existe soit sous forme de liquide, soit sous forme de comprimés.

Vous rendront également service : un chauffe-biberon électrique, un thermos à biberon, un mixer, car il permet en un minimum de temps d'obtenir une bouillie sans grumeaux, un maximum de finesse pour les purées, la viande, le poisson, etc. Il y a des mixers à tous les prix ; le modèle le plus simple suffit. Par la suite, vous pourrez acheter différents accessoires qui vous rendront de grands services pour la cuisine familiale.

Le landau

Avoir un landau est bien utile. Votre bébé y fera toutes ses promenades, été comme hiver. De plus, à la belle saison, si vous avez un jardin, votre enfant pourra y dormir. Mais le landau est un objet cher et encombrant.

Dans certaines villes, il n'y a pas de trottoirs ; dans d'autres villes les trottoirs sont livrés aux voitures et les piétons sont obligés de marcher dans la rue ; c'est vrai que dans ces conditions pour promener un enfant dans un landau, il faut faire des tours et des détours, se faufiler entre les voitures, ou se faire houspiller par les gens pressés.

Cela ne me contraindra quand même pas à dire qu'un bébé est mieux dans une poussette-canne où on le met maintenant beaucoup trop jeune. La poussette-canne est plus pratique pour les parents, mais l'enfant lorsqu'il est petit est bien plus à l'aise dans un landau.

Que faire ? Il y a encore des villes où l'on peut circuler. Donc chaque fois que possible, je vous conseille le landau. Mais à part exception, il faut renoncer au superbe landau anglais, haut sur roue, profonde nacelle et l'air altier. Les temps changent, mais il y a aujourd'hui des landaus plus petits, confortables et bien suspendus. Question finances, un landau peut servir à trois ou quatre familles, c'est vraiment l'objet qu'on se prête.

Évitez les capotes doublées de blanc : elles sont trop éblouissantes pour les yeux d'un bébé lorsqu'il y a du soleil. La garniture intérieure est la même que celle d'un lit : un matelas, une alèze, deux draps, une ou deux couvertures suivant la saison, plus un oreiller. Pour l'été, n'oubliez pas une moustiquaire.

Très utile : un sac adaptable au landau pour mettre biberon, change, etc. Mais avant même d'acheter une voiture, ce qui vous rendra le plus grand service, c'est un porte-bébé qui vous permettra, comme son nom l'indique, de transporter partout votre bébé, et pour commencer le jour où il sortira de la maternité. Il y a de nombreux modèles, soit en osier, genre couffin, soit en toile comme le landau. Il y a d'ailleurs des landaus transformables dont la nacelle forme un porte-bébé (mais ils sont alors moins maniables).

Et le sac porte-bébé ? Puis-je vous dire tout simplement que la question m'embarrasse. Les parents, c'est visible, sont heureux de porter leur bébé sur le ventre, de sentir sa chaleur, de lui communiquer la leur. Et évidemment, c'est la solution à bien des problèmes pratiques de déplacement.

Mais le bébé ? Affectivement il devrait se sentir bien également : le contact, on l'a assez dit ici même, est bon pour lui. Mais j'ai souvent vu des bébés recroquevillés dans leur sac et la tête branlante qui ne semblaient pas à l'aise. J'ai donc demandé à des pédiatres ce qu'ils pensaient du sac porte-bébé. Plusieurs m'ont répondu que tant que l'enfant ne pouvait pas correctement tenir la tête, ils déconseillaient le sac.

Il est raisonnable de conclure qu'il ne faut pas en abuser, l'adopter pour de petits trajets, ne pas y laisser l'enfant trop longtemps.

Les cadeaux de vos amis

Vous aurez peut-être des amis qui, avant de vous faire un cadeau, vous demanderont ce que vous aimeriez recevoir pour votre enfant. Si la question vous embarrasse, car vous ne connaissez pas encore bien les besoins d'un bébé, voici quelques suggestions de petits et de plus grands cadeaux :

- Des chaussons ou chaussettes.
- Ses premières chaussures.
- Des jouets : hochet, boîte à musique, mobile...
- Un chauffe-biberon électrique.
- Une sacoche amovible que vous accrocherez au landau et où vous pourrez mettre tout ce dont un enfant a besoin pour sa promenade.
- Un pyjama ou une grenouillère.
- Un « sur-pyjama ».
- Pour emporter en promenade, un thermos à biberon.
- Un album où vous noterez les événements importants de la vie de votre enfant. Je vous signale « L'Album de Bébé » * très joliment et abondamment illustré, qui vous permettra de noter les moindres faits et gestes de votre enfant.
- Un parc et un tapis pour le garnir.
- Pour les voyages en automobile, un petit siège qui s'adapte à l'arrière de la voiture.
- Une chaise haute transformable.
- Un petit berceau pliant pour le voyage, facile à porter grâce à ses anses.
- Un petit fauteuil inclinable qui permettra à votre enfant de passer en douceur de la position couchée à la position assise.
- Enfin un livre de puériculture. Puis-je vous dire que c'est d'ailleurs à votre intention que j'ai écrit *J'élève mon enfant ?*

* Éditions Pierre Horay.

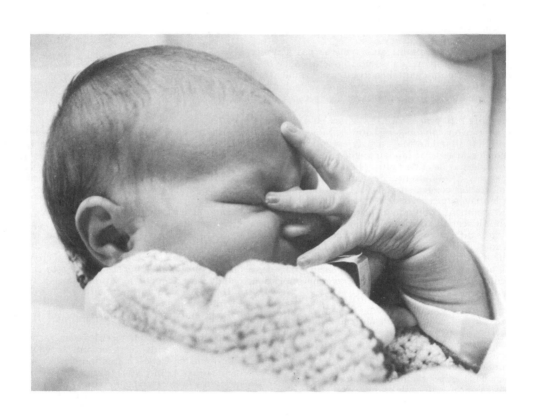

Comment choisir
l'hôpital
ou la clinique

Quels sont les critères vous permettant de choisir la « bonne » maternité ?

Théoriquement il faudrait pouvoir faire une enquête et s'assurer qu'il y a un personnel compétent, et l'équipement médical nécessaire pour toute éventualité, c'est-à-dire un anesthésiste, un pédiatre, une salle d'opération, du matériel de réanimation, etc.

Pratiquement ce n'est pas tellement facile d'aller voir la directrice d'une maternité et de lui demander : « Avez-vous bien tout ce qu'il vous faut. »

Donc que faire ? Soit demander son avis au médecin de famille. Soit enquêter autour de soi, en interrogeant plusieurs personnes, pour se faire une opinion ; les réputations sont quand même rarement usurpées.

Vous avez fait votre choix, voyons de plus près les détails pratiques.

● Vous désirez accoucher dans un hôpital précis : dans ce cas, vous devez vous y faire inscrire le plus rapidement possible et passer les examens médicaux aux consultations du service maternité de cet hôpital.

● Le dispensaire, ou centre de P.M.I., où vous passez les visites pendant votre grossesse n'est rattaché à aucun hôpital. Vous avez le choix de la maternité.

Mais dans un cas comme dans l'autre, il faut vous inscrire. Un hôpital ne peut refuser une femme sur le point d'accoucher, mais celle-ci risque d'avoir un lit dans un couloir si elle n'était pas inscrite d'avance, ou d'être dirigée vers un autre hôpital.

● Vous désirez accoucher dans une clinique. Deux cas peuvent se présenter.

1er cas : on vous a parlé d'une clinique offrant le maximum de confort hôtelier (chambre agréable, bonne nourriture, téléphone, télévision, etc.). Ce n'est pas le point le plus important. Renseignez-vous d'abord sur l'équipement médical. Même s'il est très agréable, le confort de la chambre passe en second.

2e cas : vous devez être accouchée par un médecin ou une sage-femme de votre choix. Ils vous indiqueront la ou les cliniques où ils ont l'habitude d'accoucher.

Mais, dans l'un et l'autre cas, pensez à la question budget. En effet, selon que la clinique est conventionnée ou agréée, vous pouvez accoucher gratuitement, ou bien avoir une somme plus ou moins importante à débourser (voir plus loin au paragraphe *Frais de séjour et d'accouchement* tous les détails). Au moment de votre inscription, il est donc nécessaire de bien vous renseigner : demandez ce que vous aurez exactement à régler, si les honoraires du médecin ou de la sage-femme sont compris dans ce prix (car cela dépend des cas), etc. Cette précaution vous permettra d'établir correctement votre budget pour la clinique et vous épargnera la surprise d'une note plus élevée que prévue. Et pensez que pourront s'ajouter à cette note tous les suppléments (boissons, communications téléphoniques, télévision, etc.).

Enfin il y a un dernier élément à prendre en considération : si votre mari désire être présent pendant votre accouchement, assurez-vous que le médecin et la clinique l'acceptent, il y a encore quelques maternités où les pères ne sont pas souhaités.

Les deux valises que vous emporterez

Si vous accouchez dans un hôpital, vous n'aurez besoin d'emporter avec vous que vos objets personnels et votre nécessaire de toilette. Tout le linge, pour vous-même et votre enfant, vous sera fourni. Cependant, vous pouvez apporter vos chemises de nuit. Pour votre bébé, il suffit d'apporter les vêtements qu'il mettra le jour où il quittera l'hôpital. Par contre, si vous accouchez dans une clinique, vous devrez apporter le linge et les objets dont vous-même et votre bébé aurez besoin pendant votre séjour.

Votre valise : une chemise de nuit ordinaire, ou mieux encore, une veste de pyjama : vous la mettrez à l'arrivée à la clinique et vous la garderez pendant l'accouchement, il ne faut pas que vous regrettiez de la voir tachée avec du mercurochrome ou un autre désinfectant.

Deux chemises de nuit, et si vous allaitez votre enfant, prenez-les faciles à ouvrir devant.

Deux soutien-gorge s'ouvrant également devant.

Deux petites compresses (en gaze) que vous mettrez dans votre soutien-gorge pour protéger vos bouts de seins.

Des serviettes hygiéniques, et, ce qui est très pratique, des culottes en papier.

Une robe de chambre et une paire de pantoufles.

Vos objets de toilettes : peigne, brosse, brosse à dents, savon, pâte dentifrice, gants de toilette, eau de Cologne, etc., et éventuellement de quoi vous maquiller et vous faire les ongles.

Des mouchoirs, deux serviettes de toilette, une ou deux serviettes de table.

Pour finir, si vous avez un magnétophone emportez-le, vous enregistrerez les pleurs et cris de votre enfant ; si vous avez une caméra, prenez-la également : votre enfant aura ainsi des souvenirs audio-visuels de ses tout premiers jours, ce qui l'amusera beaucoup. Je vous le dis car j'ai toujours regretté de ne pas l'avoir fait.

Mettez également dans votre valise une enveloppe contenant : votre carnet de maternité (indispensable pour les formalités à remplir après la naissance), votre livret de famille (nécessaire pour la déclaration de naissance) ou, à défaut, une pièce d'identité, le reçu du paiement que vous avez effectué pour vous inscrire à la clinique, votre carte de groupe sanguin. Un ou deux bons romans, un stylo, du papier à lettres. Enfin, si vous avez l'intention de tenir un cahier où vous inscrirez au jour le jour les renseignements concernant la santé, le développement et le régime de votre enfant, emportez-le pour noter les événements des premiers jours.

La valise de votre bébé

6 chemises fines ;
3 brassières de laine ;
3 grenouillères ou culottes ;
2 pyjamas ;
des chaussons ou chaussettes ;
3 bandes pour le ventre de 7 cm de hauteur ;
et pour la sortie :
1 bonnet ;
1 burnous ou un nid d'ange.

Le plus souvent les couches sont fournies par la maternité, mais renseignez-vous avant de faire la valise de bébé.

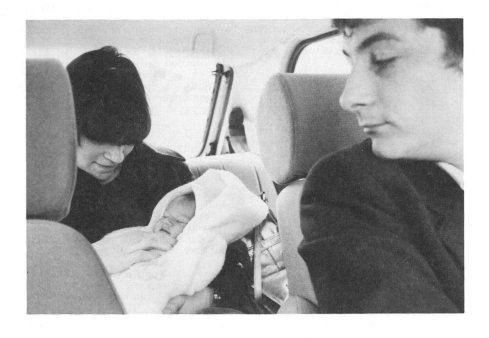

Sécurité sociale
et prestations familiales

Si vous attendez votre premier enfant, vous ne savez peut-être pas encore que vous pouvez bénéficier d'avantages substantiels qui vous aideront à couvrir une grande partie des frais que va entraîner pour vous la naissance de votre enfant.

Ces avantages sont accordés par deux organismes distincts :
● D'une part, par la *Caisse de Sécurité sociale*. Les différents avantages accordés par la Sécurité sociale aux futures mamans sont englobés sous le titre général d'*Assurance Maternité ;*
● D'autre part, par la *Caisse d'Allocations familiales*. Les différentes primes versées par les Allocations familiales sont englobées sous le titre général de *Prestations familiales*.
Vous trouverez ci-après tous les renseignements concernant l'*Assurance Maternité* et les *Prestations familiales :* avantages offerts, conditions pour en bénéficier, formalités à remplir, etc.

L'assurance maternité

La Sécurité sociale accorde aux femmes enceintes les avantages suivants :
● remboursement des frais occasionnés par la grossesse, l'accouchement et ses suites ;
● des indemnités de repos aux futures mères personnellement assurées sociales, pour leur permettre d'arrêter leur travail avant et après l'accouchement (voir p. 429 et suiv.) ;
● des primes aux femmes qui se soumettent aux examens prénatals et post-natals, et à celles qui conduisent régulièrement leur bébé aux consultations de nourrissons ; ces primes (d'un faible montant) ne sont pas versées dans tous les départements.
C'est l'ensemble de ces avantages qui constitue ce qu'on appelle : l'assurance maternité.

Qui peut en bénéficier ?

● La femme personnellement assurée sociale.
● La femme légitime d'un assuré social lorsqu'elle n'est pas elle-même assurée sociale.
● La fille à charge d'un ou d'une assurée sociale.

Peuvent également bénéficier de l'assurance maternité :
● Les jeunes femmes — ou leur conjoint — à la recherche d'un premier emploi, ainsi que les épouses de jeunes gens accomplissant leur service militaire (même s'ils n'ont jamais été inscrits à la Sécurité sociale).
● Les femmes vivant en concubinage avec un assuré social, mais à condition de vivre sous le même toit que l'assuré et d'être à sa charge.
● Les veuves et les femmes divorcées depuis moins d'un an. Ce délai est prolongé jusqu'à ce que le dernier enfant ait atteint l'âge de 3 ans.
● Les personnes qui ont cessé leurs études bénéficient de la Sécurité sociale pendant 12 mois au plus après la fin de leurs études sans avoir besoin de cotiser.

Les assurés sociaux se divisent en trois catégories :

I. Les salariés (quel que soit leur régime).
II. Les exploitants agricoles (non salariés).
III. Les non salariés non agricoles des professions industrielles, libérales, commerciales et artisanales.

A quelles conditions ?

I. Pour les salariés
Deux point sont à considérer :
— le droit au remboursement des soins ;
— le droit aux indemnités journalières.

• Le droit au remboursement des soins.
Pour y avoir droit, il faut justifier d'un emploi salarié de :
— 120 heures dans le mois civil ayant précédé le mois du début de grossesse ;
— ou de 200 heures, soit au cours des 3 mois ayant précédé la date présumée du début de grossesse, soit au cours du trimestre civil ayant précédé le mois du début de grossesse ;
— ou de 1 200 heures dans l'année civile précédant la date présumée du début de grossesse.
Si aucune de ces conditions n'est remplie *, les droits seront alors étudiés 42 jours avant la date prévue d'accouchement. Il faut alors justifier de :
— 120 heures de travail salarié avant la date du début du repos prénatal ;
— ou de 120 heures avant la date réelle de l'accouchement, s'il a lieu avant l'arrêt de repos prénatal.

• Le droit aux indemnités journalières.
— Il faut avoir été immatriculé à la Sécurité sociale depuis au moins 10 mois à la date du début de grossesse.
— Il faut également prouver avoir travaillé 200 heures avant cette date de début de grossesse. A défaut, il faut prouver avoir travaillé 200 heures avant la date du repos prénatal, ou la date de l'accouchement si celui-ci a lieu avant l'arrêt de travail.

• A noter :
— En cas de perte de son emploi, l'assuré doit s'inscrire au chômage le plus rapidement possible et avant la fin du 12e mois suivant la date de la cessation de l'activité salariée pour conserver ses droits à la Sécurité sociale.

II. Pour les exploitants agricoles et les non salariés, non agricoles
• Il faut avoir été immatriculé à la Sécurité sociale dix mois avant la date présumée de l'accouchement.
• Il faut justifier du versement des cotisations exigibles à la date de la première constatation médicale.
Si vous n'appartenez à aucune des catégories relevant du régime de la Sécurité sociale et des Allocations familiales, vous entendrez peut-être dire que vous pouvez contracter une *assurance personnelle*. Méfiez-vous, car, pour en bénéficier, il faut être à jour dans le paiement des cotisations. Donc si vous êtes enceinte aujourd'hui, il est trop tard pour vous inscrire et bénéficier de l'assurance personnelle.

Que faire pour bénéficier de l'assurance maternité

1. Passer aux dates indiquées les examens médicaux obligatoires : quatre avant l'accouchement, un après :
• avant la fin du 3e mois un examen général comportant en outre : une prise de sang avec recherche de la syphilis, du groupe sanguin et du Facteur Rhésus, un examen d'urines ; une recherche d'immunité vis à vis de la rubéole et de la toxoplasmose. L'examen obstétrical doit être passé avant la fin du 3e mois alors que les examens complémentaires peuvent être passés dans les 15 premiers jours du 4e mois.
Jusqu'à récemment, la future mère devait déclarer (verbalement ou par lettre) sa grossesse à la Sécurité sociale. Aujourd'hui, l'envoi du feuillet du premier examen prénatal à la Sécurité sociale vaut déclaration de grossesse et est nécessaire pour obtenir le carnet de maternité.
• au cours du 6e mois, un examen obstétrical et des examens de laboratoire ; si une radio pulmonaire est prescrite, elle sera remboursée à 100 % ;
• dans les 15 premiers jours du 8e mois un examen obstétrical et des examens de laboratoire ;
• pendant la première quinzaine du 9e mois un dernier examen obstétrical et des examens de laboratoire ;
• dans les 8 semaines qui suivent l'accouchement, un examen médical et gynécologique.
Ces examens médicaux peuvent être passés soit chez votre médecin habituel, soit dans un centre de P.M.I., ou dans un établissement de soins agréé (hôpital, clinique, etc.).
• Si des examens médicaux supplémentaires sont nécessités par la grossesse, ils peuvent être pris en charge à 100 % par la Sécurité sociale, avec l'accord du contrôle médical de la Caisse.

2. **Demander à la Caisse de Sécurité sociale un carnet de maternité.** Pour l'obtenir, remettre à la Caisse de Sécurité sociale les bulletins de salaire des trois mois précédant le début présumé de la grossesse (ou une attestation de versement des cotisations pour les assurés personnels) et, dûment rempli par le médecin traitant, le volet 2 du feuillet d'examen prénatal vous ayant permis de passer le premier examen médical obligatoire. Les volets 1 et 3 de ce feuillet d'examen prénatal sont destinés à la Caisse d'Allocations familiales (voir p. 433 et suiv.). Ne pas oublier de porter sur le dossier ainsi constitué le numéro d'immatriculation à la Sécurité sociale. Dès réception du dossier, la Caisse étudie les droits du demandeur à l'assurance maternité, et si les conditions exigées sont remplies, délivre à la future maman le carnet de maternité. Ce carnet est nécessaire pour accomplir tous les actes médicaux et formalités indispensables pour bénéficier de l'assurance maternité et des allocations familiales.

---

* La condition du minimum d'heures de travail exigées pour percevoir les prestations en nature (c'est-à-dire tout ce qui n'est pas indemnités journalières) ne concernent pas les personnes qui viennent d'entrer dans le régime salarié. Se renseigner auprès de la Caisse.

3. Envoyer aux dates prescrites les feuillets du carnet de maternité à votre Caisse. Le carnet de maternité comprend différents feuillets correspondant à tous les actes médicaux donnant lieu à un remboursement par la Caisse de Sécurité sociale (examens médicaux, accouchement, etc.) et aux formalités que vous devez accomplir pour bénéficier d'avantages tels que le repos de maternité.
Si vous passez la visite dans un centre, vous remettrez le feuillet destiné à la Sécurité sociale au centre lui-même.
Après chaque visite, envoyez un feuillet à la Sécurité sociale, l'autre à la Caisse d'Allocations familiales. Le feuillet correspondant au premier examen prénatal doit être envoyé avant la fin de la quinzième semaine de grossesse.

Attention : si vous passez une visite supplémentaire, ne manquez pas de faire remplir par le médecin une feuille de maladie ordinaire pour que la consultation vous soit remboursée par la Sécurité sociale.

Examen médical du père : le futur père peut également, au cours du 3e mois, subir un examen médical complet qui lui sera remboursé. Un feuillet de votre carnet de maternité correspond à cet examen. Cet examen est facultatif, mais recommandé.

Après l'accouchement : vous enverrez à votre Caisse, *dans les 48 heures*, le feuillet correspondant du carnet de maternité signé par le médecin, accompagné d'un certificat d'accouchement délivré par l'établissement dans lequel a eu lieu votre accouchement.

4. Arrêter votre travail 6 semaines avant la date prévue pour votre accouchement si vous êtes assurée sociale personnellement. Six semaines, c'est la durée du congé avant la naissance ; après, vous avez droit à 10 semaines de repos. Le congé de maternité, c'est donc en tout 16 semaines.
Vous pouvez prendre un repos moins long, mais pour toucher les indemnités journalières de repos (voir plus loin), il faut que vous arrêtiez votre travail au moins *huit semaines en tout*. De toute façon, il faut que votre arrêt de travail soit effectif : des contrôles ont lieu. Et si vous *décidez* (et non pas si l'accouchement a lieu plus tôt que prévu) de vous arrêter moins de 6 semaines avant la date prévue pour l'accouchement, dans ce cas, il n'est pas possible de rallonger d'autant le congé post-natal ; autrement dit, il n'est pas possible de s'arrêter 2 semaines avant la date prévue pour l'accouchement et de reporter la différence de 4 semaines après l'accouchement.
A propos de ce congé de maternité, voici quelques renseignements importants.

Le congé de maternité

La date du repos prénatal est fonction de la date prévue pour l'accouchement, mais divers cas peuvent se présenter.

Dans le tableau ci-dessous, vous trouverez les périodes de congé minimum, et plus loin les cas particuliers où le congé de maternité peut être prolongé.

Date de l'accouchement et durée du repos pré et postnatal :
• L'accouchement a lieu à la date prévue :

$$\frac{6 \text{ semaines avant}}{10 \text{ semaines après}} = 16 \text{ semaines}$$

• L'accouchement a lieu plus tôt que prévu : le repos postnatal est prolongé d'autant pour faire 16 semaines en tout. Exemple :

$$\frac{3 \text{ semaines avant}}{13 \text{ semaines après}} = 16 \text{ semaines}$$

Si l'accouchement a lieu sans repos prénatal, il y aura :

16 semaines de repos postnatal

• L'accouchement a lieu plus tard que prévu : la mère a quand même droit à ses 10 semaines après. Elle aura donc en tout plus de 16 semaines. Exemple :

$$\frac{6 \text{ sem. avant} + 2 \text{ sem. retard}}{10 \text{ semaines après}} = 18 \text{ semaines}$$

Indemnités journalières de repos : le montant représente environ 90 % du salaire de l'assurée, exactement 84 % du gain journalier de base. Actuellement ces indemnités journalières ne peuvent dépasser un maximum de 275,52 F.
Les employeurs ne sont pas tenus de verser (sauf si une disposition de la convention collective ou du contrat de travail le prévoit) de salaire à leurs employées durant leur repos de maternité. En fait, la grande majorité continue à leur verser soit 16 % de leur salaire, complétant ainsi l'indemnité de la Sécurité sociale, soit un salaire entier. Si l'employeur verse le salaire entier, il demande à son employée, ou directement à la Sécurité sociale, de lui reverser le montant des indemnités journalières.
Pour percevoir vos indemnités, vous adresserez à votre Caisse une déclaration sur l'honneur indiquant votre date d'arrêt de travail, déclaration qui se trouve dans le carnet de maternité. Et votre employeur remplira l'attestation portant la mention « maternité ». Le paiement des indemnités journalières est automatique et s'effectue tous les 14 jours. Mais pour le paiement de la dernière quatorzaine, vous enverrez à votre Caisse une attestation de votre employeur de reprise de travail, ou bien, si vous ne reprenez pas votre travail, une attestation sur l'honneur de non-reprise de travail.
Pour le calcul des congés payés, les périodes de congé pré et postnatal comptent comme des périodes de travail.

Le congé maternité des agricultrices

Il existe une allocation destinée aux agricultrices s'arrêtant de travailler au moment de la naissance de leur enfant.

La demande de cette allocation est à faire auprès de l'organisme assureur (en général la Mutualité Sociale Agricole) dont relève l'intéressée. Cette demande doit être faite 20 jours au moins avant la date prévue de l'interruption d'activité, au moyen d'un imprimé joint au carnet de maternité.

Pour en bénéficier, il faut cesser son travail au moins une semaine et être effectivement remplacée.

Le remboursement couvre 90 % des frais réels pendant un maximum de 56 jours. Il ne peut dépasser un plafond de 420 F par jour si le remplacement est à temps plein, et de 52,50 F par heure si le remplacement est de moins de 8 heures par jour.

Le congé de maternité des femmes exerçant une profession libérale, artisanale, commerçante, ou pour les conjointes collaboratrices d'un membre d'une profession libérale, artisanale ou commerçante.

Il existe deux allocations en cas de maternité :
— l'allocation de repos maternel est de 4 730 F maximum (2 365 F maximum en cas d'adoption) ;
— l'indemnité de remplacement est égale au coût du remplacement, avec un plafond de 4 730 F (2 365 F en cas d'adoption). En cas d'état pathologique causé par la grossesse, et en cas de naissance multiple, le plafond est de 7 095 F.

Ces deux allocations peuvent se cumuler.

Cas où le congé de maternité peut être prolongé

● Si la naissance d'un enfant a pour effet de porter à 3 le nombre d'enfants, le congé prénatal est de 8 semaines et le congé postnatal de 18 semaines *.

● En cas de naissance de jumeaux, le congé postnatal est prolongé de deux semaines. Deux exemples :
— une femme sans enfants a des jumeaux. Son congé postnatal sera donc de dix semaines (congé postnatal normal), plus deux semaines (congé en cas de naissance multiple) ;
— une mère d'un enfant a des jumeaux. Son congé postnatal sera de 18 semaines, plus 2 semaines (parce qu'elle a des jumeaux), plus 2 semaines (car elle n'a pris que 6 semaines prénatales) : soit 28 semaines en tout.

● En cas d'état pathologique à partir du 6e mois de la grossesse, la future maman peut bénéficier d'un repos prénatal de 2 semaines. Ces 2 semaines sont indépendantes des 6 semaines légales, mais sont également indemnisées à 84 %. Les autres congés maladie que la future mère peut être amenée à prendre pendant sa grossesse sont indemnisés au

*Un employeur n'a pas le droit de licencier ** une future maman lorsque la grossesse a été médicalement constatée. Il ne peut pas non plus licencier une jeune mère pendant la durée du congé de maternité augmentée de 4 semaines. Et pendant son repos légal, il n'a pas le droit de l'employer pendant une période de huit semaines au total, dont six après l'accouchement.*

*Plusieurs lois récentes ont renforcé la protection de la femme enceinte qui a une activité professionnelle : — il est interdit à un employeur de tenter d'obtenir des renseignements sur l'état de grossesse éventuel d'une candidate à un emploi ; — le licenciement d'une salariée est annulé ** si, dans un délai de quinze jours à compter de sa notification, l'intéressée envoie à son employeur (par lettre recommandée avec A.R.), un certificat médical justifiant qu'elle est enceinte ; — les changements de poste des salariées enceintes sont subordonnés à une décision du médecin du travail ; — la salariée, après son congé de maternité, devra retrouver son emploi précédent.*

tarif maladie (environ 1/2 salaire). Dans certains cas, vous pourrez demander une aide financière à la Sécurité sociale pour compenser une partie du « manque à gagner » occasionné par l'arrêt de travail. Demandez à une assistante sociale quelles sont les démarches à faire.

● Si vous êtes malade *après* la naissance, sur ordonnance du médecin, votre congé postnatal pourra être prolongé de 2 semaines. Et vous pourrez percevoir l'indemnité journalière de maladie (environ 1/2 salaire).

● En cas d'hospitalisation de l'enfant : si l'enfant est encore hospitalisé six semaines après sa naissance, vous pouvez reprendre votre travail et vous pourrez utiliser la suite de votre congé de maternité lorsque votre enfant sera de retour chez vous. Mais il faut pour cela que vous ayez déjà pris un congé ininterrompu de 8 semaines, dont 6 semaines après la naissance.

● Vous pouvez, à l'expiration de votre congé de maternité, ne pas reprendre votre travail. Plusieurs possibilités vous sont offertes suivant l'endroit où vous travaillez.
— Dans le secteur public, les fonctionnaires — et les agents communaux — peuvent obtenir un congé sans solde pendant 3 ans. A la fin de ce congé, la mère sera réintégrée dans son emploi. Par ailleurs,

---

* Je réponds à une question posée : oui un enfant né viable mais décédé compte dans le nombre d'enfants qu'on a eus.

** Sauf si l'employée a commis une faute grave, ou si elle arrive au terme d'un contrat à durée déterminée, ou si l'employeur est dans l'impossibilité de continuer à l'employer pour un motif étranger à la grossesse ou à l'accouchement.

les fonctionnaires (et pas seulement les mères de famille) peuvent demander de travailler à mi-temps ; mais c'est un droit qu'on n'est pas obligé de leur accorder, cela dépend de l'organisation du service.
— Dans le secteur privé, deux cas peuvent se présenter :

1. Le congé parental d'éducation : il est accordé pour un an, peut être renouvelé deux fois (ce qui fait donc trois ans maximun), soit au père, soit à la mère. Les parents peuvent prendre ce congé sans solde ensemble, ou bien l'un après l'autre, à mi-temps ou à temps plein. A l'expiration de ce congé, le (ou la) salarié retrouvera son emploi précédent, ou un emploi similaire. Le parent n'est pas obligé de prendre ce congé à la suite du congé de maternité, mais dans les 3 ans suivant le congé de maternité (ou d'adoption).
Formalités : la mère et le père doivent prévenir leur employeur de leur intention de prendre ce congé par lettre recommandée avec A.R., et ce au moins quinze jours avant l'expiration du congé de maternité (2 mois si le congé parental ne suit pas le congé de maternité).
Conditions à remplir : pour bénéficier du congé parental d'éducation, il faut avoir travaillé pendant un an au moins dans l'entreprise.
Une restriction : dans une entreprise de moins de 100 salariés, l'employeur peut s'opposer au congé parental ou au travail à mi-temps s'il estime que cela peut être préjudiciable à la bonne marche de l'entreprise.
Les parents adoptifs ont les mêmes droits s'ils adoptent un enfant de moins de trois ans.

2. La démission assortie d'une priorité de réembauchage. Elle concerne le parent qui ne réunit pas les conditions pour bénéficier du congé parental d'éducation.
Formalités : la mère doit prévenir son employeur de son intention de ne pas reprendre son travail ; elle le fera par lettre recommandée avec A.R. quinze jours avant la fin de son congé de maternité ou d'adoption.
Le père doit également prévenir son employeur par lettre recommandée. Il doit démissionner dans les deux mois qui suivent la naissance ou l'arrivée de l'enfant au foyer. Dans l'année suivant sa démission, il bénéficie d'une priorité de réembauchage.
Important : pour la mère comme pour le père, la priorité de réembauchage n'est pas une certitude de réembauchage ; il faut qu'il y ait un poste libre dans l'entreprise.

Déclaration de grossesse à l'employeur : il n'y a pas d'obligation légale de date pour déclarer sa grossesse à son employeur, mais vous avez intérêt à le dire le plus rapidement possible pour bénéficier des avantages de cette situation. En effet dans certaines entreprises, les femmes enceintes ont droit à des assouplissements d'horaires. Et de toute manière, il faudra bien que vous informiez votre employeur

lorsque vous partirez pour votre congé maternité, si vous ne prévenez pas, cela sera une rupture de contrat de travail.

Remboursements

I. Pour les salariés et pour les exploitants agricoles
Visites médicales obligatoires : passées dans un centre de P.M.I. ou un dispensaire, elles sont gratuites. A l'hôpital, vous payez et la Sécurité sociale vous rembourse totalement. Chez un médecin particulier conventionné, vous serez remboursée à 100 % du tarif de la Sécurité sociale, c'est-à-dire 85 francs pour un généraliste, 125 francs pour un gynécologue. Chez un médecin non conventionné, vous aurez également 100 % du tarif prévu pour ce cas, tarif qui varie suivant les régions entre 2,80 et 8 francs.

Visites médicales supplémentaires : normalement, les centres de P.M.I. et dispensaires font payer le ticket modérateur. Mais certains centres, dans le cadre des visites prénatales (même non obligatoires), pratiquent la gratuité. Renseignez-vous. Chez un médecin particulier, ou à l'hôpital, vous serez remboursée à 75 ou 80 % du tarif de la Sécurité sociale.
A noter : deux examens prénataux supplémentaires (et remboursés à 100 %) peuvent être pratiqués au cours des 4e et 5e mois de grossesse. Ces examens sont facultatifs.

Médicaments : les médicaments prescrits sont remboursés à 100 %, 70 % ou 40 % suivant les cas (comme pour l'assurance maladie), à condition de coller les vignettes sur les ordonnances. Sur le feuillet du carnet de maternité, un cadre est prévu pour le pharmacien.

Important : pendant les 4 derniers mois de la grossesse, le ticket modérateur est supprimé pour tous les soins dispensés aux femmes enceintes (autrement dit, les remboursements sont à 100 %).

Accouchement sans douleur : si vous suivez des cours de préparation à l'A.S.D. (dont le nom officiel est « accouchement psycho-prophylactique »), ces cours vous seront remboursés à 100 % jusqu'à concurrence de 6 au maximum, et à condition qu'ils soient donnés par un médecin ou une sage-femme.

Frais d'accouchement et de séjour : les remboursements varient suivant l'endroit où vous accoucherez :
1. *à l'hôpital :* l'intégralité des frais est réglée directement par la Caisse de Sécurité sociale à l'hôpital ;
2. *en clinique conventionnée :* ces cliniques ont passé une convention spéciale avec la Caisse de Sécurité sociale suivant laquelle les frais de séjour

— et dans certains cas les honoraires de l'accoucheur — sont réglés directement par la Caisse de Sécurité sociale à la clinique.

Que l'accouchement soit fait par un médecin ou par une sage-femme, un forfait est prévu ; toutefois le forfait de la sage-femme comprend en outre la surveillance du nourrisson pendant 30 jours. Renseignez-vous auprès de la clinique ou du médecin sur quelle base vous serez remboursée et si vous aurez à assumer des frais supplémentaires ;

3. *dans une clinique agréée par la Sécurité sociale :* forfait pour les honoraires de l'accoucheur et les frais pharmaceutiques ; forfait également pour les frais de séjour, la différence entre le remboursement de la Sécurité sociale est le prix effectif du séjour étant à la charge de l'assurée.

Le séjour à l'hôpital ou en clinique ne doit pas dépasser 12 jours. Si une prolongation du séjour est justifiée médicalement, les frais en sont remboursés par l'assurance maladie ;

4. *à domicile ou dans une clinique non agréée :* remboursement des frais médicaux et pharmaceutiques sous forme de forfaits ;

5. *frais de transport en ambulance :* la mère peut obtenir sur présentation de la facture le remboursement des frais.

A noter : en cas de césarienne, l'intervention chirurgicale est remboursée à 100 % du tarif de la Sécurité sociale.

Massages ou gymnastique. Après votre accouchement, vous pouvez bénéficier d'une série de massages (maximum 10), ou de séances de gymnastique postnatale. Il faut auparavant faire une demande d'entente préalable à la Caisse de Sécurité sociale.

Ces séances sont remboursées à 100 % si le kinésithérapeute est conventionné.

Indemnités journalières de repos : voir plus haut *Le congé de maternité.*

Les remboursements sont effectués soit à la Caisse elle-même sur présentation des pièces nécessaires (carte d'immatriculation, livret de famille si vous n'êtes pas assurée sociale vous-même, bulletins de paie, ou attestations de versements des cotisations pour les non salariés), soit sur demande par virement à un compte en banque ou à un compte chèque postal, soit enfin par envoi d'un mandat Colbert (mandat réservé à la Sécurité sociale) que l'on peut toucher dans n'importe quel bureau de poste. Les femmes qui ne sont pas assurées sociales et qui n'ont pas de ressources suffisantes pour subvenir aux frais d'une grossesse et d'un accouchement, peuvent bénéficier de différents avantages (allocation mensuelle, accueil dans une maison maternelle avant et après l'accouchement, etc.). Voir plus loin le paragraphe : *Si vous êtes seule.*

Dans certaines caisses primaires de Sécurité sociale, les formalités à accomplir pour bénéficier de l'assurance maternité sont légèrement différentes de celles que nous indiquons ci-dessus. Les futures mamans dépendant de ces caisses trouveront les détails des formalités à accomplir dans le carnet de maternité qui leur sera remis au début de leur grossesse.

II. Pour le régime des nons salariés, non agricoles
Les remboursements sont calculés à 100 % du tarif de la Sécurité sociale pour les examens prénataux et postnataux, et les frais d'honoraires qui se rapportent à l'accouchement.

En ce qui concerne les autres frais relatifs à la grossesse, à l'accouchement et à ses suites, les remboursements varient ; il vaut mieux vous renseigner dans vos Caisses.

Les prestations familiales

Les prestations familiales, qui se décomposent en plusieurs allocations, ont pour but d'aider les familles à subvenir aux besoins de leurs enfants. Vous trouverez ci-dessous les conditions à remplir pour bénéficier de chacune de ces différentes allocations. Toutefois une condition leur est commune : *habiter en France métropolitaine.* A noter : dans les départements d'outre-mer, il faut se renseigner car certaines prestations n'existent pas, ou leur montant est différent.

Le montant respectif de ces différentes allocations varie suivant le salaire de base à partir duquel elles sont calculées (le montant du salaire de base est fixé 2 fois par an par décret). Les prestations familiales sont payables chaque mois.

L'allocation au jeune enfant

Cette allocation concerne les enfants conçus à partir du 1er janvier 1985. Elle est versée dès le 4e mois de grossesse :
• *Sans conditions de ressources* jusqu'au 3e mois de l'enfant pour chaque enfant né ou à naître (9 mensualités).
• *Avec conditions de ressources* du 4e mois de l'enfant jusqu'à son 3e anniversaire. Mais une seule allocation est versée par famille même si elle compte plusieurs enfants de moins de trois ans.

Cette allocation est versée jusqu'à ce que le dernier ait atteint l'âge de trois ans.

Seul cumul possible : en cas de naissance multiple, l'allocation sera versée jusqu'au 6e mois de chaque enfant. Un rappel sera fait des mensualités qui n'ont pas été versées avant la naissance.

Formalités
— Déclarer votre grossesse dans les 15 premières semaines à votre Caisse d'Assurance Maladie et à votre Caisse d'Allocations familiales.
— Avant et après la naissance, passer les examens médicaux obligatoires pour vous et votre enfant (voir page 428 quand passer ces examens).

Ressources
Pour continuer à bénéficier de cette allocation à partir du 4e mois de l'enfant, le revenu net imposable (revenus de 1986) ne doit pas dépasser au 1er juillet 1987 :
— pour un couple avec 1 enfant : 78 791 F
— pour un couple avec 2 enfants : 94 549 F
— pour un couple avec 3 enfants : 113 459 F
— par enfant supplémentaire : 18 910 F.
En cas de double activité (ou pour une personne seule) vous avez droit à un abattement de 25 335 F sur vos ressources.

Montant
Il est de 781 F par mois.

Interruption de la grossesse : en cas d'avortement spontané, il faut envoyer dans les 15 jours qui suivent un certificat médical attestant l'interruption de la grossesse, et la date de cette interruption, à la Caisse d'Allocations familiales.

L'allocation parentale d'éducation

Cette allocation est versée aux familles à partir du 3e enfant dont l'un des parents n'exerce plus d'activité professionnelle et jusqu'à ce que le plus jeune enfant ait atteint l'âge de 3 ans.

Conditions
— Avoir à charge au moins trois enfants dont un de moins de 3 ans.
— Avoir exercé une activité professionnelle pendant deux ans (8 trimestres), d'une façon consécutive ou non, dans les dix ans qui précèdent précèdent la naissance, l'adoption ou l'accueil de l'enfant à charge.
— Faire la demande d'allocation dans les 3 ans qui suivent la fin du congé de maternité, ou d'adoption ; ou dans les 3 ans qui suivent la naissance ou l'adoption de l'enfant.

Durée
Cette allocation est versée, sans condition de ressource, jusqu'au 3e anniversaire de l'enfant.

Montant
Cessation d'activité à temps plein : 2 424 F par mois ;
Cessation d'activité à mi-temps : 1 212 F par mois ;
Le parent bénéficiaire de l'allocation conserve ses droits aux prestations de l'assurance maladie.

Si vous habitez Paris depuis trois ans :
— Même si vous n'avez pas exercé d'activité professionnelle, vous pouvez obtenir une allocation de congé parental d'éducation pour la naissance ou l'adoption d'un troisième enfant, ou la naissance ou l'adoption d'un enfant gravement handicapé même s'il est le premier ou le deuxième enfant.
— Cette allocation n'est pas cumulable avec l'allocation de congé parental d'éducation de la caisse d'Allocation familiale.

Montant : 2 000 F par mois jusqu'au 3e anniversaire de l'enfant.

Ressources : sans condition de ressources.
Renseignez-vous à la mairie de Paris.

Le complément familial

Qui peut en bénéficier ?
Les personnes résidant en France, quelle que soit leur nationalité, ayant ou non une activité professionnelle.

Conditions à remplir :
• Avoir un enfant de moins de 3 ans conçu avant le 1-1-1985, ou au moins 3 enfants à charge, et ne pas bénéficier de l'allocation au jeune enfant.
• Avoir des ressources qui ne dépassent pas un certain plafond. Le revenu net imposable (revenus de 1986) ne doit pas dépasser au 1er juillet 1987 :
– pour pour un couple ayant un revenu et un enfant : 78 791 F ;
– pour un couple ayant un revenu et 2 enfants : 94 549 F.
Par enfant en plus on ajoute 18 910 F.
Un couple ayant 2 revenus, ou bien une personne seule, ont droit à un abattement de 25 335 F sur leurs ressources.

Montant
Il est de 708 F.

L'allocation familiale

C'est une prime mensuelle versée aux personnes ayant la charge de 2 enfants au moins.
Cette allocation est versée jusqu'à ce que les enfants aient 16 ou 18 ans s'ils sont en apprentissage avec une rénumération inférieure à une somme définie par les Caisses d'Allocations, ou jusqu'à 20 ans s'ils continuent leurs études.
A noter : les enfants de 17 ans, à la recherche d'un premier emploi, continuent à donner droit aux allocations familiales, à condition qu'ils soient inscrits à l'Agence Nationale pour l'Emploi.

Qui peut en bénéficier ?
• Toutes les personnes exerçant une activité professionnelle normale (salariés ou assimilés, et également employeurs et travailleurs indépendants).

● Les personnes justifiant d'une impossibilité de travailler (malades non assurés sociaux, pères de famille effectuant leur service militaire, et d'une manière générale, toute personne apportant par tous moyens la preuve de son impossibilité de travailler) ; les femmes seules élevant au moins deux enfants ainsi que les personnes recevant, pendant leur période d'inactivité, des indemnités, rentes ou pensions, en remplacement d'une rémunération, sont présumées par la loi être dans l'impossibilité de travailler.

● Peuvent également bénéficier de cette allocation, les étudiants poursuivant leurs études, à condition qu'ils puissent justifier de leur impossibilité de travailler.

Conditions à remplir : Au moins 2 enfants à charge. Que ces enfants, s'ils ont moins de 2 ans, soient soumis aux examens médicaux obligatoires.

Formalités. Dès la naissance de l'enfant qui vous donne droit à l'allocation familiale, adressez à votre Caisse les pièces officielles constatant la naissance de l'enfant : bulletin de naissance, fiche d'état civil.

Montant.
Pour 2 enfants : 32 % du salaire de base,
            soit 544,06 F ;
pour 3 enfants : 73 % de ce salaire,
            soit 1 241,13 F ;
pour 4 enfants : 114 % de ce salaire,
            soit 1 938,20 F ;
pour 5 enfants : 155 % de ce salaire,
            soit 2 635,27 F.
A partir du 6e enfant, on ajoute 41 %,
            soit 697,07 F.
Dans les familles comportant 2 enfants, le cadet bénéficie d'une majoration de 9 % (soit 153,02 F) à partir de 10 ans, et de 16 % (soit 272,03 F) à partir de 15 ans. Dans les familles de 3 enfants et plus, chaque enfant, y compris l'aîné, bénéficie d'une majoration de 9 % à partir de 10 ans et de 16 % à partir de 15 ans. Ceci jusqu'à l'âge de 20 ans si les enfants continuent leurs études.

L'allocation d'éducation spéciale pour mineurs handicapés

Cette allocation, accordée sur une décision d'une Commission départementale d'éducation spéciale qui appréciera l'état de l'enfant, est versée pour compenser le « surcroît éducatif » occasionné par tout enfant handicapé n'ayant pas dépassé 20 ans.

Conditions à remplir. Peut obtenir cette allocation :
— soit l'enfant qui a une incapacité permanente égale à un pourcentage de 80 % au moins, et qui n'a pas été admis dans un établissement d'éducation spéciale, ou pris en charge au titre de l'Éducation spéciale.
Un complément d'allocation sera versé et modulé suivant les besoins, pour l'enfant atteint d'un handicap dont la nature et la gravité exigent des dépenses particulièrement coûteuses ;

— soit l'enfant handicapé qui est admis dans un établissement, ou pris en charge par le service d'Éducation spéciale ou de soins à domicile.
Cette allocation ne sera pas versée si l'enfant ne présente qu'une infirmité légère, ou s'il est placé dans un internat et que les frais de séjour sont pris intégralement en charge par l'assurance maladie, l'État, ou l'Aide sociale. Pour bénéficier de cette allocation, il n'y a pas de conditions de ressources pour la famille.

Montant :
a) de l'allocation : 544,06 F par mois ;
b) du complément :
— pour la 1re catégorie, c'est-à-dire pour un enfant ayant besoin de l'aide constante d'une tierce personne : 72 % de la base mensuelle fixée pour le calcul des A.F. (soit 1 224,13 F) ;
— pour la 2e catégorie, c'est-à-dire pour un enfant ayant besoin de l'aide quotidienne d'une tierce personne, mais d'une aide discontinue : 24 % de la base ci-dessus (soit 408,04 F).
Si l'enfant a une incapacité de 80 % au moins, il peut être classé en 1re catégorie en fonction des dépenses qu'entraîne son état.

L'allocation de parent isolé

Cette allocation est destinée à garantir un revenu familial minimum à toute personne qui se trouve subitement seule pour assumer la charge d'un ou plus enfants, ou qui se trouve en état de grossesse.

Conditions :
— avoir un ou plusieurs enfants à charge (si la mère vit dans sa famille, elle est présumée assumer la charge des enfants dont elle a la garde), ou être enceinte. Les enfants peuvent être légitimes, naturels ou reconnus.
Les femmes enceintes doivent avoir déclaré leur grossesse, et subir dans les délais les examens prénatals.
— vivre seul : c'est-à-dire être célibataire, veuf, séparé, divorcé, abandonné et ne pas vivre maritalement ;
— avoir des ressources inférieures à un minimum garanti. Par mois, ce minimum est de :
2 550,27 F pour une femme enceinte sans enfant ;
3 400 36 F pour une personne seule ayant un enfant à charge ;
● par enfant en plus on ajoute : 850,09 F.

Montant. Le montant de l'allocation versée est égal à la différence entre les sommes indiquées et les ressources personnelles. Il varie donc d'un bénéficiaire à l'autre.

Durée. L'allocation sera versée au maximum pendant douze mois, mais cette durée pourra être prolongée jusqu'à ce que le dernier enfant ait atteint l'âge de 3 ans. Le montant de l'allocation sera révisé tous les trois mois en fonction des revenus du trimestre écoulé.

L'allocation de soutien familial

Cette allocation remplace l'allocation d'orphelin.

Qui peut en bénéficier ?
Les personnes qui assument la charge :
— d'un enfant orphelin de père et/ou de mère ;
— d'un enfant dont la filiation n'est pas établie légalement à l'égard de ses parents ou de l'un d'eux ;
— d'un enfant dont les parents (ou l'un d'eux) ne font pas face à leurs obligations d'entretien ou de versement d'une pension alimentaire *.

Condition à remplir.
Résider en France.

Montant. Les taux sont fixés en pourcentage de la base mensuelle de calcul des Allocations familiales : 30 % (soit 510,05 F) pour un enfant orphelin de père et de mère, 22,5 % (soit 382,54 F) pour un enfant dont la filiation n'est établie qu'à l'égard de sa mère.

Le supplément de revenu familial

Il concerne les personnes qui assument la charge de 3 enfants au moins, et dont les ressources sont supérieures à un plancher fixé à 1 345 fois le S.M.I.C. en vigueur au 1er juillet de l'année de référence, sans dépasser le revenu minimum familial. Autrement dit, pour bénéficier du supplément de revenu familial, il faut (au 1er juillet 1987) avoir des ressources annuelles comprises entre 32 023 F et 38 650 F, majorées de 6 000 F par enfant à charge au-delà du 3e.

Condition : avoir une activité salariée.

Montant : 210 F par mois.

L'allocation d'assistante maternelle

Cette prestation est versée aux personnes (qu'elles soient salariées ou fonctionnaires) employant une assistante maternelle.

Conditions à remplir :
— être employeur d'une assistante maternelle agréée ;
— lui confier toute la journée la garde d'un ou plusieurs enfants de moins de 3 ans ;
— faire partie du régime général des Allocations familiales, ou avoir bénéficié d'une prestation entourant la naissance ;
— avoir versé à l'urssaf les cotisations sociales dues en tant qu'employeur d'une assistante maternelle.

---

* En cas de versement partiel d'une pension alimentaire, vous pouvez recevoir une allocation de soutien familial différentielle.

Montant. Il est de 1 300 F par trimestre et par enfant gardé.

L'allocation de garde à domicile

Cette prestation est versée aux familles ou à une personne seule qui emploient à leur domicile une personne pour garder un ou plusieurs enfants.

Conditions. Il faut que le ou les parents travaillent et que l'enfant ait moins de trois ans.

Ressources. Sans conditions de ressources.

Montant. Il s'agit du remboursement des charges sociales (charges salariales et patronales) de la personne engagée dans la limite de 2 000 F par mois.

Les allocations logement

Signalons que le fait de bénéficier d'une des prestations familiales énumérées peut permettre dans certaines conditions de bénéficier de l'allocation logement (mais les ménages avec un enfant à charge qui ne perçoivent pas d'allocation peuvent néanmoins obtenir l'allocation logement). Cette allocation est une prestation qui s'ajoute aux prestations familiales proprement dites. Elle peut atteindre 75 % du loyer payé par l'allocataire, à condition que le loyer et les ressources du ménage ne dépassent pas un certains plafonds.
Les ménages sans enfants peuvent bénéficier de cette allocation les 5 premières années de leur mariage à condition que les époux n'aient pas dépassé l'un et l'autre 40 ans au moment du mariage.

Il ne nous est pas possible de donner ici tous les renseignements sur les conditions et formalités à remplir pour bénéficier de cette allocation, ainsi que des différentes formes qu'elle peut prendre (aide personnalisée au logement par exemple). Mais vous pourrez trouver tous renseignements sur l'allocation logement à votre Caisse d'Allocations familiales.

L'allocation de déménagement

Cette allocation concerne uniquement les familles de trois enfants dont le dernier enfant n'a pas dépassé son premier anniversaire.

La négligence
peut coûter cher

Vous voyez les avantages dont vous pouvez bénéficier lorsque vous attendez un enfant.

Ces avantages sont importants. Encore une fois, pour en bénéficier, vous devez vous soumettre aux formalités qui vous sont demandées et ce, dans les délais prescrits.

N'oubliez pas que si la loi prévoit que vous devez passer des examens médicaux à des dates précises avant de vous envoyer des allocations, c'est qu'elle veut vous obliger à veiller à votre santé et à celle de votre enfant.

Chaque année, nombreuses sont les jeunes mères qui ne perçoivent que partiellement remboursements et primes dont elles pourraient bénéficier, parce qu'elles sont négligentes ou mal informées.

Nous vous rappelons que vous pouvez remplir vos formalités sans vous déplacer en envoyant vos papiers par la poste et en recevant vos allocations et remboursements à domicile. Lorsque votre dossier est constitué, relisez-le avec soin avant de l'envoyer pour vous assurer qu'il est bien lisible et complet (30 % *des dossiers adressés aux Allocations familiales sont incomplets).* Sinon, on vous le renverra et vous aurez perdu du temps. En particulier, n'omettez pas de porter sur toute votre correspondance votre numéro d'immatriculation.

Si votre cas est spécial — et que nous ne l'ayons pas prévu ici —, si vous avez besoin d'un conseil, allez
voir l'assistante sociale de votre mairie, ou consultez celle qui est attachée à votre entreprise.

En attendant, voici *une aide financière* que vous ne connaissez peut-être pas :
Une femme enceinte ou une mère (célibataire ou non) peut obtenir une *allocation d'aide sociale* ou *un secours.*
C'est une allocation mensuelle accordée aux personnes qui ne disposent pas de ressources suffisantes pour subvenir à leurs besoins, ou pour couvrir les frais de soins qu'exige leur état de santé.
S'il s'agit d'une difficulté passagère, on peut obtenir un secours.

Formalités. Voir la mairie.

Montant. Il varie suivant les cas, en fonction des ressources de l'intéressée.

Les renseignements que nous donnons sur les formalités à accomplir pour bénéficier des Allocations familiales, ainsi que sur la manière de les percevoir, s'appliquent à la région parisienne. Quoiqu'ils soient dans les grandes lignes valables pour toute la France, dans certaines caisses départementales les formalités et modes de paiement sont un peu différents. Les futures mamans dépendant de ces caisses trouveront auprès de celles-ci tous renseignements nécessaires.

Si les formalités peuvent légèrement varier d'un département à l'autre, le taux permettant de calculer le montant des Allocations familiales est le même pour toute la France.

Et si vous êtes seule

Les femmes seules (célibataires, séparées, divorcées, veuves) peuvent bénéficier des avantages et droits énumérés ci-dessus à certaines conditions. En outre, si elles sont dépourvues de ressources, elles peuvent bénéficier d'avantages spéciaux.

La Sécurité sociale

• La femme seule peut bénéficier des prestations de Sécurité sociale pour elle et ses ayants droit si elle exerce une activité professionnelle salariée ou non salariée. Elle bénéficie donc du régime de maternité (voir plus haut les conditions).
• Les jeunes mères célibataires à charge d'un assuré social (dans la limite d'âge prévue par la loi) bénéficient des prestations de Sécurité sociale comme ayants droit d'un assuré social.
• Les étudiantes bénéficient du régime des étudiants * ; elles ont droit aux prestations de Sécurité sociale pour elles et leurs ayants droit.
• En ce qui concerne les femmes divorcées et les veuves, les prestations de l'assurance maternité continuent à leur être versées pendant un an (après la transcription du divorce, ou le décès du conjoint), ou jusqu'à ce que le dernier enfant ait plus de 3 ans.
• En cas de mariage postérieur à la conception ou à la naissance du bébé, une mère non-assurée sociale bénéficie des prestations de Sécurité sociale, à partir de la date du mariage, sur le compte de son mari.

Les prestations familiales.
Les conditions sont les mêmes que pour les femmes mariées (voir plus haut).

Protection sociale.
Les futures mères dépourvues de ressources ou disposant de ressources insuffisantes peuvent bénéficier de diverses allocations d'aide sociale, et peuvent loger dans des maisons maternelles et hôtels maternels.

• Une allocation mensuelle peut être accordée pendant les 6 semaines qui précèdent la naissance.
Le montant varie en fonction des ressources de la future mère. Cette allocation est versée à partir du jour de la demande.
Pour tous renseignements, s'adresser à la mairie, au bureau d'aide sociale.

• La gratuité de l'accouchement est assurée aux femmes privées de ressources.

• L'allocation mensuelle peut être maintenue après l'accouchement ou accordée à la mère qui n'a pas assez de ressources pour vivre. Cette allocation peut se cumuler avec les Allocations familiales.

Les centres maternels.
Ils sont réservés en priorité aux mères isolées, sans ressources, ni logement. Ils ont en général deux sections : prénatale et postnatale.
• Dans la section prénatale, la femme est reçue à titre gratuit avec une prise en charge de la D.D.A.S.S. de son domicile.
• Dans la section postnatale (après le congé de maternité) une participation aux frais est demandée à la mère en fonction de ses ressources.
Ces centres peuvent aussi accueillir des femmes ayant des enfants et qui sont momentanément privées de logement et de ressources.
Pour avoir des adresses, les futures mères doivent s'adresser au service social de la mairie.

Des assistantes maternelles, dépendant de l'Aide sociale à l'Enfance, accueillent en placement permanent des enfants sans famille ou dont les familles connaissent des difficultés momentanées. Elles sont surveillées par des puéricultrices. La famille, si elle le peut, verse une modeste participation.

A noter : dans les départements où il n'y a pas de centres maternels, les hôpitaux susceptibles de

---

* Les étudiants bénéficient jusqu'à 26 ans de la Sécurité sociale, mais toutes les écoles n'y ouvrent pas droit. D'autre part, ceux qui ne peuvent bénéficier de la Sécurité sociale de leurs parents peuvent être inscrits à la Sécurité sociale des étudiants avant 20 ans.

recevoir les femmes enceintes doivent obligatoirement recevoir les femmes enceintes qui le demandent durant le mois qui précède l'accouchement et celui qui le suit, et ceci gratuitement si elles n'ont pas de ressources. Les femmes peuvent demander le *bénéfice du secret à l'admission.*

Le livret de famille. Les mères célibataires peuvent obtenir un livret de famille. La demande doit être faite à la mairie du lieu de naissance.

Renseignements divers pour les mères célibataires

• Même si votre enfant a été reconnu par son père, sachez que c'est vous seule qui exercez l'autorité parentale (du fait que vous n'êtes pas mariée). Le juge des tutelles (ce magistrat siège auprès du Tribunal d'instance) peut, sur leur demande, autoriser le père et la mère à exercer l'autorité parentale conjointement. (En cas de divorce, la garde conjointe peut être accordée, sur la demande des parents, par le juge aux affaires matrimoniales.)

• L'enfant prend le nom de celui de ses père et mère qui le reconnaît en premier. Si ses parents le reconnaissent ensemble, il prend le nom du père. Si l'enfant a pris le nom de sa mère, il pourra par la suite prendre celui de son père, à la condition que ses parents le demandent ensemble au juge des tutelles. Cette demande doit être faite durant la minorité de l'enfant.

• Si le père n'a pas reconnu l'enfant, vous pouvez quand même tenter de faire établir en justice un lien juridique entre votre enfant et son père.
— *L'action en recherche de paternité* a pour but de faire établir la filiation paternelle de l'enfant. Elle n'est possible que dans des cas prévus par la loi. Elle doit être exercée dans les deux ans de la naissance de l'enfant, ou les deux ans qui suivent la cessation du concubinage ou la cessation de la participation du prétendu père à l'entretien de l'enfant. Le jugement établit la filiation paternelle, statue s'il y a lieu sur l'attribution du nom et sur l'autorité parentale et fixe le montant de la pension due pour l'enfant.
— *L'action à fins de subsides*, fondée sur la responsabilité de l'homme qui a eu des relations sexuelles avec la mère pendant la période de conception de l'enfant, a pour résultat d'obliger cet homme à verser une pension alimentaire pour l'enfant. Cette action peut être exercée pendant toute la minorité de l'enfant.
L'une et l'autre de ces procédures nécessitent l'intervention d'un avocat. Une mère ayant peu de ressources peut bénéficier de l'aide judiciaire totale ou partielle, c'est-à-dire qu'elle n'aura rien ou pratiquement rien à payer pour la procédure.

• Si le père a reconnu l'enfant, il doit contribuer à son entretien. S'il ne le fait pas volontairement, vous pouvez vous adresser au tribunal d'instance dont dépend votre domicile pour l'obliger à vous verser une pension alimentaire.

• Si une mère célibataire désire améliorer sa formation professionnelle, sa candidature à un stage de formation agréé par l'État sera retenue en priorité, si elle élève seule son enfant. Et le fait d'avoir un enfant à charge lui permettra de bénéficier d'une rémunération égale à 120 % du S.M.I.C.

• La mère célibataire a droit dans sa déclaration de revenus à porter l'enfant pour une part (ceci n'est valable que pour le premier enfant). Pour les suivants, elle n'a droit qu'à 1/2 part par enfant. Les mêmes dispositions sont valables pour la mère divorcée.

• La mère célibataire (ou veuve ou divorcée) ainsi que les couples dans lesquels les deux parents travaillent, peuvent inscrire les frais de garde sur leur déclaration de revenus. La déduction fiscale pour 1987 (déclaration de 1986) était de 10 000 F. Cette déduction concerne les enfants âgés de moins de 5 ans au 31 décembre de l'année pour laquelle on déclare les revenus.

• Si vous n'avez pas de couverture maladie par votre activité ou en qualité d'ayant droit, vous pouvez en bénéficier par :
— la perception de l'allocation de parent isolé ;
— l'assurance personnelle avec possibilité de prise en charge des cotisations par l'Aide sociale ou la Caisse d'Allocations familiales. Renseignez-vous auprès de votre Caisse primaire d'Assurance maladie.

Pour finir, voici quelques adresses qui peuvent vous aider. Comme nous ne pouvons donner les adresses pour toute la France, nous citons le Siège social qui se trouve en général à Paris, c'est là que vous pourrez obtenir les adresses en province.

Le Planning familial
4, Square Saint-Irénée
75011 PARIS. Tél. : 48.07.29.10

Centre national d'information sur les droits de la femme
7, rue du Jura
75013 PARIS. Tél. : 43.31.12.34.

La Fédération des Associations des Veuves chefs de famille
28, place Saint-Georges
75009 PARIS. Tél. : 42.85.18.30

La D.D.A.S.S. (Direction départementale de l'Action sanitaire et sociale)
23, boulevard Jules-Ferry
75011 PARIS. Tél. : 43.38.88.00

Pour obtenir l'adresse de la D.D.A.S.S. de votre département, vous pouvez également demander à l'assistante sociale de votre mairie.

Aides familiales, nourrices, crèches, pouponnières

Vous allez accoucher dans une clinique ou à l'hôpital, mais vous n'avez personne qui puisse s'occuper des enfants que vous laissez à la maison ; vous pouvez, dans ce cas, demander au service social de votre mairie de vous procurer une **aide familiale**. Après enquête, on vous enverra une aide qui sera prise en charge par votre Caisse d'Allocations familiales dans une proportion déterminée par vos ressources et le nombre de vos enfants.

Si vous travaillez et que vous désirez une solution pour la journée, vous savez que vous pouvez confier votre enfant soit à une nourrice qui le prend chez elle, soit le mettre dans une crèche. Voici, pour ces deux cas, quelques renseignements utiles.

Pour trouver une **nourrice** *, il faut s'adresser au service social de la mairie qui connaît les nourrices agréées puisqu'il est chargé de la surveillance de ces nourrices. Si vous confiez votre enfant à l'une de ces personnes pour plus de huit jours, vous devez en faire la déclaration à votre mairie. La personne qui prend votre enfant chez elle doit également le déclarer. Elle est tenue à certaines formalités, qui sont une garantie que votre enfant est bien soigné et qu'il vit dans un milieu sain. La nourrice doit passer régulièrement des visites médicales. Elle reçoit la visite régulière d'une assistante sociale. Enfin, le B.C.G. est obligatoire pour tout enfant gardé en nourrice. A titre d'indication, le prix d'une nourrice (à Paris) est d'environ 90 à 120 F par jour. Le prix minimum est de 55,68 F pour 8 heures par jour. Et de 6,96 de l'heure si la garde dure moins de 8 heures par jour.

Pour les **crèches**, c'est également au service social de la mairie que vous pouvez demander des adresses. Mais pensez à vous en occuper dès que vous savez que vous êtes enceinte, les places sont limitées. Ensuite, tous les mois, il vous faudra confirmer cette inscription, soit par téléphone, soit en y allant. Et sachez que même en procédant ainsi aucune certitude n'est acquise.
Les crèches ont pour objet de garder pendant la journée, durant le travail de leur mère, les enfants bien portants ayant moins de 3 ans accomplis. Les enfants y reçoivent tous les soins qu'exige leur âge.

* Appelée maintenant assistante maternelle.

Une surveillance médicale est assurée régulièrement dans ces établissements. Le prix est fonction des ressources des parents. Il varie de 0 à 106 F par jour dans la région parisienne, mais dans certains départements les plafonds sont plus élevés.

A côté de ces crèches collectives, il commence à y avoir maintenant des **crèches familiales** qui assurent la garde des enfants chez des gardiennes agréées et surveillées à tous points de vue (santé, logement, hygiène, etc.) par une équipe de puéricultrices D.E. Pour avoir des adresses, s'adresser à la mairie, ou au bureau de Sécurité sociale.

Le service social de la mairie vous indiquera également si dans votre quartier existent des **crèches parentales**. Ces crèches sont organisées et gérées par les parents qui participent eux-mêmes à la garde des enfants, avec le soutien d'une personne qualifiée.

Les haltes-garderies accueillent de façon **discontinue** les enfants de moins de 6 ans.

Enfin, si vous avez l'intention de prendre quelqu'un à domicile pour s'occuper de votre enfant, sachez que les employées de maison, qu'elles soient à mi-temps, à plein temps, ou seulement quelques heures, doivent passer un examen médical avant d'être embauchées, et qu'en plus, elles doivent tous les ans se soumettre à une visite de contrôle (loi du 15 décembre 1971). Il est particulièrement important d'observer cette loi quand il y a un nouveau-né dans la maison.

La pouponnière n'a pas le même rôle que la crèche : elle a pour particularité de garder *jour et nuit* les enfants de moins de 3 ans accomplis qui ne peuvent ni rester au sein de leur famille, ni bénéficier d'un placement familial surveillé. Il y a deux catégories de pouponnières : les pouponnières à caractère sanitaire gardent les enfants ayant besoin de soin médicaux spéciaux ; les pouponnières à caractère social gardent les enfants ne nécessitant pas de soins médicaux, mais qui ne peuvent rester dans leur famille.

Vos obligations et vos droits

Avant la naissance :

La carte de priorité est fournie par la mairie sur présentation du carnet de maternité (apporter carte d'identité et photo). Grâce à cette carte vous pourrez obtenir une place assise dans les transports publics, et éviter de faire la queue aux bureaux des administrations et services publics (P.T.T., mairie etc...) et chez les commerçants.

Bénéficiaires :
— Les femmes enceintes (pour la durée de la grossesse).
— Les ménages ou personnes ayant la charge :
• d'un enfant de moins de 3 ans
• de deux enfants de moins de 4 ans
• de trois enfants de moins de 16 ans.
Dans ce cas, la carte est délivrée pour 3 ans (renouvelable).
— Pour les mères décorées de la Médaille de la Famille française, la carte est délivrée par l'autorité administrative de l'état. La durée de la carte est alors permanente.

Carte de priorité spéciale région parisienne :
Depuis le 1er Mars 1986, les femmes enceintes obtiennent automatiquement, dès leur déclaration de grossesse une carte de priorité sur le réseau banlieu SNCF, RATP et RER. Elles peuvent ainsi voyager en 1ère avec un ticket de 2e classe. Cette carte est délivrée par les caisses d'Allocation familiales.

Après la naissance :

1. La déclaration de naissance. Dès la naissance de votre enfant, le médecin ou la sage-femme vous remettra un certificat attestant la naissance de votre enfant.
Votre mari — ou à défaut une personne mandatée par la maternité —, muni du livret de famille et de ce certificat, déclarera à la mairie de la commune où a lieu l'accouchement, la naissance de votre enfant. Les services de la mairie doivent remettre un carnet de santé pour l'enfant en enregistrant la naissance.
Cette déclaration doit être faite dans les 3 jours qui suivent la naissance, et sera portée sur votre livret de famille. Passé ce délai, l'officier d'état civil n'a plus le droit de dresser l'acte de la naissance avant qu'un jugement du tribunal ne soit intervenu, ce qui entraîne des formalités longues et coûteuses.
Une déclaration faite en retard peut, en outre, entraîner un emprisonnement de 4 jours à 6 mois et une amende de 40 à 720 F (pour les frais).

Votre mari demandera en même temps 4 fiches d'état civil qui vous seront nécessaires pour vos démarches ultérieures, carte de priorité, Allocations familiales, etc.
Vous avez un congé de maternité (avant et après la naissance), mais **votre mari a aussi droit à un congé spécial** à l'occasion de la naissance de son enfant : 3 jours, congé payé bien sûr. Attention, ce congé doit obligatoirement être pris dans les 15 jours qui précèdent ou qui suivent la naissance. Ce « qui précèdent » vous étonne mais il est légal ! Mais, sauf cas rares, les pères prennent leur congé après la naissance.
Le père a également droit à trois jours de congé lors de l'adoption d'un enfant, trois jours à prendre dans les quinze jours qui précèdent ou suivent l'arrivée au foyer d'un enfant de moins de 3 ans.

2. La surveillance médicale de l'enfant. Au cours de la première année, 9 examens sont obligatoires : dans les 8 jours qui suivent la naissance, avant la fin du 1er mois, et au cours des 2e, 3e, 4e, 5e, 6e, 9e et 12e mois.
Au cours de la 2e année, 3 examens sont obligatoires : ceux des 16e, 20e et 24e mois. Enfin, au cours des 4 années suivantes, un examen est obligatoire tous les 6 mois.
Parmi ces examens, 3 donnent lieu à l'établissement d'un certificat de santé (ceux des 8e jour, 9e ou 10e mois et 24e ou 25e mois). Et de l'envoi de ce certificat de santé à la Caisse d'Allocations familiales dépend le paiement des allocations jeune enfant, parentale d'éducation et familiales.
Tous ces examens, vous pouvez les faire faire par un médecin de votre choix, ou par le médecin de la consultation de P.M.I. de votre quartier. Dans ces centres, les consultations sont gratuites. Mais si vous faites suivre votre bébé dans un centre de P.M.I., il est bon que le médecin de votre quartier le connaisse, car c'est lui que vous appellerez lorsque l'enfant sera malade : le centre de P.M.I. n'est pas un centre de soins ni de traitement, et il n'est ouvert qu'à certaines heures. Le carnet de santé, s'il est bien rempli, fera le lien entre les différents médecins que vous serez amenés à voir.

3. La médaille de la famille française : la médaille de bronze est accordée aux personnes qui élèvent ou ont élevé 4 ou 5 enfants ; la médaille d'argent est accordée lorsque le nombre des enfants est de 6 ou 7 ; la médaille d'or est accordée lorsque le nombre d'enfant est de 8 ou plus. Les demandes sont à déposer à la mairie du domicile.

La retraite de la mère de famille

1. Avantages accordés aux mères de famille salariées :
— Pour les mères qui travaillent, chaque enfant élevé pendant 9 ans avant le 16e anniversaire leur donne une bonification de 2 années par enfant.
— Pour une mère de 3 enfants, le montant de la retraite est augmenté de 10 %.

2. Allocation versée aux mères de 5 enfants qui n'ont pas été salariées : Pour les mères qui ont élevé 5 enfants pendant 9 ans au moins avant leur 16e année et qui ne dépassent pas un certain plafond de ressources (assez bas), il existe une allocation aux mères de famille. Cette allocation est versée à partir de 65 ans, ou de 60 ans en cas d'état de santé déficient.

A noter (car j'ai eu beaucoup de lettres demandant des précisions sur cette allocation) : ces mères doivent être françaises (ou appartenir à un pays ayant passé une convention avec la France), et doivent avoir élevé 5 enfants de nationalité française au moment de la demande d'allocation.

3. Assurance vieillesse des mères de famille. Les Caisses d'Allocations familiales affilient à l'assurance vieillesse certaines personnes. Cette assurance concerne soit la personne seule (homme ou femme), soit dans un couple celui :
— qui n'a pas d'activité professionnelle ;
— qui perçoit le complément familial, ou l'allocation au jeune enfant, ou l'allocation parentale d'éducation ;
— qui assume la charge d'un enfant de moins de trois ans ou de trois enfants ; ou bien la charge d'un enfant ou d'un adulte handicapé.

Conditions de ressources :

— *Pour les femmes isolées*, mères d'un enfant de moins de 3 ans, ou d'au moins 3 enfants : leurs ressources ne doivent pas dépasser un plafond fixé à 2 130 fois le taux horaire du S.M.I.C., majoré de 25 % par enfant à charge.

— *Pour les couples :* si les mères ont un enfant de moins de 3 ans, le plafond est le même que pour les femmes isolées ; si elles ont au moins 3 enfants à charge, le plafond est le même que pour le complément familial.
N'hésitez pas à vous renseigner auprès de la Caisse pour toute situation un peu particulière.

L'aide-mémoire
de votre
grossesse

Les examens et formalités exigés par la Sécurité sociale et les Allocations familiales doivent être faits à des dates précises comme vous venez de le voir. Pour vous permettre de n'en oublier aucun, j'ai rassemblé tous les examens et formalités dans un grand tableau mois par mois. J'ai ajouté, également mois par mois : différentes démarches à faire, les indications principales concernant votre santé et les différentes étapes de l'évolution de votre enfant. Ce tableau sera un véritable aide-mémoire de votre grossesse.

Par ailleurs, je ne saurais trop vous conseiller de tenir un petit mémento de votre grossesse, c'est-à-dire :

● de noter les événements importants concernant votre santé : malaises, maladies s'il y a lieu, etc. ;

● de recopier les ordonnances qui vous auront éventuellement été remises par votre médecin, avant de les envoyer à la Sécurité sociale ;

● de reporter sur le tableau prévu à cet effet, les résultats des analyses d'urine. Ces résultats étant donnés sur des feuilles séparées, vous risqueriez de les égarer ;

● de noter les chiffres de vos pesées successives sur la page prévue à cet effet.

Le jour ou vous attendrez de nouveau un enfant, tous ces renseignements seront utiles à votre médecin. Ils l'aideront à diriger au mieux votre nouvelle grossesse.

Je n'ai indiqué que les examens médicaux obligatoires, mais, comme vous l'avez déjà vu au cours de ce livre, de plus en plus, il est conseillé aux futures mères de voir le médecin ou la sage-femme une fois par mois.

	Votre santé	Examens
1er mois	• Date des dernières règles le .... • Dès les 1ers jours de retard des régles, un test peut permettre d'établir un diagnostic de grossesse.	
2e mois	• Mettez-vous au régime alimentaire future maman. • Prenez l'habitude de vous peser tous les 15 jours. • Au cours de ce mois, il n'y a pas d'examen obligatoire, mais n'hésitez pas à consulter un médecin si nécessaire. • Si vous pensez allaiter, commencez dès maintenant à faire les exercices indiqués au chapitre 14 pour garder une belle poitrine.	
3e mois	• Prenez l'habitude de marcher 1/2 heure par jour. • Pensez à votre régime.	• 1er examen prénatal obligatoire par un médecin : examen général et obstétrical. • Si cela est justifié, le médecin prescrit au père un examen qui sera remboursé.
4e mois	• Commencez les exercices respiratoires et musculaires.	• Si vous avez tardé pour les examens complémentaires du 3e mois, vous avez encore 15 jours pour les passer.
5e mois	• Nouvel examen obligatoire au 6e mois seulement, mais n'hésitez pas à consulter un médecin si nécessaire. • N'oubliez pas de vous peser régulièrement.	
6e mois	• poids : vous ne devez pas engraisser de plus de 350 à 400 grammes par semaine. • Ne négligez pas la gymnastique prénatale : commencez les exercices de relaxations.	• 2e examen prénatal obligatoire : examen obstétrical, et si nécessaire examen radiologique pulmonaire.

Formalités	Votre bébé	Vos Préparatifs
• Déclaration de grossesse : le plus tôt possible. Le 1ᵉʳ examen prénatal vaut déclaration de grossesse.	• A la fin de ce premier mois il mesure 5 mm et pèse 1 gramme.	
	• Il mesure 3 cm et pèse 11 grammes. • A 8 semaines, l'ébauche de tous ses organes est formée.	
	• Son sexe se précise et ses cordes vocales naissent. • Dès la 12ᵉ semaine, le médecin peut entendre battre son cœur grâce au stéthocospe à ultrasons. • Il mesure 10 cm et pèse 45 grammes.	• Que vous accouchiez à l'hôpital ou dans une clinique, pensez à retenir un lit. • Si vous avez l'intention de mettre votre enfant dans une crèche, inscrivez-le dès maintenant : les places sont rares.
• Remettez à la consultation ou envoyez à la S.S. le feuillet correspondant au 1ᵉʳ examen. Envoyez duplicata aux A.F. avant la fin de la 15ᵉ semaine.	• Au cours de ce mois, ses mouvements deviennent perceptibles. • Ses cheveux poussent. • Il mesure 18 cm et pèse 225 grammes.	
	• Ses ongles sont maintenant visibles. • Il mesure 30 cm et pèse 500 grammes.	• Faites la liste de la layette et commencez à coudre et à tricoter ce que vous ferez vous-même.
• Remettez à la consultation ou envoyez à la S.S. le feuillet du C. de M. correspondant au 2ᵉ examen. Envoyez duplicata aux A.F.	• Il bouge de plus en plus. • Il mesure 31 cm et pèse 1 kg.	• Si vous désirez les cours d'A.S.D., inscrivez-vous à un centre.

	Votre santé	Examens
7ᵉ mois	• Cessez les exercices musculaires. Continuez les autres jusqu'à l'accouchement. • A partir de maintenant, examen d'urines tous les 15 jours	
8ᵉ mois	• Votre congé de maternité commence 6 semaines avant la date prévue pour l'accouchement. Profitez-en pour vous reposer vraiment. • N'oubliez pas de vous peser régulièrement.	• Dans les 15 premiers jours du 8ᵉ mois, 3ᵉ examen prénatal obligatoire : examen obstétrical.
9ᵉ mois	• Le plus important au cours de ce dernier mois, c'est de vous reposer. • Examen d'urines toutes les semaines.	• Pendant la première quinzaine du 9ᵉ mois, 4ᵉ examen prénatal obligatoire : examen obstétrical.

Après la naissance

	Votre santé	Examens
1ᵉʳ mois	• Pour être rapidement en forme, reposez-vous vraiment après la naissance. Si vous travaillez, vous avez droit à 10 semaines de repos. • Si vous allaitez, pensez à votre régime. • Dès le 2ᵉ jour, vous pouvez faire quelques exercices. • Si vous n'avez pas eu la rubéole (à vérifier pas sérodiagnostic), c'est le moment de vous faire vacciner, à condition de n'avoir pas de rapports ou de prendre la pilule pendant 2 mois.	
2ᵉ mois	• Pour retrouver rapidement votre ligne, pensez aux exercices de gymnastique.	• Examen postnatal obligatoire : examen général, gynécologique et si nécessaire radiologique.

Formalités	Votre bébé	Vos préparatifs
	• Il entend. • Il mesure 40 cm et pèse 1 700 grammes	• Pensez au berceau de votre bébé et préparez son coin.
• Remettez à la consultation ou envoyez à la S.S. le feuillet du C. de M. correspondant au 3e examen. Envoyez le duplicata aux A.F. • Envoyez à la S.S. attestation arrêt de travail remplie par l'employeur.	• C'est le mois du fignolage. • Il mesure 45 cm et pèse 2 400 grammes.	• Préparez votre valise et celle de votre bébé.
• Remettez à la consultation ou envoyez à la S.S. le feuillet du C. de M. correspondant au 4e examen.	• Votre bébé est prêt à naître : il pèse environ 3 300 grammes et mesure 50 cm.	

Formalités S.S. et A.F.	Formalités diverses	Votre bébé
• Dans les 48 h suivant la naissance, envoyez à la S.S. certificat d'accouchement et aux A.F. bulletin de naissance. • A la sortie de la maternité, envoyez à la S.S. reçu des frais d'accouchement, et 1er certificat constatant mode d'allaitement. • Quatre semaines après l'accouchement, envoyez à la S.S. 2e certificat constatant mode d'allaitement.	• Dans les 3 jours déclarez la naissance à la mairie. • Faites renouveler à la mairie votre carte de priorité • Si vous désirez prendre un congé sans solde, prévenez votre employeur par lettre recommandée avec A.R.	• Deux examens sont obligatoires : dans les 8 jours qui suivent la naissance et avant la fin du 1er mois.
• Remettez à la consultation ou envoyez à la S.S. avant la 8e semaine le feuillet du C. de M. correspondant à l'examen post-natal. • Envoyez à la S.S. attestation de reprise ou non-reprise de travail et certificat constatant mode d'allaitement.		• Examen médical obligatoire.

Votre poids

	Poids	Date
Avant la grossesse		
1er mois		
2e mois		
3e mois		
4e mois		
5e mois		
6e mois — 1re quinzaine		
6e mois — 2e quinzaine		
7e mois — 1re quinzaine		
7e mois — 2e quinzaine		
8e mois — 1er quinzaine		
8e mois — 2e quinzaine		
9e mois — 1re semaine		
9e mois — 2e semaine		
9e mois — 3e semaine		
9e mois — 4e semaine		

Analyses d'urine

taux de l'albumine	1 gramme	0,90 g	0,80 g	0,70 g	0,60 g	0,50 g	0,40 g	0,30 g	0,20 g	0,10 g	0,05 g	traces
1er mois												
2e mois												
3e mois												
4e mois												
5e mois												
6e mois 15 j												
6e mois 15 j												
7e mois 15 j												
7e mois 15 j												
8e mois 15 j												
8e mois 15 j												
9e mois 8 j												
9e mois 8 j												
9e mois 8 j												
9e mois 8 j												

Accouchement
à domicile, 319, 432
à la maternité, 425, 432
comment il s'annonce, 292
comment il se déroule, 296
et suiv.
date, 263 et suivantes
déclenchement artificiel, 273
durée, 308
en images, 282 à 289, 304 à
307
frais, 431, 432
les positions, 313
prématuré, 266 et suiv.
préparation physique, 347 et
suiv.
préparation psychologique,
345
psycho-prophylactique, 331
retard, 272
remboursement, 431 et suiv.
sans douleur, 331 et suiv.
sur commande, 273
sous monitoring, 313
Acupuncture, 337
Aérophagie, 197
Age de la mère, 214, 220
et conception, 29, 189
Aides Familiales, 440
Albuminurie, 219, 240
Alcool, 57, 252
Alimentation
de la femme enceinte, 69 et suiv.
Aliments
à éviter, 90, 91
Allaitement maternel
avantages, 381
inconvénients, 382
contre-indications, 384
allaitement mixte, 382
Allocation familiale, 434 et suiv.
Alpinisme, 61
Amnios, 137, 141
Amniocentèse, 178, 190, 228
Amnioscopie, 228
Analyse d'urine, 219, 240, 449
Anémie, 238, 259
Anesthésie, 338
Anesthésie péridurale, 338
Apgar, 303
Appendicite, 250
Appétit
troubles de l'appétit, 24, 86
Assurance personnelle, 428
Attachement, 373
les difficultés de, 374

Avion *voyage en*, 60
Avortement
causes, 236 et suiv.
chromosomique, 236
à répétition, 236
spontané, 234
symptômes, 234
thérapeutique, 244

Bains
après l'accouchement, 391
bouillonnants, 65
de vapeur (sauna), 65
de soleil, 65
pendant la grossesse, 56
Ballonnement, 197
Bassin
description, 281
Bateau, *voyage en*, 60
Bébé, *avant la naissance*
comment il vit, 136 et suiv.
développement mois par
mois, 124 et suiv.
ses mouvements, 129, 130
Bec-de-lièvre, 188
Berceau, 420
Bicyclette, 62
Billings
méthode contraceptive, 406
Boissons, 88
Bouchon muqueux, 159
expulsion, 292
Brûlures d'estomac, 197

Café, 89
Calcium
besoins en, 81
Calories
besoins en, 69
tableau des, 78, 79
Candida albicans, 203
Cardiaques *maladies*, 250
Carie dentaire, 103
Carnet
de maternité, 428
de surveillance, 219
de santé de l'enfant, 303, 441
Carte de priorité, 441
Caryotype, 189
Ceinture de grossesse, 98
Célibataire, *mère*, 46, 438 et suiv.
Cerclage, 270

Césarienne, 316
Chat, 245
Chaussures, 98
Cheveux, *soins des*, 104
Choc, en voiture, 59
Chômage, 428
Chorion, 122, 141
Chromosome, 173, 179
Chute, 64
Cigarettes, 57
Clinique
agréée, 432
conventionnée, 432
non agréée, 432
voir aussi Maternité
Cœlioscopie, 238
Cœur
battement du cœur du fœtus,
125, 130
maladies du cœur et
grossesse, 249
Col de l'utérus
béance du, 237, 267
Colibacillose, 202
Colostrum, 157, 389
Complément familial, 434
Conception, date, 29
mécanisme, 109 et suiv.
période favorable, 29
Congé de maternité, 429
prolongation, 430
Congé de naissance, *du père de
famille*, 441
Congénitales, *maladies*, 185
Compétence
du nouveau né, 371
Consanguins, *mariages*, 188
Constipation, 198
symptômes de grossesse, 24
traitement, 198
Consultation
de génétique, 189
du nourrisson, 441
Contraception, 403
féminine, 405
masculine, 404
après l'accouchement, 411
en cas d'allaitement, 411
Contractions de l'utérus
en dehors de la grossesse,
121
pendant la grossesse, 278,
292
annonçant l'accouchement,
292 et suiv.

Cordon ombilical
illustration, 119, 149
ligature, 302
rôle, 141
Corps jaune, 121
Courbe thermique, 29
Cours *d'accouchement sans douleur*, 331
Crèche, 440
Couveuse, 269
Cycle menstruel, 121
Cyclomoteur, 62
Cystite, 239

Danse, 62
Date de l'accouchement, 265
de la conception, 263
Déclaration
d'accouchement, 429
de grossesse, 428, 431
de naissance, 441
Délivrance, 303
artificielle, 318
Démangeaisons, 203
Dents, *soins aux*, 103
Dépression après la naissance, 395
Diabète, 249
Diagnostic
de grossesse, 24 et suiv.
prénatal, 190
Diaphragme, 406
Dilatation, 296
Doppler, 229
Douches
pendant la grossesse, 56
après l'accouchement, 391
Douleurs, 205
douleur et accouchement, 327 et suiv.
Drogue et grossesse, 252
Durée de la grossesse, 263 et suiv.

Eaux
définition, formation, 141
pertes des, 294
poche des, 280, 284, 285
rupture de la poche, 280, 296
Échographie, 129, 177, 217
Éclampsie, 239
Embryon, 122 et suiv.
Envies, 90
Épisiotomie, 300, 388
Équitation, 62
Essoufflement, 204

Estomac, *maux d'*, 197
symptôme de grossesse, 24
traitement, 197
Évanouissement, 204
Examens médicaux
de la future mère, 214 et suiv.
pourquoi sont-ils nécessaires, 211 et suiv.
du père, 429
du nouveau-né, 303
de l'enfant, 441
remboursement, 431
Expulsion
description, 299
Exsanguino-transfusion, 257

Facteur Rhésus, 253
Fausse-couche, *voir avortement*
Fécondation, *voir conception*
Fécondation in vitro, 123
Fluor, 104
Fœtus, 124 et suiv.
Folates, 84
Folliculine, 110
Fontanelle, 364
Forceps, 316

Gène, 179
Génétique, *consultation de*, 189
Glucides, 80
Golf, 63
Grippe, 240
Grossesse
diagnostic, 23 et suiv.
durée, 263 et suiv.
extra-utérine, 238
les trois périodes, 36 et suiv., 195
prochaine grossesse : comment l'éviter, 403 et suiv.
prolongée, 272
signes de la grossesse, 23
à risques, 220, 224 et suiv.
Groupes sanguins, 253
Gymnastique
avant l'accouchement, 61, 347 et suiv.
après l'accouchement, 393, 394

Habillement, 98
Haptonomie, 333
Hémorragie, 234, 238, 241
Hémorroïdes, 199

Hépatite virale, 246
Héréditaires, *maladies*, 185, 186
Hérédité, 179 et suiv.
Herpès, 246
Hôpital, *voir Clinique et Maternité*
Hormones
dosage, 227, 237
évolution en cours de grossesse, 121, 237
rôle, 159
insuffisance, 237
Hygiène
corporelle, 56
Hypertension artérielle, 250
Hypotrophique, 266

Ictère physiologique
du nouveau-né, 364
Incompatibilité sanguine, 253
Incubateur, 269
Indemnités journalières, 429
Injections vaginales, 57
Insémination artificielle, 123
Insomnie, 206
Insuffisance rénale, 250
Interaction, 371
Interventions chirurgicales, 250
Intoxication, 90, 91

Judo, 62
Jumeaux
accouchement, 168
conception, 164
diagnostic, 166
grossesse, 167
hérédité, 163

Lanugo, 129
Lait, 89
Landau, 423
Laxatifs, 199
Layette, 419
Lever après l'accouchement, 386
Lipides, 80
Liquide amniotique, *voir Eaux*
Listériose, 246
Lit du bébé, 420
Lochies, 388

Maladies
particulières à la grossesse, 234
pendant la grossesse, 242

héréditaires, 185
congénitales, 185
Malaises courants, 195 et suiv.
Malformations de l'enfant, 184
Marche, 60
Mariages entre cousins, 188
Masque de grossesse, 101
Maternité, choix, 425
départ pour la, 293
valises à emporter, 425
voir aussi Clinique
Maux
dans le dos, 206
dans les reins, 206
d'estomac, 197
Méconium
formation, 129
rejet, 365
Médecin
quand le voir, 211 et suiv.
Médicaments
précautions à prendre pendant la grossesse, 221 et suiv.
Membranes, *Rupture des*, 280, 296
Mère célibataire, 46, 438 et suiv.
Menus types, 82, 83, 87
Monitoring
accouchement sous, 313
Mongolisme, 186
Montée laiteuse, 389
Mouvements du fœtus, 129 et suiv.
Mutation, 181

Naissance
formalités, 441
Naissance sans violence, 322
Natation, 63
Nausées, cause, 196
signes de grossesse, 24
traitement, 196
Nervosité, 207
Nidation, 121
défectueuse, 237
Nouveau-né
aspect général, 363
ce qu'il voit, ce qu'il sent, ce qu'il entend, 366
poids et taille, 362
premiers soins, 303

Obésité, 250
Œdèmes, 239
Ongles, *soins des*, 105

Ovaire, ovule, ovulation
illustrations, 113 et suiv.
rôle dans la conception, 110 et suiv.

Palpitations
traitement, 204
Patinage, 63
Peau, *soins de la*, 102
Père, *futur*, 39
congé de naissance, 441
examen médical, 429
psychologie, 39 et suiv.
présence à l'accouchement, 309
Péridurale, 338
Perceptions sensorielles
chez le fœtus, 132
chez le nouveau-né, 366 et suiv.
Pertes blanches, 203
Pertes des eaux, *voir Eaux*
Perte de sang, *voir Hémorragie*
Phlébite, 386
Pilule contraceptive, 408
après l'accouchement, 411
Piscine
préparation en, 334
Placenta
formation et rôle, 138
fonctionnement, 139
expulsion, 303
placenta praevia, 241
Planche à voile, 63
Plongée sous-marine, 63
Poche des eaux, 280, 284, 285
rupture, 280, 296
Poids
de la future mère, 72
augmentation, 72, 239
contrôle, 72
poids excessif, 73
poids du nouveau-né, 362
Ponction amniotique, *voir Amniocentèse*
Prénatal
diagnostic, 190
Prénom, 417
Prématurité
ses causes, 266
les risques pour l'enfant, 267
comment l'éviter, 268
Présentation
de la face, du front, transversale, du siège, 314
Prestations familiales, 433 et suiv.

Progestérone, 121
Prolactine, 157
Protides, 77
Psychologie
de la future mère, 36
du futur père, 39
Ptyalisme, 197
Pyélo-néphrite, 239

Quadruplés, 168
Quintuplés, 168

Radiographiques, *examens*, 222
Rame, 63
Rapports sexuels
pendant la grossesse, 55
après l'accouchement, 392
Régime après l'accouchement, 392
Régime sans sel, 92, 93
Règles
arrêt, 23
retour, 386, 392
rôle, 121
Reins, *mal aux*, 206
exercice contre le, 352
Relaxation, 354 et suiv.
Remboursements, 431
Remèdes, *voir Médicaments*
Repos
pendant la grossesse, 54
après l'accouchement, 429 et suiv.
Respiration
exercices, 348 et suiv.
pendant l'accouchement, 297 et suiv.
Retour à la maison, 391
Retour de couches, 392
petit retour de couches, 388
Retraite de la mère de famille, 442
Révision utérine, 318
Rhésus, 253
Robes, 97
Rubéole, 242 et suiv.

Sac-porte-bébé, 423
Sage-femme, 24, 308
Saignements, *voir Hémorragie*
Salivation excessive, 197
Sauna, 64
Sciatique, 205
Sécurité sociale, 427

Seins
modifications, 24, 157
soins pendant la grossesse, 100
soins après l'accouchement, 394
Sel, 84
Sérodiagnostic
pour la rubéole, 243
pour la toxoplasmose, 244
Sexe, détermination, 173
prédiction, 177
choix, 176
Sida, 248
Siège, *présentation par le,* 314
Signes de la grossesse, 23 et suiv.
Signes du début de l'accouchement, 292
Ski, 64
Soleil, *bains de,* 65
Sommeil, 55
troubles du, 206
Sommet, *présentation par,* 314
Sophrologie, 333
Soutien-gorge, 100
Spermatozoïde
et conception, 111 et suiv.
illustrations, 113 et suiv.
et conception des jumeaux, 164
Spermicides (produits), 407
Sports, permis et interdits, 61 et suiv.
Stérilet, 407
Stérilité, 28
Sucre, présence de sucre dans les urines, 249
Suite de couches, 386
Syncope
tendance aux, 204

Syphilis
et grossesse, 247

Tabac, 57
Température
méthode de la, 29, 405
Tennis, 64
Tests
de grossesse, 26 et suiv.
pour la prédiction du sexe, 177
Toxémie gravidique, 239
Toxoplasmose, 244, 245
diagnostic par ponction du cordon ombilical, 229
Train, *voyages en,* 58
Travail pendant la grossesse, 52
« **Travail** » *de l'accouchement,* 277 et suiv.
durée, 308
faux début, 293
symptômes du début, 292
Trichomonas, 203
Triplés, 168
Trompe de Fallope, 110
illustrations, 114, 116
Troubles
digestifs, 197
urinaires, 202
du sommeil, 206
Tuberculose
et grossesse, 247

Ultra-sons,. utilisation au cours de la grossesse, 217
Ultra-violets (lampe à), 65
Urinaire
infection, 239
trouble, 202

Urine
analyses, 240, 449 et comment les faire soi-même, 240
Utérus
anatomie, 155
dilatation du col et accouchement, 279, 280
illustrations, 156, 280, 284, 285
modifications, 25, 155
rôle dans l'accouchement, 278
après l'accouchement, 388

Vaccin
contre la rubéole, 243
anti-rhésus, 258
Vaccinations pendant la grossesse, 222
Vacuum extractor, 316
Vaginite, 203
Varices, 199
Varices vulvaires, 201
Vergetures, 202
Vertiges, 59, 204
Vêtements, 97
Visites médicales obligatoires, 214 et suiv., 428, 431
du bébé, 441
Vitamines
besoins pendant la grossesse, 84 et suiv.
teneur des aliments, 78, 79
Voiture, *voyages en,* 58
Vomissements, 196
signe de grossesse, 24 et suiv.
traitement, 196
Voyages, 58

Yoga, 64, 333

Votre enfant est né.
Vous avez apprécié « J'attends un enfant »
Du même auteur vous pourrez lire la suite :
« J'élève mon enfant »

Extrait du sommaire

Un enfant entre dans votre vie. Et soudain tout change – Ce qui est nécessaire pour habiller, coucher, laver et sortir un bébé – Conseils pour les achats – Comment donner le bain et changer un bébé – Comment suivre la croissance.

Bien nourrir votre enfant – L'allaitement au sein : les débuts, le régime de la maman, horaire fixe ou allaitement à la demande – L'enfant nourri au biberon : quel lait donner, comment préparer les biberons – L'alimentation variée – Trois problèmes courants – Recettes pour un bébé.

La vie d'un enfant – Les ving-quatre heures : il dort, il mange, il pleure, il sort, il joue. – Les quatre saisons : bon voyage, bonnes vacances. – L'enfant et la nature. L'enfant et l'animal. – De plus en plus autonome : pour manger, pour s'habiller, pour être propre.

La santé de A à Z – D'Abcès à Zona, le dictionnaire des symptômes et des maladies les plus courants chez l'enfant – Soigner son enfant – L'enfant et les médicaments – Quand appeler le médecin – Et si l'enfant doit aller à l'hôpital.

Le petit monde de votre enfant – Mois après mois, le développement de la personnalité, et les étapes de ce développement : l'enfant et les parents s'attachent, l'intelligence s'éveille, l'enfant parle, il marche, etc. – L'école maternelle : à quel âge, ce qu'on y fait, quelques difficultés – Les jumeaux.

L'éducation silencieuse   Qu'est-ce que l'éducation ? L'agressivité : qualité ou défaut ? – Mères fatiguées, mères énervées – Ne le faites pas vivre dans un monde imaginaire – Père aujourd'hui – L'autorité – La surprotection – Une petite sœur est née... – Le divorce – Le bilinguisme – L'enfant élevé par sa mère seule.

Mémento pratique – Déclaration et congé de naissance – Sécurité sociale et allocations familiales – Comment trouver une crèche, une nourrice, etc.

J'élève mon enfant
a été couronné
par l'Académie de Médecine

Chère lectrice, cher lecteur,

Chaque page de ce livre a été écrite en pensant à vous, à vous deux, à vos questions, à vos soucis, à votre joie, à vos espoirs. J'ai essayé d'être chaque fois claire, utile et près de vous. J'espère avoir réussi.

Avant de vous quitter, je voudrais vous demander une faveur. Vous savez sans doute que chaque année je mets ce livre à jour. J'aimerais connaître vos critiques ou vos suggestions pour en tenir compte dans ma prochaine édition.

Je vous remercie d'avance pour votre réponse.

à renvoyer à
Laurence Pernoud — Éditions Pierre Horay
22 bis Passage Dauphine
75006 — Paris

Nom : _____

Adresse : _____

_____

Prénoms de l'enfant : _____

Date de naissance : _____

Est-ce votre premier enfant ? _____

_____

_____

_____

_____

_____

_____

_____

_____

_____

_____

_____

_____

_____

A38

La mise en page de J'attends un enfant
a été réalisée sous la direction artistique
de l'atelier des éditions Pierre Horay
par Daniel Leprince et Irène de Moucheron
avec des dessins de
François Crozat : 58, 113 à 119, 136 à 142, 156, 164, 165, 174, 175, 280 à 289, 315
Noëlle Herrenschmidt : 384, 385 • Siudmak : 348 à 355, 393
et des photographies de
Cabrol-Kipa : 43, 65 gauche et droite bas, 91, 166 • D. Czap : 22, 172 • Explorer-Ph. M.
Cambazard : 370 • Explorer-G. Carde : 350 • Explorer-P. Rouchon : 59, 64 droite haut •
Explorer-Shaun Skelly-Daily Telegraph : 218 • Explorer-Anthea Sieveking-Vision Interna-
tional : 258, 402 • Fotogram-Jean Ber : 334 • Monique Manceau : 302 • Sarah Ney : 397 •
Lennart Nilsson : 145 • Pascale L.R. : 54, gauche, 332, 344 • Petit Format-Françoise
Aubier : 251 • Petit Format-Bernard Bardinet : 362 • Petit Format-Agnès Chaumat : 50, 68,
102, 434 • Petit Format-Edelmann et Baufle : 148 à 152 • Petit Format-Guigoz-Claude
Edelmann : 146, 147 • Petit Format-Arlette Kotchounian : 326 • Petit Format-Pascale
Roche : 397 • Petit Format-Sarah Ney : 365 • Petit Format-J.-M. Steinlein : 387 • W. Raith :
pages de garde début • Jacob Steiner : 369 • Vloo-J.P. Ronzel, 96 • Vloo-Lyliane Warnek :
162, • Valérie Winkler : 34, 41, 52, 54 droite, 62, 63, 65, 73, 88, 89, 99, 108, 167, 180, 185,
194, 210, 213, 225, 232, 262, 271, 276, 290, 295, 301, 304 à 307, 309, 312, 320, 321, 341,
358, 360, 363, 375, 376, 380, 383, 390, 391, 394, 395, 398, 412, 416, 418, 424, 426, 442,
pages de garde finales.

ACHEVÉ D'IMPRIMER LE 23 FÉVRIER 1989
SUR LES PRESSES DE L'IMPRIMERIE HÉRISSEY À ÉVREUX (EURE)
POUR LE COMPTE DE PIERRE HORAY ÉDITEUR À PARIS

Imprimé en France

Dépôt légal : 4ᵉ trimestre 1987
Nᵒ d'éditeur : 799
Nᵒ d'imprimeur : 47668

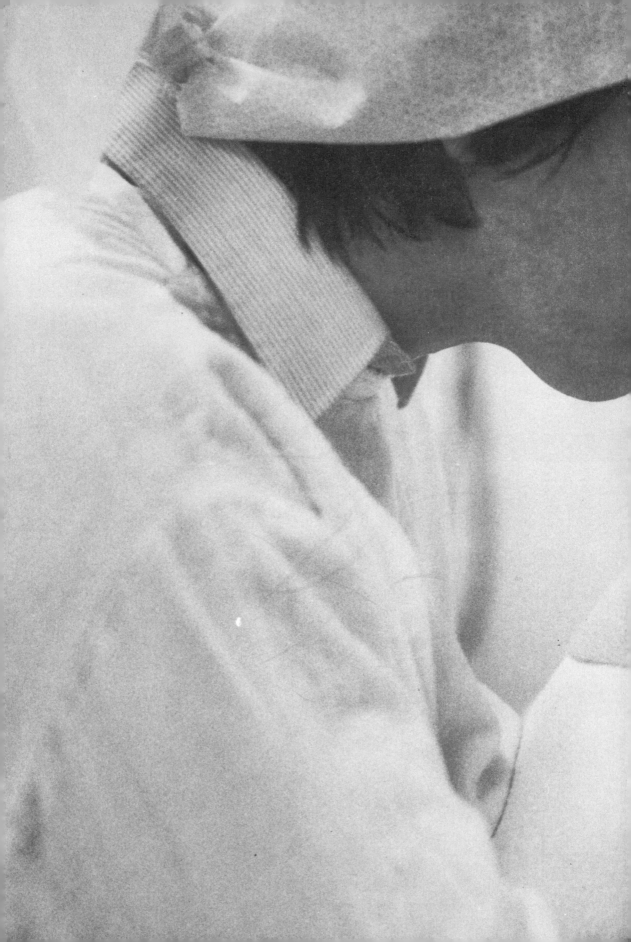